D1930478

Münchner Ägyptologische Studien
Band 46

Münchner Ägyptologische Studien

Band 46

Herausgegeben von
Günter Burkard und Dieter Kessler

MÜNCHNER UNIVERSITÄTSSCHRIFTEN
PHILOSOPHISCHE FAKULTÄT

CHRONOLOGIE DES PHARAONISCHEN ÄGYPTEN

Die Zeitbestimmung der
ägyptischen Geschichte von der Vorzeit bis 332 v. Chr.

von
Jürgen von Beckerath

VERLAG PHILIPP VON ZABERN · GEGRÜNDET 1785 · MAINZ

XIX, 244 Seiten mit 20 Abbildungen;
8 Fototafeln

Umschlag: Fragment des Kopfes einer Statue des Chephren
Material: Anorthositgneis
Maße: Höhe 17,2 cm
Herkunft: Giza, Totentempel des Chephren
Datierung: 4. Dynastie, 2550/2500 v. Chr.
Standort: Leipzig, Ägyptisches Museum der Universität Leipzig 1945
(*Photo:* Jürgen Liepe, Berlin)

Vorsatz: Turiner Königspapyrus (Ausschnitt), Museo Egizio Cat. No. 1874 vso.
(*Photo*: Turin, Museo Egizio)

Die Deutsche Bibliothek – CIP-Einheitsaufnahme

Beckerath, Jürgen von:
Chronologie des pharaonischen Ägypten : die Zeitbestimmung der ägyptischen Geschichte von der Vorzeit bis 332 v. Chr. / von Jürgen von Beckerath. - Mainz am Rhein : von Zabern, 1997.
(Münchner Ägyptologische Studien ; Bd. 46)
(Münchner Universitätsschriften : Philosophische Fakultät)
ISBN 3-8053-2310-7

© 1997 by Philipp von Zabern, Mainz am Rhein
ISBN 3-8053-2310-7
Alle Rechte, insbesondere das der Übersetzung in fremde Sprachen, vorbehalten.
Ohne ausdrückliche Genehmigung des Verlages ist es auch nicht gestattet, dieses Buch oder Teile daraus auf photomechanischem Wege (Photokopie, Mikrokopie) zu vervielfältigen.
Printed in Germany by Philipp von Zabern
Printed on fade resistant and archival quality paper (PH 7 neutral)

VORWORT DER HERAUSGEBER

Nach einem Zwischenspiel unter dem Namen „Münchner Ägyptologische Untersuchungen" ist es nach erneutem Verlagswechsel und durch das freundliche Entgegenkommen von Herrn Albert Hirmer vom Deutschen Kunstverlag möglich geworden, die „Münchner Ägyptologischen Studien" wieder unter diesem Namen erscheinen zu lassen. Der vorliegende erste Band dieses Neubeginns schließt an die alte, vor Jahren unterbrochene Bandzählung des „MÄS" an. Wie bisher steht die Reihe allen interessierten Kollegen und ägyptologischen Themen offen. Neu ist die Vereinheitlichung des Formats: Dieser und die folgenden Bände sollen grundsätzlich im Format DIN A4 gedruckt werden.

Wir danken Herrn Franz Rutzen vom Verlag Philipp von Zabern für seine Bereitschaft, die Reihe in sein Verlagsprogramm und damit in eine für ägyptologische Belange erfahrene Regie zu übernehmen. Die Publikation der vorliegenden Untersuchung wurde durch die Gewährung einer Beihilfe aus den Mitteln der Gesellschaft von Freunden und Förderern der Universität München ermöglicht, der wir unseren besonderen Dank aussprechen möchten.

Die Erstellung der Druckvorlage wäre ohne die Hilfe von Christian Bayer, Regine Schulz und insbesondere von Susanne Wohlfarth nicht möglich gewesen. Auch ihnen gilt unser herzlichster Dank.

Günter Burkard — Dieter Kessler

MEINER LIEBEN FRAU
IN DANKBARKEIT

Vorwort

Die Chronologie ist bekanntlich das Rückgrat der Geschichte. Für die Jahrtausende vor unserer Zeitrechnung nimmt das alte Ägypten in dieser Hinsicht eine ganz besondere Stellung ein, da es sonst nirgends auf der Erde so weit zurückreichende und zuverlässige annalistische Aufzeichnungen gibt, die uns eine genaue zeitliche Festlegung der Geschehnisse bis zurück zum Ausgang des 3. vorchristlichen Jahrtausends erlauben und darüber hinaus eine ungefähre bis um 3000 vor Christi Geburt. Archäologische Verbindungen der frühen Kulturen untereinander lassen daher die Chronologie Altägyptens als sicheren Ausgangspunkt für die Datierung der Frühzeit Vorderasiens und der Mittelmeerländer, schließlich auch Alt-Europas, erscheinen.

Seit Jahren habe ich mich immer wieder mit den Problemen der Chronologie, der Zeitbestimmung der Geschichte des alten Ägypten beschäftigt, zuletzt in meiner „Chronologie des ägyptischen Neuen Reiches" (HÄB 39, 1994). So hat es mich gereizt, eine zusammenfassende Darstellung aller dieser Fragen – von der Eroberung des Landes durch Alexander den Großen bis zurück zur Entstehung des ägyptischen Staates – vorzulegen, zumal die letzten Behandlungen dieses Themas – Ed. Meyer, „Aegyptische Chronologie" (1904 und 1907); R. Weill, „Bases, méthodes et résultats de la chronologie égyptienne" (1926 und 1928); L. Borchardt „Die Mittel zur zeitlichen Festlegung von Punkten der ägyptischen Geschichte und ihre Anwendung" (1935) – schon lange zurückliegen und die Forschung auf diesem Gebiet gerade in den letzten Jahrzehnten erhebliche Fortschritte gemacht hat.

Infolge der Datierungsweise ihrer Urkunden ist die Chronologie der altägyptischen Geschichte notwendigerweise eine solche der Könige, die den Zeitbestimmungen der Geschichte der Kunst, der Kultur, der Religion, der Wirtschaft und der Verwaltung erst eine Grundlage gibt. Hinsichtlich der auf astronomischen Gegebenheiten beruhenden Daten habe ich mich bemüht, mich gleichermaßen von Schreibtischtheorien, die die historischen Möglichkeiten ignorieren, wie von allzu weitgehender, unberechtigter Skepsis fernzuhalten. Um das Buch nicht nur für Ägyptologen, sondern auch für Historiker und die Vertreter der klassischen und orientalischen Altertumswissenschaften lesbar zu machen, habe ich absichtlich auf die Wiedergabe von Namen und Wörtern in ägyptologischer Umschrift verzichtet (siehe dazu die Vorbemerkung auf Seite XIV). Aus dem gleichen Grund ist von zu detaillierten Untersuchungen abgesehen worden, wie zum Beispiel der Diskussion der Thronbesteigungsdaten des Neuen Reiches, für die auf die oben zitierte „Chronologie des ägyptischen Neuen Reiches" verwiesen sei. Die Arbeit wurde im Juni 1995 abgeschlossen.

Für die Zurverfügungstellung wertvollen Materials habe ich Jaromir Malek (Oxford), W. Vivian Davies (London), Anna Maria Donadoni-Roveri (Turin) sowie Helen Jacquet-Gordon (St. Jean de Tholome) zu danken. Ebenso bin ich den Herausgebern, den Herren Kollegen Günter Burkard und Dieter Kessler, verpflichtet für die Aufnahme des Buches in die renommierte Publikationsreihe des Münchener Instituts für Ägyptologie, dem ich selbst lange Jahre angehört habe, ferner Regine Schulz und Susanne Wohlfarth für ihre Mühe bei der Herstellung der Computer-Vorlagen. Besonderer Dank gebührt Herrn Verleger Franz Rutzen und seinen Mitarbeitern vom Verlag Philipp von Zabern für die ansprechende Form der Veröffentlichung und deren verlegerische Betreuung. Den Dank an meine liebe Frau, die auch die zeitraubenden Korrekturen mitgelesen hat, für ihre Geduld und ihr stetes Interesse bringt die Widmung dieses Buches zum Ausdruck.

Schlehdorf am Kochelsee
im August 1996

Inhaltsverzeichnis

II. Teil: Chronologie der altägyptischen Geschichte bis 332 vor Christus

III. Teil: Anhang

Abbildungen im Text

Tabellen

Abkürzungsverzeichnis I: Zeitschriften und Reihen

ÄA	Ägyptologische Abhandlungen, Wiesbaden
AcOr	Acta Orientalia ed. Societates Orientales Batava, Danica, Norvegica (Kopenhagen)
ÄF	Ägyptologische Forschungen, Glückstadt – Hamburg – New York
AfO	Archiv für Orientforschung, Berlin – Graz
Ägypten und Levante	Ägypten und Levante. Internationale Zeitschrift für ägyptische Archäologie und deren Nachbargebiete, Wien
AJSL	American Journal of Semitic Languages and Literatures, Chicago
Anal.Bibl.	Analecta Biblica, Pontificio Istituto Biblico, Roma
Anc.Egypt	Ancient Egypt, London (ohne Nr., nur Jahr)
ASAE	Annales du Service des Antiquités de l'Égypte, Le Caire
BASOR	Bulletin of the American Schools of Oriental Research, New Haven
BAe	Bibliotheca Aegyptiaca, Bruxelles
BN	Biblische Notizen, Bamberg
BIE	Bulletin de l'Institut de l'Égypte, Le Caire
BIFAO	Bulletin de l'Institut Français d'Archéologie Orientale, Le Caire
BiOr	Bibliotheca Orientalis, Leiden
BSFE	Bulletin de la Société Française d'Égyptologie, Paris
CAH	Cambridge Ancient History, I–II, 2nd ed., Cambridge
CdE	Chronique d'Égypte, Bruxelles
CG + Nr.	Catalogue Général des Antiquités Égyptiennes du Musée de Caire, Le Caire
DFIFAO	Documents de Fouilles de l'Institut Français d'Archéologie Orientale du Caire, Le Caire
Enchoria	Enchoria. Zeitschrift für Demotistik und Koptologie, Wiesbaden
Genava	Genava, Nouv.série, Genève
GM	Göttinger Miszellen, Göttingen

HÄB Hildesheimer Ägyptologische Beiträge, Hildesheim

JANES Journal of the Ancient Near Eastern Society of Columbia University, New York
JAOS Journal of the American Oriental Society, New Haven
JARCE Journal of the American Research Center in Egypt, Cambridge/Mass.
JCS Journal of Cuneiform Studies, New Haven
JEA Journal of Egyptian Archaeology, Egypt Exploration Society, London
JEOL Jaarbericht van het Vooraziatisch-Egyptisch Genootschap (Gezelschap) „Ex Oriente Lux“, Leiden
JNES Journal of Near Eastern Studies, Chicago

Kêmi Kêmi. Revue de philologie et d'archéologie égyptiennes et coptes, Paris
Kush Kush. Journal of the Sudan Antiquities Service, Khartum

MÄS Münchener Ägyptologische Studien, Berlin, München
MDAIK Mitteilungen des Deutschen Archäologischen Instituts, Abteilung Kairo, Wiesbaden – Mainz
MDOG Mitteilungen der Deutschen Orientgesellschaft, Berlin und Leipzig
MIFAO Mémoires publiés par les membres de l'Institut français d'archéologie orientale du Caire, Le Caire
MIO Mitteilungen des Instituts für Orientforschung, Berlin
MMAF Mémoires publiées par les membres de la mission archéologique française au Caire, Paris
MVAeG Mitteilungen der Vorderasiatisch (-Ägyptisch)en Gesellschaft, Leipzig und Berlin
Le Musée Égyptien
Le Musée Égyptien. Recueil des monuments et de notices sur les fouilles d'Egypte, Le Caire

OIC Oriental Institute Communications, The University of Chicago, Chicago
OIP Oriental Institute Publications, The University of Chicago, Chicago
OLZ Orientalistische Literaturzeitung, Berlin, Leipzig
OMRO Oudheidkundige Mededelingen uit het Rijksmuseum van Oudheden te Leiden, Leiden
Or Orientalia, Nova Series, Pontificio Istituto Biblico, Roma

RdE Revue d'égyptologie, Paris
RecTrav Recueil de travaux rélatifs à la philologie et à l'archéologie égyptiennes et assyriennes, Paris

Saeculum Saeculum. Jahrbuch für Universalgeschichte, Freiburg – München
SAK Studien zur altägyptischen Kultur, Hamburg
SAOC Studies in Ancient Oriental Civilisation, The Oriental Institute of the University of Chicago, Chicago
Serapis Serapis. The American Journal of Egyptology, Chicago
Syria Syria, Paris

UGAÄ Untersuchungen zur Geschichte und Altertumskunde Ägyptens, Leipzig, Berlin

WZKM Wiener Zeitschrift für die Kunde des Morgenlandes, Wien

ZÄS Zeitschrift für Ägyptische Sprache und Altertumskunde, Leipzig, Berlin
ZDMG Zeitschrift der Deutschen Morgenländischen Gesellschaft, Leipzig, Wiesbaden

ABKÜRZUNGSVERZEICHNIS II: MONOGRAPHIEN

v. Beckerath, CNR
J. von Beckerath, Chronologie des ägyptischen Neuen Reiches, HÄB 39, Hildesheim 1994
v. Beckerath, Königsnamen
J. von Beckerath, Handbuch der ägyptischen Königsnamen, MÄS 20, München 1984
Borchardt, Annalen
L. Borchardt, Die Annalen und die zeitliche Festlegung des Alten Reiches der ägyptischen Geschichte, Quellen und Forschungen zur Zeitbestimmung der ägyptischen Geschichte I., Berlin 1917
Borchardt, Mittel
L. Borchardt, Die Mittel zur zeitlichen Festlegung von Punkten der ägyptischen Geschichte und ihre Anwendung. Quellen u. Forschungen zur Zeitbestimmung der ägyptischen Geschichte II., Kairo 1935
Borchardt, Zeitmessung
L. Borchardt, Geschichte der altägyptischen Zeitmessung. Geschichte der Zeitmessung und der Uhren, hrsg. von E.v. Bassermann-Jordan, Bd. I., Berlin – Leipzig 1920
Breasted, Anc. Records
J.H. Breasted, Ancient Records of Egypt, 5 Bde, Chicago ^{3}1927
Catalogue Sérapéum
M. Malinine – G. Posener-J. Vercoutter, Catalogue des stèles du Sérapéum de Memphis, 2 Bde., Musée du Louvre, Paris 1968
Champollion, Mon.
Champollion-le-Jeune, Monuments de l'Égypte et de la Nubie. Planches, 4 Bde, Paris 1835 –45
City of Akhenaten
The City of Akhenaten, 3 Bde, EEF 38, 40, 44, 1923–51
I: T.E. Peet – C.L. Woolley, Excavations of 1921 and 1922 at El-'Amarneh, 1923
II: H. Frankfort – J. D.S. Pendlebury, The North Suburb and the Desert Altars 1926–32, 1933
III: J.D.S. Pendlebury, The Central City and the Official Quarters 1926/27 and 1931/36, Text und Tafeln, 1951
CNR siehe von Beckerath, CNR
Couyat-Montet, du Ouâdi Hammâmât
J. Couyat et P. Montet, Les inscriptions hiéroglyphiques et hiératiques du Ouâdi Hammâmât, MMAF 34, 1912
Epigr.Survey, Karnak
The Epigraphic Survey (Oriental Institute of the University of Chicago), Reliefs and Inscriptions at Karnak, OIP Chicago 1936 ff.
Epigr.Survey, Medinet Habu
The Epigraphic Survey (Oriental Institute of the University of Chicago), Medinet Habu, OIP Chicago 1930 ff.
Fs v. Beckerath
Festschrift Jürgen von Beckerath zum 70.Geburtstag, HÄB 30, Hildesheim 1990
Fs Brunner-Traut
Gegengabe. Festschrift für Emma Brunner-Traut, Tübingen 1992

Fs Hughes
Studies in Honor of George R.Hughes, SAOC 39, Chicago 1976

Fs Kákosy
The Intellectual Heritage of Egypt. Studies presented to László Kákosy, Studia Aegyptiaca XIV, Budapest 1992

Fs Krause
Divitiae Aegypti, Koptologische und verwandte Studien zu Ehren von Martin Krause, Münster 1995.

Fs Lichtheim
Studies in Egyptology presented to Miriam Lichtheim, Jerusalem 1990

Fs Westendorf
Quaerentes scientiam, Festgabe f. Wolfhart Westendorf zu seinem 70. Geburtstag, Göttingen 1994.

Fs Wilson
Studies in Honor of John A. Wilson, SAOC 35, Chicago 1969

Gardiner, RAD
A. H. Gardiner, Ramesside Administrative Documents, London 1948

Gauthier, LR
H. Gauthier, Le Livre des rois d'Egypte. 5 Bde, MIFAO 17–21, 1907–17

Gs Barta
Gedenkschrift Winfried Barta, MÄU 4, München 1995

Helck, Beziehungen
W. Helck, Die Beziehungen Ägyptens zu Vorderasien im 3. u. 2. Jahrtausend v.Chr., ÄA 5, 962, ^{2}1971

Helck, Manetho
W. Helck, Untersuchungen zu Manetho und den ägyptischen Königslisten, UGAÄ18, 1956

HML Gothenburg
High, Middle or Low? Acts of an Internat. Colloquium on Absolute Chronology, University of Gothenburg 1987

HML Haindorf
High, Middle or Low? Abstracts of the 2nd Internat. Colloquium on Absolute Chronology, Schloß Haindorf/Langenlois 1990, in: Ägypten und Levante 3, Wien 1992

Hornung, Chronologie
E. Hornung, Untersuchungen zu Chronologie und Geschichte des Neuen Reiches, ÄA 11, 1964

Kaplony, IÄF
P. Kaplony, Die Inschriften der ägyptischen Frühzeit, 2 Bde u. Suppl., ÄA 8 u. 9, 1963–64

Kitchen, Third Interm.Period
K.A. Kitchen, The Third Intermediate Period in Egypt (1100–650 B.C.), Warminster 1973, ^{2}1986

Krauss, Sothis- und Monddaten
R. Krauss, Sothis- und Monddaten, HÄB 20, Hildesheim 1985

KRI
K.A. Kitchen, Ramesside Inscriptions, historical and biographical. 8 Bde., Oxford 1975–90. Zitat: Band- und Seitennummer.

LÄ
Lexikon der Ägyptologie. 7 Bde., Wiesbaden 1975–92

Lauer, Pyramide à Degrés
J.-Philippe et P. Lacau, La pyramide à degrés. 5 Bde, Fouilles Saqq., 1936-65

LD
C.R. Lepsius, Denkmaeler aus Aegypten und Aethiopien. 6 Abt. Folio, Berlin 1849-59. Zitat: Abt. und Tafel-Nummer.

LDT
C.R. Lepsius, Denkmäler aus Aegypten und Aethiopien, Text, hrsg. von E. Naville, L. Borchardt u. K. Sethe, Leipzig 1897-1913.

Lepsius, Auswahl
C.R. Lepsius, Auswahl der wichtigsten Urkunden des aegyptischen Alterthums, Leipzig 1842.

Mariette, Mon. Div.
A. Mariette, Monuments divers recueillis en Egypte et en Nubie. 2 Bde, Paris 1872

Medinet Habu
The Epigraphic Survey, Medinet Habu, 8 Bde, OIP 8, 9, 23, 51, 83, 84, 93, 94, Chicago 1930–70

Mél. Masp.
Mélanges Maspero, vol.I fasc.4, MIFAO 66, 1961

Meyer, Chronologie
Ed. Meyer, Aegyptische Chronologie, Abh. Akad. Berlin 1904 und Supplement 1907

Meyer, Gesch. d. Altert.
Ed. Meyer, Geschichte des Altertums. 5 (in 8) Bde., 2.-4. Aufl., Stuttgart 1913-58

Montet, Tanis II
P. Montet, La nécropole royale de Tanis, II: Les constructions et le tombeau de Psousennes, Paris 1951

Parker, Calendars
R.A. Parker, The Calendars of Ancient Egypt, SAOC 26, Chicago 1950

Sinai
A.H. Gardiner-T.E. Peet (ed. J. Černy), The Inscriptions of Sinai, 2 Bde., Egypt Exploration Society London ^{2}1952. Zitat: Nr. der Inschrift

Stadelmann, Pyramiden
R. Stadelmann, Die ägyptischen Pyramiden, Mainz 1985

Urk.
Urkunden des aegyptischen Altertums, begr. von Georg Steindorff, Abt.I, 1–4: Kurt Sethe, Urkunden des Alten Reiches, Leipzig ^{2}1933; Abt. IV, 1-16: Kurt Sethe, Urkunden der 18. Dynastie, Nachdr. d. 2. Aufl., Berlin u. Graz 1961; Abt. IV, 17-22: Wolfgang Helck, Urkunden der 18. Dynastien, Berlin 1955-58

Wildung, Rolle ägypt. Könige
D. Wildung; Die Rolle ägyptischer Könige im Bewußtsein ihrer Nachwelt. Teil I: Posthume Quellen über die Könige der ersten vier Dynastien, MÄS 17, 1969

Allgemeine Abkürzungen

Abb.	Abbildung
Kol.	Kolumne
loc.cit.	loco citato (an zitierter Stelle)
op.cit.	opere citato (im zitierten Werk)
Ostr.	Ostrakon (beschriftete Ton- oder Kalksteinscherbe)
Pap.	Papyrus
S.	Seite
T.	Tafel
Th.	Thronname
Tur.	Turiner Königspapyrus

Vorbemerkung

Um nicht-ägyptologischen Lesern die Benutzung zu erleichtern, wurde auf wissenschaftliche Umschrift verzichtet. So werden *h* und *ḥ* durch h wiedergegeben (wobei h stets aspiriert, niemals Dehnungs-h ist), *ḫ* und *ẖ* durch ch, *z* (*s*) und *s* (*ś*) durch s, *š* durch sch*, *ṯ* durch tj (zu sprechen wie tsch in englisch 'chair'), *ḏ* durch dj (dsch, wie in 'German'); q ist emphatisches k (nicht 'qu'!). *ꜣ* (Aleph) und *ꜥ* (Aijin) werden nicht wiedergegeben, gelegentlich zur Vermeidung eines Hiatus beide durch ʻ ersetzt (gilt auch für arabische, hebräische und akkadische Eigennamen). Vokale sind teils nach ägyptologischer Methode mehr oder weniger willkürlich eingesetzt, teils nach griechisch-koptischer Wiedergabe. Eigennamen werden zum besseren Verständnis nach ihren Bestandteilen getrennt (wobei der letzte den Ton trägt, die übrigen enttont sind). Bei griechischen Namen bedeutet ê η (Eta), ô ω (Omega).

* Nur in babylonischen und assyrischen Königsnamen habe ich das teils s, teils sch gesprochene *š* beibehalten, um kein zu fremdartiges Schriftbild zu erhalten.

I. TEIL
DIE MITTEL ZUR ZEITBESTIMMUNG DER ALTÄGYPTISCHEN GESCHICHTE

EINLEITUNG

Chronologie ist Zeitbestimmung. Die relative Chronologie stellt die zeitliche Abfolge, aber auch die minimale und maximale Dauer (Grenzwerte) von geschichtlichen Vorgängen, Regierungen oder archäologischen Fundschichten fest. Absolute Chronologie bedeutet dagegen die Datierung solcher Ereignisse in Jahren (und gegebenenfalls auch Monaten und Tagen) unserer Zeitrechnung, vor oder nach Christi Geburt. Wie aber lassen sich Daten, die uns ägyptische Inschriften und Urkunden liefern, auf unsere Zeitrechnung reduzieren?

Die alten Ägypter kannten ebensowenig wie die übrigen Völker des Altertums eine Ära wie unsere christliche, die auch erst im 6. Jahrhundert eingeführt wurde. Eine Reihe von meist lokalen Ären entstand in hellenistischer und römischer Zeit – die älteste ist die mit dem Jahr 312 v. Chr. beginnende Seleukidische Ära – doch handelte es sich dabei vielfach nur um Konstruktionen von Historikern, die im täglichen Leben keine Anwendung fanden, wie die Ära von der sagenhaften Gründung der Stadt Rom (*ab urbe condita*). Der Geschichtsschreiber Eratosthenes, dessen Werk uns nur in Auszügen überkommen ist, zählte nach den seit 776 v. Chr. bezeugten, alle vier Jahre stattfindenden Olympischen Spielen; auch diese Datierung wurde erst seit dem 3. vorchristlichen Jahrhundert und auch nur von Historiographen angewendet. Noch später errechneten jüdische und christliche Chronographen Weltären, die vom angeblichen Jahr der Erschaffung der Erde ausgingen, wobei sie allerdings zu sehr verschiedenen Ansätzen gelangten; das Anfangsjahr liegt bei den christlichen Chronographen 5500 bzw. 5200, bei den Juden 3761 v. Chr.

Die gewöhnlichste und ursprünglichste Art der Datierung war, seitdem man nach der Erfindung der Schrift in den Hochkulturen des Vorderen Orients eine solche für die Zwecke der Verwaltung benötigte, die Benennung der Jahre nach wichtigen Ereignissen. Sie stand auch am Anfang der ägyptischen Geschichte[1], in Babylonien war sie noch bis zur Mitte des 2. Jahrtausends gebräuchlich. Selbstverständlich aber standen diese Jahrnamen immer im Zusammenhang mit der Nennung des regierenden Königs. Wo es jährlich wechselnde Beamte in der Staatsleitung gab, benannte man die Jahre nach einem von diesen – so in Athen nach einem der Archonten, in Sparta nach einem Ephoren, in Rom noch bis zum Ausgang des Altertums nach den beiden Konsuln. Auch in Assyrien gab es namengebende (eponyme) Beamte (*limmū*). Am häufigsten aber war die Datierung nach den Regierungsjahren der Herrscher. Dadurch ist für uns die Geschichte der alten Kulturen und in besonderer Weise derjenigen Ägyptens vorwiegend Königsgeschichte.

Einen Nutzen für die Datierung von Ereignissen der Vergangenheit oder beispielsweise bei langfristigen Verträgen hatten alle diese Methoden nur dann, wenn an einem zentralen Ort annalistische Aufzeichnungen geführt wurden. So gab es Listen der Archonten, der Ephoren und der Konsuln, im frühen Babylonien Verzeichnisse der Jahrnamen. In den Monarchien dienten diesem Zweck meist Listen der Könige mit genauer Angabe ihrer Regierungsdauer. Solche Königslisten sind uns vollständig oder bruchstückhaft aus Ägypten[2], Babylonien und Assyrien überliefert; die Königsbücher des Alten Testaments bieten uns die komplette Reihe der Herrscher von Israel und Juda, ebenfalls mit Regierungszahlen.

---

1 Zur Entwicklung der Datierung von Urkunden im alten Ägypten vgl. (Teil) I (Kapitel) 1.4.

2 Zu den ägyptischen Königslisten siehe unten, I.2.1-6.

Alle diese Listen sind jedoch entweder nicht vollständig und zum Teil auch fehlerhaft erhalten, oder sie reichen nicht bis in eine sicher datierte Zeit herab; in den Anfängen tragen sie zudem meist sagenhaften Charakter. Chronologisch zuverlässige Zahlen gibt es in der Bibel erst seit der Trennung der Reiche Israel und Juda (930 v. Chr.), in Babylonien etwa seit der Mitte des 2. vorchristlichen Jahrtausends. In Ägypten beginnen geschichtliche Aufzeichnungen mit Menes, dem ersten König der 1. Dynastie der Überlieferung.

Durchwegs zuverlässig aussehende Zahlen von Regierungsjahren sind im Königspapyrus von Turin (siehe Teil I, Kapitel 2.2) vom Ende der 2. Dynastie ab bis zur 17. Dynastie, das heißt bis etwa 1550, lückenhaft erhalten.

Wo die Königslisten wegen ihrer Lücken nicht ausreichen, können Synchronismen – geschichtlich dokumentierte Verbindungen zu gleichzeitigen Daten anderer Länder – eine chronologische Stütze bieten.[3] Von besonderem Wert sind Aufzeichnungen über Himmelsvorgänge wie Sonnen- und Mondfinsternisse, Mondphasen und Sternaufgänge; sie lassen sich bei ausreichend genauen Angaben auch für weit zurückliegende Zeiten noch astronomisch berechnen und können so zu gesicherten Daten führen (siehe dazu I.3.1-5). Umstritten und jedenfalls für Zeiten, die durch Schriftzeugnisse festgelegt sind, zu ungenau sind Altersbestimmungen mittels der Radiocarbon (C 14) -Methode (siehe unten, I.3.5). Für die ägyptische Chronologie sind sie nur da von Nutzen, wo wir über keine schriftlichen Quellen verfügen, also für die vorgeschichtlichen Perioden.

[3] Zu den Synchronismen der ägyptischen Geschichte mit dem klassischen Griechenland, Persien, Assyrien, Babylonien, den Hethitern, Mitanni, Israel und Juda siehe unten, I.4.1-6.

1. GRUNDLAGEN

1.1 Umfang und Einteilung der altägyptischen Geschichte

Die geschichtliche Zeit Altägyptens umfaßt nahezu drei Jahrtausende. Obgleich auch die griechisch-makedonischen Herrscher des Landes (Alexander der Große und seine Diadochen, die Ptolemäer) und sogar noch die römischen Kaiser sich als Pharaonen bezeichnen ließen und die ägyptische Kultur erst mit dem Sieg des Christentums im 4. Jh. unserer Zeitrechnung erlosch, pflegen wir die sogenannte pharaonische Zeit mit dem Einzug Alexanders in Ägypten (Spätherbst des Jahres 332 v. Chr.) enden zu lassen. Nach dem Vorgang des ägyptischen Geschichtsschreibers Manetho (3. Jh. v. Chr.; siehe I.2.6) teilen wir diese Zeit in 31 Dynastien ein (1.–31. Dynastie). Das sind Gruppen aufeinander folgender Könige, die vor allem aufgrund ihres Regierungssitzes („Könige von ...") zusammengefaßt sind, nicht Herrscherfamilien wie in Europa. Diese Einteilung geht bereits auf die ägyptische Überlieferung zurück, die der griechisch schreibende Manetho benutzte.[4]

Als erster König gilt der Tradition Meni (griechisch Mênês), der am Anfang der 1. Dynastie steht. Vermutlich wurden von seiner Zeit ab jährliche Aufzeichnungen (Annalen) in der vielleicht von ihm gegründeten Stadt Memphis geführt. In Wirklichkeit war er weder der Begründer des ägyptischen Königtums noch der Vereiniger der beiden angeblichen Reiche Ober- und Unterägypten, die es in dieser Form nie gegeben hat.[5] Vielmehr ist der ägyptische Staat durch die allmähliche Ausdehnung eines im Süden des Landes entstandenen Herrschaftsgebietes über das Niltal bis zur Küste des Mittelmeeres geschaffen worden (vgl. II.8). Das damit das ganze Land umfassende Königtum bestand schon einige Zeit vor Menes; mindestens vier seiner Vorgänger werden uns durch Schriftdenkmäler bezeugt. Wahrscheinlich aber wurden zu ihrer Zeit noch keine Annalen in der erst kurz zuvor erfundenen Schrift niedergeschrieben. So fielen sie der Vergessenheit anheim und Menes nahm in der Überlieferung die Gestalt eines Weltschöpfers an. Der Dualismus des ägyptischen Königtums (die beiden Länder Ober- und Unterägypten, tatsächlich die südlich beziehungsweise nördlich des Reichszentrums Memphis gelegenen Teile des Landes[6], die darauf bezüglichen doppelten Titel und Kronen der Pharaonen) ist religiöser, nicht politischer Natur, wobei das von jedem König bei der Thronbesteigung vollzogene Ritual der Vereinigung des Südens und des Nordens die Besitzergreifung der ganzen damals bekannten Erde symbolisieren sollte, ja sogar die Neuerschaffung der Welt aus dem theoretisch vorher bestehenden Chaos bedeutete.

Von den Historikern werden außer den Dynastien die Hauptepochen der altägyptischen Geschichte unterschieden, die wir das Alte, das Mittlere und das Neue Reich sowie die Spätzeit nennen.[7] Die da-

---

4 Im bruchstückhaft erhaltenen Turiner Königspapyrus (unten, I.2.2) sind solche Einschnitte nach der 5., 8., 11., 12., 14., 15. und 17. Dynastie noch zu erkennen.

5 In der Tradition hat sich vielleicht eine schwache Erinnerung daran erhalten, daß der Norden des Landes einmal eine abweichende Kultur und wahrscheinlich auch eine andere Sprache besaß. Beides ist jedoch schon in vordynastischer Zeit verschwunden.

6 Die von uns mit „Oberägypten" und „Unterägypten" übersetzten ägyptischen Wörter bedeuten einfach „Süden" und „Norden". Auch die Bezeichnungen für „König von Oberägypten" und „König von Unterägypten" haben eine ganz andere Form und sind nicht mit den Namen der Landesteile zusammengesetzt.

7 Die Bedeutung dieser Epochen war anscheinend schon den Ägyptern in alter Zeit gegenwärtig. So erscheinen im Ramesseum, dem Totentempel Ramses' II., in der Reihe königlicher Ahnenfiguren neben den Herrschern des Neuen Reiches

zwischenliegenden Perioden des Niedergangs und des Zerfalls der staatlichen Einheit werden in neuerer Zeit als Erste (I.), Zweite (II.) und Dritte (III.) Zwischenzeit bezeichnet; vom Alten Reich wird oft noch die Frühzeit (Frühdynastische oder archaische Zeit) unterschieden.

Frühzeit	(1. und 2. Dynastie)
Altes Reich	(3.–8. Dynastie)
I. Zwischenzeit	(9./10. und erste Hälfte der 11. Dynastie)
Mittleres Reich	(11. Dynastie, zweite Hälfte, und 12. Dynastie)
II. Zwischenzeit	(13.–17. Dynastie)
Neues Reich	(18.–20. Dynastie)
III. Zwischenzeit	(21.–25. Dynastie)
Spätzeit	(26.–31. Dynastie)

1.2 Die Titel der ägyptischen Könige auf Denkmälern und in der Überlieferung

Schon seit Anfang der geschichtlichen Zeit nahmen die ägyptischen Könige beim Regierungsantritt Titelnamen an, neben denen ihr persönlicher Name, den sie von Geburt an trugen, zurücktrat.[8] Seit dem späten Alten Reich sind es deren vier: der Horusname, der Herrinnenname, der Goldname und der Thronname. Die Denkmäler nennen in früher Zeit fast nur den Horusnamen, der den König in der Rolle des Himmelsgottes Horus zeigt, gelegentlich auch den mit der Bezeichnung der beiden Kronengöttinnen (*Nebti*) gebildeten Herrinnennamen. Zur Zeit der 6. Dynastie kommt dann der Thronname auf, mit dem Titel „König von Ober- und Unterägypten" (*ni-sut-bit*), während vor den Geburtsnamen der Titel „Sohn des (Sonnengottes) Rê", bis dahin ein Attribut des Pharao, gesetzt wird. Nur selten, in besonders feierlichen Inschriften, werden alle fünf Namen erwähnt, stets in der Reihenfolge Horus-, Herrinnen-, Gold-, Thron- und Eigennamen. Die beiden letzten (und wichtigsten) Namen werden in je einen Ring (sogenannte Kartusche) eingefügt, der eine unten zusammengelegte Schnur darstellt, die den Namen mit magischem Schutz umgibt. Der Horusname wird dagegen ursprünglich und später noch oft in das Bild eines Palastes gesetzt, auf dem der Gott Horus in Gestalt eines Falken sitzt.

Seit dem Mittleren Reich tragen die Urkunden normalerweise nur den Thronnamen des regierenden Pharao. Daß auch die Königslisten zumeist diesen nennen, ist verwunderlich, da verstorbene Herrscher gewöhnlich unter ihrem Geburtsnamen erscheinen. So hat sie dann auch der Historiker Manetho meist – in gräzisierter Form – bezeichnet, und wir kennen die ägyptischen Könige fast nur unter ihren Geburtsnamen. Die Kenntnis der Thronnamen (für die Frühzeit die der Horusnamen) ist jedoch nötig, um die Könige in den Dokumenten ihrer Zeit identifizieren zu können.[9]

Bei den Herrschern der Frühzeit nennt die spätere Tradition der Listen zumeist den Herrinnennamen (niemals den Horusnamen !), unter Weglassung des Namensbestandteils *Nebti* „die beiden Herrinnen", da dieser später selbst zu einem Königstitel geworden war („der der beiden Herrinnen"). Die uns aus

auch Menes und Ment-hotpe II., die Begründer des Alten und des Mittleren Reiches. Chronologische Übersicht über die ägyptische Geschichte siehe Anhang A.

[8] Zur Titulatur der Pharaonen und ihrer geschichtlichen Entwicklung v. Beckerath, Königsnamen, 1-42. Zur inhaltlichen Bedeutung der Königsnamen Barta, in: ZÄS 114, 1987, 3-10, 105-13; 115, 1988, 1-8, 87-95; 116, 1989, 1-9, 111-37; 117, 1990, 2-11.

[9] Die Thronnamen (abgekürzt: Th.), bei Dyn. 1–3 und den ersten Königen der Dyn. 11 auch die Horusnamen, sind aus Anhang A nebst Supplement zu ersehen.

der Bibel geläufige Bezeichnung „Pharao“ (ägyptisch *per-ô*) für den ägyptischen König war an sich kein Titel[10], wurde aber seit dem Neuen Reich gebraucht, wenn man vom regierenden Herrscher (ohne Namensnennung) sprach. Sie bedeutet wörtlich „das Große Haus“ und meint eigentlich den Sitz der königlichen Regierung.[11]

1.3 Die ägyptische Zeitrechnung

Der ägyptische Kalender, der wahrscheinlich im 29. Jahrhundert vor Christus erfunden wurde, besteht aus drei Jahreszeiten zu je vier 30tägigen Monaten sowie fünf Zusatztagen (griechisch Epagomenen).[12] Das Jahr hat demnach 365 Tage ohne jede Schaltung. Die Monate werden innerhalb der Jahreszeiten durchgezählt. Erst spät wurden sie nach Festen benannt; diese Namen haben sich griechisch und koptisch erhalten. Ihre Bezeichnungen sind:

I.	„Erster Monat der Überschwemmung (*achet*)“,	griechisch Thôth
II.	„zweiter Monat der Überschwemmung“,	griechisch Phaôphi
III.	„dritter Monat der Überschwemmung“,	griechisch Athyr
IV.	„vierter Monat der Überschwemmung“,	griechisch Choiak
V.	„erster Monat des Sprießens (*projet*)“,	griechisch Tybi
VI.	„zweiter Monat des Sprießens“,	griechisch Mechir
VII.	„dritter Monat des Sprießens“,	griechisch Phamenôth
VIII.	„vierter Monat des Sprießens“,	griechisch Pharmuthi
IX.	„erster Monat der Hitze (*schomu*)“,	griechisch Pachôn
X.	„zweiter Monat der Hitze“,	griechisch Paÿni
XI.	„dritter Monat der Hitze“,	griechisch Epiphi
XII.	„vierter Monat der Hitze“,	griechisch Mesorê

Zur Vereinfachung und Verdeutlichung der chronologischen Daten sollen hier die ägyptischen Monate, durch römische Buchstaben bezeichnet, von eins bis zwölf durchgezählt werden (z.B. VIII. = „vierter Monat des Sprießens“).[13]

Zunächst muß hervorgehoben werden, daß die Ägypter das einzige Volk sind, das bereits im frühen 3. Jtsd. einen abstrakten Kalender hervorgebracht hat, der nicht mehr von der Natur, vor allem dem Mond, abhängig war. Die Kalender aller übrigen frühen Kulturen wie auch der Naturvölker beruhten auf den Umläufen des Mondes, deren zwölf gewöhnlich auf ein Naturjahr (Sonnenjahr) gehen. Das Hauptproblem aller Zeitrechnungen[14] war stets, die zwischen 29 und 30 Tagen unregelmäßig schwankenden Mondmonate (mittlere Länge des synodischen Mondmonats ungefähr 29 Tage, 12 Stunden und 44 Minuten) in Übereinstimmung mit dem Sonnenjahr (Länge etwa 365 Tage, 5 Stunden und 49 Minuten) zu bringen, was nur durch gelegentliches Einschalten eines dreizehnten Monats möglich

---

[10] Erst in der Spätzeit als solcher verwendet.

[11] Vgl. Bezeichnungen wie „das Weiße Haus“, „der Heilige Stuhl“, „die Hohe Pforte“.

[12] Ägyptisch „die fünf (die) auf dem Jahr (sind)“. Sie werden als Geburtstage der Götter Osiris, Horus, Seth, Isis und Nephthys bezeichnet.

[13] Die Monate unserer Zeitrechnung werden dagegen mit arabischen Ziffern geschrieben (10. = Oktober).

[14] Für die Zeitrechnung der Völker der Erde ist immer noch das in einzelnen Punkten natürlich veraltete Werk von F.K. Ginzel, Handbuch der mathematischen und technischen Chronologie, 3 Bde, Leipzig 1906-14, von Nutzen.

ist.[15] In der Frühzeit war man sich der genauen Länge des Jahres noch nicht bewußt, denn wie auch später noch bei den Naturvölkern, wurde sein Beginn durch unregelmäßig eintretende Ereignisse bestimmt, wie etwa den Monsunregen, den ersten Schnee, das Herauskommen der Saaten oder das Steigen der Flut des Nils. Waren zwölf Mondmonate vergangen, ohne daß das den Jahresanfang bezeichnende Ereignis beobachtet werden konnte, mußte man einen weiteren Monat anhängen, innerhalb dessen dieses dann gewiß eintrat. Dieser Schaltmonat, gewöhnlich eine Wiederholung des letzten Kalendermonats, wurde vielfach als außerhalb der Ordnung stehend angesehen – eine Zeit, in der Dämonen ihr Unwesen trieben. Dies ist vermutlich die Ursache für die Bedeutung der Zwölfzahl und die abergläubige Furcht vor der Dreizehn.

Unter fortgeschritteneren Kulturverhältnissen legte man den Jahresanfang durch genauere Daten fest, wie zum Beispiel die Aufgänge bestimmter Sterne oder das Frühjahrs- oder Herbstäquinoktium. Man versuchte jetzt auch der Schaltung des dreizehnten Monats feste Regeln zu geben – meist mit geringem Erfolg, wie das kalendarische Durcheinander bei den Griechen und Römern zeigt. Um diese Schwierigkeiten zu beseitigen, ließ Julius Caesar im Jahr 45 v. Chr. einen neuen, vom Mond unabhängigen Kalender einführen, den julianischen Kalender, der sich – nach einer verhältnismäßig geringfügigen Korrektur durch die Reform Papst Gregors XIII. (1582) – heute überall auf der Erde durchgesetzt hat. Dabei hat auch der ägyptische Kalender Pate gestanden, den die hellenistischen Astronomen wegen seiner Vorteile gegenüber den unregelmäßigen Mondkalendern bewunderten.

Dennoch hatte der ägyptische Kalender einen entscheidenden Fehler, den man bei seiner Einführung in der Frühzeit noch nicht bemerken konnte: sein Jahr war gegenüber dem Sonnenjahr um etwa einen Vierteltag (genau 6 Stunden gegen das julianische Jahr) zu kurz. Infolgedessen verschoben sich seine Daten alle vier Jahre um einen Tag und wanderten in 1460 Jahren einmal durch das julianische Kalenderjahr[16], weshalb man den ägyptischen Kalender auch „Wandeljahr" zu nennen pflegt. Diese Verschiebung bewirkte, daß seine „Jahreszeiten" (Überschwemmung, Sprießen, Hitze) bald ihre ursprüngliche Bedeutung verloren; nach 700 Jahren fiel die Nilüberschwemmung nicht mehr in die Monate der Überschwemmungsjahreszeit und die Hitzejahreszeit nicht mehr in den Sommer; nur alle 1460 Jahre stimmten diese Jahreszeiten vorübergehend wieder einmal. Die Ägypter aber haben an ihrem Kalender mit dem ihnen eigenen Konservatismus festgehalten; der Versuch einer Reform unter dem makedonischen König Ptolemaios III. (238 v. Chr.) schlug fehl. Erst die römische Herrschaft hat diese Reform, bei der alle vier Jahre ein sechster Epagomenentag eingeschoben wurde, in der Verwaltung durchsetzen können. Das war der sogenannte Alexandrinische Kalender, der bei den ägyptischen Christen (Kopten) noch bis zur Gegenwart in Gebrauch blieb. In den Tempeln aber wurde der alte ägyptische Kalender noch bis ins 2. nachchristliche Jahrhundert verwendet.

Die „Jahreszeiten" des ägyptischen Kalenders zeigen, daß er zur Zeit seiner Einführung mit dem Naturjahr übereingestimmt haben muß. Ebenso beweist das Schriftzeichen für „Monat", eine liegende Mondsichel, daß auch die Ägypter einmal einen Mondkalender besaßen; der Mond war eben bei allen Völkern der Zeitmesser schlechthin.[17] Der Jahresanfang wurde in Ägypten in frühester Zeit durch den

---

15 Das islamische Jahr, ein Mondjahr ohne Schaltung, umfaßt nur 354–355 Tage und wandert daher innerhalb eines Jahrhunderts dreimal durch unser Kalenderjahr.

16 Da das Sonnenjahr ein wenig kürzer ist als das julianische und seine Länge außerdem nicht konstant ist, vollzog sich diese Verschiebung in Wirklichkeit in 1452/1456 Jahren.

17 Unsere Wörter „Mond" und „Monat" sind von der indogermanischen Wurzel *mē-* „messen" abgeleitet. Vgl. J. Pokorny, Indogermanisches etymologisches Wörterbuch, Bern ^{2}1989, I, 703-04 und 731-32.

Beginn der alljährlichen Überschwemmung im Sommer bestimmt, das wichtigste Ereignis für die Bauern in dem von Wüsten umgebenen und nahezu regenlosen Land. Schon zu Beginn der geschichtlichen Zeit aber war den Bewohnern des Niltales der heliakische Frühaufgang des Sirius (α canis maioris) bekannt. Das ist der Tag, an dem nach mehr als zweimonatiger Unsichtbarkeit das Wiedererscheinen dieses besonders hellen Fixsterns im Juli unmittelbar vor Sonnenaufgang erstmals wieder beobachtet werden kann. Da das Sichtbarwerden des Sterns damals etwa mit dem Beginn des Steigens der Nilflut zusammenfiel, hielt man ihn für eine Göttin (*Sopdet*, gräzisiert Sôthis), die die Überschwemmung bringt und das neue Jahr ankündigt. Neujahr war der erste auf das Erscheinen des Sothissterns folgende Neumond. War die Sothis nach zwölf Mondmonaten noch nicht wieder zurückgekehrt, so wurde ein Monat eingeschaltet.[18] Diesen ursprünglichen Mondkalender hat man im Kult noch lange nach der Einführung des 365tägigen Wandeljahres beibehalten und man beobachtete zu religiösen Zwecken und für die Bedürfnisse der Landwirtschaft auch weiterhin das Erscheinen des Sirius.

Bei der Einführung des neuen Kalenders wird man dessen erstes Jahr natürlich zur Vermeidung des Ausfalls von Tagen mit dem gleichen Tag angefangen haben wie das bisherige Mondkalenderjahr, also mit dem Neumond nach dem Erscheinen der Sothis.[19] Da man gewohnt war, daß dieser Neumond in unregelmäßigen Abständen nach dem Sothisaufgang eintrat, konnte man den Fehler des neuen Kalenders nicht sogleich bemerken. Erst nach mehr als hundert Jahren, als das Erscheinen des Sterns nicht mehr den Jahresbeginn ankündigte sondern danach eintrat, muß man seiner gewahr geworden sein. Nun aber war der Kalender ebenso wie auch andere Erfindungen der Frühzeit bereits durch Tradition geheiligt und man konnte und wollte ihn nicht wieder ändern. Er hatte sich als praktisch für die Verwaltung erwiesen; auch schreckte man wohl vor einem Rückfall in die Unregelmäßigkeiten der Schaltung zurück. So ist man nicht auf die an sich einfache Idee gekommen, alle vier Jahre einen Schalttag hinzuzufügen und hat den 365tägigen Kalender, das Wandeljahr, mit seinen Fehlern bis in die römische Zeit stets unverändert belassen.[20]

Die Ägyptologie hat lange die vor allem auf Eduard Meyer zurückgehende Ansicht vertreten, der ägyptische Kalender müsse in einem Jahr des Zusammenfalls (Apokatastase) seines Neujahrstages mit dem Frühaufgang der Sothis eingeführt worden sein. Man begründete diese Meinung aus späteren ägyptischen Texten, in denen der Sothisaufgang als idealer Jahresanfang erscheint. Es ist jedoch aus den obengenannten Gründen ganz unwahrscheinlich, daß dies so war. Hätte man das erste Jahr des Wandeljahrskalenders tatsächlich mit dem Tag des Sothisaufgangs begonnen, so wäre der Fehler dieses Kalenders bereits zur Zeit seiner Einführung, nach vier Jahren, erkannt worden.

Dadurch, daß die griechischen Astronomen der hellenistischen Zeit, vor allem Claudius Ptolemaeus (2. Jh. n. Chr.), ihren Berechnungen den ägyptischen Kalender zugrundegelegt haben, sind wir sehr genau über dessen Verhältnis zum julianischen Kalender unterrichtet. Wir können deshalb, sofern uns das Jahr bekannt ist, jedes Datum des einen in ein solches des anderen Kalenders umrechnen.[21]

---

18 Grundlegend Parker, Calendars. Dazu ferner Barta, in: ZÄS 110, 1983, 16-26, und v. Beckerath, in: ZÄS 120, 1993, 7-22,131-36.

19 So ließ Caesar das erste Jahr seines julianischen Kalenders entsprechend dem bisherigen römischen Kalenderjahr mit dem auf das Wintersolstiz folgenden Neumond beginnen.

20 Nach Angabe des römischen Schriftstellers Nigidius Figulus (1. Jh. v. Chr.) soll jeder ägyptische König beim Regierungsantritt geschworen haben, am Kalender nichts zu ändern.

21 Nach dem Gebrauch der Historiker werden alle Daten des Altertums im julianischen Kalender angegeben. Dieser entfernt sich in 400 Jahren um 3 Tage vom wahren Sonnenjahr, seine Daten liegen also um 3000 v. Chr. 24 Tage vor denen des

1.4 Die Datierung der Urkunden

Zu Anfang ihrer Geschichte benannten auch die Ägypter die Jahre nach Ereignissen. Solche Jahrnamen schrieb man auf hölzerne oder beinerne Täfelchen und hängte diese zur Datierung an Vorratsgefäße und Weinkrüge. Bei dieser Art der Jahrbenennung trat bald ein Vorgang in den Vordergrund, der sich in jedem zweiten Jahr wiederholte: die Fahrt des Königs zu Schiff auf dem Nil durch das Land, um auch in fernergelegenen Teilen seines Reiches zu erscheinen, Recht zu sprechen und die Abgaben der Untertanen entgegenzunehmen – das sogenannte „Horusgeleit".[22] Daraus entwickelte sich dann, als der Pharao nicht mehr persönlich das Land durchreiste, eine Zählung des Viehbestandes zum Zweck der Besteuerung. Auch diese wurde anfangs in zweijährigem Rhythmus durchgeführt. Man benannte danach jetzt die Jahre und bezeichnete sie als „Jahr des x. Males der Zählung unter der Regierung des Königs NN" beziehungsweise „Jahr nach dem x. Mal der Zählung (etc.)" Dadurch wurde die Erwähnung anderer Vorgänge bei der Jahrbenennung überflüssig. Im weiteren Verlauf der Zeit wurde dann bei steigendem Finanzbedarf des Staates immer häufiger auch in den Zwischenjahren gezählt, so daß am Ende des Alten Reiches die Zählung schließlich alljährlich stattfand und die Bezeichnung „Jahr des x. Males" (das Wort „Zählung" wurde jetzt als selbstverständlich weggelassen) soviel wie „Regierungsjahr" bedeutete. Dabei schrieb man das Regierungsjahr immer noch mit den Hieroglyphen für „Jahr" (*ronpet*) und „Mal" (*sep*). Die Jahrzählung erfolgte nun in der Weise, daß man beim Tod eines Herrschers sofort mit dem „Jahr 1" seines Nachfolgers begann, das nun den Rest des Kalenderjahres umfaßte; am nächsten Neujahrstag fing man sein zweites Jahr an. Das 1. Regierungsjahr konnte also in Extremfällen sowohl fast ein ganzes Jahr als auch nur wenige Tage umfassen. Man nennt diese Zählweise „antedatierend" im Gegensatz zu der in Vorderasien gebräuchlichen „Postdatierung", bei der das erste Jahr eines Königs erst mit dem auf seine Thronbesteigung folgenden Neujahr beginnt. Das bedeutet praktisch, daß die Ägypter das Jahr eines Thronwechsels zur Gänze dem neuen Herrscher zurechnen, während es in Babylonien und anderen Ländern noch zur Regierungszeit des alten Königs zählt.

Diese Methode der Jahrdatierung blieb in Ägypten noch während des Mittleren Reiches in Gebrauch und wurde in der Spätzeit wieder aufgenommen.[23] In der Zeit des Neuen Reiches und wahrscheinlich auch noch in der III. Zwischenzeit galt jedoch eine andere Methode: man zählte das Regierungsjahr vom Tag der Thronbesteigung bis zu dessen Jahrestag, unabhängig vom Kalenderjahr, dessen Jahreszeiten, Monate und Tage dennoch im Datum verwendet wurden – so wie wir unsere Lebensjahre von Geburtstag zu Geburtstag zählen, ohne die Kalenderdaten zu verändern.[24] So fiel beispielsweise der Regierungsantritt Tuthmosis' III. auf den 4. Tag des IX. Monats (I. des Sommers); an diesem Tag wechselte man während seiner gesamten Regierungszeit die Zahl des Jahres. Zur Feststellung der Zeitfolge von Ereignissen im gleichen Regierungsjahr ägyptischer Könige des Neuen Reiches ist daher die Kenntnis der Lage der Thronbesteigungsdaten im Kalenderjahr erforderlich (siehe die Liste im Anhang D).

letzteren. Tabelle zur Umrechnung ägyptischer Daten in julianische und julianischer Daten in gregorianische siehe Anhang B und C.

22 Helck, in: Archiv Orientálni 18, 1950, 120-42; v. Beckerath, in: MDAIK 14, 1956, 1-10; Kaiser, in: ZÄS 84, 1959, 119-32 und 85, 1960, 118-37.

23 Zur Entwicklung der Jahrdatierung in Ägypten vor allem Gardiner, in: JEA 31, 1945, 11-28. Zur Lesung der Hieroglyphengruppe „Regierungsjahr" Edel, in: JNES 8, 1949, 35-39; Fecht, in: Ägypten. Dauer und Wandel, Kairo 1982, 85-96.

24 Zur Veranschaulichung soll Abbildung 1 dienen.

Leider lassen ägyptische Urkunden beim Datum vielfach den Namen des Regenten als für die Zeitgenossen selbstverständlich weg, so wie wir nur „94“ für „1994“ schreiben. Manche Dokumente nennen sogar nur Monat und Tag, was für uns natürlich eine genaue Datierung erschwert.

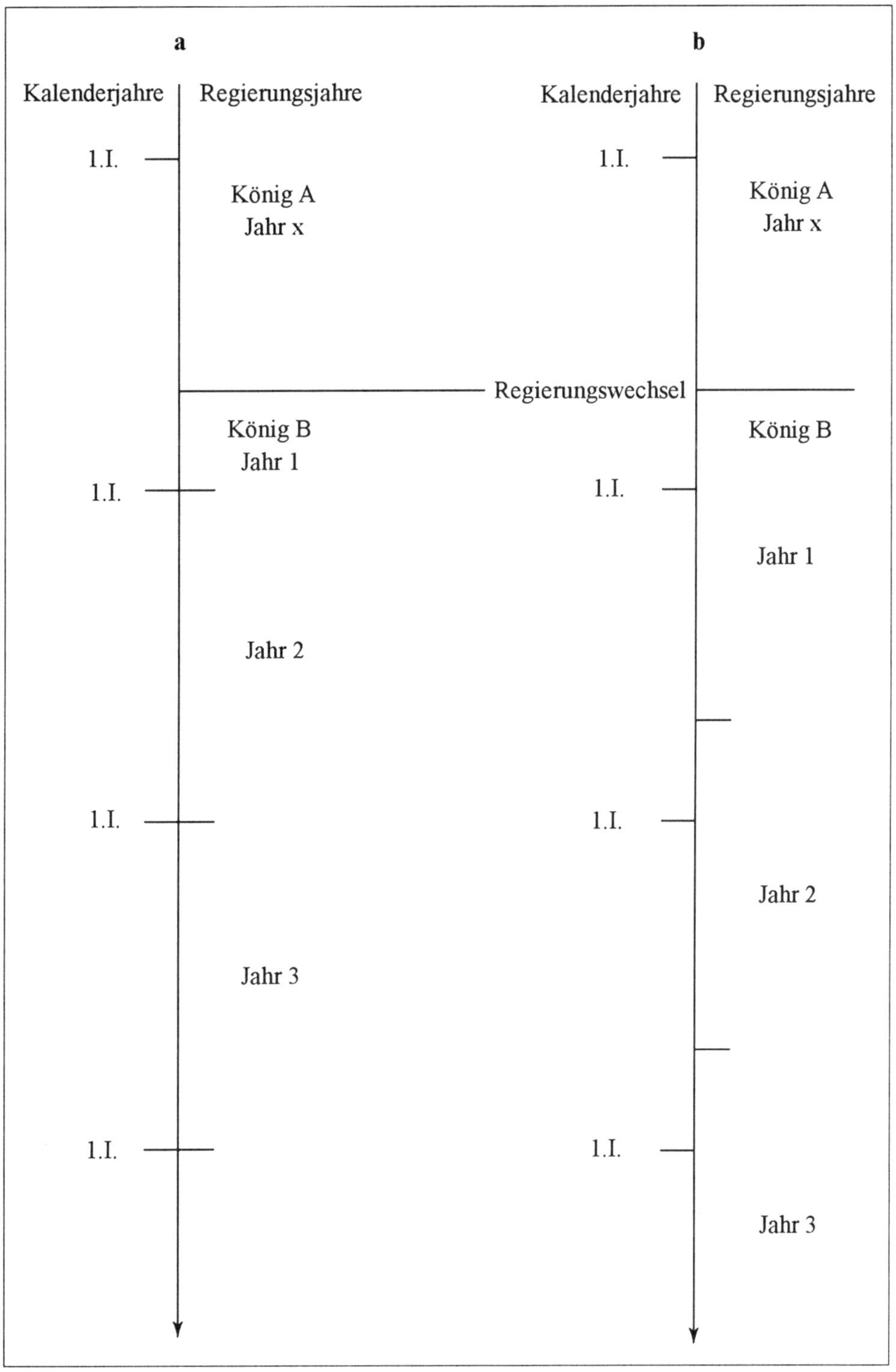

Abb. 1
Datierung nach Regierungsjahren
(a: Mittleres Reich, Spätzeit; b: Neues Reich)

2. DIE ÜBERLIEFERUNG

2.1 Annalen

Die Kenntnis der Ägypter von ihrer Geschichte beruhte, da es noch keine eigentliche Historiographie gab, einerseits auf sagenhaften und mythischen Erinnerungen an bestimmte Geschehnisse der Vergangenheit, die durch die natürlich nur den Gebildeten, Priestern und Beamten, zugängliche Literatur überliefert wurden, andererseits auf den in den Archiven der Residenz und wohl auch der größeren Tempel des Landes aufbewahrten Königslisten.[25] Dort waren die Namen der Pharaonen seit Beginn der 1. Dynastie mit Angabe der Dauer ihrer Regierungszeit aufgezeichnet. Sie waren Annalen, also Verzeichnissen aller Jahre entnommen, die man seit alters wenigstens in Zeiten geordneter Verwaltung geführt hatte. Diese auf Papyrusrollen geschriebenen Annalen sind verlorengegangen, doch sind uns gerade aus der ältesten Zeit Reste einer Abschrift auf Stein erhalten geblieben.

Das Bruchstück einer 6,5 cm dicken, schwarzen Dioritplatte, die auf beiden Seiten beschriftet war, befindet sich im Museum zu Palermo, wohin es im vorigen Jahrhundert auf unbekanntem Weg gelangt ist.[26] Der etwa 48 cm hohe und 25 cm breite Stein ist auf allen Seiten unregelmäßig abgebrochen. Das Ägyptische Museum in Kairo konnte 1910 weitere Fragmente erwerben.[27] Wahrscheinlich stammen alle ursprünglich aus Memphis, der alten Metropole Ägyptens südwestlich von Kairo, in deren Ruinen man später noch zwei kleinere Bruchstücke gefunden hat.[28] Am wichtigsten sind die beiden großen Fragmente Palermo (P) und Kairo 1 (K 1). Ihre Position zueinander hat sich aufgrund der erhaltenen Texte mit ziemlicher Sicherheit bestimmen lassen, ebenso die der kleineren Fragmente K 3, London (L) und de Cenival (C).[29] Dagegen gehören K 2 und 4 offensichtlich zu einer zweiten, ähnlichen (älteren ?) Annalentafel, die in der Einteilung abwich[30]; aus dem größeren Bruchstück K 4 geht hervor, daß sie dicker und auf der Rückseite unbeschriftet war.

Beide Seiten der Platte sind durch waagrechte, parallele Linien in Reihen von unterschiedlicher Höhe eingeteilt: auf der Vorderseite oben schmalere, unten breitere Reihen, auf der Rückseite wesentlich größere. Diese Reihen werden durch kleine, senkrechte Trennungslinien in Form der Hieroglyphe „Jahr" 𓆳 in Felder eingeteilt, die Jahre darstellen. Die Namen der Könige, zu deren Regierungen sie gehören, waren in waagrechten Zeilen darüber angegeben, ungefähr über der Mitte ihrer Jahre; in den unteren Reihen der Rückseite, wo diese waagrechte Zeile fehlt, waren sie in das erste Jahrfeld ihrer Regierung eingesetzt. Die von Reihe zu Reihe unterschiedliche Breite der Jahrfelder in den Reihen 2-5 der Vorderseite ist offensichtlich darauf zurückzuführen, daß man in jeder Reihe nur ganze Regierun-

---

[25] D.B. Redford, Pharaonic King Lists, Annals and Day Books, Mississauga/Ontario 1986; v. Beckerath, in: Saeculum 29, 1978, 11-17; ders., LÄ II, Sp. 566-68.

[26] Der sog. „Stein von Palermo". H. Schäfer, Ein Bruchstück altägyptischer Annalen, Abh. Akad. Berlin 1902, Fragment P. Abbildung hier, Abb. 5.

[27] Gauthier, in: Le Musée Égyptien 3, 1915, 29-53: Fragmente K 1-4.

[28] Fragment L, in London, University College; Petrie, in: Anc. Egypt, 1916, 114-20. Fragment C (jetzt auch in Kairo): de Cenival, in: BSFE 44, 1965, 13-17.

[29] Zur Anordnung der Fragmente K 1, K 3, L und C siehe Abb 2.

[30] Von Barta, in: ZÄS 108, 1981, 22 entgegen dem Rekonstruktionsvorschlag von Helck, in: MDAIK 30, 1974, 34, überzeugend dargelegt.

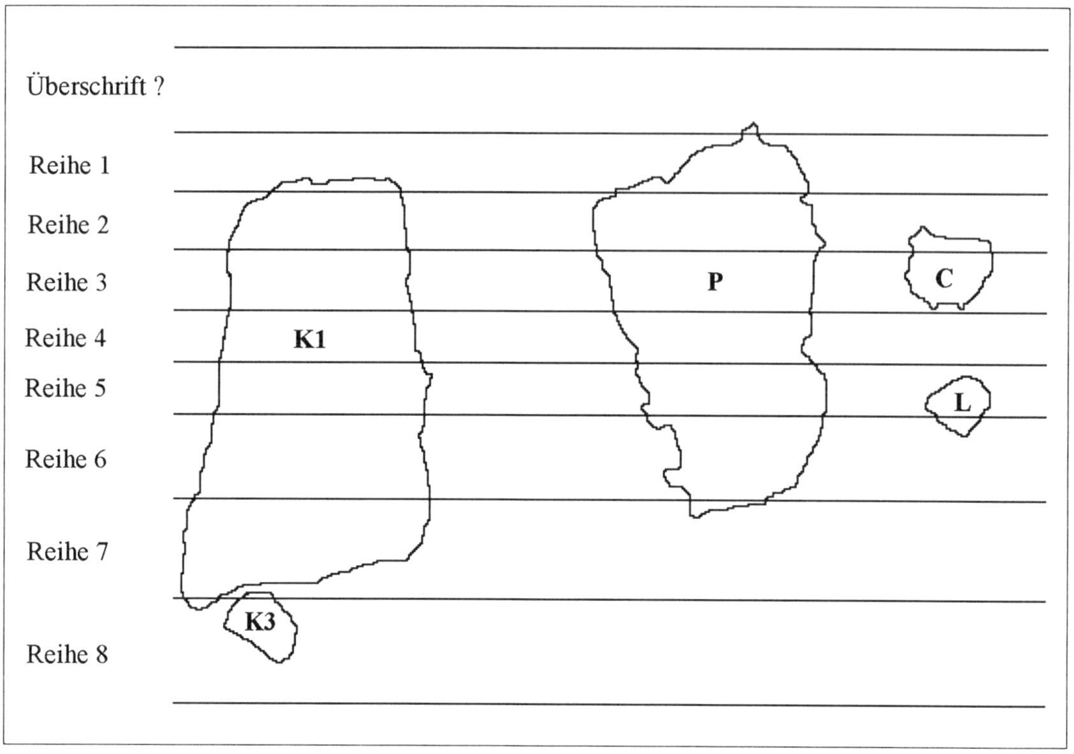

Abb. 2
Die Fragmente der Annalen

gen unterbringen wollte. Bei den erheblich breiteren Feldern in den unteren Reihen der Vorder- und auf der Rückseite war das allerdings nicht immer möglich.Aus den erhaltenen Resten dieser Annalen läßt sich noch erkennen, daß Reihe 2–5 der Vorderseite die Jahre der 1.–3. Dynastie enthielten, Reihe 6–10 der Vorder- und 1–2 der Rückseite die der 4. Dynastie (größtenteils verloren). Im restlichen Teil der Rückseite waren die Jahre der ersten Herrscher der 5. Dynastie verzeichnet. Die Tafel wird in der Mitte dieser Dynastie (unter König Ni-user-rê ?) angefertigt worden sein.

An einigen Stellen sind Regierungswechsel erkennbar. Dabei ist das Jahrfeld durch eine senkrechte Linie in zwei Teile geteilt. Ein Beispiel sehen wir auf P in der 5. Reihe (siehe S. 15, Abb. 3). Im ersten Teil ist die Zahl der Monate und Tage angegeben, die der alte Herrscher in diesem Jahr noch lebte; im zweiten wird die Thronbesteigung des neuen durch den Vermerk „Erscheinen des Königs von Oberägypten, Erscheinen des Königs von Unterägypten, Vereinigung der Beiden Länder, Umzug um die Mauer“ dargestellt. Die Dauer der Regierung eines Königs ergab sich, wenn man die Jahrfelder von Thronwechsel zu Thronwechsel zählte. Auf der Vorderseite der Annalentafel ist oben eine jetzt verlorene waagrechte Reihe mit einer Überschrift anzunehmen; auf der Rückseite war vermutlich am rechten, vorderen Rand eine senkrechte Zeile mit dem Namen des Pharao, der die Tafel aufstellen ließ, angebracht. In Reihe 1 der Vorderseite sind in schmalen Feldern, die keine Jahre darstellen, senkrecht die Namen von Königen eingetragen gewesen, die allerdings jetzt größtenteils abgebrochen sind. Jeder dieser Namen wird durch eine darunter dargestellte sitzende Königsfigur determiniert. Neun von diesen Namen sind noch ganz oder teilweise auf Fragment P lesbar. Die Königsfiguren tragen auf P die Rote, unterägyptische Krone. Auf K 1, wo die Namen gänzlich verloren sind, waren die drei ersten von rechts ebenfalls mit der Roten Krone geschmückt, die übrigen mit der einer Kombination der Ro-

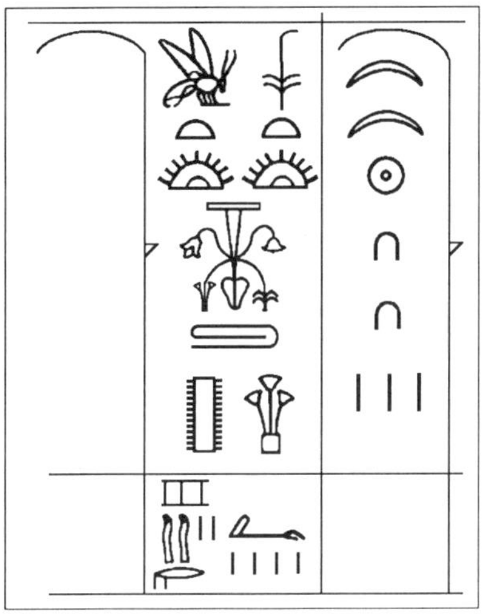

Abb. 3
Palermostein, Jahrfeld 5,7

ten Krone mit der Weißen Oberägyptens.[31] Es handelt sich in dieser Reihe offenbar um eine Liste von Herrschernamen aus der Zeit vor der 1. Dynastie, in der es noch keine Annalen gab. Da die Annalentafel gewiß memphitischen Ursprungs ist (ebenso wie die von ihr abgeleiteten Königslisten), sind die meisten dieser Könige als Unterägypter gekennzeichnet, während die letzten, links auf K 1, den oberägyptischen Königen entsprechen dürften, die schon vor der 1. Dynastie beide Landesteile beherrscht haben. Die Rekonstruktion ergibt, daß mindestens 9 gesamtägyptische und 48 unterägyptische Herrscher verzeichnet gewesen sein müssen, vermutlich mehr, doch werden ihre Namen nicht die gesamte Reihe ausgefüllt haben. Ob diese Namen auf zuverlässige Überlieferung zurückgehen, wissen wir nicht. Die wenigen erhaltenen Namen machen einen seltsamen, unägyptischen Eindruck, gehören sie doch der schriftlosen Vorzeit an.

In die Jahrfelder der folgenden Reihen sind die Vorkommnisse dieser Jahre eingetragen: religiöse Feste, Opferstiftungen der Könige, Errichtung von Bauwerken, Herstellung von Götterstatuen, gelegentlich auch einmal die Besiegung von Wüstenbewohnern. Diese Eintragungen dienten anfangs in Verbindung mit dem Namen des regierenden Pharao zur Datierung.[32] Von Anfang an ist in jedem zweiten Jahr das „Horusgeleit"[33] verzeichnet, dargestellt durch das Königsschiff mit dem Horusfalken. Es ist anscheinend nur in der Zeit des fünften Herrschers der 1. Dynastie, Hor Dewen, aus uns unbekannten Gründen unterblieben oder in den Annalen nicht angegeben worden. Ab Reihe 4, in der wir uns bereits in der Zeit der 2. Dynastie befinden, wird in den Jahren des Horusgeleits auch die zur Steuererhebung gehörige Zählung der Felder und anderer Güter vermerkt; die Zählungen sind in jeder einzelnen Regierung durchnumeriert. Sie fanden ebenfalls in dem zweijährigen Rhythmus statt, später auch öfter, wofür in Reihe 6 (Regierung des Senofru) ein Zeugnis vorliegt: dort folgt auf das Jahr der siebenten Zählung sogleich das der achten.Unter den Jahrfeldern ist jeweils die in jedem Jahr erreichte Höhe der Überschwemmung des Nils, Grundlage für die Besteuerung, in Ellen, Handbreiten und Fingern angegeben; sie schwankt zwischen einem Minimum von umgerechnet 53 cm und einem Maximum von 4,24 m und nimmt von der 3. bis zur 5. Dynastie im Durchschnitt allmählich ab.[34]

Wäre uns die Annalenplatte vollständig erhalten geblieben, so könnte man von ihr mit großer Wahrscheinlichkeit die Länge aller Regierungen von der 1. bis in die Mitte der 5. Dynastie ablesen. Immer wieder ist daher versucht worden, ihren ursprünglichen Umfang zu errechnen und dadurch die Zahl der Jahre der ersten Dynastien zu ermitteln. Die ersten derartigen Versuche[35] waren schon deshalb unzureichend, weil sie nur von der Tafel von Palermo ausgehen konnten. Die großen Jahrfelder der Rückseite sind, ebenso wie Reihe 6ff. der Vorderseite, zu unterschiedlich in ihrer Breite, um für

[31] Vgl. Breasted, in: BIFAO 30, 1930, 709-24.
[32] Zur Datierungsweise der Frühzeit siehe oben, I.1.4.
[33] Zum Horusgeleit oben S. 10, mit Anm. 22.
[34] Bei dem hier abgebildeten Beispiel sind es 4 Ellen, 2 Handbreiten und 2 Finger.- Zur Abnahme der durchschnittlichen Überschwemmungshöhe im Verlauf des 3. Jtsd. Butzer, LÄ IV, Sp. 480-83; Bell, in: Geographical Review 136, 1970, 569-73; Helck, in: ZÄS 93, 1966, 74-79.
[35] Sethe, in: UGAÄ 3, 1905, 42-49; Meyer, Chronologie, 181-294.

eine Rekonstruktion geeignet zu sein. Auch die mathematisch exakte Berechnung von Borchardt[36], die auf der Hypothese beruhte, die ungleichen Jahrfelder der Reihen 2–5 der Vorderseite müßten an den ursprünglichen Außenrändern der Platte in eine Linie zusammengefallen sein, hat sich als unhaltbar erwiesen. Ihr Ergebnis, das für die ersten Dynastien einen Regierungsdurchschnitt von mehr als 32 Jahren bedeutete, ist von Ed. Meyer[37] zu Recht als geschichtlich unglaubwürdig zurückgewiesen worden. Außerdem ging Borchardt davon aus, daß die beiden Fragmente P und K 1 von zwei verschiedenen, ähnlichen Exemplaren der Annalen stammten. Indessen konnte Reisner[38] aufgrund genauester Nachmessungen an den Originalen nachweisen, daß der Breitenunterschied zwischen den einzelnen Feldern in jeder Reihe auf e i n e m Fragment größer ist als im Vergleich der beiden Fragmente. Die Arbeit der ägyptischen Hersteller der Annalentafel war also viel zu ungenau, um darauf präzise Berechnungen aufbauen zu können.

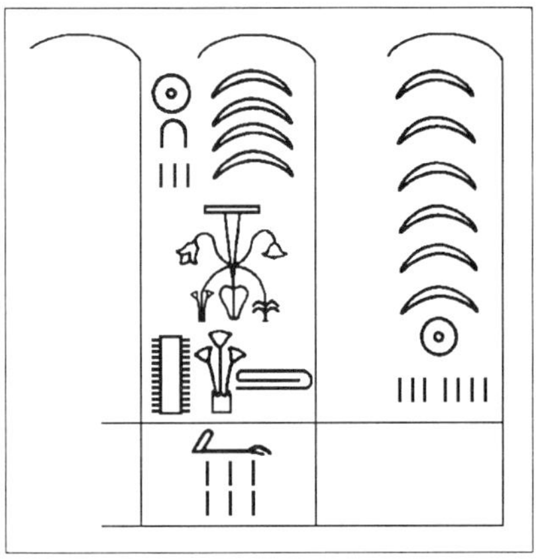

Abb. 4
Palermostein, Jahrfeld 2,2–3

In neuerer Zeit sind realistischere Vorschläge zur Rekonstruktion der Annalen vorgelegt worden.[39] Sie gingen von Zahlen aus, die nach anderen Quellen (Turiner Königspapyrus, korrigierter Manetho) zu vermuten sind, und beschränkten sich zunächst auf eine Wiederherstellung der Reihen 2-5 der Vorderseite, also die Zeit der ersten drei Dynastien.

In Reihe 2 steht auf K 1 über den Jahrfeldern der Name des dritten Königs der 1. Dynastie, Hor Djer (Athothis). Da in der gleichen Reihe auf P kein Name erscheint, muß die ganze Reihe vom dritten dort erhaltenen Jahrfeld ab von seiner Regierung eingenommen worden sein, wie man seit der Veröffentlichung der Kairener Fragmente allgemein annimmt. Während man aber zunächst rechts davon (also zeitlich vorher) die Regierungen der beiden Könige Hor Nar-mer (früher mit Menes gleichgesetzt) und Hor Aha vermutete, kann jetzt von der Identität des geschichtlichen Menes mit Hor Aha ausgegangen werden (s. unten S. 168-69). Zudem hat Helck[40] gezeigt, daß in Jahrfeld 2 und 3 dieser Reihe auf P die Regierung des zweiten Herrschers der Dynastie anzunehmen ist, die wegen ihrer kurzen Dauer kaum Spuren hinterließ und nur aus den späteren Königslisten zu erschließen ist – über den beiden kleinen Jahrfeldern war für seinen Namen kein Platz (s. Abb. 4). In Feld 2 ist mit 6 Monaten und 7 Tagen der Rest der Regierung des in diesem Jahr verstorbenen Königs, offenbar des Menes, verzeichnet. In Feld 3 ist wiederum ein Regierungsende (!) erkennbar (4 Monate 13 Tage), sowie die Thronbesteigung eines neuen Herrschers. Es sind mithin zwischen dem Tod des Menes und dem Regierungsantritt des Hor Djer etwa 10 Monate verstrichen – die Zeit des ephemeren Königtums des zweiten Königs der 1. Dynastie. Da zu dieser Zeit vermutlich noch der ursprüngliche Mondkalender in Gebrauch war (s. oben S. 7-8), könnte diese Regierung auch noch einen Monat länger gedauert haben, falls es sich um ein Mondschaltjahr gehandelt haben sollte.

[36] Borchardt, Annalen (passim).
[37] Meyer, Gesch. d. Altert., Nachtrag zu Bd. I, ^{2}1931, 40-56.
[38] Reisner, in: BIFAO 30, 1930, 709-24. Danach beträgt die Durchschnittsbreite der Jahrfelder in Reihe 2: 2,18 cm, in Reihe 3: 1,8 cm; in Reihe 4: 1,49 cm und in Reihe 5: 1,89 cm.
[39] Kaiser, in: ZÄS 86, 1961, 39-53; Helck, in: MDAIK 30, 1974, 31-35; ders., Untersuchungen zur Thinitenzeit, ÄA 45, 1987, 122-126; Barta, in: ZÄS 108, 1981, 11-23.
[40] Helck, in: ZDMG 103, 1953, 354-59.

Vor, das heißt rechts von dieser kurzen Regierung wird die Zeit des Menes gestanden haben. Da der Name des Hor Djer wahrscheinlich über der Mitte der ihm gehörigen Jahre steht, kann die Länge seines Königtums ungefähr geschätzt werden. Hierauf und auf dem Ansatz der Regierungsdauer des Menes auf etwa 32–35 Jahre (Manetho 62 J.) beruhen die verschiedenen Vorschläge, die in den letzten Jahrzehnten zur Rekonstruktion der Reihen 2–5 und zur Gesamtbreite der Annalentafel gemacht worden sind. Im einzelnen differieren sie immer noch beträchtlich, wie die folgende Übersicht zeigen soll – und damit auch die Vorstellungen über die Dauer der ersten drei Dynastien Ägyptens.[41]

Kaiser 1961	Barta 1981
Reihe 2: 74 Jahrfelder[42]	Reihe 2: 84 Jahrfelder
Reihe 3: 90 Jahrfelder	Reihe 3: 100 Jahrfelder
Reihe 4: 108 Jahrfelder	Reihe 4: 123 Jahrfelder
Reihe 5: 87 Jahrfelder	Reihe 5: 100 Jahrfelder

Helck 1974	Helck 1987
Reihe 2: 89 Jahrfelder	Reihe 2: 88 Jahrfelder
Reihe 3: 109 Jahrfelder	Reihe 3: 108 Jahrfelder
Reihe 4: 131 Jahrfelder	Reihe 4: 123 Jahrfelder
Reihe 5: 104 Jahrfelder	Reihe 5: 104 Jahrfelder

[41] Literatur siehe oben, Anm. 39.
[42] Die Randfelder an beiden Enden der Tafel stellen nur Jahresbruchteile (Anfang und Schluß einer Regierung) dar; zusammen bilden sie ein ganzes Jahr, so daß die Zahl der Jahre in jeder Reihe um eins niedriger ist als die der Felder.

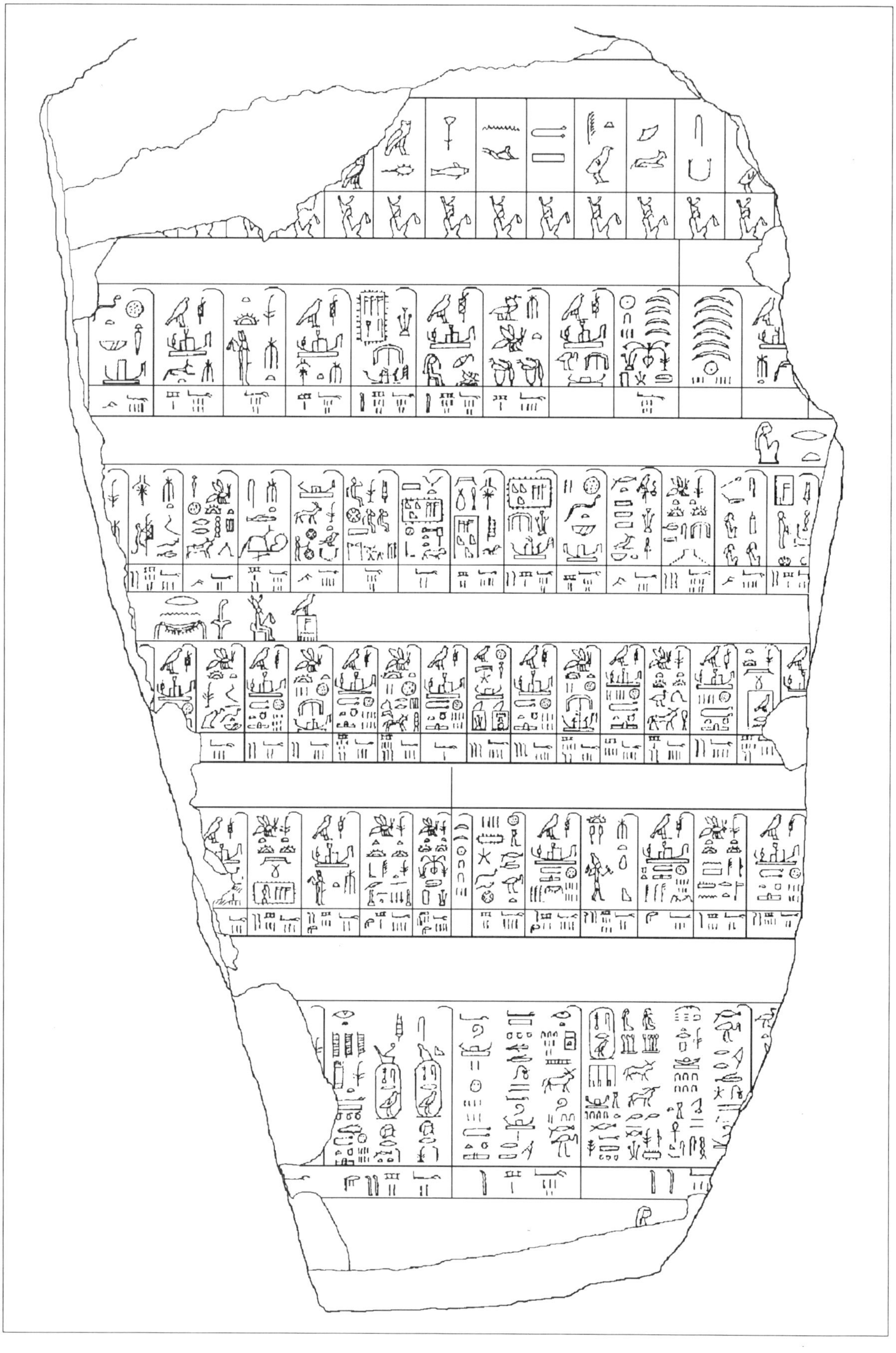

Abb. 5
Das Annalenfragment von Palermo (Vorderseite)

Daraus ergibt sich für Dynastie 1–3 der ägyptischen Geschichte eine geschätzte Dauer zwischen 354 und 424 Jahren. Meine eigene, versuchsweise Rekonstruktion der Annalentafel ist hier im Anhang E dargestellt.

Wahrscheinlich wurden in Ägypten auch später noch derartige Annalen geführt, doch haben sich davon nur geringe Spuren nachweisen lassen. Die Berichte Tuthmosis' III. über seine Feldzüge, die er im Tempel von Karnak verewigen ließ, werden nur deshalb als „Annalen" bezeichnet, weil dieser große Pharao im Verlauf von zwanzig Jahren fast in jedem Jahr ins Feld ausgerückt ist. Den wertvollsten Hinweis auf das Bestehen von Annalen in späterer Zeit geben uns Blöcke, die 1974 an der Stelle des antiken Memphis gefunden wurden.[43] Sie stammen von einer Tempelwand des Mittleren Reiches und waren als Sockel für eine Kolossalfigur Ramses' II. wiederverwendet worden. Etwa 40 senkrechte Zeilen sind teilweise erhalten geblieben; sie umfassen lediglich Teile von zwei Jahren aus der Regierung Ammenemes' II. (12. Dynastie). Die sehr detaillierten Angaben berichten über Opferstiftungen und Bauarbeiten, aber auch über die Aussendung von Expeditionstruppen. Die Daten sind leider mit dem Oberteil der Zeilen verlorengegangen; das zweite der erhaltenen Jahre beginnt mit dem Namen des Pharao.

2.2 Der Turiner Königspapyrus

Auch die aufgrund von Annalen erstellten Königslisten der ägyptischen Archive sind nicht erhalten geblieben. Sie mußten natürlich ständig bis zur jeweiligen Gegenwart ergänzt werden, wobei sich durch das wiederholte Abschreiben gewiß auch Fehler eingeschlichen haben werden – umso mehr, je weiter die Zeit zurücklag. Eine späte, bis an das Ende der 30. Dynastie reichende Liste muß auch der Geschichtsschreiber Manetho (s. unten, I.2.6) neben anderen Quellen benutzt haben.

Aus altägyptischer Zeit hat der Zufall uns nur die Fragmente einer etwas nachlässigen Abschrift einer solchen Liste erhalten, die ein Beamter oder Priester zur Zeit Ramses' II. (13. Jh.) auf die Rückseite einer nicht mehr benötigten Abgabenliste schrieb.[44] Die Papyrusrolle wurde in sicherlich nicht mehr unbeschädigtem Zustand um 1820 in der Nähe von Luxor zusammen mit anderen Schriftstücken gefunden und von B. Drovetti, dem französischen Konsul in Ägypten, nach Europa gebracht. 1824 erwarb sie das Kgl. Museum zu Turin, heute die größte Sammlung ägyptischer Papyri. Auf dem Transport war sie in unzählige kleine Stücke zerfallen, doch erkannte Champollion, der Entzifferer der Hieroglyphenschrift, bei einem Besuch in Turin an dem in jeder Zeile wiederholten Titel *ni-sut-bit* „König von Ober- und Unterägypten" sogleich, daß es sich um die Reste eines „canon royal", einer Königsliste, handeln müsse. Noch ohne Kenntnis der hieratischen Schrift[45] gelang es G. Seyffarth aufgrund der Papyrusfasern, der Schriftform und der Farbe, die Fragmente des „Königspapyrus" auszusondern, zu ordnen und ihre Zahl durch Zusammenfügen auf 164 größere und kleinere Stücke zu reduzieren. Seine Anordnung lag den ersten Veröffentlichungen des Textes durch R. Lepsius[46] und Sir

---

[43] Altenmüller u. Moussa, in: SAK 18, 1991, 1-48.
[44] Pap. Turin Nr. 1874. Reste einer einst etwa 1,80 m langen und 42 cm breiten Papyrusrolle. Abb. 6 zeigt als Beispiel die Fragmente der Kolumnen IV-V des Papyrus.
[45] Die handschriftliche Form der Hieroglyphenschrift.
[46] Auswahl, T. III-V (Facsimile der Rückseite des Papyrus). Die Anordnung der Fragmente ist z.T. noch unrichtig.

Gardner Wilkinson[47] zugrunde. Aber erst der große Historiker Ed. Meyer[48] erkannte um 1900 den wahren geschichtlichen Wert des Schriftstücks. Seit 1930 hat dann G. Farina, der damalige Direktor des Turiner Museums, mit Hilfe des Restaurators H. Ibscher eine neue Zusammensetzung der Fragmente durchgeführt und sie in einem Rahmen unter Glas montiert, so daß sie nun der Forschung zugänglich sind.[49] Eine neue Publikation beider Seiten des Papyrus (Königs- und Abgabenliste) kam 1959 aufgrund der Kollation durch Sir Alan Gardiner zustande.[50] Seither sind nur kleinere Verbesserungsvorschläge gemacht worden.[51] Zuletzt ist eine kritische Bearbeitung durch W. Helck[52] mit größeren Änderungen der Anordnung der letzten Kolumnen erschienen, der ich hier bis auf unbedeutende Abweichungen folge.

Angesichts der Bedeutung des Papyrus für die altägyptische Geschichte und Chronologie ist sein fragmentarischer Zustand zu beklagen. Wäre uns die ursprüngliche Schriftrolle unbeschädigt erhalten geblieben, besäßen wir eine vollständige chronologische Liste der Pharaonen von der 1. bis zur 17. Dynastie mit im ganzen zuverlässiger Angabe ihrer Regierungsdauer. Auch aus den Resten läßt sich noch erkennen, daß die Ägypter bis zurück in die Frühzeit ihrer Geschichte über eine auf korrekten, nicht mythisch-phantastischen Zahlen aufbauende Überlieferung verfügten – ganz im Gegensatz zu den übrigen Völkern des Altertums.[53] Natürlich beginnt auch ihre Königsliste, so wie sie uns der Turiner Königspapyrus überliefert, mit der Herrschaft der Götter und mit Dynastien von „Geistern" – aber das betrifft nur die Zeit vor der 1. Dynastie (sicher vor 3000), über die es keine schriftliche Kunde mehr gab.

Wie alle Dokumente des Neuen Reiches ist auch der Text des Turiner Königspapyrus (hinfort abgekürzt „Tur.") in Kolumnen zu 24-31 waagrechten Zeilen eingeteilt, die unseren Buchseiten entsprechen. Der obere Teil der I. Kolumne, der vermutlich einen einleitenden Text enthielt, ist verloren. Im Unterteil ist die irdische Herrschaft der neun großen Götter verzeichnet, auf die in den ersten 9 Zeilen von Kolumne II mehrere Dynastien von „Geistern" (*achu*) folgen. Die zugrundeliegende Tradition ist die der alten Zentren des Nordens, Memphis und Heliopolis an der Nahtstelle von Delta und Niltal. Zum Schluß werden hier die „Geister des Horusgeleits" aufgeführt, worunter vermutlich die oberägyptischen Könige zu verstehen sind, die schon geraume Zeit vor Menes, dem ersten Pharao der 1. Dynastie und der ägyptischen Geschichte, den Norden unterworfen hatten, wo sie der dortigen Bevölkerung beim „Horusgeleit" (s. oben S. 9) erschienen.

Nach einer Überschrift (Kol. II, Zl. 10) folgen die geschichtlichen Herrscher. Die Vorlage unserer Liste hatte bei jedem König neben der Zeit seiner Regierung in Jahren, Monaten und Tagen noch seine Lebensdauer verzeichnet. Die letztere Notiz hat unser Schreiber vom Beginn der 3. Dynastie ab (Kol. III, 4) weggelassen. Sie wird auch kaum zuverlässig gewesen sein, denn die erhaltenen Zahlen in Kol. II (1. und frühe 2. Dynastie) scheinen übertrieben. Die Regierungsjahre sind dort leider verloren.

---

47 The Fragments of the Hieratic Papyrus at Turin Containing the Names of Egyptian Kings, London 1851. Facsimile der Vorder- und Rückseite; Anordnung ebenfalls noch nicht richtig.
48 Chronologie, 105-14.
49 G. Farina, Il papiro dei Re restaurato, Roma 1938; leider mit unzureichenden Photographien.
50 The Royal Canon of Turin, Oxford 1959. Hieroglyphische Umschrift der Texte von Vorder- und Rückseite.
51 v. Beckerath, in: JNES 21, 1962, 140-47; ders., in: ZÄS 93, 1966, 13-20.
52 Helck, in: SAK 19, 1992, 151-216. Vgl. auch D.B. Redford, Pharaonic King Lists Annals and Day Books, Mississauga/Ontario 1986, 1-18; v. Beckerath, in: JEA 81, 1995, 225-27.

Vom Anfang der 3. Dynastie an fehlt nicht nur das Lebensalter, sondern der Schreiber hat, wohl aus Bequemlichkeit, bei den folgenden Königen auch die Monate und Tage ihrer Regierungsdauer weggelassen. So schreibt er bei König Djoser (Kol. III, 5): „Er regierte[54] Jahre 19, Monate —, Tage —; seine Lebenszeit —". Die Angaben über die Regierungszeit sind also unvollständig, was wir gelegentlich aus der Königsliste Manethos ersehen können, wo die betreffende Ziffer oft um eins höher, also zu ganzen Jahren aufgerundet, erscheint.[55] Erst von Kol. VI ab hat der Schreiber wieder die Monate und Tage bei den Regierungszahlen mitaufgeführt, beginnend beim vorletzten Herrscher der 12. Dynastie, also recht willkürlich.

Von den letzten Kolumnen des Tur. (IX-XIII) sind nur noch kleine, unzusammenhängende Fragmente erhalten.[56] Der weitaus größte Teil der Liste (Kol. VI-XIII) wird von den überaus zahlreichen, unbedeutenden Königen der II. Zwischenzeit (13.–17. Dynastie) eingenommen. Darunter befinden sich die Hyksos, Fremdherrscher aus Syrien-Palästina, die Ägypten 108 Jahre lang besessen haben, aber merkwürdigerweise auch etwa zwei Dutzend Könige mit erfundenen Namen, die kaum historisch sein können. Aus dem Text der Vorderseite (Abgabenliste) geht hervor, daß Kol. XIII der Königsliste deren letzte gewesen sein muß. Dort finden wir Königsnamen der 17. Dynastie, jedoch keine aus dem Neuen Reich: die Pharaonen des Neuen Reiches waren offenbar nicht mehr aufgenommen. Wir können daraus schließen, daß der Schreiber der Zeit Ramses' II. eine ältere Vorlage aus dem Anfang der 18. Dynastie verwendet hat.

Nur an einigen Stellen sind Überschriften und Summierungen von Gruppen von Herrschern erhalten geblieben, die den Dynastien der Tradition Manethos entsprechen:

Kol. I	Zeile	11:	[Überschrift ?]	
	Zl.	21–24:	Summierung	der Königtümer der Götter
Kol. II	Zl.	8– 9:	Summierung	der Dynastien der Geister
	Zl.	10:	Überschrift	
Kol. III	Zl.	26–[27]:	Summierung	der 1.– 5. Dynastie[57]
Kol. IV	Zl.	14–15:	Summierung	der 6.– 8. Dynastie
	Zl.	15–17:	Summierung	der 1.– 8. Dynastie
Kol. V	Zl.	10:	Summierung	der 9./10. Dynastie
	Zl.	11:	Überschrift	zur 11. Dynastie
	Zl.	18:	Summierung	der 11. Dynastie
	Zl.	19:	Überschrift	zur 12. Dynastie
Kol. VI	Zl.	3:	Summierung	der 12. Dynastie
	Zl.	4:	Überschrift	zur 13. Dynastie
Kol. X	Zl.	30 (?):	Summierung	der 14. Dynastie (?)
Kol. XI	[Zl.	1:	Überschrift	zur 15. Dynastie ?]
	Zl.	8 (?):	Summierung	der 15. Dynastie
Kol. XIII	Zl.	15:	Summierung	der 17. Dynastie

53 So sind die Zahlenangaben der Königsliste der Sumerer (3. Jtsd.) durchwegs phantastisch; auch Zahl und Reihenfolge der Könige sind unvollkommen. Die Zahlen der biblischen Überlieferung können erst seit der Teilung der Reiche Israel und Juda (930) als zuverlässig gelten.

54 Wörtlich: „Er verbrachte im Königtum ...".

55 Z.B. Tur., Kol. III, 18: König Sahu-rê 12 Jahre, bei Manetho 13 Jahre.

56 Während die älteren Rekonstruktionen diese Fragmente auf drei Kolumnen (IX-XI) verteilten, ergeben sich nach der neuesten Untersuchung von Helck, op.cit. in Anm. 52, deren fünf (IX-XIII).

57 Bis zum Ende der 5. Dyn. gibt es im Turin keine Summierungen und auch keine Dynastie-Einteilung.

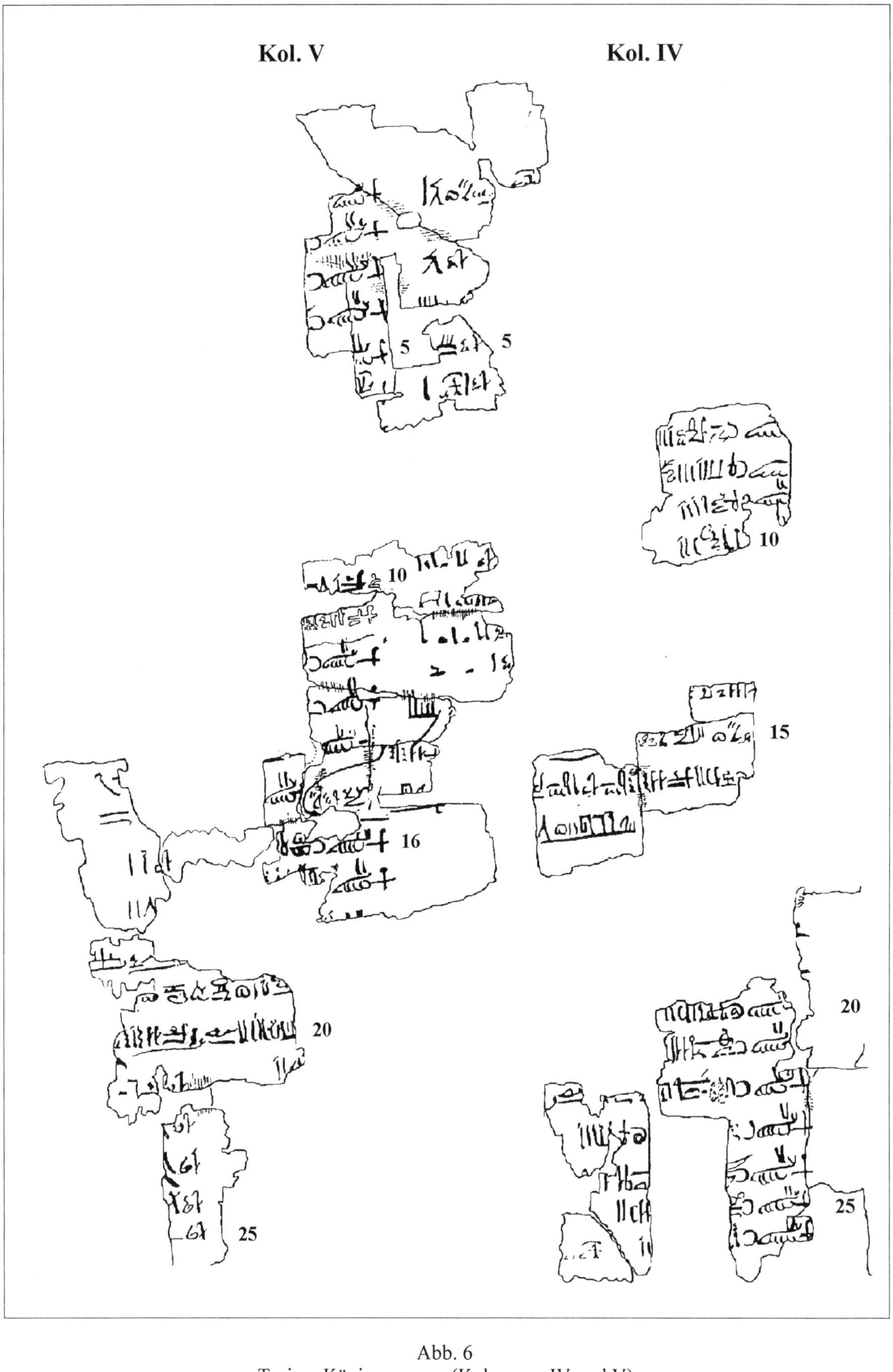

Abb. 6
Turiner Königspapyrus (Kolumnen IV und V)

Die oben erwähnte Formel „er regierte“ sollte eigentlich hinter jedem Königsnamen stehen, doch wird sie meist nicht ausgeschrieben, sondern nur das Wort „Jahr“ und die Ziffern angegeben, ebenso wie wir bei Listen Wiederholungszeichen setzen; zum Beispiel:

König A: er regierte	Jahre	r	Monate	s	Tage	t
König B:	Jahre	u	.	v	.	w
König C:	Jahre	x	.	y	.	z

Bei Unterbrechung der Liste durch eine Überschrift, eine Summierung oder eine neue Kolumne mußte die Regierungsformel natürlich wiederholt werden. Es gibt jedoch in dieser Königsliste eine Anzahl von Wiederholungen der Formel, für die keiner dieser Gründe vorliegt. Offenbar wurde die Liste von einer Vorlage abgeschrieben, die wesentlich kürzere Kolumnen aufwies; der Schreiber hat dann die in den ersten Zeilen dieser Kolumnen stehenden Formeln mechanisch mit abgeschrieben.[58] Solche urprünglichen Kolumnenanfänge sind noch in Kol. I, 14, Kol. II, 16, Kol. III, 5 und 19, Kol. IV, 22 etc. erkennbar.[59]

2.3 Königliche Ahnentafeln[60]

Die Königslisten der Archive, auf Papyrus geschrieben, dienten auch als Vorlage für die hieroglyphischen Königstafeln des Neuen Reiches, von denen uns vier erhalten sind. Sie waren an den Wänden von Tempeln angebracht, um die Vorgänger des regierenden Pharao an den Opfern teilnehmen zu lassen. Da nach dem Dogma alle legitimen Herrscher seit König Menes eine direkte Ahnenlinie bilden, sollten sie dort auch in ihrer Gesamtheit genannt werden. Der Zweck dieser Listen geht aus den Beischriften hervor. Auf der ältesten, der Königstafel Tuthmosis’ III. aus Karnak[61], steht der Pharao opfernd vor 61 sitzend abgebildeten Königen, denen jeweils der Name beigeschrieben ist. Der Text lautet: „König Men-cheper-rê (Tuthmosis III.), dem Leben, Dauer, Macht und Gesundheit gegeben seien wie Rê ewiglich. Ausführen eines *hetep-di-nisut*-Opfers („ein Opfer, das der König gibt“) für die Könige von Ober- und Unterägypten“. Diese Darstellung, die offenbar nicht auf den memphitischen Reichsannalen beruht, gibt nur eine scheinbar willkürliche und nicht chronologisch geordnete Auswahl von Herrschern. Vermutlich handelt es sich dabei um solche Könige, von denen zu Beginn des Neuen Reiches Statuen im Tempel von Karnak vorhanden waren.[62] Geschichtlich hat die „Karnaktafel“ nur dadurch einige Bedeutung, daß sie auch (in Theben anerkannte) Herrscher aus der I. und II. Zwischenzeit nennt, die in den anderen Listen fehlen.

---

58 Hierzu Helck, Manetho, 84; Malek, in: JEA 68, 1982, 93-106; Barta, in: GM 64, 1983, 11-13; v. Beckerath, in: SAK 11, 1984, 49-57.

59 Vollständige Übersetzung des Textes der Königsliste des Papyrus im Anhang F.

60 Übersicht und ausführliche Behandlung bei D.B. Redford, Pharaonic King Lists, Annals and Day Books, 18-59.

61 Jetzt im Louvre. Lepsius, Auswahl, T. I; A. Prisse d’Avennes, Monuments égyptiens, Paris 1847, T. I; Urk. IV, 608-10.

62 Maspero, in: ASAE 2, 1901, 281 und 3, 1902, 189; Wildung, Rolle ägyptischer Könige, 60-63.

Ein kleines Bruchstück, vielleicht von einer noch älteren Königstafel aus der Zeit Amenophis' I., mit Angabe der darzubringenden Opfer, wurde ebenfalls in Karnak, verbaut in einem späteren Pylon, gefunden.[63]

Wirkliche königliche Ahnentafeln befanden sich in den Tempeln, die Sethos I. und Ramses II. (19. Dynastie) für ihren Totenkult beim Heiligtum des Osiris zu Abydos errichteten. Die vollständig erhaltene Tafel Sethos' I.[64] befindet sich noch jetzt an ihrem ursprünglichen Anbringungsort. Sie nennt in zwei übereinander angeordneten Reihen die Namen von 76 Pharaonen, beginnend mit Menes und endend mit dem Stifter. Es fehlen lediglich einige später als nicht rechtmäßig angesehene Herrscher sowie die Könige der Zwischenzeiten.

Im danebenliegenden Tempel Ramses' II., des Sohnes und Nachfolgers Sethos' I., befand sich eine nur in unbedeutenden Einzelheiten abweichende Abschrift dieser Tafel[65], von der jedoch ein großer Teil zerstört ist; die Reste werden im Britischen Museum aufbewahrt. Die Königsnamen waren hier in drei Reihen zu je 26 Namen angeordnet; insgesamt umfaßte die Tafel also einmal 78 Namen. Da vom Stifter Ramses II. sowohl der Thronname als auch der Eigenname angegeben sind, also zwei Namensringe, bleiben für seine Vorgänger seit Menes 76 Namen, in Übereinstimmung mit der Tafel seines Vaters.

Eine weitere Königstafel, gleichfalls aus der Zeit Ramses' II., wurde an einem Ort entdeckt, an dem man sie nicht vermutet hätte, nämlich im Grab des memphitischen Priesters Tjuloy in Saqqâra, dem Friedhof von Memphis (heute im Museum von Kairo).[66] Dieser Mann war im Tempel des Ptah mit den täglichen Opfern für die verstorbenen Könige betraut gewesen; er hat sich deshalb in seinem Grab eine Abschrift der vermutlich damals in diesem Tempel vorhandenen Königstafel anbringen lassen, wodurch er die Fürbitte dieser vergöttlichten Könige erhoffte. Auch hier sind die Namen in chronologischer Folge aufgeführt; offenbar aber hat man sich bei der Auszählung geirrt, denn die rückwärts (von Ramses II. zurück bis zur Frühzeit) angeordnete Liste reicht nur bis zum sechsten Herrscher der 1. Dynastie zurück. Für die ersten fünf Könige war kein Platz mehr und man hat sie unbekümmert weggelassen. Auch sonst enthält die Tafel einige Fehler[67] und zum Teil sicher versehentliche Auslassungen. Sie nennt dafür aber auch Herrscher des Alten Reiches, die die Listen von Abydos als illegitim übergehen. Bei Auswahl und Schreibung der Namen zeigt sich, daß die Tafel von Saqqâra auf eine abweichende Version der Königsliste zurückgeht.

Beide Versionen lassen die Könige der I. und II. Zwischenzeit aus, doch nennt Abydos am Ende des Alten Reiches noch 17 Namen, die der 8. Dynastie Manethos entsprechen. Diese Könige waren unbedeutend, ephemer und ziemlich machtlos, doch gab es offenbar zu ihrer Zeit keine anderen Herrscher in Ägypten. Dagegen fehlen auf allen Tafeln die Herrscher der herakleopolitischen 9./10. Dynastie, die anscheinend nur den Norden des Landes innehatten, sowie die mit ihnen gleichzeitigen ersten vier Könige der thebanischen 11. Dynastie. Der fünfte Herrscher dieser Dynastie, Ment-hotpe II., der Ägypten wiedervereinigte, wird wiederum überall genannt.

---

63 Habachi, in: ASAE 55, 1958, 185-86, T. IV.

64 A. Mariette, Abydos, I, Paris 1869, T. 43; Meyer, Chronologie, T. I (oben); KRI I, 178-79. Siehe Anhang G.

65 British Museum 117. F. Arundale – J. Bonomi, Gallery of Antiquities, London 1840, T. 29; Lepsius, Auswahl, T. II; KRI II, 540-41.

66 Kairo CG 34156. Mariette, Mon.div., T. 58; Meyer, Chronologie, T. I (unten); KRI III, 481-82. Photo bei Wildung, Rolle ägypt. Könige, T. I. Siehe hier, Anhang H.

67 So sind die Könige der 11. und 12. Dyn. in umgekehrter Folge wie die übrigen aufgeführt.

Die Tradition der Tafel von Saqqâra steht der des Turiner Königspapyrus und Manethos näher. Die Besonderheit der Tafeln von Abydos kann jedoch nicht als oberägyptische Tradition erklärt werden, denn die Bauten der Ramessiden in Oberägypten wurden nachweislich von memphitischen Künstlern dekoriert. Man könnte daher vielleicht eher an memphitische Tradition der Tafeln von Abydos und heliopolitanische der übrigen Königslisten denken.

Eine Festdarstellung im Tempel von Medinet Habu, dem Totentempel Ramses' III.[68], ist insofern wertvoll, als sie eine Fortsetzung der Königstafeln zu bieten vermag. Bei dem abgebildeten Fest des Gottes Min werden die Figuren der Vorgänger des Pharao, beginnend mit Amenophis III., sowie seine eigene mitgeführt – in chronologischer Reihenfolge, jedoch unter Übergehung einiger als nicht rechtmäßig betrachteter Pharaonen: der Könige der Amarna-Zeit und zweier Herrscher der späten 19. Dynastie. So fügt diese Darstellung den Reihen der Königstafeln von Abydos und Saqqâra noch vier Nachfolger Ramses' II. hinzu (siehe die Tabelle auf S. 27-28).

Kürzere Königsreihen, fast ausschließlich Herrscher des Neuen Reiches umfassend[69], finden sich noch im Ramesseum (ähnliche Darstellung wie in Medinet Habu)[70], im Grab des Amen-mose[71], auf einem Ostrakon aus Theben-West[72] sowie in den Papyri Turin 1877 (Tempelinventar)[73], Kairo 58033, Turin 54042[74] und Chester Beatty IX (Amenophis-Ritual).[75] Sie bieten jedoch nur eine Bestätigung der Reihen von Abydos und Saqqâra.

Einen Vorläufer solcher königlicher Ahnenreihen fand man auf einem Block von einer Tempelwand in et-Tôd (südlich von Luxor). Dort ist Ment-hotpe II. aus der 11. Dynastie, der Ägypten am Ende der I. Zwischenzeit wiedervereinigte, abgebildet, gefolgt von seinen drei Vorgängern An-jotef I., II. und III.[76] Einer von ihnen, An-jotef II. (Hor Wah-anch), hat in ein Heiligtum auf der Insel Elephantine neben seiner eigenen eine Statue seines Ahnen, des Dynastiegründers Ment-hotpe I., gestiftet.[77] Durch diese Denkmäler wird die Reihe der Herrscher der 11. Dynastie vervollständigt, von der die Königstafeln nur die beiden letzten aufführen. Zu erwähnen wäre hier endlich noch, daß Gefäße vom Ende der 1. Dynastie uns die Namen des fünften bis achten Königs dieser Dynastie in richtiger Reihenfolge überliefern.[78]

---

[68] Epigr. Survey, Medinet Habu, IV, 1940, T. 207-08; KRI V, 205 (IV A). Siehe Anhang I.
[69] Ramesseum hat außerdem Menes und Ment-hotpe II., das Amenophis-Ritual Ment-hotpe II., Sesostris I. und Kamose, Pap.Turin 1877 Sesostris I., das Amen-mose-Grab Ment-hotpe II.
[70] Epigr.Survey, op.cit., T. 213-14; Champollion, Monuments, II, 149-50; LD III 162-63; KRI V, 205 (IV B).
[71] Thebanisches Grab 19. Champollion, op.cit., T. 184,2; KRI III, 392.
[72] Kairo CG 25646. J. Černý, Ostraca hiératiques, 1935, 48, T. 68*. Siehe Anhang J.
[73] Pleyte-Rossi, Papyrus de Turin, Leiden 1876, T. 11-15.
[74] G. Bacchi, Il rituale di Amenhotpe I, Torino 1942.
[75] A.H. Gardiner, Hieratic Papyri in the British Museum., III, 1935, 95, T. 55.
[76] Kairo JE 66331-2. Vandier, in: BIFAO 36, 1936, 101-16. S. unten, S. 140, Abb. 10.
[77] L. Habachi, Elephantine, IV. The Sanctuary of Heqaib, Mainz 1985, 109-10, Nr. 97-98, T. 187-90.
[78] Lacau – Lauer, Pyramide à degrés, IV, T. IV Nr. 19-21. S. unten, S. 169, Abb. 11.

Tabelle 1. Vergleichende Übersicht der ägyptischen Überlieferung

ABYDOS			SAQQARA		TURIN	
1	Meni				2.10	Meni
2	Teti				2.11	It[i ?]
3	Iteti				2.12	…
4	Ita				2.13	Itetiu
5	Sepati	(a)			2.14	Qenti
6	Mer-bia-pe	(b)	58	Mer-bia-pen	2.15	Mer-ba-pen
7	Semsu (?)	(c)		-	2.16	Semsem
8	Qebeh	(d)	57	Qebehu	2.17	[Qe]beh
9	Bedjaw		56	Biw-nuter	2.18	Biw-[nuter]
10	Ka-kaw	(e)	55	Ka-kaw	2.19	[Ka]-kaw
11	Bi-en-nuter		54	Bi-nutri	2.20	[Bi]-en-nuter
12	Wadj-nes	(f)	53	Wadj-las	2.21	[Wadj-ne]s
13	Senedi		52	Senedj	2.22	Senedj
	-		51	Nefer-ka-rê	2.23	Nefer-ka(-rê)
	-		50	Nefer-ka-sokar	3.1	Nefer-ka-sokar
	-		49	Hu-djefa	3.2	Hu-djefa
14	Djadjai	(g)	48	Bebi	3.3	Bebti
15	Neb-ka			-	3.4	Neb-ka
16	Djoser-sa		47	Djoser	3.5	Djoser-it
17	Teti		46	Djoser-teti	3.6	Djoserti
18	Sedjes			-	3.7	[Hu]-djefa
19	Nefer-ka-rê		45	Neb-ka-rê		-
			44	Huni	3.8	Hu[ni]
20	Senofru		43	Senofru	3.9	Senofer
21	Chufu		42	Chufu<f>	3.10	…
22	Djedef-rê		41	Djedef-rê	3.11	…
23	Cha'ef-rê		40	Chawef-rê	3.12	Cha[ef-rê]
	-		39	…	3.13	…
24	Men-kaw-rê		38	…	3.14	…
25	Schepses-kaf		37	…	3.15	…
	-		36	…	3.16	…
	-		35	…		-
26	Userkaf		34	User-ka[f]	3.17	[User]-ka-[rê !]
27	Sahu-rê		33	Sahu-rê	3.18	…
28	Kakai		32	Nefer-ir-ka-rê	3.19	…

(a) Denkm. Chasti. (b) Denkm. Mer-pe-bia. (c) Denkm. Iri-nebti. (d) Denkm. Qa-a-nebti. (e) Denkm. Nub-nofer. (f) Denkm. Weneg-nebti. (g) Denkm. Cha-sechemui.

ABYDOS			SAQQARA		TURIN	
	-		31	Schepses-ka-rê	3.20	…
29	Neferef-rê		30	Cha-nefer-rê	3.21	…
30	Ni-user-rê			-	3.22	…
31	Men-kaw-hor		29	Men-ka-hor	3.23	Men-ka-hor
32	Djed-ka-rê		28	Maa(!)-ka-rê	3.24	Djed(-ka-rê)
33	Unas		27	Unas	3.25	Unas
34	Teti		26	Teti	4.1	…
35	User-ka-rê			-	4.2	…
36	Meri-rê	(a)	25	Pepi	4.3	…
37	Mer-en-rê	(b)	24	Mer-en-rê	4.	…
38	Nefer-ka-rê	(c)	23	Nefer-ka-rê	4.5	…
39	Mer-en-rê					
	Djefa-em-saf	(d)		-	4. 6	…
	-			-	4. 7	Neit-aqerti
40-56	17 Könige			-	4. 8-13	6+x Könige
	-			-	4.18-5.9	18 Könige
	-			-	5.12-15	4 Könige
57	Neb-hapet-rê	(e)	13	Neb-hapet-rê	5.16	Neb-hapet-rê
58	Se'anch-ka-rê	(f)	14	Se'anch-ka-rê	5.17	Se'anch-ka-[re]
59	Sehetep-ib-rê	(g)	15	Sehetep-ib-rê	5.20	[Sehet]ep-ib-[rê]
60	Cheper-ka-rê	(h)	16	Cheper-ka-rê	5.21	[Cheper]-ka-[rê]
61	Nub-kaw-rê	(i)	17	Nub-ka-rê	5.22	…
62	Cha-cheper-rê	(j)	18	Cha-cheper-rê	5.23	…
63	Cha-kaw-rê	(k)	19	Cha-ka-rê	5.24	…
64	Ni-maat-rê	(l)	20	Ni-[maat-rê]	5.25	…
65	Maa-cheru-rê	(m)	21	Maa-cheru-rê	6.1	Maa-cheru-rê
	-		22	Ka-sobek-rê	6.2	Nefru-sobek<rê>
	-			-	6.5-7.26	50 Könige (?)
	-			-	?	x Könige
	-			-	?	6 Hyksos
	-			-	?	x Könige
66	Neb-pehti-rê	(n)	12	Neb-pehti-rê		
67	Djeser-ka-rê	(o)	11	Djeser-ka-rê		
68	A-cheper-ka-rê	(p)	10	…		
69	A-cheper-en-rê	(q)	9	…		
70	Men-cheper-rê	(r)	8	…		
71	A-chepru-rê	(s)	7	…	MEDINET HABU	
72	Men-chepru-rê	(t)	6	…		
73	Neb-maat-rê	(u)	5	…	9	Neb-maat-rê
74	Djeser-chepru-rê sotep-en-rê	(v)	4	… [sotep]-en-[rê]	8	Djeser-chepru-rê sotep-en-rê

(a) Pepi I. (b) Nemti-em-saf I. (c) Pepi II. (d) Nemti-em-saf II. (e) Ment-hotpe II. (f) Ment-hotpe III. (g) Ammenemes I. (h) Sesostris I. (i) Ammenemes II. (j) Sesostris II. (k) Sesostris III. (l) Ammenemes III. (m) Ammenemes IV. (n) Amosis I. (o) Amenophis I. (p) Tuthmosis I. (q) Tuthmosis II. (r) Tuthmosis III. (s) Amenophis II. (t) Tuthmosis IV. (u) Amenophis III. (v) Har-em-hab.

ABYDOS		SAQQARA	MEDINET HABU
75 Men-pehti-rê	(a)	3 Men-[pehti-rê]	7 Men-pehti-rê
76 Men-maat-rê	(b)	2 Men-[maat-rê]	6 Men-maat-rê
		1 [User-maat-rê] sotep-en-rê (c)	5 User-maat-rê sotep-en-rê
			4 Bi-en-rê mer-amun (d)
			3 User-chepru-rê mer-amun (e)
			2 User-cha'u-rê mer-amun (f)
			1 User-maat-rê mer-amun (g)

(a) Ramses I. (b) Sethôs I. (c) Ramses II. (d) Mer-en-ptah. (e) Sethôs II. (f) Seth-nachte. (g) Ramses III.

2.4 Biographien und Genealogien von Würdenträgern

Auch die Inschriften nicht-königlicher Personen – meist hohe Beamte und Priester – enthalten oft wertvolle Informationen zur Folge und Regierungsdauer der Pharaonen. So zählen Funktionäre des Alten Reiches in den biographischen Texten ihrer Gräber bei den Pyramiden von Giza und Saqqâra gelegentlich die Herrscher auf, unter denen sie amtierten. Dabei ist zu berücksichtigen, daß die Laufbahn eines ägyptischen Beamten höchstens etwa 50 Jahre umfaßt haben kann. Schepses-ptah, Oberpriester des Ptah von Memphis, der seine Kindheit am Hof des Mykerinos (4. Dynastie) verbracht hatte, bekleidete noch unter Ni-user-rê (Mitte 5. Dynastie) die Würde eines Priesters am Sonnenheiligtum dieses Königs[79]; die dazwischenliegenden Regierungen können demnach nicht länger als ungefähr 50 Jahre gedauert haben. Ebenso bezeichnet sich ein Neter-pu-nisut als Diener („Besitzer von Versorgung") bei den Pharaonen Djedef-rê bis Sahu-rê[80], und der Prinz Sechem-ka-rê, ein Sohn des Chephren, diente seinem Vater und den Königen Mykerinos, Schepses-kaf, User-kaf und Sahu-rê.[81] Daß zur Zeit der thebanischen 11. Dynastie ein Mann unter den Königen An-jotef II. und III. sowie Ment-hotpe II. amtierte[82], ergibt für die Regierungslänge dieser Herrscher nicht viel, ist aber von Wert für die Aufstellung der Königsreihe dieser Dynastie, von der die königlichen Ahnentafeln nur die beiden letzten aufzählen.

Auch für die Frage der Herrschaftsdauer der ersten Pharaonen des Neuen Reiches (um 1500) sind die Laufbahnen einiger Beamter von Bedeutung.[83] In der 20. Dynastie lebten etliche Personen, darunter der thebanische Hohepriester Ramesse-nachte[84] und Setaw, Priester von Elkab[85], von Ramses III. bis IX.; sie überlebten somit die verhältnismäßig kurzen Regierungen Ramses' IV. bis VIII.

In der III. Zwischenzeit (21.–25. Dynastie) und in der Spätzeit stellten Amtsinhaber, zumeist in priesterlichen Funktionen, oft lange Reihen von Vorfahren auf, um ihr erbliches Anrecht auf Pfründe,

[79] Urk. I, 51-53.
[80] LD II, 41 a; Urk. I, 66 unten.
[81] Urk. I, 166 oben.
[82] J.J. Clère – J. Vandier, Textes de la Ière Période Intermédiaire et de la XIème dynastie, Bi.Aeg. X, Bruxelles 1948, 19; Übersetzung W. Schenkel, Memphis-Herakleopolis-Theben, ÄA 12, 1965, 226-27.
[83] Ah-mose S. d. Abina, Urk. IV, 1-11; Amen-em-hat, Borchardt, Zeitmessung, T. 18; Vizekönig Seni, Urk. IV, 39-41; Ah-mose Pen-nechab, ebd. 32-39; Aneni, ebd. 53-62; Ah-mose Pen-jati, ebd. 51-52; Neb-amun, ebd. 145-63; Seni-mose, ebd. 1065-70. Vgl. Gabolde, in: SAK 14, 1987, 70-72; v. Beckerath, in: SAK 17, 1990, 67-70.
[84] G. Lefebvre, Histoire des Gr. Prêtres d'Amon à Karnak, Paris 1929, 177-83; H. Kees, Das Priestertum im ägyptischen Staat vom Neuen Reich bis zur Spätzeit, Leiden-Köln 1953, 123-27; KRI V, 399, VI, 87-90, 518-19, 531.

die schon lange im Besitz ihrer Familie gewesen seien, zu begründen. Es ist offenbar, daß sie dabei für weiter zurückliegende Generationen durchwegs höhere Stellungen (Wezire, Oberpriester und dgl.) fingierten. So behauptet ein Bauleiter Chnem-ib-rê, der in der Zeit der Perserherrschaft unter Dareios I. lebte, von dem weisen Im-hotep abzustammen, der zur Zeit des Königs Djoser (3. Dynastie) den monumentalen Steinbau erfunden haben soll.[86]

Ein besonderes Denkmal dieser Kategorie ist eine Grabwand im Berliner Museum, die sogenannte „Memphitische Priestergenealogie".[87] Ein Priester namens Anchef-en-sachmet, der unter Schoschenq V. am Ende der 22. Dynastie (um 735) lebte, hat dort sich und seine angeblichen Ahnen in vier übereinander angeordneten Reihen zu je 15, insgesamt also 60 Figuren abbilden lassen; bei jedem steht sein Name und Titel sowie „Sohn des", bezüglich auf die die vorhergehende Generation darstellende Figur. Der Generationsdurchschnitt ist in Ägypten, unter Berücksichtigung der Wahrscheinlichkeit, daß infolge der Kindersterblichkeit oftmals ältere Brüder früh und kinderlos starben, mit etwa 22,5 Jahren zu veranschlagen. Das ergibt für die gesamte Genealogie etwa 1350 Jahre (etwa 2085-735 v. Chr.). Höchst bedeutsam für die Chronologie wäre nun die bemerkenswerte Tatsache, daß diese Genealogie bei einer Reihe von Ahnen die Namen der Könige hinzusetzt, in deren Zeit sie gelebt haben sollen. Dabei scheint dem Stifter eine recht zuverlässige Königsliste zur Verfügung gestanden zu haben, denn der drittälteste Vorfahr, der unter Ment-hotpe II. (11. Dynastie) datiert wird, käme nach unserer Generationsrechnung in die Zeit um 2040, was erstaunlich zur Regierungszeit dieses Herrschers paßt. Aber bereits der Abstand zu Ammenemes I., dem Begründer der 12. Dynastie, wird hier mit sieben Generationen angegeben, während es in Wirklichkeit nur zwei sein dürften. Andererseits bringt die Ahnentafel in der gewiß nicht kurzen Regierung Ramses' II. (66 Jahre) vier Generationen unter und läßt hierauf zwei Generationen später schon einen Herrscher aus der 21. Dynastie folgen. Hier scheint also zumindest die gesamte 20. Dynastie, die sicher mehr als ein Jahrhundert herrschte, übersprungen zu sein. Diese groben Fehler lassen es als aussichtslos erscheinen, mittels dieser Ahnentafel auch nur ungefähr die Datierung der dort genannten Könige zu ermitteln. Dementsprechend ist festzustellen, daß zwar die Angehörigen der letzten 12 Generationen mittlere Priesterränge, so wie der Stifter, einnehmen, ihre Vorfahren aber zumeist als Hohepriester des Ptah bezeichnet sind. Sie sind jedoch in der Zeit der angegebenen Herrscher nicht zu belegen; auch passen die Eigennamen dieser Ahnen meist nicht zu der Zeit, in die sie datiert werden.

Eine Übersicht soll die (wohl meist fiktive) Zuweisung der 60 Generationen zu bestimmten Regierungen darlegen:

[85] Gardiner, in: ZÄS 48, 1910, 47-61; KRI V, 430, VI, 555-59.
[86] LD III,275a; Couyat-Montet, Ouâdi Hammâmât, 68-69, T. 22; G. Posener, La première domination perse en Egypte, Le Caire 1936, 98-105.
[87] Berlin 23673. Borchardt, Mittel, 96-111, T. 2.

1.–2. Generation (auf der Tafel zerstört)		
3.	Ment-hotpe II.	(11. Dynastie)
10.	Ammenemes I.	(12. Dynastie)
11.	Sesôstris I.	"
12.	Ammenemes II.	"
13.–15.	Sesôstris III.	"
16.–17.	(zerstört)	"
18.	Abai	(13. Dynastie)
19.	Eo-qen	"
25	Scharek	(15. Dynastie)
26	Apophis	"
27.	Amosis I.	(18. Dynastie)
29.	Amenophis I.	"
32.	Tuthmosis III.	"
34.–35.	Amenophis III.	"
38.	Har-em-hab	"
39.–40.	Sethos I.	(19. Dynastie)
41.–44.	Ramses II.	"
45.	(zerstört)	
46.	Amen-em-nisut	(21. Dynastie)
47.	Psusennes I.	"
48.	Psusennes (I. ?)	"
49.	Psusennes (II. ?)	"
50.–60.	Keine Angaben, ebenso wie bei den hier nicht angeführten Generationen.	

Eine andere Genealogie, die ebenfalls zum Nachweis alter Ansprüche verfaßt wurde, jedoch hinsichtlich der Generationen offensichtlich historisch ist, gibt uns zugleich wichtige Hinweise für die Herkunft der libyschen 22. Dynastie und die Reihe ihrer ersten Könige. Es handelt sich um eine der zahlreichen Stelen, die beim Tod eines heiligen Apis-Stieres in dessen Gruft im Serapeum von Saqqâra aufgestellt wurden. Der Stifter, ein Priester der Göttin Neith namens Pe-son-hor, gehört einer verarmten Nebenlinie des Herrscherhauses an, die von dem General und Hohenpriester Nemalot, einem Sohn König Osorkons II., abstammt.[88] Dessen Titel schreibt Pe-son-hor auch seinem eigenen Vater und den übrigen vier Generationen zwischen diesem und Nemalot zu, obgleich sie, die vielleicht illegitimer Abkunft waren, diese sicher nie innehatten. Geschichtlich ist aber jedenfalls die Reihe der Könige der frühen 22. Dynastie (wobei lediglich der frühverstorbene ältere Bruder eines dieser Herrscher zu fehlen scheint) und wohl auch, daß Pe-son-hor in sechster Generation von König Osorkon II. abstammt.

Genauere Daten ergeben sich aus den Inschriften weiterer Apis-Stelen und aus Stelen von Priestern mit biographischen Angaben, wie man sie vor dem Ende der III. Zwischenzeit noch nicht kannte (siehe unten I.5.3 und II.1.4). Aus derartigen Angaben lassen sich natürlich wertvolle Schlüsse für die Zeitbestimmung der betreffenden Epoche ziehen.

[88] Catalogue Sérapéum, 30–31 (Nr. 31), t. 11. Siehe hier Abb. 7.

Abb. 7
Serapeum-Stele des Pe-son-hor (Catalogue Sérapéum, T. X, Nr. 31)

2.5 Griechische Historiker

Die erste Bekanntschaft der Griechen mit dem Land am Nil spiegelt sich schon in der Sagenüberlieferung wider (das hunderttorige Theben bei Homer[89], Herakles' Kampf mit Busiris, u.a.). Besonders die weltoffenen, abenteuerlustigen Ionier von der Westküste Kleinasiens kamen schon früh mit Ägypten in engere Berührung, als unter Psametik I. (664–610) zahlreiche ionische Griechen sowie Karer als Söldner angeworben wurden; sie bildeten damals die Hauptstütze der Pharaonen. Ihnen folgten alsbald Kaufleute, die in der Stadt Naukratis im westlichen Nildelta einen Handelsstützpunkt errichteten.

Am Anfang der griechischen Geschichtsschreibung stehen ebenfalls zwei Ionier: Hekataios von Milet (um 560–490) und Herodot von Halikarnass (etwa 484–425). Als vielgereiste Männer schildern sie Länder und Völker der ihnen bekannten Welt. Hekataios, dessen Werk uns bis auf Fragmente verloren ist[90], hat auch Ägypten besucht, offenbar noch vor dessen Eroberung durch die Perser (525). Dabei sollen ihm, der noch glaubte, in der 16. Generation von einem Gott abzustammen, die ägyptischen Priester die schier endlose Liste der Pharaonen entgegengehalten haben, die nach den Göttern auf Erden regierten.[91]

Herodot, der Ägypten um 450, zur Zeit der persischen Herrschaft[92] bereiste, hat im II. Buch seiner Historien das Land, seine Bewohner und seine Geschichte geschildert.[93] Die erste Hälfte seines Berichtes ist der Naturbeschreibung, der Topographie sowie den Sitten und Gebräuchen gewidmet, wobei sich seine gute Beobachtungsgabe zeigt, obgleich er für ihm Unverständliches bisweilen phantastische Erklärungen abgibt. Seine Gewährsleute waren hauptsächlich in Ägypten ansässige Griechen. Diesem Bericht folgt dann eine Darstellung der Geschichte des Landes (II, 99-160). Über die damals noch nicht allzulange zurückliegende Zeit der saitischen 26. Dynastie (664–525) ist er – auch in chronologischer Hinsicht – verhältnismäßig gut unterrichtet.

Für die vorherliegenden Epochen hat er offenbar verschiedene Quellen benutzt. Wenn er (II, 100) behauptet, die Priester des Hephaistos (Ptah) zu Memphis hätten ihm aus einem Buch (d.h. einer Papyrusrolle) die Namen von 330 „anderen Königen" (außer denen der 26. Dynastie) vorgelesen, so erscheint das recht unwahrscheinlich. Sicher aber wird man ihm deren Gesamtzahl genannt haben, die gewiß einer im Besitz des Tempels befindlichen Königsliste entnommen war. Als ersten dieser Könige nennt er in Übereinstimmung mit den ägyptischen Listen Min (d.i. Menes); ferner sollen sich darunter 18 Äthiopen befunden haben sowie eine Königin, Nitôkris, über die er dann sogleich eine Geschichte anfügt. Hierauf läßt Herodot eine Reihe von Herrschern folgen, deren Namen er sich gemerkt hatte, weil es von ihnen Interessantes zu berichten gab. Diese Erzählungen entstammen natürlich nicht offiziellen Annalen, sondern der volkstümlichen sagenhaften Literatur. Er knüpft sie aber an die vorerwähnte Liste in der Weise an, daß er den ersten von ihnen, Moiris, als den letzten jener Liste bezeichnet. Das kann allerdings nicht stimmen, da es sich bei Moiris sicher nicht um den letzten König

---

89 Ilias IX, 381-84.

90 F. Jacoby, Die Fragmente der griechischen Historiker, I, Leiden 1958, Abt. A.

91 Nach Herodot II, 143.

92 Bald nach der Niederwerfung des von Athen unterstützten Aufstands des Inaros (nach 454, jedoch vor 445).

93 Zahlreiche ägyptologische Abhandlungen haben sich mit dem II. Buch Herodots beschäftigt. Genannt werden sollen hier nur W. Spiegelberg, Die Glaubwürdigkeit von Herodots Bericht im Licht der ägyptischen Denkmäler, Orient und Antike 3, 1926; H. de Meulenaere, Herodotos over de 26ste dynastie, Leuven 1951; Kaiser, in: ZÄS 94, 1967, 93-116.

vor den Saiten handelt, sondern um Ammenemes III. (12. Dynastie), dessen Thronname Ni-maat-rê zu Lamarês, Marrês u.ä. verderbt und mit der Bezeichnung der von ihm erschlossenen Seelandschaft Faijûm, ägyptisch *Mer-wer*, kontaminiert wurde. Nach diesem werden noch zwei weitere Pharaonen dieser Dynastie angeführt, die ihm aber in Wirklichkeit vorausgingen. Den Folgenden nennt Herodot mit dem Namen des griechischen Meergottes Prôteus und erkennt in ihm den König, zu dessen Zeit – nach dem troianischen Krieg – Menelaos und Helena nach Ägypten verschlagen worden sein sollen.[94] Ihm folgt Rampsinitos, in dem man wohl Ramses III. (20. Dynastie) sehen darf.[95]

Zwischen diesen und die Spätzeit schiebt nun aber Herodot die Erbauer der Pyramiden von Giza – Cheops, Chephren und Mykerinos – ein. Oft ist versucht worden, diese eklatante Abweichung von der geschichtlichen Herrscherfolge irgendwie zu erklären. Tatsächlich aber wird es Herodot nicht auf eine genaue chronologische Ordnung angekommen sein. Vermutlich hatte er sich die Geschichten über diese drei, deren Pyramiden er selber besuchte, an besonderer Stelle notiert und fügte sie dann, da ihm ihre wirkliche Zeitstellung unbekannt war, vor den Herrschern der Spätzeit ein.

Herodots Darstellung der ägyptischen Geschichte ist für die späteren griechischen Autoren maßgebend geblieben, während sie das authentischere und zuverlässigere Werk Manethos (siehe das folgende Kapitel) ignoriert haben. So hat noch Diodor von Sizilien im 1. Jh. v. Chr. in seiner Universalgeschichte[96] die Reihe der Pharaonen zwar um etliche, meist phantasievolle Namen erweitert, sich aber immer noch an die Reihenfolge bei Herodot gehalten (vgl. die nebenstehende Tabelle).

Wissenschaftlicher ist anscheinend Eratosthenes von Kyrene (etwa 284–202) in seiner Chronographie der Weltgeschichte[97] vorgegangen, in der erstmals ein festes chronologisches Schema angewandt wurde. Leider ist auch dieses Werk nur in Zitaten späterer Schriftsteller erhalten geblieben. Ihm ist auch sein Schüler, der Polyhistor Apollodoros, gefolgt. Dem Eratosthenes hat der Synkellos Georgios (um 800 n. Chr.; siehe unten, I.2.6) fälschlich eine späte Liste ägyptischer Könige zugeschrieben, die angeblich aus Theben stammen sollte.[98] Es handelt sich um 38 Namen, die ebenso wie die ihnen beigefügten Regierungszahlen zum Teil einer unbekannten Version der manethonischen Überlieferung entnommen sind, während die übrigen frei erfunden zu sein scheinen. Bemerkenswert ist der Versuch des unbekannten Verfassers, zu den ägyptischen Namen griechische Übersetzungen zu geben. Diese beruhen freilich auf den typisch spätägyptischen Wortspielereien und auf Mißverständnissen, wie man sie auch in den „Hieroglyphika" des Horapollo (5. Jh. n. Chr.)[99] findet. Die Umrechnung der Antrittsjahre auf eine um 5150 beginnende Weltära spricht für eine spätantike Entstehung oder doch Bearbeitung dieser Liste.

---

94 Prôteus, urspr. wohl in der nördlichen Ägäis beheimatet, wurde später an die nordwestliche Küste Ägyptens versetzt, wo nach der Sage Menelaos landete, und durch diese Sage zum ägyptischen König.

95 Die damals noch großenteils erhaltene Tempelfestung Medinet Habu, ägyptisch Djême > griechisch Thêbai, wurde als „Schatzhaus des Rampsinitos" angesehen. Es ist der Totentempel Ramses' III.

96 Hrsg. von L. Dindorf, 1886-88. Übersetzung des ersten, Ägypten behandelnden Buches von E. Murphy, Diodorus on Egypt, Jefferson-London 1985.

97 Jacoby, op.cit., II D, 1010-21.

98 Jacoby, op.cit., III C, 112-16; W.G. Waddell, Manetho, London-Cambridge/Mass. 1948, 213-25.

99 F. Sbordone, Hori Apollinis Hieroglyphica, Napoli 1940; übersetzt von G. Boas, The Hieroglyphics of Horapollo, New York 1950.

Tabelle 2. Herodot und Diodor

HERODOT	DIODOR	Ägyptische Äquivalente
Min	Mênas	Meni
329 Könige, u.a.	52 Könige	
Königin Nitôkris	Busiris I	Königin Neit-aqerti
und 18 Äthiopen	7 Könige	
	Busiris II	
	mehrere Könige	
	Osymandyas	User-maat-rê (Ramses II.,
	6 Könige	19. Dyn.)
	Uchoreus I	
	Uchoreus II	
	Aigyptos	
	11 Könige	
Moiris	Moiris	(Ni-)maat-rê (Ammenemes III.,
		12. Dyn.)
Sesôstris	Sesoôsis I (33 J.)	Se-n-wosret (12. Dyn.)*
Pherôn	Sesoôsis II	„Pharao"; Se-n-wosret
	mehrere Könige	
	Amasis I	Ah-mose (Amosis) I.
	Aktisanês	(18. Dyn.)
	Mendês oder Marrês	
	5 Könige	
Prôteus	Ketês oder Prôteus	
Rampsinito s	Remphis	Ra-mes-su (Ramses) III.
	Neilos	(20. Dyn.)
	6 Könige	
Cheops (56 J.)	Chemmis (50 J.)	Chufu (4. Dyn.)
Chephrên** (50 J.)	Chabryês (56 J.)	Cha'ef-rê (4. Dyn.)
Mykerinos (44 J.)	Mencherinos	Men-kaw-rê (4. Dyn.)
Asychis	Sasychis	Schoschenq I. (22. Dyn.)
	mehrere Könige	
	Tnephachthos	Tef-nachte (24. Dyn.)
Anysis	Bokchôris	Bak-en-rinef (24. Dyn.)
Sabakôs (50 J.)	Sabakôn	Schabako (25. Dyn.)
Sethôn	Anarchie	
Dodekarchie	(12 Könige)	
Psammêtichos (54 J.)	Psammêtichos	Psametik I. (26. Dyn.)
Nekôs (16 J.)	3 (!) Könige	Nekaw II. (26. Dyn.)
Psammis (6 J.)		Psametik II. (26. Dyn.)
Apriês (25 J.)	Apriês (22 J.)	Wah-ib-rê (26. Dyn.)
Amasis (44 J.)	Amasis II	Ah-mose II. (26. Dyn.)
Psammênitos (6 M.)	-	Psametik III.

* Kontaminiert mit Sethos I. und Ramses II.
** Eigentlich „Chephrês", bei Herodot nur im Akkusativ Chephrêna belegt

2.6 Das Geschichtswerk des Manetho und seine spätere Überlieferung

Weitaus wertvoller als die Darstellungen griechischer Autoren ist, trotz aller Verfälschungen für die Chronologie das, was uns aus dem Werk des Manetho[100] erhalten ist. Nach antiken Angaben stammte Manetho aus Sebennytos im Nildelta[101] und war Priester am Tempel von Heliopolis.[102] Seine Lebensdaten lassen sich dadurch bestimmen, daß er schon von König Ptolemaios I. († 283/82) zu Rat gezogen wurde[103] und noch 241/40 in einer Urkunde[104] als lebend erwähnt ist. Die beim Synkellos (siehe unten) überlieferte Widmung seiner Schrift an Ptolemaios II. (reg. 285–246) ist zwar Fälschung, aber die Datierung in dessen Zeit wird zutreffend sein. Als Priester waren ihm die Archive der Tempel zugänglich, andererseits war er griechisch gebildet und konnte so zum Vermittler zwischen beiden Kulturen werden. Vielleicht auf Anregung des Berôssos, der wohl um 280 die „Babyloniaka" (oder „Chaldaika"), eine Geschichte seines Landes Babylonien schrieb, verfaßte Manetho eine Darstellung der Vergangenheit Ägyptens, die von der Zeit der Götter bis zur zweiten Eroberung des Landes durch die Perser (242) reichte, in griechischer Sprache, um den neuen Herren am Nil die uralte Kultur seiner Heimat, die der der Griechen um Jahrtausende voraus war, vor Augen zu führen[105] und um die Irrtümer zu berichtigen, die Herodot aus Unkenntnis der ägyptischen Quellen unterlaufen waren. Sein Werk ist verloren gegangen und seine Wirkung in der Antike blieb gering; wird es doch zum Beispiel von Diodor mit keinem Wort erwähnt. Immerhin müssen sich alexandrinische Gelehrte mit ihm beschäftigt und es in unterschiedlicher Weise bearbeitet haben. So kam auch eine Kurzfassung, die sogenannte Epitomê, zustande, von der später mehrere Versionen existierten. Auf diese geht vermutlich erst die Numerierung der von Manetho nur mit Herkunftsbezeichnungen[106] versehenen Dynastien zurück; ebenso die Hinzufügung einer 31. Dynastie, mit der seine Königsliste bis auf Alexander den Großen verlängert wurde.

Als sicher kann angenommen werden, daß Manetho eine in seinem Tempel aufbewahrte Königsliste, vielleicht auch Annalen verwenden konnte. Diese Liste dürfte im allgemeinen zuverlässig gewesen sein, wenn sie auch, besonders für die ältere Zeit, Abschreibfehler enthalten haben wird. Schon um seiner griechischen Leser willen hat er sich aber nicht mit diesen nüchternen Aufzeichnungen begnügt, sondern in großem Ausmaß aus der populären Sagenliteratur geschöpft.

Die Überlieferungsgeschichte dieses Geschichtswerkes ist recht kompliziert. Es entstanden immer neue Abschriften, die ihrerseits auch verloren gingen, und mit der Zeit unterschiedliche Versionen durch Abschreibfehler und willkürliche Änderungen. So geriet es auch in den Streit zwischen den griechischen und jüdischen Gelehrten Alexandrias, wobei beide Seiten für ihre Zwecke umgearbeitete

[100] Der ägyptische Name (nur griechisch belegt) ist noch nicht eindeutig erklärt. Er wurde gedeutet als „Geliebt von Thoth" (Lepsius 1849), „Wahrheit des Thoth" (Spiegelberg 1928), „Pferdehüter" (Černý 1941), „Ich habe Thoth gesehen" (Griffiths 1970), und „Geliebt vom Großen Gott" (Redford 1986). Siehe v. Beckerath, CNR, 50 Anm. 291.

[101] Plutarch, De Iside et Osiride, 9 und 28; Synkellos, ed. Helm, 72, 16.

[102] Synkellos, 73, 5.

[103] Plutarch, loc.cit.

[104] Pap. Hibeh I, 72. F. Jacoby, Die Fragmente der griechischen Historiker, III C, Leiden 1958, 6 (Fr. 4).

[105] Aigyptiaka. Beste Wiedergabe der erhaltenen Partien bei Jacoby, op.cit. 5-81, und bei W.G. Waddell, Manetho, Loeb Classical Library, London 1948. Zu Person, Werk und Überlieferungsgeschichte grundlegend R. Laqueur, in: Pauly-Wissowa, Reallexikon der klassischen Altertumswissenschaft, XIV, 1928, 1080-1101. Ägyptologische Behandlung vor allem bei Helck, Manetho.

[106] „Könige von …"; so auch schon im Tur.

Exemplare benutzten. Die bei Manetho verzeichnete Sage von Osarsêphos[107], die eine Erinnerung an die Zeit der „Ketzerei" von Amarna und die Wiederherstellung der Orthodoxie durch die ersten Ramessiden bewahrte, wurde von dem Judenfeind Apion von Oasis[108] herangezogen, um die „Unreinen"[109] in dieser Geschichte mit den Israeliten gleichzusetzen. Dieser Verleumdung trat dann der jüdische Historiker Flavius Josephus (37 – um 110) mit einer Streitschrift entgegen, in der er auch das hohe Alter der Vergangenheit seines Volkes hervorhob.[110] Dafür benutzte er gleichfalls verschiedene Handschriften des manethonischen Textes, von dem er allerdings nur die Zeit der Hyksos (15. Dynastie) und des Neuen Reiches (18. und Anfang der 19. Dynastie) behandelte.

Zuerst beschreibt Josephus (I, 74-81) nach einer ihm vorliegenden Manetho-Handschrift, wie es zur Hyksosherrschaft in Ägypten kam und zählt anschließend die sechs Könige der 15. Dynastie auf. Danach (82-83) sucht er aus der Bezeichnung „Hyksôs" für diese Könige zu erweisen, daß dies die Israeliten gewesen seien. Der Ausdruck, der das ägyptische *heqa-chasut* wiedergibt[111], kommt nur an dieser Stelle vor; in den übrigen Manetho-Exzerpten werden die Herrscher dieser Dynastie als „Hirten" bezeichnet. Josephus übersetzt den ersten Teil, *hyk*-(ägyptisch *heqa*), richtig mit „Könige", erkennt aber im zweiten, *-sôs*, statt *chasut* „Fremd-, Wüstenländer" das damals ähnlich gesprochene *schasu* „Hirten, Nomaden". Daneben gibt er als alternative Übersetzung noch „gefangene Hirten" (aus *haq* „Beute" und *schasu*) an, was ausgezeichnet auf die Israeliten in Ägypten paßt. Hierauf berichtet er aus derselben Quelle über den Abzug der Hyksos (84-92), den er mit dem biblischen Exodus gleichsetzt. Anschließend folgt dann die Liste der Pharaonen des Neuen Reiches, die an ihrem Ende bereits in der Herrscherfolge verändert ist (93-98). Manetho hatte hier eine Erzählung eingefügt, die schon bei Herodot (II, 107) im Zusammenhang mit König „Sesôstris" erscheint. Sie berichtet von dem großen Eroberer und seinem Bruder, der sich in seiner Abwesenheit des Königtums bemächtigen will. Entweder Manetho selbst oder ein hellenistischer Bearbeiter hat die Brüder mit dem Paar Danaos und Aigyptos aus der griechischen Sage verglichen. An einer viel späteren Stelle (223-53) kommt Josephus dann auf die Osarsêphos-Geschichte zu sprechen, für die ihm offenbar eine judenfeindliche Überarbeitung vorlag, weshalb er denn auch den bisher als Autorität betrachteten Manetho jetzt einen Lügner schilt.

Seine Behandlung dieser Erzählung hat in der Überlieferung der Herrscherfolge des Neuen Reiches aus Manetho arge Verwirrung angerichtet. Es ist unmöglich, daß diese auch schon bei Manetho, dessen Königsreihe sonst nur unbedeutende Abweichungen von den altägyptischen Listen aufweist, vorgelegen haben könnte. Aber sie ist von allen späteren Chronographen übernommen worden. Man hat also an dieser Stelle die Königsfolge Manethos um der Übereinstimmung mit der Darstellung des Josephus willen absichtlich verändert. Hier liegt ein Hauptproblem der Überlieferungsgeschichte vor, das immer noch Schwierigkeiten bereitet.

Der erste der Chronographen, die auch Manetho verwendeten, war S. Julius Africanus, der zur Zeit des Kaisers Alexander Severus (222–235) schrieb.[112] Er war Christ und suchte in seiner Weltchronik („Chronographiai") den Ablauf der Geschichte mit der christlichen Heilslehre in Übereinstimmung zu

---

[107] Der Name des „unreinen" Priesters Osarsêphos ist sicher später als Manetho. Er ist eindeutig nach dem biblischen Josêphos gebildet, wobei die Gottesbezeichnung Jo- (Jeho) durch Osar- (Osiris) ersetzt ist.

[108] Grammatiker, der unter den Kaisern Tiberius bis Claudius in Alexandria lehrte.

[109] Damit waren urspr. Götterfeinde gemeint; bei Manetho erscheinen sie als Aussätzige.

[110] Contra Apionem. Textausgabe von B. Niese, Flavii Iosephi opera, V, Berlin 1889; neueste Übersetzung bei H. Clementz, Flavius Josephus, Kleinere Schriften, Wiesbaden 1993, 77-204.

[111] So der Titel der Herrscher der 15. Dyn. auf Denkmälern und im Tur.

bringen; nach ihm wurde Christus im Jahr 5500 seit der Erschaffung der Welt geboren. Die Reihe der Könige Ägyptens entnahm er einer späten, wohl bereits stark überarbeiteten Manetho-Handschrift, die auch schon die Änderungen des Josephus berücksichtigte. Seine Chronik ist unvollständig (u.a. Weglassung der vordynastischen Zeit) und weiter verderbt in dem Sammelwerk des Synkellos (siehe unten) überliefert, ein kurzer Auszug auch in den „Excerpta Latina Barbari", dem Werk eines im 6. Jh. in Italien lebenden Mönches.[113] Während Josephus noch den (freilich veränderten) Text Manethos zum Teil wiedergibt, ist dieser bei den Chronographen auf die reine Königsliste zusammengeschmolzen. Auch werden von Josephus meist noch die überschüssigen Monate bei der Regierungsdauer der Herrscher angegeben, während die spätere Überlieferung nur noch auf- oder abgerundete Jahrzahlen hat.

Auch Eusebius (um 265–339), Bischof von Caesarea in Palästina und Kirchenvater, schrieb eine Weltchronik („Chronikoi kanones"); sie reichte bis zur diokletianischen Christenverfolgung (303).[114] Seine Quelle für Ägypten war eine von Africanus unabhängige, jedoch erst nach Josephus (dessen Königsfolge des Neuen Reiches auch hier in Erscheinung tritt) entstandene Version von Manetho, die weit korrumpierter gewesen zu sein scheint als die von Africanus benutzte. Von der Chronik des Eusebius, von der er selbst anscheinend noch eine zweite, verbesserte Version herstellte, gibt es mehrere Überlieferungen. Gegen Ende des 4. Jh. wurde sie vom heiligen Hieronymus fortgeführt. Die Chronologie Ägyptens ist dort erst von der 17. Dynastie ab, in verschlechterter Form mit vielen Auslassungen, behandelt.[115] Auch der Synkellos Georgios (um 800) hat die Chronik des Eusebius in seiner „Ekloge chronographias" aufgeführt. Eine bessere Überlieferung des eusebianischen Textes wurde in einem armenischen Manuskript des 5. Jh. in Edschmiadsin[116] gefunden; neben ihr wird oft auch eine spätere armenische Handschrift (Hierosolymitana) verwendet.

Diese Chronographien sind um 400 von dem Mönch Panodoros bearbeitet worden. Aufgrund seiner ebenfalls verlorenen Schrift hat dann ein byzantinischer Gelehrter, Georgios genannt der Synkellos („Mitarbeiter" des Patriarchen Tarasios), um das Jahr 800 eine kritische Nebeneinanderstellung verschiedener Chroniken, darunter der des Africanus und der des Eusebius, verfaßt[117], von der es mehrere mittelalterliche Abschriften gibt. Außerdem hat der Synkellos auch den Josephus exzerpiert und u.a. die dem Eratosthenes zugeschriebene Liste (siehe oben, S. 33) und das „Palaion Chronikon"[118], eine arg verstümmelte Dynastienliste nach Eusebius, überliefert. Für den echten Manetho hat er aber irrtümlich das sogenannte „Sothisbuch" gehalten – eine spätantike Fälschung, die aus einem Exemplar der Eusebius-Chronik, verschiedenen anderen Quellen sowie vermutlich erfundenen Namen und Zahlen zusammengesetzt ist.[119] Auch sie scheint der Synkellos von Panodoros übernommen zu haben; möglicherweise ist dieser sogar ihr Autor.

Angesichts der vielfach verschriebenen, veränderten und verstümmelten Fragmente, die uns von dem ursprünglichen Text Manethos überkommen sind, wird verständlich, daß wir daraus nur mit größter Vorsicht Schlüsse für die Datierung der ägyptischen Geschichte ziehen dürfen. Selbst die Königsnamen sind bisweilen, zum Beispiel in der 15. Dynastie, derart verderbt, daß wir den Ursprung

---

[112] Vgl. H. Gelzer, Sextus Iulius Africanus und die byzantinischen Chronographen, 2 Bde, 1880 und 1898.
[113] Jacoby, op.cit., 80-92 (Fr. 38a).
[114] Eusebii chronicorum liber I, ed. A. Schöne, 1875.
[115] Jacoby, op.cit., 35-55 (Fr. 3 c).
[116] Deutsche Übersetzung v. J. Karst, Eusebius Werke, V: Die Chronik, 1911, 63-69.
[117] Ausgabe v. W. Dindorf, im Corpus Scriptorum Byzantinorum, Bonn 1828. Vgl. Gelzer, op.cit., 248-93.
[118] Jacoby, op.cit., 115-17; Waddell, op.cit., 227-33.

nicht mehr zu erkennen vermögen. Bei den Ziffern gibt es mehrfache Möglichkeiten zu Mißverständnissen, die sich in der Weitergabe eingeschlichen haben können: die Ähnlichkeit mancher hieratischer Zahlzeichen in den von Manetho benutzten Papyri und die einiger Buchstaben des griechischen Alphabets, das ja zur Schreibung der Ziffern diente. Auch absichtliche Änderungen in den verschiedenen Manuskripten sind nicht auszuschließen. Öfters ist auch zu beobachten, daß Manetho mehrere Quellen nebeneinander verwandte. Er gab deshalb manche Königsnamen in zwei verschiedenen Formen an, die dann von späteren Abschreibern für verschiedene Könige gehalten wurden, was zu Verschiebungen und Vertauschungen innerhalb der Herrscherreihe führte. Zudem hat er, offenbar um die ägyptische Vergangenheit noch älter erscheinen zu lassen, vor allem bei den Königen des Alten Reiches, die Regierungszahlen durch Vergrößerung der Zehner um 10, 20 oder mehr künstlich erhöht – eine bei den Historiographen der Antike häufig geübte Praxis.[120]

Dennoch läßt sich sein Geschichtswerk beziehungsweise das, was wir davon noch besitzen, vielfach zur Ergänzung der Angaben der ägyptischen Königslisten heranziehen. Das gilt insbesondere für die Zeit nach dem Neuen Reich, für die es keine altägyptischen Listen gibt, während Manetho hier einigermaßen zuverlässig zu sein scheint. Für die Dynastien der I. und II. Zwischenzeit hat auch er wohl schon nur die Überschriften gegeben, so wie in der späteren Überlieferung. Ebenso wird er wohl in der 20. Dynastie die Herrscher nicht einzeln aufgeführt haben, da sie alle Ramses hießen.

Während uns Josephus vielfach noch fortlaufende Erzählungen bietet, in die die Königsnamen und Zahlen Manethos eingefügt sind, haben die späteren Exzerptoren in ihren Chronographien lediglich die Namen und Zahlen aus Manethos Werk verwendet. Nur gelegentlich haben sie zu einzelnen Herrschern kurze Glossen gesetzt. Deren Inhalt zeigt aber, daß sie nicht der offiziellen Tradition entstammen, sondern der Volksüberlieferung – so wie die Erzählungen bei Josephus. Denn es handelt sich bei diesen Glossen durchwegs um sagenhafte oder gar negative Ereignisse, die in Ägypten aus magischen Gründen niemals offiziell aufgezeichnet worden wären. So wird zum Beispiel von einem König der 2. Dynastie gesagt, zu seiner Zeit wäre der Nil einmal 11 Tage lang als Honig geflossen. Ferner wird von Hungersnot und Königsmord berichtet; ein König soll durch ein Nilpferd umgekommen, ein anderer wahnsinnig geworden und vom Krokodil gefressen worden sein. Auffallend ist, daß die Zahl der Glossen vom Anfang bis zum Ende der Königsliste deutlich abnimmt, was auf ein nachlassendes Interesse der Exzerptoren schließen läßt. Seit dem Neuen Reich finden sich nur noch Glossen, die nicht ägyptischen Ursprungs sein können, sondern griechischer oder jüdischer Herkunft sind. Letztere müssen Hinzufügungen christlicher oder jüdischer Bearbeiter sein.[121]

---

[119] Jacoby, op.cit., 103-12 (Fr. 25, Pseudo-Manetho); Waddell, op.cit., 209-11.

[120] Solche Erhöhungen liegen sicher vor bei Dyn. 1, 1-3, 5-9; 2.1-2, 4-9; 3.2, 4-5, 7-9; 4.2-6; 5.1, 5-6 und 9; 6.1-2 und 6. Vgl. Helck, Manetho, 50-59.

[121] Vollständige Königsliste Manethos nach den Exzerptoren im Anhang K.

Tabelle 3. Die Könige Manethos (1.–19. Dyn.), verglichen mit den ägyptischen Königslisten

MANETHO		Ägyptische Listen
1.1	Mênês	Meni
	-	It[i], Teti
1.2	Athôthis = 1.4 Uënephes	Iteti
	-	Ita, [Ite]tiu
1.3	Kenkenês = 1.5 Usaphais	Qenti, Sepati
1.6	Miëbis	Mer-b(i)a-pe(n)
1.7	Semempsês	Semesu, Semsem
1.8	Biênechês/Ubiënthês	Qebeh(u)
2.1	Boêthos	Bedjaw, Biw-nuter
2.2	Kaiëchôs	Ka-kaw
2.3	Binôthris	Bi-nutri, Bi-en-nuter
2.4	Tlas	Wadj-nes, Wadj-las
2.5	Sethenês	Senedi, Senedj
2.7	Nephercherês (2.6 Chairês)	Nefer-ka-rê
2.8	Sesôchris	Nefer-ka-sokar
	-	Hu-djefa
3.1	Necherôphis (?)	Djadjai, Beb(t)i
2.9	Chenerês (?)	Neb-ka(-rê)
3.2	Tosorthros/Sesorthos (3.6 Tosertasis)	Djoser, -sa, -it
3.3	Tyreïs	Djoser-(te)ti, Teti
3.5	Sôuphis	Hu-djefa, Sedjes
3.4	Mesôchris	Neb-/Nefer-ka-rê
3.7	Achês	Huni
4.1	Sôris (3.8 Sêphuris)	Senofru
4.2	Suphis I	Chufu
4.5	Ratoisês	Djedef-rê
4.3	Suphis II (3.9 Kerpherês)	Cha'ef-rê
4.6	Bicheris	[Bi-ka-rê ?]
4.4	Mencherês	Men-kaw-rê
4.7	Sebercherês	Schepses-kaf
4.8	Thamphthis	[Djedef-ptah ?]
5.1	Usercherês	User-kaf
5.2	Sephrês	Sahu-rê
5.3	Nephercherês	Nefer-ir-ka-rê
5.4	Sisirês	Schepses-ka-rê
5.5	Cherês	Neferef-rê, Cha-nefer-rê
5.6	Rathurês	Ni-user-rê
5.7	Mencherês	Men-ka(w)-hor
5.8	Tancherês	Djed-ka-rê
5.9	Onnos	Unas
6.1	Othoês	Teti
	-	User-ka-rê
6.2	Phios	Meri-rê

6.3	Methusuphis	Mer-en-rê
6.4	Phiôps	Nefer-ka-rê
6.5	Menthesuphis	Mer-en-rê Nemti-em-saf
6.	Nitôkris	Neit-aqerti
8.	27 Memphiten	17 (6) Könige
9/10.	38 Herakleopoliten	18 Könige
11.	6 Diospoliten	6 (7) Könige
11a.	Ammenemês	Sehetep-ib-rê
12.1	Sesonchosis	Cheper-ka-rê
12.2	Ammanemês	Nub-kaw-rê
	-	Cha-cheper-rê
12.3	Sesôstris	Cha-kaw-rê
12.4	Lamarês = 12.5 Marês	Ni-maat-rê
12.6	Amenemês	Maa-cheru-rê
12.7	Skemiophris	Nefru-sobek<-rê>
13.	60 Diospoliten	50 (?) Könige
14.	76 Xoïten	x Könige
15.	6 Hirten (Hyksôs)	6 heqa-chasut
16.	32 (?) Hirten	x Könige
17.	15 (?) Thebaner	15 (?) Könige
18.1	Amôsis (=18.2 Tethmôsis)	Neb-pehti-rê
18.3	Amenôphis	Djeser-ka-rê
[18.2	Tethmôsis]	A-cheper-ka-rê
18.2	Chebrôn	A-cheper-en-rê
18.4	Amensis/Amessês	-
18.5	Misphrês = 18.6 Misphragmuthôsis	Men-cheper-rê
18.8	Amenôphis	A-chepru-rê
18.7	Tuthmôsis	Men-chepru-rê
18.9	Ôros	Neb-maat-rê
18.10–13		-
18.14	Armaïs	Djeser-chepru-rê sotep-en-rê
18.15	Ramessês	Men-pehti-rê
19.1	Sethôs (= 19.4)	Men-maat-rê
18.16	Ramessês Miamun = 19.2 Rampsês	User-maat-rê sotep-en-rê
18.17	Amenôphath = 19.3 Amenephthês	Bi-en-rê mer-amun
19.5	Ammenemnês	-
19.6	-	User-chepru-rê mer-amun
19.7	Thuôris	-

Die Namen der Listen sind in historischer Reihenfolge angegeben, die Herrscherfolge Manethos ist entsprechend verbessert.

3. ASTRONOMISCHE UND ANDERE NATURWISSENSCHAFTLICHE DATEN

3.1 Sonnen- und Mondfinsternisse

Im Gegensatz zu Babylonien, dessen Priester schon früh ihre Himmelsbeobachtungen aufzeichneten und zu Voraussagen verwandten, enthalten ägyptische Dokumente kaum Angaben über Sonnen- und Mondfinsternisse. Daß man aber solche Himmelsvorgänge nicht unbeachtet ließ, geht immerhin aus späten Texten mit Zaubersprüchen „damit der Himmel den Mond nicht verschlingen möge" hervor.[122] Daß der Himmel Sonne oder Mond „verschlingt" war demnach der ägyptische Ausdruck für eine Finsternis.

Ein demotischer Papyrus aus der Ptolemäerzeit[123] berichtet von einem Priester, der an der Balsamierungsstätte eines gerade erst verstorbenen Königs Psametik den Text eines magischen Schutzbuches abschrieb. Aus dem Bericht geht weiter hervor, daß man etwa zur gleichen Zeit in Daphnai[124], dem Heimatort des Priesters, eine Sonnenfinsternis beobachten konnte: „In Daphnai, meiner Stadt, habe ich gehört, daß der Himmel die Sonnenscheibe verschlang". Der verstorbene Pharao ist ein König der 26. Dynastie, die, wie wir sehen werden, gut datiert ist. Allerdings gibt es in dieser Dynastie drei Könige namens Psametik (griechisch Psammêtichos), von denen der dritte, der schon nach wenigen Monaten von dem persischen Eroberer Kambyses gefangen und getötet wurde, von vornherein ausscheidet. Von den beiden anderen kommt nur Psametik I. († 610) in Betracht, da es im Todesjahr des zweiten (589) keine in Ägypten sichtbare Sonnenfinsternis gab.[125] Es handelt sich demnach um die Finsternis vom 30.9.610, die in Südrußland total war und im Norden des Nildeltas gerade noch gesehen werden konnte. Kurz zuvor muß Psametik I. gestorben sein; das erste aus der Regierung seines Nachfolgers Nekaw belegte Datum ist der 1. IX. seines 1. Jahres, d.i. der 18.11.610. Diese Finsternis kann also nur zur Bestätigung einer bereits festgelegten Datierung herangezogen werden.

Die mögliche Erwähnung einer Mondfinsternis in der Inschrift des Hohenpriesters Osorkon, Sohnes des Königs Takelot II. (22. Dynastie) in Karnak[126] hat in der Ägyptologie schon seit mehr als hundert Jahren Kontroversen ausgelöst. An der fraglichen Stelle wird über den Ausbruch von Unruhen zur Zeit dieses Herrschers berichtet: „Danach im Jahr 15, am 25. XII., unter der Regierung seines erhabenen Vaters ..., nicht hatte der Himmel den Mond verschlungen, da entstand großes (?) Unheil in diesem Land". Das Problem ist, daß der Text ausdrücklich verneint, daß der Himmel den Mond verschlungen habe. Da dieser Ausdruck, wie aus der Erwähnung der Sonnenfinsternis von 610 hervorgeht, auch bei nur partiellen Finsternissen gebraucht wird, ist es wenig wahrscheinlich, daß hier eine solche gemeint sein könnte. Es wird sich also eher um eine mythologische Anspielung handeln und der Text nur besagen wollen, daß, obwohl keine Mondfinsternis als drohendes Omen stattgefunden

---

122 Parker, in: JNES 12, 1953, 50.

123 Pap. dem. Berlin 13588, veröff. von W. Erichsen, Abh. Akad. Mainz 1956,2. Zur Auswertung des astronomischen Datums Hornung, in: ZÄS 92, 1965, 38-39.

124 Ort im nordöstlichen Delta; ägyptisch Tjabenet, jetzt Tell Defenna.

125 M. Kudlek – E.H. Mickler, Solar and Lunar Eclipses -2972 to +59, Alter Orient und Altes Testament 1, Kevelaer 1971 geben für diese Zeit Tabellen der Sonnen- und Mondfinsternisse.

126 Epigr. Survey, Karnak, III, 1954, T. 21. Übersetzung von R.A. Caminos, The Chronicle of Prince Osorkon, Rom 1958; die Stelle ist § 129-31 behandelt.

hatte, dennoch unerwartet der Umsturz erfolgte, durch den Osorkon aus Theben vertrieben wurde.[127] Sollte es sich dennoch um eine partielle Mondfinsternis gehandelt haben[128], so könnten innerhalb des historisch möglichen Zeitraumes für das 15. Jahr Takelots II. (zwischen etwa 860 und 820) nur die Finsternisse vom 6.3.850 (7 Tage vor dem Datum der Inschrift)[129] und vom 24.2.822 (10 Tage vorher) in Erwägung gezogen werden.

3.2 Sothisdaten

Wie in der Einleitung (Kap. 5) dargelegt, wurde das Jahr der Ägypter ursprünglich durch das Wiedererscheinen der Sothis, des Fixsterns Sirius, im Sommer (dem „heliakischen Frühaufgang" der Astronomen) reguliert. Hatte dieser Vorgang auch im 365tägigen Wandeljahrskalender, der sich immer weiter von der Natur entfernte, eigentlich keine Bedeutung mehr, so blieb doch das Erscheinen der Göttin, die man in dem Stern sah, ein religiöses Fest, das wegen des zeitlichen Zusammenfallens mit dem Steigen der Nilflut für die Landwirtschaft immer noch wichtig war. Da wir die ägyptischen Kalenderdaten in julianische umrechnen können, ist es uns möglich festzustellen, in welchem Jahr der Sothisaufgang auf ein überliefertes Datum fiel.

Da das ägyptische Jahr einen Vierteltag gegenüber dem julianischen zu kurz ist, verschiebt sich das Datum des Sothisaufgangs etwa alle vier Jahre um einen Tag im ägyptischen Kalender weiter. Nach Angabe des römischen Schriftstellers Censorinus[130] fiel er im Jahr 139 n. Chr., im 2. Konsulat des Kaisers Antoninus und dem des Bruttius Praesens, mit dem ägyptischen Neujahrstag zusammen (Apokatastase). Von diesem Datum ausgehend, das er in 140 änderte, wollte Ed. Meyer[131] das Jahr der Einführung des ägyptischen Kalenders ermitteln, indem er es alle vier Jahre um einen Tag verschiebend zurückrechnete. So kam er nach jeweils 1460 Jahren zu den Apokatastasen 1321, 2781, 4241 etc. Da 1321 ins Neue Reich fällt und 2781 nach damaliger Ansicht in die Zeit der 4. Dynastie, für die der Gebrauch des Wandeljahres bereits nachgewiesen ist, glaubte er, das Jahr 4241 als das der Kalendereinführung und zugleich „das erste sichere Datum der Weltgeschichte" gefunden zu haben. Auch die spätere Rücknahme des Datums auf 2781, das nunmehr in den Anfang der 3. Dynastie gefallen sein sollte[132], änderte grundsätzlich nichts an der Methode, nach der man auch die übrigen Sothisdaten zu bestimmen suchte.[133]

---

[127] So Caminos, op.cit., 89 A.4; O. Neugebauer, The Exact Sciences in Antiquity, Providence 1957, 95 Anm. 2; Kitchen, Third Interm. Period, 181-82.

[128] Nach dem Wortlaut müßte die Finsternis vor den Unruhen eingetreten sein; später liegende Finsternisse, u.a. auch die von Borchardt, Mittel, 3-4, und Parker, op.cit. in Anm. 122, bevorzugte vom 16.3.851, scheiden somit aus. Die frühere Auffassung der Stelle „als der Himmel den Mond noch nicht verschlungen hatte", Breasted, Anc. Records, IV, § 764; Borchardt, loc.cit., war grammatisch unrichtig.

[129] Barta, in: RdE 32, 1980, 16-26, und in: GM 70, 1984, 7-12, dessen Umdeutung der Negation in die Präposition „wegen, weil" ich allerdings nicht folgen kann. Es ist nicht anzunehmen, daß die Inschrift, die sonst die reguläre Schreibung hat, gerade hier das auffällige, als Negation mißzuverstehende Zeichen verwendet hätte.

[130] De die natali, c.18 (238 n. Chr.).

[131] Chronologie, 23-28. Die „Verbesserung" des Datums war unberechtigt. Trotz eines Fehlers des Censorinus (statt „XII." ist „XIII. Tag vor den Kalenden des August" zu lesen) steht das Jahr dank der Nennung der Konsuln absolut fest.

[132] A. Scharff, Grundzüge der ägyptischen Vorgeschichte, Leipzig 1927, 49-57.

[133] Auf die immer wiederholten Vorschläge für eine zyklische Festlegung, zuletzt noch bei Krauss, Sothis- und Monddaten, kann hier nicht eingegangen werden. Siehe dazu Barta, in: BiOr 44, 1987, 416-20; v. Beckerath, in: OLZ 84, 1989, 401-04 und in: ZÄS 120, 1993, 7-22.

Erst L. Borchardt[134] und O. Neugebauer[135] wiesen mit Recht darauf hin, daß das julianische Jahr von 365 ¼ Tagen doch nicht mit dem Sonnenjahr identisch ist, das eine (im übrigen variable) Länge von 365 Tagen, 5 Stunden und 49 Minuten aufweist, also etwas kürzer ist. Auch die Eigenbewegung des Sternes ist zu berücksichtigen. Man kann demnach die Daten der Sothisaufgänge nicht durch einfaches Zurückzählen ermitteln, sondern muß sich astronomischer Berechnung bedienen[136]; sonst erhält man Daten, an denen der Sothisaufgang gar nicht gesehen werden konnte. Auch ist, wie bereits bemerkt, der ägyptische Kalender nicht in einem Jahr der Apokatastase seines Neujahrstages mit dem Frühaufgang des Sternes eingeführt worden, sondern etwa 100 Jahre vorher.

Die Verschiebung des Wandeljahres vollzieht sich also nicht innerhalb von genau 1460 Jahren, sondern in etwas geringeren Abständen, die auch nicht konstant sind, sondern im Verlauf des Altertums allmählich kürzer wurden (1456, 1454, 1452 Jahre).[137] Die Verschiebung um einen Tag, die gewöhnlich nach vier Jahren erfolgte, trat also bisweilen schon nach drei Jahren ein. Natürlich konnte man im alten Ägypten in der Regel eine vierjährige Verschiebung erwarten und danach den Sothisaufgang voraussagen[138], doch muß als sicher angenommen werden, daß man daraus nie ein dauerndes Rechenschema machte, vielmehr den Vorgang stets in der Natur beobachtete, vermutlich von Tempeldächern aus. In der Tat beruhen alle Angaben über Himmelsvorgänge im frühen Altertum stets auf Beobachtung und nicht auf Berechnung, die selbst in Babylonien, dem Mutterland der Astronomie und Astrologie, nicht vor dem 1. vorchristlichen Jahrtausend in Anwendung kam.[139]

Die wenigen Angaben über Sothisaufgänge, die wir in ägyptischen Texten finden, lassen sich nur unter bestimmten Voraussetzungen berechnen.[140] Von vornherein sind, falls nicht weitere Festlegungsmöglichkeiten hinzutreten, wegen der Kalenderverschiebung stets vier aufeinander folgende Jahre (Tetraëteris) möglich. Sodann hängt das Rechenergebnis von der geographischen Breite des Beobachtungsortes und vom sogenannten Sehungsbogen ab. Die Kenntnis des Beobachtungsortes ist gerade für Ägypten, das sich in einer Linie von Süden nach Norden über mehr als sieben Breitengrade erstreckt (Aswân 24°.1, Alexandria 31°.2 nördlicher Breite), von großer Wichtigkeit, denn jeder Breitengrad nach Norden oder Süden verändert das Ergebnis der Berechnung um vier Jahre früher oder später. Der Sehungsbogen (*arcus visionis*) ist der Winkel, unter dem der erstmals in der Morgenfrühe am Horizont wiedererscheinende Stern gerade noch gesehen werden kann, ehe er in der Helligkeit der aufgehenden Sonne verschwindet. Der Winkel war im Altertum etwas geringer als heute, hängt aber auch von Unwägbarkeiten wie Witterungsbedingungen und der Sehfähigkeit des Beobachters ab. Man nimmt jetzt im allgemeinen einen Sehungsbogen von 8°.5–9°.5 für das alte Ägypten an; er nimmt geringfügig von Süden nach Norden sowie von der Frühzeit bis zur Spätantike zu. Berücksichtigt werden muß ferner, daß das angegebene ägyptische Datum stets einen Tag früher liegt als das julianische, da die Ägypter den Kalendertag von Sonnenaufgang zu Sonnenaufgang rechneten; das Erschei-

---

[134] Mittel, 10-15.
[135] Neugebauer, in: Acta Or. 17, 1938, 169-95 und in: JNES 1, 1942, 396 403; so auch Parker, Calendars, Kap. IV.
[136] Dafür kann P.V. Neugebauer, Astronomische Chronologie, Leipzig 1929, 149-62, mit Berechnungstafeln E 58-64, benutzt werden.
[137] Ingham, in: JEA 55, 1969, 36-40.
[138] Eine solche Voraussage dürfte beim Sothisdatum von Lahûn (unten S. 44-45) vorliegen.
[139] O. Neugebauer, The Exact Sciences in Antiquity, Providence 1957, 97-144; zur ägyptischen Astronomie ebd. 91.
[140] Zu den Sothisdaten Borchardt, Mittel, 10 und 15; Barta, in: JEOL 26, 1979/80, 26-34.

nen der Sothis kurz vor dem Aufgang der Sonne gehört also bei ihnen noch zum vorhergehenden Tag unserer Kalenderrechnung.[141]

Von den überlieferten Sothisdaten ist hier bereits das späteste, das von Censorinus für den 20.7.139 n. Chr. mitgeteilte, erörtert worden. Nach der Angabe des Olympiodoros[142], daß man sich noch zu seiner Zeit (6. Jh.) in Alexandria nach der Beobachtung des Sothisaufgangs in Memphis (29°.9) gerichtet habe, ist auch bei Censorinus wie überhaupt in griechisch-römischer Zeit mit Memphis als Ausgangspunkt der Sothisdaten zu rechnen.

Aus dieser ohnehin recht gut datierten Epoche kommt noch ein weiteres Sothisdatum. In dem Dekret, mit dem Ptolemaios III. (247–222) eine Reform des ägyptischen Kalenders einführen wollte[143], wird das Wiedererscheinen der Sothis am 1.X. berichtet. Das Dekret ist datiert „Jahr 9, 7. Tag des (makedonischen) Monats Apellaios, dem 17.V. der Ägypter" – das ist der 7.3.238. Es besteht kein Zweifel, daß hier nur der bereits eingetretene Sothisaufgang am 19.7.239 gemeint sein kann. Nach ägyptischer Zählung wäre dieser Tag zwar noch ins 8. Jahr des Königs gefallen (das ägyptische Jahr begann am 22.10.239), aber offiziell zählte man damals noch nach den Jahren des makedonischen Mondkalenders, dessen Jahresanfang einige Monate früher lag.[144]

Aus pharaonischer Zeit sind uns leider kaum verwertbare Daten des Frühaufgangs des Sothissternes überliefert. Das älteste und wertvollste kam 1899 bei el-Lahûn[145] am Eingang zum Faijûm unter den Akten des Tempels der Pyramidenanlage Sesostris' II. (12. Dynastie) ans Tageslicht. Diese Akten stammen aus der Zeit der beiden Nachfolger des in der Pyramide bestatteten Herrschers, Sesostris' III. und Ammenemes' III.; andere an diesem Ort schon früher aufgefundene Dokumente reichen noch bis in den Anfang der 13. Dynastie.[146] Den Papyrus mit dem Sothisdatum veröffentlichte Borchardt sogleich.[147] Er ist datiert in ein Jahr 7, das nach den Umständen nur dasjenige Sesostris' III. sein kann.[148] Die Textstelle lautet: „Wisse, daß das Herauskommen der Sothis geschehen wird am 16. VIII. Mögest du [benachrichtigen] die Stundenpriester des Tempels des Ortes Sechem-Senwosret (Lahûn), des Anubis auf seinem Berg und des Suchos". Das Erscheinen des Sternes wird hier angekündigt, da es offenbar schon im Vorjahr auf den gleichen Tag fiel.[149] Eine Bestätigung, daß der Sothisaufgang tatsächlich eintrat, gibt ein anderes Fragment des gleichen Papyrus, das am nächsten Tag die zu diesem Ereignis eingegangenen Festgaben registriert.

Zur Berechnung des Datums kann von der Breite von Memphis ausgegangen werden, die nur wenig von der von Lahûn abweicht. Legt man einen Sehungsbogen innerhalb der äußersten Grenzwerte 8°.5–9°.5 zugrunde, so ist das betreffende Datum zwischen 1873 (18.7.) und 1862 (16.7.) zu suchen; nimmt man einen Mittelwert von 9° an, kommen nur noch die Jahre 1868–1865 in Betracht. Die Her-

---

[141] C. Leitz, Studien zur ägyptischen Astronomie, ÄA 49, 1989, 1-5.
[142] In Aristotelis Meteora, 25.1.
[143] Das sog. Kanopos-Dekret, erhalten auf zwei Stelen aus Tanis u. Kôm el-Hisn (Kairo CG 22186-87). Urk. II, 124-54.
[144] Parker, in: Fs Hughes, 168-88. Zu den kalendarischen Verhältnissen im ptolemäischen Ägypten A.E. Samuel, Ptolemaic Chronology, Münchener Beitr. z. Papyrusforschung 43, 1962, bes. 75-105.
[145] Auch Illahun; in der Literatur oft irrtümlich „Kahun".
[146] Der Papyrusfund von 1899 befindet sich in Berlin. Vgl. U. Kaplony-Heckel, Verz. d. oriental. Hss. in Deutschland, XIX 1: Ägyptische Handschriften, Wiesbaden 1971; der ältere Fund bei F.Ll. Griffith, The Petrie Papyri, London 1898.
[147] Pap. Berlin 10012; Borchardt, in: ZÄS 37, 1899, 99-102. Siehe hier, Anhang L.
[148] Der Papyrus gehört zu einer Reihe von Akten aus den Jahren 5–9 dieses Königs, die alle vom gleichen Schreiber stammen.
[149] Daraus darf keinesfalls auf zyklische Berechnung geschlossen werden. Eine Vorausbestimmung war auch durch die Beobachtung der Dekangestirne möglich; vgl. Barta, in: SAK 9, 1981, 85-103.

anziehung von Monddaten aus dem gleichen Archiv (siehe unten, I.3.3 und II.4.1) ermöglichte darüberhinaus die genaue Festlegung dieses Sothisdatums auf den 17.7.1866.[150]

Dies kann nunmehr als das früheste absolute Datum der ägyptischen Geschichte angesehen werden. Seine Entdeckung änderte die Vorstellungen von der älteren Chronologie Ägyptens grundlegend. Das Mittlere Reich (12. Dynastie) war damit auf die Zeit von rund 2000–1790 heruntergerückt; die II. Zwischenzeit, die man für eine Periode von vielen Jahrhunderten Dauer gehalten hatte, war nun auf maximal 250 Jahre begrenzt.

Schon früher hatte man ein Sothisdatum für das Neue Reich auf der Rückseite eines medizinischen Papyrus gefunden, den der Ägyptologe Georg Ebers 1869 in Ägypten erwarb.[151] Der Schreiber hatte dort ein kleines Kalendarium aufgezeichnet, über dem als Überschrift die Datierung zum 9. Jahr Amenophis' I. (Djeser-ka-rê) steht.[152] Das Kalendarium selbst ist in zwölf 30tägige Zeitabschnitte eingeteilt, die mit dem 9. XI. des ägyptischen Jahres beginnen. Die Epagomenen sind, wie meist in astronomischen Texten aus Ägypten, ignoriert; es handelt sich also um ein theoretisches 360tägiges Jahr. Vor die untereinander stehenden Anfangsdaten der 12 Abschnitte sind, vielleicht nachträglich, die Namen der zwölf Mond(fest)-Monate gesetzt, deren Anfänge in diesem Jahr in die danebenstehenden Abschnitte fielen.[153] Am Schluß der ersten Zeile mit dem am 9. XI. beginnenden Abschnitt ist vermerkt „Herauskommen der Sothis" (*projet-Sopdet*). Seit dem Bekanntwerden des Papyrus hat man diese Notiz stets mit der Überschrift verbunden, so daß sich das Datum „Amenophis I. Jahr 9, 9 XI. = Sothisaufgang" ergab. Damit besaß man ein Sothisdatum für die Regierungszeit dieses Pharao, des zweiten Herrschers der 18. Dynastie und des Neuen Reiches, das lange Zeit hindurch einen Eckpfeiler der ägyptischen Chronologie bildete.[154] Bisherige Berechnungen ergaben auf verschiedener Grundlage folgende Festlegungen: 1550/47 (Ed. Meyer 1904; zyklisch); 1523 (L. Borchardt 1935; falsche Lesung); 1544/36 (W.F. Edgerton 1937; Beobachtung Memphis bzw. 1526/18 Theben); 1542 (R.A. Parker 1950; Memphis); 1525/17 (E. Hornung 1964; Theben); 1517 (ders. 1967; Theben); 1534/33 (C. Leitz 1989; Memphis). Unter Annahme eines Sehungsbogens von 8°.6–9°.4 erhalten wir für Memphis die Jahre 1538-34, für Theben (8°.5–9°.3) die Jahre 1519–15. Der Ausgangspunkt der Beobachtung steht nicht fest. Der Papyrus stammt offenbar aus Theben, das zur Zeit Amenophis' I. auch Residenz war. Andererseits wird in theoretisch-astronomischen Texten wie in diesem Kalendarium meist auf Memphis als Zentralpunkt Bezug genommen.

---

[150] U. Luft, Die chronologische Fixierung des ägyptischen Mittleren Reiches nach dem Tempelarchiv von Illahun, Akad. Wien 1992, 224-29.

[151] Pap. Ebers. Zuerst mitgeteilt von Brugsch, in: ZÄS 8, 1870, 108-11; kommentiert von Lepsius, ebd. 165-70 u. 13, 1875, 145-57. Veröffentlichung des Papyrus durch G. Ebers und L. Stern, Papyros Ebers, das hermetische Buch über die Arzneimittel der alten Aegypter, Leipzig 1875.

[152] Borchardt, Mittel, T. 1 (Photographie). Hieratisches Facsimile und hieroglyphische Umschrift unten, Anhang M.

[153] Barta, in: ZÄS 110, 1983, 20-22; vgl. v. Beckerath, in: ZÄS 120, 1993, 131-36.

[154] So verwendete es Hornung, Chronologie, als Ausgangspunkt für seine Aufstellungen.

Das Kalendarium des Papyrus Ebers

	Jahr 9 unter der Regierung des Königs Djeser-ka-rê	
Up-ronpet	XI 9	Herauskommen der Sothis
Techi	XII 9	.
Menchet	I 9	.
Hathor	II 9	.
Ka-her-ka	III 9	.
Schef-bedet	IV 9	.
(gr.) *Rekeh*	V 9	.
(kl.) *Rekeh*	VI 9	.
Renutet	VII 9	.
Chonsu	VIII 9	.
Chentechtai	IX 9	.
Ipet-hemet	X 9	.

Erst in jüngster Zeit sind an dem den bisherigen Berechnungen zugrundeliegenden Verständnis des Kalendariums Zweifel aufgekommen.[155] Es wurde darauf hingewiesen, daß die Thronbesteigung Amenophis' I. (und damit auch die Anfänge seiner Regierungsjahre) vermutlich auf dem 9. XI. oder einem der beiden nächsten Tage lag[156], so daß das Kalendarium sein 9. Jahr darstellen könnte und der 9. XI. nicht der Tag des Sothisaufgangs sein müßte. Der Vermerk über den Letzteren könnte sich dann auf den gesamten ersten Abschnitt des Kalendariums (9. XI.–8. XII.) beziehen. Damit aber haben wir kein sicheres Sothisdatum mehr und die Möglichkeiten für eine Datierung des 9. Jahres Amenophis' I. erweitern sich auf die ziemlich großen Zeiträume 1538–1450 (Memphis) oder 1519–1431 (Theben). Allerdings machen historische Erwägungen (Regierungsdauer der Könige des Neuen Reiches, Synchronismen) einen Ansatz nach 1500 sehr unwahrscheinlich, womit das Sothisdatum in die letzten vier Jahrzehnte des 16. Jh. fallen würde.

Ein unvollständiges und daher nur eingeschränkt brauchbares Sothisdatum steht auf einem Block aus dem später abgerissenen Tempel Tuthmosis' III. auf der Insel Elephantine. Er war im Kai der Insel verbaut worden und befindet sich heute im Louvre.[157] Es handelt sich um das Bruchstück eines Festopfer-Kalenders. Für den 28. XI. sind dort die Opfergaben für das Fest des Sothisaufgangs verzeichnet. Leider ist das Jahr nicht erhalten, so daß angesichts der langen Regierung dieses Pharao nur wenig Nutzen aus dem Datum gezogen werden kann. Immerhin dürfen von den 54 Jahren seines Königtums mit großer Wahrscheinlichkeit die ersten 21, in denen Tuthmosis nur Mitregent seiner Tante und Stiefmutter Hat-schepsut war, sowie die letzten drei, in denen sein Sohn bereits die Herrschaft übernommen hatte, außer Betracht bleiben. Auch so bleiben noch die Jahre 1501–1458 möglich, wenn wir das Datum auf Memphis beziehen, oder 1481–1438, wenn wir, was in diesem Fall wahrscheinlicher ist, lokale Beobachtung in Elephantine voraussetzen. Die geschichtlichen Grenzwerte für das Datum des Papyrus Ebers und die maximalen und minimalen Zeitabstände zwischen Amenophis I. und Tuthmosis III. lassen davon allerdings die Jahre nach 1462 als kaum mehr akzeptabel erscheinen.

[155] Helck, in: GM 67, 1983, 47-49 und in: SAK 15, 1988, 149-64; Luft, in: GM 92, 1986, 65-77; Barta, in: GM 101, 1988, 7–12.
[156] Redford, in: JNES 25, 1966, 114-16; F.J. Schmitz, Amenophis I., HÄB 6, 1978, 28-29; Barta, in: SAK 8, 1980, 43-45.
[157] LD III, 43e; Urk. IV, 826-29.

Noch ungenauer ist die Zeitbestimmung durch das Sothisdatum, das in dem großen Festkalender von Ramses III. am Tempel von Medinet Habu enthalten ist.[158] Dort heißt es nämlich nur „I. Monat der Überschwemmung, Herauskommen der Göttin Sothis an ihrem Tag“. Das Ereignis trat also an irgendeinem Tag des I. Monats ein. Nun ist nachgewiesen worden, daß viele Inschriften dieses Tempels, darunter auch der Festkalender, ohne irgendeine Veränderung aus jetzt zerstörten Teilen des Ramesseums, des Totentempels Ramses' II., kopiert wurden.[159] Das angegebene Sothisdatum bezieht sich demnach auf die Zeit dieses früheren Herrschers. Tatsächlich fiel der Sothisaufgang etwa von 1314–1196 in den I. Monat, und eines dieser rund 120 Jahre muß mit einem der 66 Regierungsjahre König Ramses' II. identisch sein – das ergibt einen theoretisch möglichen Zeitraum von 250 Jahren!

Endlich ist hier noch eines angeblichen Sothisdatums zu gedenken, das früher viel diskutiert wurde. Im Kommentar des spätantiken Mathematikers Theon (Ende 4. Jh.) zu Ptolemaeus[160] wird von einer „Ära des Menôphris“ gesprochen, die im Jahr 1322 v. Chr., 1605 Jahre vor der Ära des Diokletian, begonnen hätte. Es handelt sich dabei um ein Datum, an dem nach zyklischer, also ungenauer Rechnung eine Apokatastase stattfand, der Sothisaufgang mithin auf das ägyptische Neujahr fiel. Strittig war seit jeher der nur hier vorkommende Name Menôphris. Man hat darin eine Vollform des Namens der Stadt Memphis erkennen wollen[161]; tatsächlich aber handelt es sich, wie bereits Lepsius[162] erkannte, um den Königsnamen Mer-en-ptah, der in der Überlieferung aus Manethos Werk durch Kontamination mit Amen-hotpe (Amenophis) als Amenephthis, Amenôphath und selbst Amenôphis (Hieronymus: Menofis) erscheint. Diesen König fand Theon anscheinend in einer der damals kursierenden Abschriften aus Manetho für die betreffende Zeit, und er benannte die von ihm errechnete „Ära“ nach diesem König. Die in der Neuzeit erkannte Unmöglichkeit, König Mer-en-ptah, den Nachfolger Ramses' II., in dieses Jahr zu datieren (er hat ein Jahrhundert später regiert), bewirkte Vorschläge, ihn mit Sethos I. gleichzusetzen, dessen Beiname ebenfalls Mer-en-ptah lautete[163], oder auch mit Ramses I., der den Thronnamen Men-pehti-rê führte.[164] Aber in die griechische Überlieferung sind diese Namensformen nie gelangt; bei Manetho heißen diese Könige Sethôs und Ramessês. Das sogenannte Menophris-Datum ist eine Erfindung des Theon, die er mit einem nach der manethonischen Chronologie passenden König verband; es läßt sich daher auch nicht chronologisch verwerten.[165]

3.3 Monddaten

Es ist nicht abzuleugnen, daß der ägyptische Kalender (Wandeljahr) ursprünglich, wie bei allen übrigen Völkern, auf einen Mondkalender zurückgeht (siehe oben, S. 7-8). Dieser bestand aus 12 Mondmonaten von teils 30, teils 29 Tagen; ein 13. Monat wurde eingeschaltet, wenn nach Ablauf der 12 Monate der Frühaufgang des Sirius (Sothis) noch nicht wieder eingetreten war. Nach Einführung des

---

158 Epigr. Survey, Medinet Habu, III, T. 152 (Nr. 629).
159 H.H. Nelson, Work in Western Thebes 1931-33, OIC 10, 1934, 25-29; Epigr. Survey, Medinet Habu, III, 9.
160 Theonis Alexandrini in libros duos Magnae Constructionis commentariorum libri duo.
161 J.B. Biot, Recherches sur plusieurs points de l'astronomie égyptienne, Paris 1823, 181ff.
162 Die Chronologie der Aegypter, Berlin 1849, 172. Ebd. 169 Anm. 5 Text der Stelle bei Theon.
163 Struve, in: ZÄS 63, 1928, 45-50; Sethe, in: ZÄS 66, 1931, 1-7.
164 Haigh, in: ZÄS 9, 1871, 73; Jahn, in: WZKM 10, 1896, 88-89; Meyer, Chronologie, 68; Černý, in: ZÄS 65, 1930, 129-30; P. Montet, Comptes rendus de l'Académie des Inscriptions et des Belles-Lettres, Paris 1937, 418-36.
165 v. Beckerath, in: ZDMG 126, 1976, 5-9.

schematischen 365tägigen Kalenders blieb das alte Mondjahr im Kult noch im Gebrauch, da religiöse Feste nicht nur an bestimmte Monate sondern auch an bestimmte Mondphasen gebunden waren. Zum Vergleich kann man an unser kirchliches Osterjahr denken, das durch den ersten Vollmond nach dem Frühlingsäquinoktium festgelegt wird.

Als zur Zeit des Mittleren Reiches der Wandeljahrskalender sich um ein halbes Jahr von der Natur entfernt hatte, führte man für die Zwecke des Kultes einen neuen Mondkalender ein, der nun nicht mehr nach dem Sothisaufgang geschaltet wurde, sondern nach dem Neujahrstag des offiziellen Kalenders.[166] Der Anfang seines Jahres mußte danach stets im I. Monat des Wandeljahres liegen; geschaltet wurde, wenn der 12. Mondmonat vor den Neujahrstag des Wandeljahres fiel. Dieser „Jüngere Mondkalender" blieb bis zum Ende der ägyptischen Kultur in Gebrauch, wie mehrere Doppeldaten aus griechisch-römischer Zeit belegen.[167] Als sich im Neuen Reich Wandeljahr und Sonnenjahr wieder einander annäherten, um dann für einige Zeit parallel zu laufen, fixierte man die meisten Feste im offiziellen Kalender.[168] Erst in der Spätzeit, als sich letzterer erneut weit von der Natur entfernt hatte, wurde der Mondkalender im Kult wieder belebt.

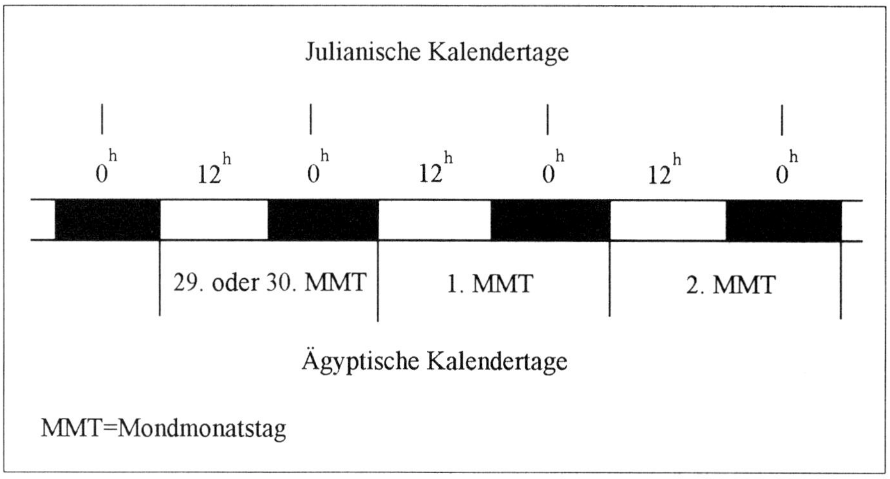

Abb. 8
Beginn des ägyptischen Mondmonats

Zu dieser Zeit, wahrscheinlich unter der 30. Dynastie (um 360), wurde in Ägypten unter dem durch die persische Herrschaft vermittelten Einfluß der babylonischen Astronomie ein Berechnungsschema für die Mondmonate entwickelt, das die bis dahin geübte Mondbeobachtung zu Beginn des ägyptischen Mondmonats überflüssig machen sollte. Dieses Schema, das uns im Papyrus Carlsberg 9 (144 n. Chr.)[169] und schon im griechischen Papyrus Rylands 589 (180 v. Chr.)[170] vorliegt, beruhte auf der Feststellung, daß 25 ägyptische Jahre fast genau 309 (synodischen) Mondmonaten entsprechen; die

[166] Zu diesem jüngeren Mondkalender (Later Lunar Calendar) Parker, Calendars, 24-29; Barta, in: ZÄS 110, 1983, 19-25.

[167] Belege bei Borchardt, Mittel, 39-42, und Parker, Calendars, 17-22.

[168] Im Festkalender von Medinet Habu (Ramses III.) sind, abgesehen von den monatlichen „Festen des Himmels", nur noch drei an den Mond gebundene Jahrfeste (Prozession des Min, ein Fest des IX. Monats und das Talfest) verzeichnet.

[169] O. Neugebauer – A. Volten, Ein demotischer astronomischer Papyrus, Berlin 1938; O. Neugebauer-R.A. Parker, Egyptian Astronomical Texts, III, Providence 1969, 220-25, T. 95; neue Fragmente dazu Zauzich, in: Enchoria 4, 1974, 157-58. Vgl. auch Parker, Calendars, 24-29. Das Schema ist hier im Anhang N dargestellt.

[170] E. Turner – O. Neugebauer, Bulletin of the John Rylands Library 32, 1949, 3ff.

Differenz beträgt nur eine Stunde und 2½ Minuten.[171] Nach 25 Jahren fielen also die Mondphasen wieder auf die gleichen Kalenderdaten. Das Schema wurde im ptolemäischen Ägypten dann auch zur Regulierung des heillos verwirrten makedonischen Mondkalenders verwendet.[172]

Dem Beginn ihrer Kalendertage am Morgen entsprechend beobachteten die Ägypter nicht das Erscheinen der ersten Mondsichel am Abend, wie die meisten Völker, sondern die letzte Sichel des abnehmenden Mondes in der Morgenfrühe.[173] Die Beobachtung fand an dem noch zum 29. Tag des Mondumlaufes gehörenden Morgen statt: War der Mond dann nicht mehr sichtbar, begann bei Sonnenaufgang der erste Tag eines neuen Mondmonats und der abgelaufene hatte nur 29 Tage; war die Mondsichel aber noch zu sehen, so war es ein 30tägiger Monat und der nächste begann erst mit dem darauffolgenden Tag.[174] Der erste Tag des Mondmonats, an dem der Mond unsichtbar war, hieß ägyptisch *pesedjentiu.*[175] Dieser Tag und auch andere Mondtage erscheinen öfters in ägyptischen Texten.

Für die Chronologie sind diese Angaben allerdings nur dann von Wert, wenn das betreffende Jahr wenigstens ungefähr bekannt ist, da die gleichen Mondphasen, wie schon gesagt, nach 25 Jahren wieder auf genau den gleichen Tagen liegen und nach 11 Jahren einen Tag später, nach 14 Jahren einen Tag früher. Bei Voraussetzung eines möglicherweise witterungsbedingten Beobachtungsfehlers sind unter gewissen Umständen auch diese Jahre möglich.[176] Es muß daher durch andere Bestimmungen (Sothisdaten, historische Möglichkeit) ein zeitlicher Rahmen von weniger als 50 Jahren vorgegeben sein, um ein ägyptisches Monddatum für die Chronologie auswerten zu können.[177]

Diese Bedingungen liegen vor bei den durch das Archiv von el-Lahûn überlieferten Daten.[178] Wir haben dort einerseits das bereits erwähnte Sothisdatum (Sesostris III. Jahr 7, 16. VIII.), andererseits eine Anzahl von Monddaten aus der Regierungszeit dieses Königs und seines Nachfolgers Ammenemes' III. Diese Daten stützen sich gegenseitig, wenn wir die Regierungsdauer Sesostris' III. kennen. Aufgrund des Sothisdatums und unterschiedlicher Ansatzmöglichkeiten für die Monddaten errechnete Parker[179] dafür 36 Jahre, Barta[180] 39 Jahre – nach dem Turiner Königspapyrus hätte der Pharao 30+x Jahre geherrscht. Neuere Untersuchungen haben aber ergeben, daß Sesostris III. nur 19 Jahre regierte und daß die Zuweisung der Monddaten an bestimmte Regierungen in manchen Fällen zu revidieren ist.[181] Dadurch läßt sich nunmehr das Sothisdatum für Sesostris III., das nach Berechnung in die Jahre 1873–1862 gefallen sein muß, genau auf den 17.7.1866 festlegen.[182] Die wichtigsten Monddaten, die zu dieser Fixierung beitragen, sind:

---

[171] Der Grieche Meton fand, vermutlich ebenfalls unter babylonischem Einfluß, daß 19 Sonnenjahre ungefähr 235 Mondmonaten entsprechen.
[172] A.E. Samuel, Ptolemaic Chronology, in: Münchener Beiträge zur Papyrusforschung 43, 1962, 54-61.
[173] Zum Beginn der ägyptischen Mondmonate Parker, Calendars, 9-23.
[174] Vgl. Abb. 8.
[175] Hier meist mit „Neumond" übersetzt, was ebenso ungenau ist wie unsere gebräuchliche Verwendung des Wortes, das eigentlich das erste Erscheinen des neuen Mondes bedeutet, für die Konjunktion („Schwarzmond").
[176] Diese Möglichkeiten sind besprochen von Parker, in: JNES 16, 1957, 39-43.
[177] Tabellen zur Berechnung der Neumonde von C. Schoch bei S.H. Langdon – J.K. Fotheringham, The Venus Tablets of Ammizaduga, Oxford 1928, 98-110.
[178] Hierzu jetzt grundlegend U. Luft, Die chronologische Fixierung des ägyptischen Mittleren Reiches nach dem Tempelarchiv von Illahun, Abh. Akad. Wien 1992.
[179] Calendars, 63-69 (Excursus C).
[180] Barta, in: SAK 7, 1979, 1-9.
[181] Simpson, LÄ V, 903-06; Luft, op.cit., 143-44. Vgl. unten S. 133-134.
[182] Luft, op.cit., 224-29.

Sesostris III.	Jahr	9, 9.VII.	1. Mondtag[183]	= 8. 6.1864
		23.VII.	15. Mondtag	= 22. 6.1864
Sesostris III.	Jahr	14,20.II.	4. Mondtag[184]	= 19. 1.1859
[Ammenemes III.]	Jahr	3,16.XI.	1. Mondtag[185]	= 7.10.1840
[Ammenemes III.]	Jahr	29,15.IX.	9. Mondtag[186]	= 1. 8.1814
[Ammenemes III.]	Jahr	30,25.X.	2. Mondtag[187]	= 9. 9.1813
		24.XII.	2. Mondtag	= 7.11.1813
	Jahr	31,19.II	2. Mondtag	= 6. 1.1812
		18.IV.	2. Mondtag	= 8. 3.1812
		17.VI.	2. Mondtag	= 4. 5.1812
		16.VIII.	2. Mondtag	= 2. 7.1812
[Ammenemes III.]	Jahr	32, 7.III.	1. Mondtag[188]	= 24. 1.1811

Hiermit sind die 19 Jahre Sesostris' III. auf 1873/72–1854/53 festgelegt und die 45–48jährige Regierung Ammenemes' III. auf 1854/53–1809/06.[189]

Auch das Kalendarium des Papyrus Ebers enthält Monddaten, insofern als die dort genannten Mondmonate alle mit einem Neumond (1. Mondtag) beginnen. Daß hier der jüngere Mondkalender zugrundeliegt, ist wahrscheinlich, da der ältere schon seit dem Mittleren Reich nicht mehr in Erscheinung tritt.[190] Da nach diesem Mondkalender der 1. Tag seines ersten Monats *Techi* stets hinter den Neujahrstag des Wandeljahres fällt, andererseits aber der 1. *Up-ronpet* spätestens auf dem 8. XII. liegen muß – denn sonst wäre er nicht neben dem vom 9. XI.-8. XII. laufenden Abschnitt verzeichnet – kann der 1. *Techi* im 9. Jahr Amenophis' I. nur auf den 1. oder 2. des I. Monats des Wandeljahres gefallen sein.[191] Innerhalb der oben (I.3.2) ermittelten Zeitgrenzen für dieses Jahr (1538 bis ca. 1500) kommen infolgedessen nur die Jahre 1531, 1528, 1517, 1506 und 1503 in Betracht.

Von besonderem Wert für die zeitliche Festlegung des Neuen Reiches sind die aus den Regierungszeiten Tuthmosis' III. und Ramses' II. überlieferten Monddaten.[192] Es kann als sicher angesehen werden, daß der Erstere im 15. Jh. und der Letztere im 13. Jh. herrschte. Von Tuthmosis III. besitzen wir zwei Monddaten: In seinem Bericht über die Schlacht bei Megiddo heißt es: „Jahr 23, 21. IX., Tag des Festes des 1. Mondtages (Neumond), genau. Erscheinen des Königs am Morgen".[193] Eineinhalb Jahre später fand im Jahr 24 am 30. VI. die Gründung des Festtempels des Königs in Karnak statt, und zwar am Tag vor dem Beginn des neuen Mondmonats[194]; der 1. Mondtag war also der 1. VII. des ägyptischen Kalenders. Für diese beiden Monddaten kommen im 15. Jh. nach astronomischer Rech-

[183] Krauss, Sothis- und Monddaten, 84-85, T. I, 2 u. II, 1.
[184] Luft, op.cit., 110-11, T. 25.
[185] Luft, 87-88, T. 17a.
[186] Borchardt, Mittel, 46 Anm. 11.
[187] Luft, op.cit., 74, T. 14.
[188] Luft, 40-42, T. 3a.
[189] Chronologie der 12. Dyn. unten, II.4.1.
[190] Barta, in: ZÄS 110, 1983, 19-25.
[191] v. Beckerath, in: ZÄS 120, 1993, 134-35.
[192] Zu diesen Daten Borchardt, Mittel, 43-44; Edgerton, in: ASSL 53, 1937, 188-97; Parker, in: JNES 16, 1957, 39-43; ders., in: Fs Dunham, 1981, 146-48; Murnane, in: JANES 3, 1970/71, 1-7; Helck, in: MDAIK 28, 1972, 101-02; ders., in: GM 69, 1983, 37-42; Spalinger, in: MDAIK 30, 1974, 221-29; ders., in: GM 69, 1983, 47-54; Lello, in: JNES 37, 1978, 327-30; v. Beckerath, in: MDAIK 37, 1981, 42-49 und CNR, 15; Krauss, Sothis- und Monddaten, 121-23; Casperson, in: JNES 45, 1986, 139-50; P. Der Manuelian, Studies in the Reign of Amenophis II, HÄB 26, 1987, 1-19; C. Leitz, Studien zur ägyptischen Astronomie, ÄA 49, 1991, 80-89.
[193] Urk. IV, 167.
[194] Urk. IV, 836. P. Lacau, Stèles de la XVIIIe dynastie (Kairo CG 34012); v. Beckerath, in: MDAIK 37, 1981, 42-49.

nung die Datenpaare 16.5.1482/24.2.1480, 9.5.1457/18.2.1455 und 3.5.1432/12.2.1430 in Frage, wonach die Thronbesteigung Tuthmosis' III. in eines der Jahre 1504, 1479 oder 1454 gefallen sein muß.

Das Monddatum aus der Zeit Ramses' II. erscheint im Tagebuch eines Nilschiffers, in dem der 27. VI. des 52. Jahres des Pharao als Neumond (*pesedjentiu*) bezeichnet ist.[195] Die 66jährige Herrschaft des großen Königs hat frühestens um 1300 begonnen und jedenfalls noch vor 1200 geendet. Danach sind astronomisch nur folgende Daten möglich: 25.12.1253, 22.12.1239 und 19.12.1228. Der Regierungsantritt Ramses' I. läßt sich damit auf 1304, 1290 oder 1279 datieren.

Ein weiteres, nicht so exakt zu erschließendes Monddatum (1. Mondtag) sollte nach den Angaben eines in das 19. Jahr Amenophis' II., des Sohnes und Nachfolgers Tuthmosis' III., zu datierenden Wirtschaftstextes[196] auf den 9.–13. XI. dieses Jahres gefallen sein.[197] Da Tuthmosis rund 54 Jahre regierte, Amenophis aber wahrscheinlich in den letzten 1-3 Jahren schon sein Mitregent war, kommen für das Monddatum, entsprechend den oben gegebenen Möglichkeiten für die Daten Tuthmosis' III., nur die Jahre 1434/30, 1409/05 und 1385/81 in Betracht. Das passende Neumonddatum liegt innerhalb dieser Jahre auf dem 12. XI., das ist der 24.6.1434, 17.6.1409 oder 11.6.1384. Die Thronerhebung Amenophis' II. ist demnach in 1443, 1428 oder 1403 zu setzen und für Tuthmosis III. sind 51 Jahre bis zur Annahme seines Sohnes zum Mitregenten zu verrechnen.

Ein Monddatum aus der Zeit des Amasis (26. Dynastie) hat die lange umstrittene Frage entschieden, ob die Regierung dieses Königs zu 43 oder 44 Jahren zu rechnen sei und damit die Grundlage für die absolute Datierung seiner Dynastie auf 644–525 geliefert. In einer demotischen Urkunde aus seiner Regierungszeit wird ein Eid abgelegt vor dem Gott Chons in Theben „im Jahr 12, am 13. X. gleich dem 15. Tag des IX. Mondmonats".[198] Das war also ein Vollmondtag. Die beiden geschichtlich möglichen julianischen Gleichungen für diesen Tag sind 19.10.559 oder 558. Bei Berechnung des Monddatums ergibt sich, daß nur im Jahr 559 ein Vollmond auf diesem Datum lag, wodurch bewiesen wird, daß für Amasis volle 44 Jahre anzurechnen sind.

Endlich soll noch ein etwas hypothetisches Monddatum besprochen werden. Da, wie oben ausgeführt, der ägyptische Kalender in einem Jahr eingeführt worden sein sollte, in dem sein Beginn auf dem Neumond lag, der dem Erscheinen der Sothis vorausging, ist dieses Datum in den 120 Jahren vor der Apokatastase von 2770 zu suchen, und zwar möglichst früh innerhalb dieses Zeitraumes, da nur so verständlich wird, weshalb die Ägypter den Fehler ihres neuen Kalenders nicht alsbald bemerkten. Für den Zeitpunkt der Kalendereinführung käme daher am ehesten der 12.8.2874 in Betracht.[199]

(Siehe auch den Nachtrag auf Seite 184.)

---

[195] Pap. Leiden I 350, Vso. 3,5. J.J. Janssen, Two Ancient Egyptian Ship's Logs, in: OMRO Suppl. 42, Leiden 1961, 12 u. 33.

[196] Pap. St. Petersburg 1116 A, Zl. 192-200. W. Golenischeff, Les papyrus hiérat. nos. 1115, 1116 A et B de l'Ermitage Impérial à St. Pétersbourg, 1913, T. 22 (Verteilung von Getreide). Die Datierung ist dadurch gesichert, daß neben dem Getreide aus dem laufenden Jahr auch einmal solches aus Jahr 18, also dem Vorjahr, genannt wird.

[197] Hornung, in: ZDMG 117, 1967, 13-14; v. Beckerath, in: ZDMG 118, 1968, 18-21; Parker, in: Fs Wilson, 75-82.

[198] Pap. Louvre 7848. Parker, in: MDAIK 15, 1957, 208-12.

[199] Liste theoretisch möglicher Monddaten zur Kalendereinführung zwischen 2890 und 2770 bei Barta, in: ZÄS 110, 1983, 18.

3.4 Jahreszeitliche Daten

Daten von Vorgängen, die an eine bestimmte Jahreszeit gebunden sind, können naturgemäß nur ziemlich ungenaue zeitliche Festlegungen liefern. Zunächst ist dabei an inschriftliche Zeugnisse zu denken, die sich auf die Überschwemmung des Nils beziehen. Zur kalendarischen Bestimmung des jährlichen Ansteigens der Nilflut, das durch die Regenzeit im Quellgebiet des Blauen Nils in Äthiopien ausgelöst wird, sind Daten aus dem vorigen Jahrhundert heranzuziehen, da seit der Errichtung der Staudämme um die Jahrhundertwende praktisch keine Überschwemmung mehr stattfindet.[200] Nachdem der Strom im Frühjahr seinen niedrigsten Wasserstand erreicht hatte, begann er im Mai-Juni wieder zu steigen; die Daten liegen für Luxor (Theben) zwischen Anfang Mai und Ende Juni, für Kairo (Memphis) etwa vier Tage später. Bei weiterem Ansteigen wurden die Dämme geöffnet, damit das Wasser die Felder überfluten konnte. Dies geschah je nach früher oder später eintretender Überschwemmung zwischen Anfang Juli und Anfang September (Mittel etwa 12.8.). Der Höhepunkt der Flut wurde zwischen 21. August und 23. Oktober erreicht. Die Verhältnisse haben sich vom Altertum bis zum 19. Jh. nicht wesentlich geändert, so daß diese Daten, umgerechnet für das jeweilige Jahrhundert in julianische Daten, zugrundegelegt werden können.

Es gibt drei Angaben über besonders hohe Nilfluten, die ein genaues Kalenderdatum enthalten. Anläßlich des feierlichen Erscheinens des kuschitischen (nubischen) Pharao Schebitko im Tempel des Amun von Karnak (Jahr 3, 5. IX.) wird über eine solche berichtet, die zu diesem Termin oder kurz zuvor eingetreten war.[201] Es ist sicher, daß dieser König um 700 v. Chr. regierte. Zu dieser Zeit lag dar julianische Kalender 7 Tage hinter dem Sonnenjahr, d.h. die Grenzwerte für die Hochflut (21.8.–23.10.) waren julianisch 28.8.–30.10. Danach ist das 3. Jahr dieses Herrschers zwischen den Extremen 756 und 462 zu suchen – eine zu große Zeitspanne für ein Datum, das wir mit anderen Mitteln genauer bestimmen können.

Das gleiche gilt auch für die hieratische Inschrift im Luxor-Tempel vom 22. VII. des 3. Jahres Osorkons III., der in der ersten Hälfte des 8. Jh. herrschte.[202] Dem gregorianischen Datum sind hier 8 Tage zuzuschlagen. Das Flutmaximum wurde demnach zwischen dem 28.8. und dem 31.10. jul. erreicht; das 3. Jahr des Osorkon liegt demnach zwischen den äußersten Grenzwerten 932 und 677.

Ein älteres Datum stammt aus der II. Zwischenzeit. Zur Zeit eines der kurzregierenden Herrscher der späten 13. Dynastie, Sebek-hotpes VIII., stand der Nil in den Epagomenentagen seines 4. Jahres so hoch, daß der König mit seinem Gefolge gezwungen war, bei seinem Besuch im Tempel von Karnak durchs Wasser zu waten.[203] Die Umrechnung der für die Hochflut möglichen Zeitgrenzen ergibt für diesen König ein Datum zwischen 1869 und 1534. Selbst in der chronologisch im einzelnen noch recht unsicheren Zwischenzeit wissen wir, daß er in die erste Hälfte des 17. Jh. zu setzen ist.

Wie J.J. Janssen[204] ermitteln konnte, betreffen einige kleine Inschriften (Graffiti), die von Schreibern in der Ramessidenzeit (19.–20. Dynastie) an Felsen im Westen von Theben angebracht wurden, den Augenblick der Öffnung der Schleusen (das „Herabkommen des Nils"). Ein Graffito vom 5. II.

---

[200] Daten bei W. Willcocks – J.I. Craig, Egyptian Irrigation, London 1913. Vgl. auch L. Borchardt, Nilmesser und Nilstandsmarken, Abh. Akad. Berlin 1906; ders., Mittel, 90; Butzer, LÄ IV, Sp. 480-83; Janssen, in: JNES 46, 1987, 125-36.

[201] Kai-Inschrift Nr. 33. v. Beckerath, in: JARCE 5, 1966, 53, mit Verbesserung in: GM 136, 1993, 7-9.

[202] Daressy, in: RecTrav 18, 1896, 181-86.

[203] Habachi, in: SAK 1, 1974, 207-14.

[204] Janssen, in: JNES 46, 1987, 125-36.

des 22. Jahres muß der Regierungszeit Ramses' II. (13. Jh.) zugewiesen werden[205], ein anderes vom 4. III. des 18. Jahres stammt wohl aus der Zeit Ramses' III. (1. Hälfte des 12. Jh.).[206] Drei weitere Inschriften sind ausdrücklich unter Pharao Mer-en-ptah (Ende 13. Jh.) datiert: Jahr 1, 3. III.[207] und Jahr 2, 3. III.[208] sowie Jahr 7, 5. III.[209] Nach Berechnung der möglichen Zeit wäre Ramses II. (Jahr 22) zwischen 1457 und 1158 zu datieren, Ramses III. (Jahr 18) 1341 bis 1082 und Mer-en-ptah (Jahr 1–3) 1345 bis 1085. Monddaten und Synchronismen lassen auch hier wesentlich genauere Festlegungen zu.

Früher wurden oft Daten von Inschriften herangezogen, die von Teilnehmern von Expeditionen in abgelegenen Wüstentälern angeschrieben worden sind: so im Wadi Hammamât (zwischen dem Niltal nördlich von Luxor und dem Roten Meer)[210], im Wadi el-Hûdi (östlich von Aswân)[211] und auf der Sinai-Halbinsel (Serâbit el-Châdim).[212] Man ging davon aus, daß die Ägypter es vermieden hätten, diese Gegenden in der heißen Jahreszeit aufzusuchen und wollte so zu ungefähren Ansätzen für die in den Inschriften genannten Könige gelangen. Aber abgesehen davon, daß solche Erwägungen nur ganz ungenaue Datierungen mit einem Spielraum von mehreren Jahrhunderten ergeben, läßt sich anhand von zeitlich anderweitig gesicherten Inschriften feststellen, daß zwar die meisten Daten tatsächlich in den Wintermonaten liegen, aber auch eindeutig in den Sommer fallende Daten darunter sind, womit der Wert dieser Bestimmungsmethode gänzlich in Frage gestellt wird. So sandte Ramses IV. (20. Dynastie, 12. Jh.), der nach der verhältnismäßig langen Regierung seines Vaters in bereits vorgerücktem Alter auf den Thron gekommen war, Expeditionen ins Wadi Hammamât zur Gewinnung von wertvollem Gestein (ägyptisch *bechen* = Grauwacke), da er große Denkmäler errichten wollte, die möglichst rasch fertig werden sollten. Eine Inschrift vom 2. II. seines 2. Jahres[213] fiel um die Mitte des 12. Jh. in den Juli, also gerade in die heißeste Zeit. Ebenso wurden unter der Herrschaft des persischen Großkönigs Dareios' I. (521–485) an diesem Ort Inschriften angebracht, deren Daten mitten im Sommer liegen.[214] Für die Perser verlief durch das Wüstental eine wichtige Verbindung zum Roten Meer, von wo aus man zu Schiff um Arabien herum in den Persischen Golf gelangen konnte.[215]

Auch Daten von Verwaltungsakten, die die Abgabe von Getreide betreffen, ergeben wenig für unsere Zwecke. Die Ernte der Gerste fand Ende Februar/Anfang März (greg.) statt, die des Weizens (Emmer) Anfang April; julianisch lag sie zur Ramessidenzeit, aus der die meisten Dokumente stammen, 10-11 Tage später. Offenbar aber benötigten die Eintreibung der Getreideabgaben, deren Verschiffung auf dem Nil, Empfang und Registrierung längere Zeit. Die meisten Akten sind im Sommer bis Herbst datiert; zur Festlegung der betreffenden Regierungen lassen sie sich kaum verwenden.[216]

---

205 Graffito 881d. W. Spiegelberg, Ägyptische u.a. Graffiti aus der Thebanischen Nekropolis, Heidelberg 1921, 70; KRI V, 484 (A 68).

206 Gr. 1158. J. Černý, Graffiti hiérogl. et hiérat. de la nécropole thébaine, DFIFAO, IX. Le Caire 1956, 8, T. 16. KRI V, 468 (A 43).

207 Gr. 862. Spiegelberg, op.cit.; KRI IV, 150 (A 1) u.180.

208 W. Spiegelberg, Zwei Beiträge zur Geschichte und Topographie der thebanischen Necropolis (Leipzig 1898) 16, Nr. XIX. Das mit Fragezeichen als „II. Monat" wiedergegebene Datum ist vermutlich „III." zu lesen.

209 Gr. 856. Spiegelberg, op.cit. in Anm. 205; KRI IV, 154 (Anm. 10).

210 Couyat-Montet, Ouâdi Hammâmât.

211 A. Fakhry, The Inscriptions of the Amethyst Quarries at Wadi el-Hudi, Cairo 1971; K.J. Seyfried, Beiträge zu den Expeditionen des Mittleren Reiches in die Ost-Wüste, HÄB 15, 1981.

212 J. Černý, The Inscriptions of Sinai, 2 Bde. London 1955; hier zit.: Sinai + Nr.

213 Couyat-Montet, op.cit., 12-13, T. 40 (Nr. 240).

214 Couyat-Montet, op.cit., 39, T. 3 (Nr. 14), 87, T. 32 (Nr. 134), 96, T. 33 (Nr. 186) und 97 (Nr. 190). Vgl. G. Posener, La première domination perse en Egypte, Le Caire 1936, 86-116.

215 Posener, op.cit., 179-80; F.K. Kienitz, Die polititische Geschichte Ägyptens vom 7. bis 4. Jh., Berlin 1953, 65-66.

216 Gardiner, JEA 27, 1941, 19-73.

Es gibt aber auch jahreszeitliche Vorgänge, die zwar zur zeitlichen Fixierung von Pharaonen nichts beitragen, wohl aber zur näheren Bestimmung des Kalenderdatums innerhalb des Jahres bei schon annähernd sicher datierten Herrschern. Hierzu gehört vor allem der Zeitpunkt der Weinlese. Wein wurde hauptsächlich in den östlichen und westlichen Randgebieten des Deltas angebaut, wo sich die großen Weingüter befanden. Die Trauben wurden an Ort und Stelle ausgepreßt und gekeltert, danach zur Gärung in Krüge abgefüllt, die vor der Verschickung versiegelt und beschriftet wurden.[217] Die Aufschrift der Krüge nennt das Datum (Jahrgang), den Namen des Weingutes und den des Oberwinzers. So wurde der Wein an die Tempel und die Vorratskeller des königlichen Palastes geliefert. Große Mengen von Weingefäßen beziehungsweise Scherben von solchen kamen im Westen von Theben in der Palastanlage Amenophis' III. (Malqata)[218], in den Palästen von Amarna (Amenophis IV./ Achenaten)[219] und im Ramesseum, dem Totentempel Ramses' II.[220], zutage, einige auch im Grab Tut-anch-amuns[221] und im Totentempel Amenophis' II.[222] Die Weinlese fand Ende Juli bis Anfang August statt. Die Versiegelung der Krüge nach der Kelterung erfolgte kurz nach Mitte August (greg.)[223], das entspricht im 14. Jh. v. Chr. julianisch etwa dem 1. September. Das Datum der Beschriftung dieser Gefäße fiel also zu Anfang des 14. Jh. in die letzten Tage des 1. ägyptischen Monats, ab 1373 in den II. Man kann es bei den Gefäßaufschriften, die stets nur das Jahr nennen[224], ergänzen und daraus zum Beispiel Schlüsse auf die Lage des Regierungsjahres im Kalenderjahr und auf den Thronwechsel ziehen (vgl. unten S. 109 und 114).

Schließlich soll hier noch erwähnt werden, daß sich aus den Blumenkränzen, die man Tut-anch-amun mit ins Grab gab und die bei dessen Öffnung noch darin gefunden wurden, der ungefähre Zeitpunkt des Todes des jungen Königs ablesen läßt. Unter den Pflanzen befanden sich Kornblumen, Mandragora, Waldnachtschatten (*Solanum dulcamara*) und Bitterkraut (*Picris coronopifolia*), die in Ägypten alle im März/April blühen. Die Angaben über die Blütezeit dieser Pflanzen[225] beziehen sich natürlich auf unseren gregorianischen Kalender; julianisch lagen sie im 14. Jh. v. Chr. um 12 Tage später, mithin etwa Mitte April. Daraus ergibt sich, daß Tut-anch-amun etwa Anfang Februar (jul.) gestorben ist, da die Bestattung in Ägypten nach religiöser Vorschrift 70 Tage nach dem Ableben stattfinden mußte.

---

[217] Zu Weinbau und Kelterung Ch. Meyer, LÄ VI, Sp. 1169-82.

[218] Hayes, in: JNES 10, 1951, 35-36, 82-111, 158-83, 231-42.

[219] City of Akhenaten, I, 164-68, T. 63-64, II, 103-06, T. 57-58, III, 143-69, T. 84-98.

[220] W. Spiegelberg, Hieratic Ostraca and Papyri, found by J.E. Quibell, London 1898; ders., in: ZÄS 38, 1923, 25-36.

[221] J. Černý, Hieratic Inscriptions from the Tomb of Tut'ankhamun, Oxford 1965, 1-4, 21-24.

[222] W.M.F. Petrie, Six Temples at Thebes, London 1897, 5, 21, T. 5; Urk. IV, 1365.

[223] Hornung, Chronologie, 77-78 Anm. 50-51, nach M. Schnebel, Die Landwirtschaft im hellenistischen Ägypten, München 1925, 275 ff.

[224] Die Ausnahmen (City of Akhenaten I, T. 64, Nr. 3: Jahr 6, 1. III., und III, T. 89, Nr. 111: Jahr 1, I.) erklären sich offenbar dadurch, daß hier eine verspätete und eine verfrühte Versiegelung erfolgt war (so Hornung, loc.cit.).

[225] P.E. Newberry, in H. Carter, Tut-ench-Amun, Deutsche Ausgabe, Leipzig 1932, 227. Vgl. R. Germer, Flora des pharaonischen Ägypten, Mainz 1985, 166, 169, 173, 184.

3.5 Die Methode Radiocarbon C 14

Diese physikalische Methode zur Altersbestimmung von organischen Stoffen (Holz u.a. pflanzliches Material, Knochen, Haare) beruht auf der erst seit einigen Jahrzehnten gewonnenen Erkenntnis, daß in dieser Materie ein besonderer, vom normalen abweichender Kohlenstoff (mit Atomgewicht C 14) enthalten ist, der eine gewisse, freilich geringe und nicht gefährliche Radioaktivität besitzt. Sie ist am größten in lebenden Pflanzen und Tieren, zerfällt aber nach dem Absterben in langen Zeiträumen allmählich, allerdings mit stetig abnehmender Geschwindigkeit. Die Zeit, die sie braucht, um zur Hälfte zu zerfallen, nennt man Halbwertzeit (Half-life). Durch Messung der noch vorhandenen Radioaktivität kann man, von einem bestimmten Halbwert ausgehend, das Alter des gesuchten Gegenstandes innerhalb gewisser Grenzen ermitteln.[226] Besonders zur zeitlichen Bestimmung der Erdzeitalter und vorgeschichtlicher, schriftloser Epochen, also längerer Zeiträume, hat diese Methode schon wertvolle Dienste geleistet. Ebenso kann man sie auch für historische Zeiten anwenden, um z.B. festzustellen, ob ein Gegenstand aus organischem Material aus dem Altertum oder dem Mittelalter stammt, oder ob es sich um eine moderne Fälschung handelt.

Aus dem alten Ägypten schienen namentlich die Gräber eine Fülle von Untersuchungsmaterial zu bieten. Es war allerdings von vornherein klar, daß für die späteren Epochen (Mittleres und Neues Reich, Spätzeit), die durch schriftliche Quellen einigermaßen sicher datiert werden können, die Zeitspannen, innerhalb derer die Untersuchungsergebnisse nach Radiocarbon C 14 liegen, zu ungenau sind. Andere Unsicherheitsfaktoren resultieren bei dieser Methode aus dem nicht immer eindeutigen Zusammenhang der untersuchten Gegenstände mit der Zeit (Regierung, Dynastie), aus der sie stammen sollen. Der Gegenstand kann z.B. wesentlich älter sein als das archäologische Ensemble, in dem er gefunden wurde; er kann aber auch erst später in dieses hineingebracht worden sein. Schließlich können bestimmte Beimengungen die Radioaktivität erhöhen und dadurch ein höheres Alter vortäuschen.[227]

Die erste Zusammenstellung, in der auch Funde aus Ägypten aufgeführt wurden, veröffentlichte W.F. Libby.[228] Dabei stellte sich heraus, daß die für die Frühzeit und das Alte Reich festgestellten Daten erheblich zu niedrig liegen. Eine frühere Datierung wurde hier durch die von Stuiver und Suess (1966) vorgenommene Korrektur der Halbwertzeit erreicht.[229] Wo ein Vergleich mit historischen Daten möglich ist, sind diese neuen Daten allerdings um durchschnittlich 100 Jahre zu hoch. Ob die jetzt gewählte Halbwertzeit, die auf einem Vergleich mit dendrochronologischen Ergebnissen aus Nordamerika beruhen, auch für Ägypten zutreffend ist, steht noch nicht fest. Es ist also, was die geschichtliche Zeit Altägyptens betrifft, Zurückhaltung bei der Auswertung dieser Daten für die Zeitbestimmung geboten.

---

[226] Vgl. z.B. die allgemeinverständliche Darstellung von A. Ducrocq, Atomwissenschaft und Urgeschichte, Rowohlt-Tb. 49, Hamburg 1957.

[227] Kritische Bedenken u.a. bei Hornung, Chronologie, 11 mit Anm. 50.

[228] Radiocarbon Dating, Chicago 1952, 77ff. Vgl. auch R.J. Braidwood, Th. Jacobsen, R.A. Parker und S. Weinberg, in: Johnson, in: American Antiquity XVII 1,2, 1951, 52-53.

[229] M. Stuiver – H.E. Suess, Radiocarbon 8, 1966, 534-40.

In der folgenden Übersicht werden einige mit dieser Methode (C 14) ermittelte Datierungen (Grenzwerte) zusammengestellt.[230] Für die Zeit vom Mittleren Reich ab können zum Vergleich die auf andere Weise festgelegten historischen Daten angegeben werden.

Schilf aus der Mauer des Nektanebês, Karnak (30. Dynastie, historisch 380-362);	C 14:	510/ 350
Schilf aus dem Grab des Mont-em-hat, Theben (Anfang 26. Dynastie, histor. um 660);	C 14:	640/ 460
Schilf aus dem Grab des Tja-nofer, Theben (Zeit Ramses' III., historisch 1182-1151);	C 14:	1120/ 920
Holz aus dem gleichen Grab;	C 14:	1295/1145
Holz aus dem Grab des Roma, Theben (Ende 19. Dynastie, historisch um 1200);	C 14:	1305/1135
Schilf aus dem Ramesseum, Theben (Zeit Ramses' II., historisch 1279-1213);	C 14:	1170/ 970
Schilf aus der Pyramidenanlage Sesostris' II., Lahûn (12. Dynastie, histor. 1882-1872);	C 14:	2027/1897*
Holz aus der Kapelle Ment-hotpes III., Theben (11. Dynastie, historisch 1995-1983);	C 14:	2163/2073*
Holz aus dem Tempel Ment-hotpes II., Theben (11. Dynastie, historisch 2046-1995);	C 14:	1936/1755*
Holz aus dem Grab des An-jotef., Theben (11. Dynastie, historisch 2046-1995);	C 14:	2243/2013*
Holzkohle aus dem gleichen Grab;	C 14:	2144/2004*
Leinen aus dem gleichen Grab;	C 14:	1925/1775*
Holz aus der Pyramide des Teti, Saqqâra (6. Dynastie);	C 14:	2343/2113*
Holz aus dem Grab des Schepses-ptah, Abusir (5. Dynastie);	C 14:	2465/2333*
Seil vom Totenschiff des Cheops, Giza (4. Dynastie);	C 14:	2641/2431*
Holz aus der Pyramide des Senofru, Dahschûr (4. Dynastie);	C 14:	2582/2376
		und 2379/2249*
Schilf aus Grab 3518, Saqqâra (Zeit Djosers, 3. Dynastie);	C 14:	2676/2556*
Schilf aus Grab 3505, Saqqâra (Zeit Biëneches, Ende der 1. Dynastie);	C 14:	2993/2863*
Holz aus Grab 3505, Saqqâra (Zeit Usaphais, 1. Dynastie);	C 14:	3155/2961*
Schilf aus dem gleichen Grab;	C 14:	3147/3017*
Schilf aus Grab 3503, Saqqâra (Königin Merit-neit, Zeit Usaphais);	C 14:	3343/3013*
Holz aus Grab 3504, Saqqâra (Zeit Hor Wadji, 1. Dynastie);	C 14:	3047/2837*,
		3059/2829*,
		3310/3136
		und 3129/2926*
Schilf aus Grab 3357, Saqqâra (Zeit Menes, Anfang 1. Dynastie);	C 14:	3035/2905

Die mit * gekennzeichneten Daten sind nach Stuiver-Suess korrigiert.

[230] Die Beispiele sind aus I.E.S. Edwards, in: T.E. Allibone, The Impact of the Natural Sciences on Archaeology, London 1970, 16-17, Table 3, entnommen. Eine neuere Liste gibt jetzt H.L. Thomas, HML Haindorf, 1990, 152-53, mit z.T. skeptischem Kommentar.

4. SYNCHRONISMEN

4.1 Die Griechen

Für die Chronologie des pharaonischen Ägypten verwertbare Synchronismen mit sicher datierbaren Geschehnissen der griechischen Geschichte gibt es erst aus verhältnismäßig später Zeit – vorher sind die ägyptischen Daten sicherer, so daß sie als Stütze für die Datierung der Entwicklung im ägäischen Bereich dienen. Das gilt auch noch für die Zeit der 26. Dynastie (664–525), zu der sich zahlreiche Griechen als Söldner und Händler in Ägypten aufhielten und enge Wirtschaftsbeziehungen bestanden. Für die spätere Zeit (27.–31. Dynastie) lassen sich Datierungen für Ägypten bei griechischen Schriftstellern finden.

1. Ein Aufstand gegen die persische Herrschaft (27. Dynastie) begann im 4. Jahr nach der Schlacht bei Marathon, also 486.[231]

2. Die Erhebung des Inarôs (Ir[et]-har-erow) brach im Frühjahr 454 zusammen; sie war sechs Jahre lang von Athen unterstützt worden, das zur Zeit der Perserkriege an einer Schwächung der persischen Macht interessiert war.[232] Bereits vorher hatte Inarôs die im Land stationierten persischen Truppen besiegt, der Aufstand wird also bald nach der Ermordung des Xerxes (Aug. 465) ausgebrochen sein.

3. Während des zehnjährigen Krieges des zypriotischen Königs Euagoras mit dem Perserreich (390–380) herrschte in Ägypten der König Hagor (29. Dynastie; griechisch Achôris).[233]

4. Dieser Pharao konnte 383 einen persischen Angriff abwehren[234], ebenso zehn Jahre später sein Nachfolger Nektanebês (30. Dynastie).[235]

5. Im Jahr nach dem Ende des Satrapenaufstandes im Persischen Reich, also 360, unternahm der ägyptische König Teôs (bei Diodor Tachôs) einen Feldzug nach Asien, in dessen Verlauf er entthront wurde.[236] Seine griechischen Hilfstruppen standen unter dem Kommando des Atheners Chabrias und des spartanischen Königs Agesilaos.

6. Das Datum der Rückeroberung Ägyptens durch den Großkönig Artaxerxes III. Ôchos, gleichbedeutend mit dem Ende der 30. Dynastie und dem Abschluß der Geschichtsdarstellung Manethos, läßt sich mit Hilfe griechischer Quellen auf den Winter 343/42, wahrscheinlich in die ersten Monate des Jahres 342, festlegen.[237]

7. Das Ende der pharaonischen Zeit Ägyptens wird durch den kampflosen Einmarsch Alexanders des Großen im Spätherbst 332 bezeichnet.[238]

---

231 Herodot, VII, 1.

232 Thukydides, I, 109-10. Zur Chronologie des Inarôs-Aufstands Meyer, Gesch. d. Altert., IV, [3]1939, 568 Anm. 3; H. Bengtson, Griechische Geschichte, Handbuch der Altertumswissenschaft, III 4, München 1969, 210 Anm. 1.

233 Belege bei F.K. Kienitz, Die politische Geschichte Ägyptens vom 7. bis zum 4. Jh., Berlin 1953, 82-88.

234 Isokrates, IV 140-41, Panegyrikos, Kap. 39; Meyer, op.cit., V, 1958, 306 Anm. 1.

235 Diodor, XV 29, 38, 41-44. Kienitz, op.cit., 89-92.

236 Griechische Quellen bei Kienitz, op.cit., 96 Anm. 2.

237 Kienitz, op.cit., 170-73. Der mögliche Zeitraum ist Spätsommer 343 bis Frühjahr (vor Mitte April) 342. Gewiß fand der Feldzug jedoch nicht in den Monaten August-November statt, der Zeit der größten Höhe der Nilüberschwemmung, an der schon einmal (373) ein persischer Angriff gescheitert war.

238 Tyros wurde im August 332 eingenommen; etwa drei Monate später, jedoch nach dem 14.11., dem ägyptischen Neujahrstag, fand der Einzug in Ägypten statt. Die Stadtgründung von Alexandria datiert bereits vom Januar 331.

4.2 Das Perserreich

Eine sehr wertvolle Stütze für die Chronologie der ägyptischen Spätzeit bietet der Kanon der Herrscherjahre, den der große Mathematiker und Astronom Claudius Ptolemaeus (ca. 100–178 n. Chr.) für die Datierung der von ihm aufgezeichneten Himmelserscheinungen angelegt hat.[239]

Für die Zeit vor Alexander beruhen seine Angaben auf den Beobachtungen der babylonischen Priester, den zu ihrer Zeit besten Astronomen der Welt, für die Zeit danach auf denen der alexandrinischen Gelehrten. Ptolemaeus hat alle Daten auf den ägyptischen Wandeljahrskalender umgerechnet. Bei den babylonischen, assyrischen und persischen Königen war das erste Jahr ursprünglich nach dem babylonischen Mondkalender angesetzt, d.h. es begann mit dem 1. Nisân (März/April) n a c h der Thronbesteigung. Ohne Rücksicht auf die ihm wohl auch unbekannten Thronbesteigungstage hat Ptolemaeus dafür jeweils den 1. I. des ägyptischen Kalenders angenommen, der dem 1. Nisân (März/April) vorausging. Dadurch liegen seine Antrittsdaten meist (im Gegensatz zum ägyptischen Brauch) im Jahr nach dem der Thronbesteigung. Vermutlich war dies auch die Praxis der Datierung in Ägypten zur Zeit der persischen Herrschaft.[240]

Von Manetho[241] wissen wir, daß der Perserkönig Kambyses, dessen erstes Jahr nach Ptolemaeus am 3.1.529 anfing, Ägypten im 5. Jahr seiner Regierung eroberte. Das Jahr 525 (das ägyptische Jahr läuft vom 2.1.–31.12. jul.) ist demnach das des Beginns der persischen Herrschaft, der 27. Dynastie. Von da aus liegen alle Daten bis auf Alexander fest, dessen erstes Jahr in Ägypten am 14.11.332 beginnt. Kurz nach diesem Datum, Ende November oder Anfang Dezember, ist der große König in dem Land am Nil eingezogen.

Die folgende Tabelle gibt für jeden der persischen Großkönige den Anfang des ersten Regierungsjahres sowohl nach der von ihnen in Asien verwendeten babylonischen Datierung als auch nach der bei Ptolemaeus vorliegenden ägyptischen Datierung an, außerdem soweit bekannt die tatsächlichen Thronbesteigungsdaten.[242]

	Jahr 1 beginnt		
	babylonisch (1. Nisân)	ägyptisch (1. I.)	Thronbesteigung
27. Dynastie			
Kambyses	12. 4.529	-	13./31. 8.530
Jahr 5	29. 3.525	2. 1.525	
Gaumata (a)	27. 3.522	-	11. 3.522
Dareios I.	14. 4.521	1. 1.521	29. 9.522
Xerxes I. (b)	6. 4.485	23.12.486	im 11.486

239 Megiste Syntaxis (arab. Almagest), deutsch von K. Manitius – O. Neugebauer, Des Klaudios Ptolemaios Handbuch der Astronomie, Leipzig 1962. Siehe die Tabelle, Anhang O.

240 Parker, in: ASJL 58, 1941, 285-301, 373-77; Barta, in: ZÄS 119, 1992, 82-95.

241 Synkellos, Fr. 2 und 3b (Africanus und Eusebius): „Kambyses beherrschte Ägypten im 5. Jahr seines Königtums".

242 Daten nach R.A. Parker – W.H. Dubberstein, Babylonian Chronology 626 B.C. to A.D. 75, Providence 1956. Die Regierung des Kambyses ist festgelegt durch die Mondfinsternis vom 14. Duzu seines 7. Jahres, d.i. 16.7.523. Erwähnt bei Ptolemaeus, Almagest IV, 14; vgl. Parker, in: AJSL 58, 1941, 294 Anm. 26.

Artaxerxes I.	13. 4.464	17.12.465	6. 8.465
Xerxes II. (c)	-	-	25.12.424 (?)
Dareios II.	11. 4.423	7.12.405	13. 2.423
Artaxerxes II. (d)	10. 4.404	2.12.405	405/404
31. Dynastie			
Artaxerxes III. (e)	12. 4.358	-	nach 25.11.359
Arses (Aroges)	19. 4.337	16.11.338	338/337
Dareios III.	29. 3.335	15.11.336	336/335

(a) Pseudo-Smerdis (Usurpator), in Ägypten nie anerkannt.
(b) Sein Mörder Artabanos, bei Africanus als König aufgeführt, hat nie regiert.
(c) Seine Regierung, die keinen babylonischen Jahrwechsel enthält, wird von Ptolemaeus nicht gezählt. Sein Mörder Sogdianos, bei Manetho als König genannt, hat nie regiert.
(d) Verliert Ägypten 401, von Manetho nicht anerkannt.
(e) Erobert Ägypten Anfang 342.

Der Kanon des Ptolemaeus ist, abgesehen von seiner Bedeutung für die zeitliche Bestimmung der 27.–31. ägyptischen Dynastie, auch für die Chronologie Babyloniens und Assyriens wertvoll, da durch ihn die Regierungen der letzten Herrscher der beiden Länder festgelegt sind und damit der Anschluß ihrer Königslisten an die absolut datierte hellenistische Zeit erreicht wird.

4.3 Assyrien

Mehrere Königslisten mit Zahlen, die durch Denkmäler und Listen der eponymen Beamten gestützt werden, sichern die Chronologie Assyriens bis zurück ins 15. Jh. und machen die Geschichte dieses Landes von der Mitte des 2. vorchristlichen Jahrtausends ab zur bestdatierten des alten Vorderen Orients. Besondere Berührungen mit Ägypten ergeben sich bei den Feldzügen der Assyrerkönige am Ende des 8. und im 7. Jh., die schließlich sogar zu einer vorübergehenden Besetzung des Nillandes führten. In der früheren Zeit gibt es kaum unmittelbare Verbindungen, doch legen zahlreiche assyrisch-babylonische Synchronismen die Chronologie Babyloniens fest, die ihrerseits einige wichtige Synchronismen mit Ägypten aufweist.[243] Der Ausgang der Geschichte Babyloniens ist durch den oben besprochenen Kanon des Ptolemaeus sicher datiert (siehe unten, S. 64).

In Assyrien wurden die Jahre, zum Teil neben den Königsjahren, nach einem jährlich wechselnden Beamten (*limmū*) benannt.[244] Auch die Könige bekleideten dieses Amt selbst einmal in ihrer Regierungszeit, in der Regel im ersten Jahr. Nach der Methode der Postdatierung begann dieses erste Jahr mit dem Neujahrstag, der auf die Thronbesteigung folgte; nur die letzten Assyrerkönige haben bisweilen auch antedatiert, d.h. ihr Antrittsjahr als erstes Regierungsjahr gezählt.[245] Da es natürlich auch schon im Antrittsjahr Verbindungen mit Herrschern anderer Länder geben kann, sollen hier in chro-

---

[243] Außerdem bestehen wertvolle Synchronismen mit den Königreichen Israel und Juda (siehe unten, I.4.5).
[244] Übersicht über die vorhandenen Listen von A. Ungnad im Reallexikon der Assyriologie, II, 1938, 412-57 (s.v. Eponymen). Die Listen sind nur für die assyrische Spätzeit vollständig.
[245] Tadmor, in: JCS 12, 1958, 22-40, 77-100.

nologischen Zusammenstellungen assyrischer und babylonischer Könige stets die Antrittsjahre (Accession year, Jahr 0) angegeben werden.

Aus den Listen der Jahresbeamten berechnete man die Länge der Regierungen der Könige, indem man die Jahre notierte, in denen sie selbst das Eponymat bekleidet hatten, und die dazwischenliegenden Jahre zählte. Wenn ein König ausnahmsweise erst in seinem 2. oder 3. Jahr Eponym war, hatte dies zur Folge, daß ihm in der Liste ein oder zwei Jahre zu wenig und seinem Vorgänger entsprechend mehr Jahre zugerechnet wurden; die Fehler heben sich aber immer gegenseitig wieder auf.

Wir besitzen drei auf solche Weise entstandene assyrische Königslisten, die sich teilweise ergänzen, und darüberhinaus noch Bruchstücke von weiteren. Die älteste, allerdings auch fragmentarischste, ist die von Essad Nassouhi veröffentlichte Keilschrifttafel.[246] Eine zweite Tafel wurde in den Ruinen des Königspalastes von Chorsabad (Dur Šarru-kin) gefunden[247]; die dritte, noch etwas jüngere, befindet sich im Besitz des Seventh Day Adventist Seminary in Washington (SDAS).[248] Von den kleinen Bruchstücken ist nur das von O. Schroeder[249] veröffentlichte Fragment VAT 11931 in diesem Zusammenhang zu erwähnen. Eine wichtige Quelle stellt ferner die synchronistische Liste A 117 dar[250], die die Könige Assyriens und Babyloniens in zwei Spalten nebeneinanderstellt, wobei allerdings bei unterschiedlicher Anzahl von Herrschern ein Nebeneinander nicht immer auch Zeitgleichheit bedeutet. Weitere Daten ergeben sich aus Chroniken und sonstigen historischen Inschriften.

Bis zurück zum Jahr 1133, dem Antrittsjahr des Königs Aššur-rêš-iši I. ließ sich so eine absolute Datierung für die assyrische Geschichte aufstellen.[251] Seinen beiden Vorgängern, die jedenfalls nur kurz auf dem Thron saßen, ist in den drei großen Listen anstelle einer Zahl von Jahren die Angabe *tuppi-šu*, wörtlich „seine Tafel", beigeschrieben.[252] Vermutlich handelt es sich um Könige, die gestorben sind ohne das Eponymat bekleidet zu haben. Da dieses Amt gewöhnlich im 1., seltener im 2. und nur einmal im 3. Jahr von einem König ausgeübt wurde, ist es am wahrscheinlichsten, für jeden dieser beiden Könige chronologisch ein Jahr zu verrechnen (zusammen 1135–1133). Eine weitere Unstimmigkeit bestand bei ihren unmittelbaren Vorgängern, Ninurta-apla-êkur und Aššur-dân I. Für diese geben die Königslisten:

	Nassouhi	Chorsabad	SDAS
Ninurta-apla-êkur	13	3	3
Aššur-dân I.	[.]6	46	46 Jahre

Während M. B. Rowton[253] diesen Herrschern insgesamt 13+46 = 59 Jahre zurechnete, nahmen andere einen Ausgleich aufgrund der Eponymenliste an, also 13+36 beziehungsweise 3+46 Jahre. J. A. Brinkman[254] glaubt jetzt, die halbzerstörte Ziffer für Ninurta-apla-êkur in der Nassouhi-Liste als „36"

246 Nassouhi, in: AfO 4, 1927, 1-11.

247 Weidner, in: AfO 14, 1941/44, 362-69; Poebel, in: JNES 1, 1942, 247-306, 460-92 und 2, 1943, 56-90; siehe auch die folgende Anmerkung.

248 Gelb, in: JNES 13, 1954, 209-30. Nebeneinanderstellung mit der Liste aus Chorsabad.

249 Keilschrifttexte aus Assur verschiedenen Inhalts, Leipzig 1920, Nr. 9.

250 Früher Assur 4128, O. Schroeder, op.cit., Nr. 216. Zu dieser Tafel u.a. Quellen zur Rekonstruktion der assyrischen Königsreihe E.F. Weidner, Die Könige von Assyrien, MVAEG 1921, 6.

251 Trotz einzelner Widersprüche zwischen den Listen, bei denen die Wahrscheinlichkeit jedoch für einen Summenausgleich spricht.

252 Zur Diskussion der kontroversen Vorschläge jetzt Boese u.Wilhelm, in: WZKM 71, 1979, 21-23.

253 Rowton, in: JCS 13, 1959, 9; ebenso Weidner, in: AfO 15, 1945/51, 88 und in: AfO Beih. 12, 1959, 42-50.

254 Brinkman, in: Or. 42, 1973, 309 Anm. 15.

lesen zu können. Eine Entscheidung für die niedrigere Zahl konnten J. Boese und G. Wilhelm[255] durch Heranziehung zweier Inschriften sowie der von einem spätassyrischen Herrscher gemachten Abstandsangabe herbeiführen. Damit stehen nunmehr die Daten für die Könige Assyriens bis zurück zu Enlilnâsir II. (1422–1416) so gut wie fest.

Während unter den älteren Assyrerkönigen lediglich für Aššur-uballit (1355–1320) belegt ist, daß er bald nach seiner Thronbesteigung an den Pharao Amenophis IV. (Ach-en-aten) schrieb[256], gibt es aus der Spätzeit Assyriens eine Anzahl zeitlich festgelegter Verbindungen zu Ägypten. Tukulti-apla-êšarra III. (biblisch Tiglatpileser) hatte 732 in Israel anstelle des Usurpators Peqah den Hosea als König eingesetzt. Dieser aber verweigerte bald den Tribut und konspirierte mit Ägypten. Im Alten Testament (2.Kg. 17,4) heißt es: „Da aber der König von Assyrien gewahr wurde, daß Hosea eine Verschwörung machte und Boten zu Sô' (Sû'a), dem König in Ägypten, gesandt hatte, und nicht dem König von Assyrien Geschenke darreichte wie alle Jahre, griff er ihn und setzte ihn ins Gefängnis". Das geschah im Jahr 724; die Hauptstadt Israels, Samaria, aber fiel erst im dritten Jahr der Belagerung (722). Leider läßt sich aus dieser Angabe nichts Konkretes für die ägyptische Chronologie ableiten, denn einen König „Sô'" gibt es nicht. Daß es sich um Osorkon (IV.), einen Kleinkönig im Delta, handeln könnte, erscheint zwar sachlich möglich, ist jedoch sprachlich keinesfalls zu begründen.[257] Wahrscheinlicher ist eine Ableitung vom Namen der Stadt Sais (ägyptisch Sa'i, assyrisch Sa'a), von der aus sich damals Fürst Tef-nachte zum Beherrscher Unterägyptens machte.[258] Die Stelle wäre dann zu korrigieren „... Boten nach Sô' zum König in Ägypten". Aber auch ein Mißverständnis aus dem ägyptischen Wort für „König", *ni-sut*, das in griechischer Vokalisierung in der Gottesbezeichnung Amonrasônthêr „Amun-Rê König der Götter" enttont als *-sô-* erscheint, ist nicht ausgeschlossen.[259]

Nach den Annalen des Königs Sargon (Šarru-kin) sandte ihm im Jahr 716 ein Pharao (assyrisch *pir-û*) Geschenke, doch wird auch hier wieder kein Name genannt.[260] In einer anderen, wohl späteren Inschrift Sargons[261] wird von dem Usurpator Jamani berichtet, der den von den Assyrern eingesetzten König Achimitti von Asdod gestürzt hatte, großen Einfluß in Palästina gewann und sich auch an den *pir-û* von Ägypten gewandt hatte. An anderer Stelle des gleichen Textes wird ein Šilkani (oder Šilheni), „König von Musri" erwähnt. Es ist unsicher, ob hier Musri so wie meist in assyrischen Texten „Ägypten" meint, da es noch ein asiatisches Musri gab[262]; auch der Name dieses Königs läßt sich nicht ägyptisch deuten. Seine Gleichsetzung mit „Osorkon"[263] erscheint doch ziemlich gewagt, zumal der gleiche Name auch bei „Sô'" vorliegen soll. Dagegen, in ihm einen ägyptischen König zu sehen, spricht auch, daß in demselben Text erst vom „König" (*šarru*) von Musri und dann vom *pir-û* („Pharao") gesprochen wird, wobei es sich offenbar um verschiedene Personen handelt. Dagegen wird

---

255 Op.cit. in Anm. 252, 19-38.

256 Amarna-Briefe Nr. 15 u. 16. Darin wird auch die Korrespondenz seines Vaters Aššur-nadin-achi II. mit Amenophis III. erwähnt.

257 Gegen Kitchen, Third Interm. Period, § 333-34.

258 Goedicke, in: BASOR 171, 1964, 64-66.

259 Krauss, in: MDOG 110, 1978, 49-54. Die früher übliche Gleichsetzung mit dem ägyptischen Feldherrn *Sib'e der assyrischen Annalen entfällt, seitdem die Lesung des Namens zu Re'e verbessert wurde. Vgl. Borger, in: JNES 19, 1960, 49-53.

260 H. Winckler, Die Keilschrifttexte Sargons II., Leipzig 1889, 94-99; A.L. Oppenheim, in: J.B. Pritchard, Ancient Near Eastern Texts relating to the Old Testament, Princeton ^{2}1955, 285-86. Zu den ägyptisch-assyrischen Beziehungen in dieser Zeit H. v. Zeissl, Äthiopen und Assyrer in Ägypten, ÄF 14, 1944.

261 Assur 16587, das sog. „Zerbrochene Prisma". Weidner, in: AfO 14, 1941/44, 43; A.L. Oppenheim, op.cit., 286-87.

262 Winckler, in: MVAeG 11, 1926, 102-16; Weidner, in: AfO 8, 1932/33, 4 Anm. 3.

263 So Albright, in: BASOR 141, 1956, 24; Kitchen, Third Interm. Period, § 115.

in den Annalen Sargons von 712 berichtet, daß Ägypten jetzt zu Melucha (Nubien) gehört.[264] Damit ist sicher, daß die Eroberung Unterägyptens durch den nubischen (kuschitischen) Pharao Schabako, das Ende des Bokchoris (24. Dynastie) und der Anfang der 25. Dynastie, im Jahr 712 oder kurz zuvor stattgefunden haben muß.

Der Feldzug des Nachfolgers Sargons, Sin-ach-eriba (biblisch Sanherib), nach Palästina wird sowohl auf mehreren Keilschrifttafeln dieses Königs[265] als auch im Alten Testament (2.Kg. 18-19) beschrieben. Er bekämpfte zuerst die Stadt Ekron im Philisterland und besiegte ein ihr zu Hilfe eilendes ägyptisches Heer bei Altaqu (Elteqeh); danach zwang er Hizqijah von Juda zur Unterwerfung, konnte jedoch dessen Stadt Jerusalem nicht einnehmen.[266] Als Grund für seinen Abzug wird in der Bibel der Ausbruch einer Pest in seinem Heer und der angebliche Anmarsch neuer Truppen aus Ägypten unter „König Tirhaqa“ (Taharqo) angegeben. Eine Hauptursache dafür wird aber der erneute Abfall Babylons von der assyrischen Herrschaft gewesen sein, der die Anwesenheit Sin-ach-eribas und seiner Soldaten in Mesopotamien erforderte. Während der Ausbruch einer Krankheit immerhin wahrscheinlich ist, muß hinsichtlich des ägyptischen Heeres festgestellt werden, daß nach der Schlacht bei Altaqu lange Jahre kein solches mehr in Palästina erschienen ist, und Taharqo ist, wie man schon seit langem erkannt hat, erst 11 Jahre später König geworden. Fraglich ist auch der Ausweg, Taharqo sei damals schon als Prinz Befehlshaber der Armee gewesen[267], und wie der biblische Chronist damals dessen Namen erfahren haben soll, da doch kein Feldzug stattfand. Es wird sich also wohl um eine Verwechslung in der Chronik handeln, die erst niedergeschrieben wurde, als Taharqo schon als ägyptischer König in Juda bekannt war.[268] Auch hier ergibt sich also keine sichere Stütze für die Chronologie Ägyptens.

Endlich haben die Assyrer versucht, Ägypten selbst zu unterwerfen, von dem die ständigen Erhebungen gegen ihre Herrschaft in Palästina ausgingen. Nach einem erfolglosen Angriff, den Taharqo abwehren konnte (674)[269], gelang es dem König Aššur-ach-iddin (biblisch Esarhaddon), in Ägypten einzudringen und Taharqo zu vertreiben.[270] Die Stadtfürsten, sogar der mächtige Mont-em-hat, Obergüterverwalter des Amun von Theben, den die Assyrer für einen König hielten, erkannten die assyrische Oberhoheit an. Doch schon im folgenden Jahr erhoben sie sich wieder und holten Taharqo zurück. Aššur-ach-iddin brach abermals gegen Ägypten auf, starb jedoch unterwegs (669).[271] Sein Sohn Aššur-bân-apli konnte zwei Jahre später Ägypten wiederum unterwerfen (667).[272] Ein neuer Krieg entstand nach dem Bericht dieses Königs im Jahr 664. In diesem Jahr starb Taharqo; sein Nachfolger Tanot-amun brach sogleich von Napata auf und eroberte Ägypten nochmals zurück[273], konnte sich aber nicht lange behaupten, da Aššur-bân-apli das Land noch im gleichen Jahr wiedereroberte.[274] Er setzte jetzt den Fürsten von Sais, Psametik, dessen Vater anscheinend im Kampf gegen Tanot-amun

264 H. Winckler, op.cit., I, 115-16, II, 33-34; A.L. Oppenheim, op.cit., 286.
265 D.D. Luckenbill, The Annals of Sennacherib, Chicago 1924; A.L. Oppenheim, op.cit., 287-88.
266 Allerdings blieb Juda dem assyrischen Reich bis zu dessen Niedergang (626) untertan.
267 Dies nimmt u.a. Kitchen, Third Interm. Period, § 126, 132, 346 an.
268 v. Beckerath, in: Ugarit-Forschungen 14, Kevelaer 1993, 3-8.
269 Nach der babylonischen Chronik P, veröffentlicht von F. Delitzsch, Abh. Akad. Leipzig 25.1, 1907.
270 Mehrere Inschriften des Aššur-ach-iddin, u.a. Brit. Museum K 3082+S 2027+K 3086. Oppenheim, op.cit., 292-94.
271 Babylonische Chronik P (vgl. Anm. 269).
272 Rassam-Zylinder. Oppenheim, op.cit., 294-95.
273 Seine Siegesinschrift Urk. III, 57-77; N.C. Grimal, Quatre stèles napatéennes au Musée du Caire, MIFAO 108, 1981, 3-20, T. 1-4.
274 Oppenheim, op.cit., 295-97.

gefallen war, als König unter assyrischer Oberhoheit ein, doch konnte sich dieser bald mit Hilfe griechischer und karischer Söldner von der Assyrerherrschaft befreien. 664 ist demnach das Anfangsjahr der 26. Dynastie.

Liste der assyrischen Könige, die für direkte und indirekte Synchronismen mit Ägypten von Bedeutung sind. Angegeben sind die Antrittsjahre (von den assyrischen Jahren, die von Frühjahr bis Frühjahr laufen, jeweils nur das erste).

Aššur-bêl-nišê-šu	1409	–	1400
Aššur-rim-nišê-šu	1400	–	1392
Aššur-nadin-achi II.	1392	–	1382
Eriba-adad I.	1382	–	1355
Aššur-uballit	1355	–	1320
Enlil-nirâri	1320	–	1310
Arik-dên-ili	1310	–	1298
Adad-nirâri I.	1298	–	1265
Šulmân-ašarid I.	1265	–	1230
Tukulti-ninurta I.	1230	–	1199/98*
Aššur-nadin-apli	1199/98	–	1195
Aššur-nirâri III.	1195	–	1189
Enlil-kudur-usur	1189	–	1184
Ninurta-apla-êkur	1184	–	1181
Aššur-dân I.	1181	–	1135
.			
.			
.			
.			
.			
Šulmân-ašarid III.	859	–	824
.			
.			
.			
.			
Tukulti-apla-êšarra III.	745	–	727
Šulmân-ašarid V.	727	–	722
Šarru-kin (Sargon) II.	722	–	705
Sin-ach-eriba	705	–	681
Aššur-ach-iddin	681	–	669
Aššur-bân-apli	669	–	635/30

* Wahrscheinlich ein Jahr Machtkampf mit seinem Sohn; dieses Jahr wird von der Nassouhi-Liste dem Sohn, von den übrigen Listen dem Vater zugerechnet.

4.4 Babylonien

Mit Babylonien gibt es feste chronologische Verbindungen nur zur Zeit des Neuen Reiches. Zahlreich sind dagegen die Synchronismen zwischen den Nachbarländern, Babylonien und Assyrien.

Königslisten mit Regierungszahlen gab es auch in Babylonien.[275] Die wichtigste und vollständigste ist die Liste A, die mit der amurritischen Dynastie begann und bis zum Ende der assyrischen Herrschaft (626) reichte.[276] An ihrem Ende wird sie durch den Kanon des Ptolemaeus ergänzt und mit unserer Zeitrechnung verbunden, wie unten stehende Tabelle 4 zeigt. Die übrigen Listen und Fragmente umfassen nur einzelne Zeitabschnitte, ergänzen aber die Hauptliste öfters an zerstörten Stellen.

Tabelle 4. Babylonische Königsliste und Kanon des Ptolemaeus

Babylonische Königsliste		PTOLEMAEUS, Kanon		
				Jahr 0
Kol. IV	Jahre		Jahre	v. Chr.
1 [..]	[..]			
2 Nabu-šum-iškun	[..]			
3 Nabu-nâsir	[..]	Nabonassaros	14	748
4 Nabu-nadin-zêr	2	Nadios	2	734
5 Nabu-šum-ukin (II.)	1 M. 13 T.	-		
6 Summierung	[...]			
7 (M)ukin-zêr	3	Chinzêros		
8 Pulu (v. Assyrien)[a]	2	Pôros	5	732
9 Ululâi (v. Assyrien)[b]	5	Ilulaios	5	727
10 Marduk-apla-iddin (II.)	12	Mardokempados	12	722
11 Šarru-kin (v. Assyrien)	5	Arkeanos	5	710
12 Sin-ach-eriba (v. Assyrien)	2	„königlos"	2	705
13 Marduk-zakir-šum (II.)	1 M.	-		
14 Marduk-apla-iddin (= 10)	9 M.	-		
15 Bêl-ibni	3	Bilibos	3	703
16 Aššur-nadin-šum[c]	6	Aparanadios	6	700
17 Nergal-ušêzib	1	Rêgebêlos	1	694
18 Mušêzib-marduk	4	Mesêsimordakos	4	693
19 Sin-ach-eriba (= 12)	8	„königlos"	8	689
20 Aššur-ach-iddin (v. Assyrien)	[..]	Asaradinos	13	681
21 Šamaš-šum-ukin[d]	[..]	Saosduchinos	20	668
22 Kandal[ânu][e]	[..]	Kinêladanos	22	648
(Ende der Liste)				
[Nabu-apla-usur]		Nabopolassaros	21	626
[Nabu-kudur-usur (Nebukadnezar)]		Nabokolassaros	43	605
[Amêl-marduk]		Illoarudamos	2	562
[Nergal-šar-usur]		Nêrigasolassaros	4	560

[275] Zu den Quellen F. Schmidtke, Der Aufbau der babylonischen Chronologie, Münster 1952; für die spätere Zeit J.A. Brinkman, A Political History of Post-Kassite Babylonia, Rom 1968.

[276] Text bei Schmidtke, op.cit., 47-52, 77-81, T. 2-3.

[Labaši-marduk]	(x M.)	-		
[Nabu-na' id]		Nabonadios	17	556
Persische Eroberung		Kyros	9	539

a = Tukulti-apla-êšarra III.
b = Šulmân-ašarid V.
c = Sohn des Sin-ach-eriba v. Assyrien
d = Bruder des Aššur-ban-apli v. Assyrien
e = Wohl assyrischer Statthalter

Außerdem sind auch hier Chroniken[277] erhalten sowie zahllose Urkunden. Von der von kassitischen Fremdherrschern begründeten Dynastie C sind die Regierungszeiten der ersten 14 Herrscher verloren; die Dynastiesumme von 576 Jahren ist viel zu hoch und wahrscheinlich verschrieben. Dadurch besteht für die ältere Zeit immer noch erhebliche Unsicherheit in der Datierung, die zugleich die frühere Geschichte Assyriens betrifft, da auch die assyrische Königsliste für das 15. und 16. Jh. Lücken aufweist.

Die Chronologie des Zweistromlandes beruht für die Zeit vor dem 15. Jh. auf der Ausdeutung eines astronomischen Textes, in dem die Auf- und Untergänge des Planeten Venus für die 21 Jahre des Ammi-zaduqa, des vorletzten Herrschers der ersten, amurritischen Dynastie Babylons, aufgezeichnet waren.[278] Gegenwärtig gibt es danach noch drei mögliche Zeitansätze, die eine lange, eine mittlere und eine kurze Chronologie begründen – eine Unsicherheit von insgesamt 120 Jahren. Synchronismen mit Ägypten fehlen für diese Zeit bislang noch.[279]

Vor den mit Hilfe des ptolemäischen Kanons sicher datierten letzten Herrschern (ab Nabu-nâsir) weist die babylonische Königsliste eine größere Lücke auf, durch die die Datierung der vorhergehenden Zeit recht ungenau wird. Zum Glück lassen sich viele Könige, deren Regierungsdauer in der Liste erhalten ist, durch Synchronismen mit assyrischen Herrschern innerhalb enger Zeitgrenzen fixieren. Das gilt vor allem für die wegen ihrer Beziehungen zu Ägypten wichtigen letzten 22 Könige der Kassiten-Dynastie (rund 1400–1150), deren zeitliche Festlegung durch diese Synchronismen die Tab. 5, S. 67 zeigen soll.[280] Von hier aus lassen sich nun auch Grenzwerte für die Datierung von ägyptischen Königen des Neuen Reiches ermitteln. Folgende Synchronismen sind nachgewiesen:

BABYLONIEN	ÄGYPTEN
Kara-indaš	Tuthmosis IV.
Kuri-galzu I.	Amenophis III.
Kadašman-enlil I .	"
Burna-buriaš II.	"
"	Amenophis IV.
Kadašman-turgu	Ramses II.
Kadašman-enlil II.	"
Meli-šipak	Ramses III.

277 Schmidtke, op.cit., 20-29, 90-97.

278 S.H. Langdon – J.K. Fotheringham, The Venus Tablets of Ammizaduga, Oxford 1928; van der Waerden, in: JEOL 10, 1945/48, 414-24.

279 Zu erwähnen wäre lediglich der Schatzfund von et-Tôd aus der Zeit Ammenemes' II. (1914-1879; 12. Dyn.), der u.a. Siegel aus der Zeit der Dynastien von Ur III (2171-2062, 2115-2006 oder 2051-1942) und Isin (2074-1850, 2018-1794 oder 1954-1730) enthielt; veröff. von F. Bisson de la Roque – G. Contenau – F. Chapouthier, Le Trésor de Tôd, DFIFAO 11, Le Caire 1953.

280 Zur Regierungsdauer der einzelnen babylonischen Könige J.A. Brinkman, Materials and Studies for Kassite History, I, Chicago 1976.

Im keilschriftlichen Briefwechsel des ägyptischen Hofes mit vorderasiatischen Herrschern, der in Amarna, der Residenz Amenophis' IV. (Ach-en-aten) aufgefunden wurde, sind Schreiben der babylonischen Könige Kadasman-enlil I. und Burna-buriaš II. erhalten[281]; Korrespondenzen Amenophis' III. mit Kuri-galzu I. sowie seines Vaters Tuthmosis' IV. mit Kara-indaš werden in diesen Briefen erwähnt. Von Burna-buriaš liegt neben mehreren Briefen an Amenophis IV. auch ein Schreiben vor (Nr. 6), das gewiß an Amenophis III. gerichtet war, da der Absender ihm seinen Regierungsantritt mitteilt und von den guten Beziehungen seines Vaters zum Adressaten spricht, die er fortsetzen will. Aus einem Brief an Amenophis IV. (Nr. 11) geht hervor, daß zwischen Burna-buriaš und Amenophis III. langwierige Verhandlungen wegen der Verheiratung einer Tochter des babylonischen Königs an den Pharao stattgefunden haben. Es ist also anzunehmen, daß Burna-buriaš bereits einige Zeit vor dem Regierungswechsel in Ägypten auf den Thron gekommen ist. Andererseits besitzen wir einen Brief seines Vorgängers Kadašman-enlil, in dem dieser sich darüber beschwert, daß der Pharao ihn nicht von „seinem großen Fest" in Kenntnis gesetzt habe. Damit kann nicht irgendeines der alljährlichen religiösen Feste gemeint sein, sondern nur das Jubiläum (Sed-Fest), das die Pharaonen in ihrem 30. Regierungsjahr begingen. Amenophis III. ist in seinem 38. Jahr gestorben (oder von der Regierung zurückgetreten); Burna-buriaš muß daher nach dem 30. jedoch vor dem 37. Jahr dieses Pharao den Thron bestiegen haben. Daraus ergibt sich der Synchronismus Amenophis III. Jahr 31/36 = Burnaburiaš II. Jahr 0, das ist nach Tabelle 5 (S. 67) 1361/1346. Die Regierung Amenophis' III. ist deshalb innerhalb der Grenzwerte 1396/1376–1359/1339 zu datieren.

Ein etwas komplizierterer Synchronismus ergibt, daß der Regierungsantritt des Königs Kadašman-enlil II. (1262/1250) nicht lange, etwa 1–3 Jahre, vor dem 21. Jahr Ramses' II. stattfand.[282] In diesem Jahr schloß der Pharao Frieden mit dem Hethiterkönig Hattusili III. Der hethitische König Muwatalli, der bei Qadesch in Syrien einen Sieg über Ramses II. (in dessen 5. Jahr) errungen hatte, war 1–2 Jahre später verstorben. Ihm war sein Sohn Urhi-teschup gefolgt, der offenbar mit Ramses II. einen Waffenstillstand vereinbart hatte. Er war aber schon nach 6–7jähriger Herrschaft von seinem Onkel Hattusili III. abgesetzt worden und bald darauf nach Ägypten geflohen.[283] Daraufhin lebte der Krieg zwischen Ägypten und dem Hethiterreich erneut auf, wobei der babylonische König Kadašman-turgu (1280/68–1262/50) dem Hethiter Hilfe versprach. Nach seinem bald danach erfolgten Tod wurde die hethitisch-babylonische Freundschaft jedoch unter der Regierung seines zunächst noch minderjährigen Sohnes Kadašman-enlil II. abgebrochen. Hattusili protestierte in einem Schreiben gegen die Aufnahme von Beziehungen zwischen Babylonien und Ägypten, was man jedoch in Babylon als Einmischung zurückwies. Schließlich lenkte der Hethiterkönig ein, denn inzwischen hatte er seinerseits Frieden mit Ägypten geschlossen.[284] Demnach fällt das 21. Jahr Ramses' II., das Jahr des Friedensvertrages, in die Jahre 1258/1251, sein Antrittsjahr in 1285/1271.

---

[281] J.A. Knudtzon, Die El-Amarna-Tafeln, Leipzig 1908-12; S. Mercer, The Tell el-Amarna Tablets, Toronto 1939. Übersicht bei Hornung, Chronologie, 63-64.
[282] Zu den ägyptisch-babylonischen Synchronismen zuletzt CNR, 17-30; speziell zu denen der Zeit Ramses' II. ebd. 24-29.
[283] Helck, in: JCS 17, 1963, 87-97.
[284] Zum Brief Hattusilis III. an Kadašman-enlil Edel, in: JCS 17, 1958, 130-33.

Tabelle 5. Assyrisch-babylonische Synchronismen (15.–12. Jh. v. Chr.)

ASSYRIEN		BABYLONIEN (Regierungsdauer)	Grenzwerte
		Kara-indaš (..)	um 1405
Aššur-bêl-nišê-šu	1409–1400	Kadašman-harbe I. (..)	
Aššur-rim-nišê-šu	1400–1392	Kuri-galzu I. (..)	
Aššur-nadin-achi II.	1392–1382	Kadašman-enlil I. (15/16)	1377/1361–1361/1346
Eriba-adad I.	1382–1355	Burna-buriaš II. (27/28)	1361/1346–1333/1319
Aššur-uballit	1355–1320	Kara-hardaš (0/2)	1333/1319–1331/1319
		Nazi-bugaš (0)	1331/1319
Enlil-nirâri	1320–1310	Kuri-galzu II. (25)	1331/1319–1306/1294
Arik-dên-ili	1310–1298	Nazi-maruttaš (26)	1306/1294–1280/1268
Adad-nirâri I.	1298–1265	Kadašman-turgu (18)	1280/1268–1262/1250
		Kadašman-enlil II. (8/10)	1262/1250–1253/1241
Šulman-ašarid I.	1265–1235	Kudur-enlil (9)	1253/1241–1244/1232
		Šagarakti-šuriaš (13)	1244/1232–1231/1219
		Kaštiliaš IV. (8)	1231/1219–1223/1211
Tukulti-ninurta I.	1235–1198	Enlil-nadin-šum	1223/1211
		Kadašman-harbe II.	–1220/1208
Aššur-nadin-apli	1198–1195	Adad-šum-iddin (6)	1220/1208–1214/1202
Aššur-nirâri III.	1195–1189	Adad-šum-usur (30)	1214/1202–1184/1172
Enlil-kudur-usur	1189–1185	Meli-šipak (15)	1184/1172–1169/1157
Ninurta-apla-êkur	1185–1181	Marduk-apla-iddin I. (13)	1169/1157–1156/1144
Aššur-dân I.	1181–1135	Zababa-šum-iddin (1)	1156/1144–1155/1143

Verbesserte Daten für Babylonien siehe unten.

Nun ergibt sich aber aus den oben (S. 51) diskutierten Datierungsmöglichkeiten für das Monddatum aus dem 52. Jahr Ramses' II., daß nur bei einem dieser Daten, dem 19.12.1228, das Jahr der Thronbesteigung des Pharao innerhalb dieser Zeitgrenzen liegt. Wir können damit den Beginn seines 66jährigen Königtums mit Sicherheit in das Jahr 1279 datieren, wodurch ein absolutes Datum für das ägyptische Neue Reich gewonnen ist. Aus dieser Festlegung geht dann auch eine Verbesserung der Grenzwerte für die Datierung der babylonischen Könige hervor, denn der Regierungsantritt Kadašman-enlils II. kann danach nur noch in den Jahren 1262/1260 liegen. Damit verringern sich die Zeitspannen zwischen den Grenzwerten für die Datierung der Herrscher Babyloniens beträchtlich:

Kadašman-enlil I.	1377/1371–1361/1356
Burna-buriaš II.	1361/1356–1333/1329
Kara-hardaš	1333/1329–1331/1329
Nazi-bugaš	1331/1329
Kuri-galzu II.	1331/1329–1306/1304
Nazi-maruttaš	1306/1304–1280/1278
Kadašman-turgu	1280/1278–1262/1260
Kadašman-enlil II.	1262/1260–1254/1250

Kudur-enlil	1254/1250–1245/1241
Šagarakti-šuriaš	1245/1241–1232/1228
Kaštiliaš IV.	1232/1228–1224/1220
Enlil-nadin-šum und	
Kadašman-harbe II.	1224/1220–1221/1217
Adad-šum-iddin	1221/1217–1215/1211
Adad-šum-usur	1215/1211–1185/1181
Meli-šipak	1185/1181–1170/1166
Marduk-apla-iddin I.	1170/1166–1157/1153
Zababa-šum-iddin	1157/1153–1156/1152

Diese Verbesserung der Zeitansätze für Babylonien ermöglicht nun wiederum eine solche für die Regierung Amenophis' III. (siehe den oben erörterten Synchronismus zwischen ihm und Burnaburiaš II.): die Grenzwerte für seine Regierungszeit lauten nunmehr 1396/1385–1359/1348.

Ein weiterer, etwas ungenauerer Synchronismus läßt sich indirekt zwischen Ramses III. (20. Dynastie) und Meli-šipak von Babylon erschließen. Im 8. Jahr dieses Pharao erreichte eine Völkerwanderung von Asien her, die sogenannten „Seevölker"[285], die Grenzen Ägyptens, wo sie abgewehrt werden konnte. Diese Scharen, die aus beziehungsweise über Kleinasien kamen, wo sie dem Reich der Hethiter ein Ende bereitet hatten, zerstörten u.a. auch die Stadt Emar (Tell Meskene) in Nordsyrien. Dort bricht die Reihe der Wirtschaftsurkunden mit einer Tontafel ab, die ins 2. Jahr des Meli-šipak, also 1183/79, datiert ist.[286] Dieses Datum muß früher sein als das 8. Jahr Ramses' III., wahrscheinlich aber nicht mehr als etwa zehn Jahre. Somit erhalten wir für den Regierungsantritt Ramses' III. einen Ansatz in die Jahre 1182 bis spätestens 1168.

4.5 Israel und Juda

Auch die Bibel liefert uns ein sehr wichtiges Datum für die Chronologie Ägyptens. In den Königsbüchern des Alten Testaments ist die Regierungsdauer der Herrscher der aus dem Reich Davids und Salomons entstandenen Teilstaaten Israel und Juda bis zu ihrem Ende durch die Assyrer beziehungsweise die Babylonier genauestens aufgezeichnet.[287] Die Angaben entstammen höchstwahrscheinlich Annalen, die dort ebenso geführt worden sein werden wie in den Großreichen des alten Orients; sie sind durchwegs zuverlässig. In der älteren Zeit rechnen sie offenbar mit einem Jahr, dessen Anfang im Herbst (1. des Monats Tischri) lag[288], und zählten die Regierungen nach ägyptischem Vorbild antedatierend. Erst später, als Assyrien den Vorderen Orient beherrschte, ist man zur postdatierenden Zählweise und zum babylonischen Jahr, das im Frühjahr (1. Nisân) begann, übergegangen. Neben der Regierungslänge werden in den Königsbüchern stets noch die Synchronismen zwischen den beiden Reichen angegeben. So heißt es beispielsweise „Im einunddreißigsten Jahr Asas, des Königs von Juda,

285 Zu den „Seevölkern" Helck, in: Jahresbericht des Instituts für Vorgeschichte Frankfurt, 1976, 7-21; ders., Die Beziehungen Ägyptens und Vorderasiens zur Ägäis bis ins 7. Jh. v. Chr., Erträge der Forschung 120, Darmstadt 1979, 132-49; R. Stadelmann, in: Saeculum 19, 1968, 156-71; R.D. Barnett, CAH 2, Kap. 28; N.K. Sanders, The Sea Peoples, London 1978.

286 Arnaud, in: Syria 52, 1975, 87-92.

287 Die parallel dazu laufende Darstellung in den Büchern der Chronik enthält keine Zahlen.

288 F.K. Ginzel, Handbuch der mathematischen und technischen Chronologie, II, 1911, 20-26, § 141.

ward Omri König über Israel zwölf Jahre". Zwischen der angegebenen Regierungslänge und der Dauer, die sich aus den Synchronismen ergibt, bestehen zum Teil erhebliche Widersprüche, die man immer wieder durch kühne Hypothesen zu beseitigen versucht hat.[289] Offensichtlich aber sind die Angaben über die Synchronismen erst später aufgrund irriger Berechnungen hinzugefügt worden; sie haben keinen selbständigen Wert. Für den Synchronismus mit Ägypten ist lediglich die Regierungszeit Rehabe'ams, des ersten Königs von Juda, von Bedeutung. Um für sie ein absolutes Datum zu erhalten, ist von zwei Berührungen der israelitischen Geschichte mit der sicher datierten Geschichte Assyriens auszugehen.[290]

Nach dem Bericht seiner Annalen hat Šulman-ašarid (Salmanassar) III. (859–824) in seinem 6. Jahr (853) bei Karkar eine Koalition syrischer Fürsten unter Anführung des Königs Hadad-idri (im AT Ben-hadad) von Damaskus besiegt, unter denen sich auch Ahab (assyr. Achabbu) von Israel befand.[291] Dieser hat sich bald darauf mit seinem bisherigen Verbündeten, dem König von Damaskus, verunreinigt und ist im Kampf gegen ihn gefallen (1.Kg. 22), wohl im Jahr 852. Andererseits empfing Šulman-ašarid in seinem 18. Jahr (841) bereits Tribut von Jehu (assyr. Jaua) von Israel, der sich nach der Tötung der Könige Jehorâm von Israel und Ahazjah von Juda zum Herrscher gemacht hatte.[292] Während nun aber zwischen 852 und 841 nur 11 Jahre verstrichen sind, gibt der biblische Text den in dieser Zeit regierenden Königen von Israel, Ahazjah und Jehorâm, 2 und 12, insgesamt also 14 Jahre. Die Lösung des Problems liegt – wie schon Ed. Meyer erkannte – darin, daß der Chronist bei jedem König das Thronbesteigungs- und das Todesjahr mitrechnete, mithin die Jahre der Thronwechsel doppelt zählte. Den im Alten Testament gegebenen Regierungszahlen ist also stets ein Jahr abzuziehen. Mit dieser Regel erreichen wir, von 841 rückwärts gehend, für den Regierungsantritt Jerobe'ams von Israel das Jahr 931, für den Rehabe'ams von Juda aber nur 930, obgleich beide im gleichen Jahr König geworden sein müssen. Es wird also ein kleiner Fehler in diesen Zahlen stecken. Wahrscheinlich ist er in der Regierungszeit Jehorâms von Israel zu suchen, dem das Königsbuch 12 Jahre gibt, während er in Wahrheit nur zehn Jahre auf dem Thron gesessen haben wird. Die Chronologie der ersten Könige Israels und Judas lautet daher verbessert:

ISRAEL		JUDA	
Jerobe' am	930–909	Rehabe' am	930–914
Nadab	909–908	Abijam	914–912
Ba 'escha	903–885	Asa	912–872
Ela	885–884	Jehoschaphat	872–848
Zimri	884[293]	Jehoram	848–841
Omri	884–873	Ahazjah	841
Ahab	873–852		
Ahazjah	852–851		
Jehorâm	851–841		841 werden die Könige beider Reiche von Jehu getötet.

289 So vor allem Thiele, in: JNES 3, 1944, 137-84; ders., The Mysterious Numbers of the Hebrew Kings, Chicago 1965.
290 Zur Chronologie des ersten Jh. der Reiche Israel und Juda Meyer, Gesch. d. Altert., II, 2, 1931, 274-80; ferner CNR, 30-34 (zur Auseinandersetzung mit Thiele).
291 D.D. Luckenbill, Ancient Records of Assyria and Babylonia, I, Chicago 1926, § 210.
292 Luckenbill, op.cit., § 275.
293 Tibni (1.Kg. 16, 21-23) war nur Gegenkönig, seine Regierung fällt daher chronologisch aus.

Damit ist das Jahr 930 (Herbst 931 bis Herbst 930) als das der Teilung Israels gesichert. Es ist damit auch das 1. Jahr Rehabe'ams, in dessen 5. Jahr (926) nach dem Bericht 1. Kg. 14, 25-26 „Sisak, der König in Ägypten", gegen Jerusalem zog und es seiner Schätze beraubte.

Bei diesem Herrscher handelt es sich um den libyschen Pharao Schoschenq I., den Begründer der 22. Dynastie, der gegen Ende seiner Regierung einen Beutezug nach Palästina unternahm. Ihn hatte wohl die Schwäche der beiden einander befehdenden Teilstaaten zu diesem Zug veranlaßt, und in der Tat scheint er weder in Juda noch in Israel auf Widerstand gestoßen zu sein. Seinen Sieg hat er am Tempel von Karnak verewigt[294] und aus den Mitteln seiner Beute dem Gott Amun ein Tor mit dahinterliegender Halle gestiftet. Der Bau ist infolge seines bald darauf, wohl im 22. Jahr eingetretenen Todes nie vollendet worden. Im X. Monat seines 21. Jahres wurde nach einer Inschrift bei den Steinbrüchen von Gebel es-Silsila[295] das Material dafür herbeigeschafft. Das Datum fällt in der Mitte des 10. Jh. in den julianischen Januar; im Frühjahr-Sommer vorher muß der Palästina-Feldzug stattgefunden haben. Da in dieser Zeit wahrscheinlich noch das System des Neuen Reiches für die Zählung der Jahre in Gebrauch war (siehe oben, I 1.4), bleibt es unsicher, ob er noch in das 20. oder schon in das 21. Jahr des Pharao gefallen ist.

Der Beginn der Regierung Schoschenqs I. und der 22. Dynastie ist demnach in die Jahre 946 oder 945 zu setzen.[296] Dieses Datum ist für Ägypten von besonderer Bedeutung, da wir sonst zwischen der Regierung Ramses' II. (1279–1213) und dem Beginn der 26. Dynastie (im Jahr 664) kein absolutes Datum besitzen und insbesondere die Chronologie der 22.–23. Dynastie im einzelnen noch ganz unsicher ist.

4.6 Hethiterreich und Mitanni

Andere Länder des alten Orients kommen für Synchronismen mit Ägypten allenfalls indirekt in Betracht. Für das Hethiterreich gibt es ebenso wie für das Reich von Mitanni in Nordmesopotamien weder Königslisten noch überlieferte Daten. Von beiden Ländern läßt sich immerhin die Reihe der Herrscher weitgehend herstellen; einige von diesen können durch Synchronismen mit Assyrien, Babylonien und Ägypten wenigstens ungefähr datiert werden. Für die ägyptische Chronologie vermögen sie umgekehrt kaum eine sichere Stütze zu bieten. Folgende Synchronismen sind urkundlich bezeugt[297]:

[294] Epigr. Survey, Karnak, III, 1954, T. 3-6.
[295] Caminos, in: JEA 38, 1952, 46-61.
[296] Ähnlich Hornung, Chronologie, 24-29; Kitchen, Third Interm. Period, § 58-60.
[297] Vgl. die Übersicht bei Helck, Ägypten und Vorderasien, Falttafel am Schluß des Bandes.

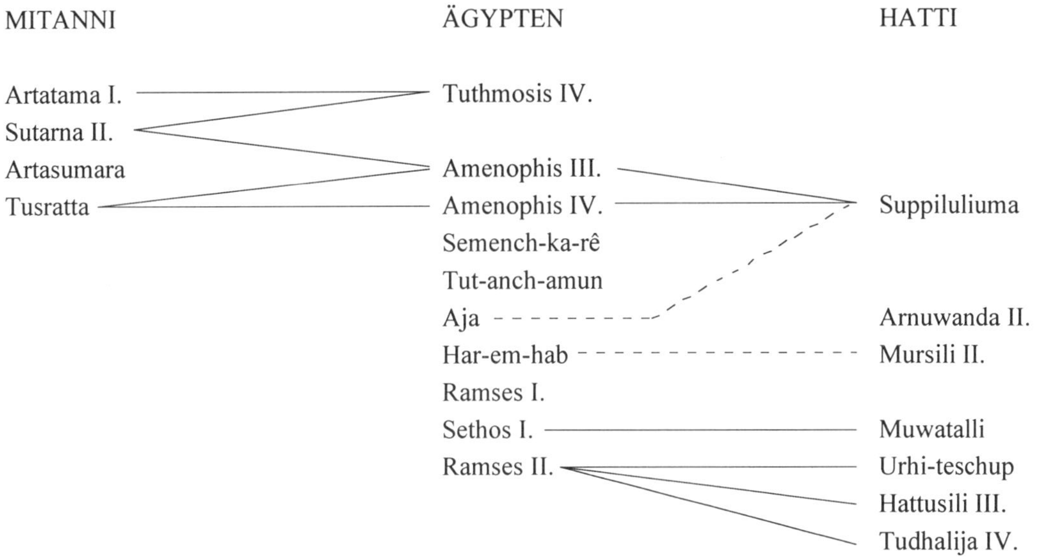

Die lange Herrschaft des Hethiterkönigs Suppiluliuma, über die uns nur sein Sohn Mursili II. unterrichtet, hat offenbar bereits in den letzten Jahren Amenophis' III. begonnen[298] und wahrscheinlich bis in die Zeit der kurzen Regierung des Aja gedauert.[299] Sein ältester Sohn Arnuwanda II. ist alsbald einer Seuche erlegen, während Mursili II. ein Zeitgenosse des Har-em-hab war. Muwatalli, der gewiß schon zur Zeit Sethos' I. auf den Thron gekommen war, hat mit Ramses II. in dessen 5. Jahr (1274) in der Schlacht bei Qadesch in Syrien gekämpft und ist bald danach gestorben. Sein Sohn Urhi-teschup (Mursili III.) soll nach dem Bericht seines Onkels Hattusili, der ihn entthronte, 7 Jahre regiert haben, doch ist diese einzige Zahl der hethitischen Geschichte vielleicht aufgerundet. Hattusili III. hat ziemlich lange auf dem Thron gesessen, obgleich er bei der Machtübernahme nicht mehr ganz jung gewesen sein kann. Er muß mindestens 6 Jahre vor 1259, dem 21. Jahr Ramses' II., in welchem er mit Ägypten Frieden schloß, zur Herrschaft gekommen sein[300] und ist erst in den Jahren 1238/36 gestorben. Einerseits hat er das 42. Jahr des Pharao noch erlebt[301], andererseits hat Tudhalija IV., sein Nachfolger, noch mit Šulman-ašarid I. von Assyrien korrespondiert[302], dessen Regierung 1235 endete.

Ob in der Angabe Mursilis II., die Sonne habe ihm zu Anfang seines 10. Jahres, als er gegen das Land Azzi in Ostanatolien zog, ein Zeichen gegeben[303], der Hinweis auf eine Sonnenfinsternis zu sehen ist, scheint mir jetzt[304] doch zweifelhaft. Allenfalls käme hierfür die inKleinasien nahezu totale Finsternis vom 5.6.1312 in Betracht[305], wodurch der Regierungsantritt des Hethiterkönigs auf 1322/21 festgelegt wäre.

---

[298] Hornung, Chronologie, 63-64 (13).
[299] v. Beckerath, CNR, 102.
[300] Ebd., 24-27.
[301] E. Edel, Ägyptische Ärzte und ägyptische Medizin am hethitischen Königshof, Rhein.westfäl. Akad., G 205, Opladen 1976, 19-20; J. Yoyotte, bei R. Anthes, Mit Rahineh 1956, Philadelphia 1959, 66-70.
[302] Rowton, in: JCS 13, 1959, 7.
[303] Keilschrifturkunden aus Boghazköi XIV 4, Berlin 1926, 25-26; M.B. Rowton, CAH I 12, 206 und 216 Anm. 2.
[304] Im Gegensatz zu meiner in CNR, 107-08, geäußerten Ansicht.
[305] M. Kudlek – E.H. Mickler, Solar and Lunar Eclipses -2972 to +59, Alter Orient und Altes Testament, I, Kevelaer 1971.

5. WEITERE FÜR DIE DATIERUNG WICHTIGE FAKTEN

Zur Aufstellung der Chronologie ist die Regierungslänge der einzelnen Herrscher zu ermitteln. Wo diese nicht genau bekannt ist, müssen Grenzwerte, das heißt, die minimal und maximal mögliche Länge, festgelegt werden. Über längere Zeiträume hinweg bedeutet das allerdings einen immer größeren zeitlichen Spielraum je weiter man sich von einem fest datierten Ausgangspunkt entfernt.

5.1 Regierungsjubiläen (Sed-Feste)

Zur Bestimmung der Regierungsdauer von Pharaonen ist oft die Feier ihrer Jubiläen, das Dreißigjahrfest (ägyptisch Sedfest, Heb-sed) herangezogen worden, da doch die Könige, die es begangen haben, wenigstens 30 Jahre lang auf dem Thron gesessen haben sollten.[306] Diese mehrfach dargestellte Zeremonie[307] diente offenbar ursprünglich der Erneuerung der für die Erhaltung der Welt notwendigen Lebenskraft des Pharao. Vermutlich wurde sie daher zunächst abgehalten, wenn der König ein bestimmtes Alter erreicht hatte oder wenn seine Gesundheit nachließ. Spätestens seit dem Mittleren Reich stehen die Sedfeste jedoch, soweit sie datiert sind, fast immer im Zusammenhang mit dem 30. Regierungsjahr, und in der dreisprachigen Inschrift des „Steins von Rosette", die zur Entzifferung der Hieroglyphen beitrug, wird das ägyptische Heb-sed griechisch mit „Dreißigjahrfest" (Triakon-taëteris) übersetzt. Eine Untersuchung aller inschriftlich bezeugten Sedfeste[308] hat gezeigt, daß es sich meist nur um den magisch zu verwirklichenden Wunsch handelt, dieses Fest zu erleben und somit eine lange Regierung zu haben. Chronologisch lassen sich also nur die mit einem Datum versehenen Festinschriften verwerten.

Während kein sicheres Beispiel für ein später als das Jahr 30 liegendes Sedfest bekannt ist, gibt es einige Fälle, in denen es scheinbar früher abgehalten wurde. An diese Fälle hat man verschiedene Hypothesen geknüpft[309], doch lassen sich alle diese Ausnahmen auch anders erklären. Die scheinbaren Ausnahmen sind:

- Pepi I., Jahr nach der 18. Zählung, und Pepi II., Jahr der 25. Zählung.
  Da wir nicht wissen, wie oft unter diesen Königen der 6. Dynastie gezählt wurde, lassen sich diese Belege nicht auf ein bestimmtes Regierungsjahr festlegen.
- Ment-hotpe II., Jahr 39, und Ment-hotpe IV., Jahr 2 (11. Dynastie).
  Die Daten gehören anscheinend nicht zur Sedfest-Darstellung.
- Königin Hat-schepsut (18. Dynastie), Jahr 16.
  Die Jahre bis zum Sedfest sind vom Regierungsantritt ihres Gatten Tuthmosis' II. abgerechnet.

---

306 So zuletzt Wente u. Van Siclen, in: Fs Hughes, 217-61.

307 U.a. im Sonnenheiligtum des Ni-user-rê: F.W.Frh. v. Bissing – H. Kees, Das Re-Heiligtum des Ne-woser-rê (Rathures), II-III, Berlin 1908, 1928; W. Kaiser, Festschrift H. Ricke, Beiträge zur ägyptischen Bauforschung und Altertumskunde XII, Wiesbaden 1971, 87-105; im Tempel Amenophis' III. in Soleb: LD III, 83-86, LDT V 234-35; im Grab des Cheru'ef (Zeit Amenophis' III.): Epigr. Survey, The Tomb of Kheruef, Chicago 1980; im Tempel Osorkons II. in Bubastis: E. Naville, The Festival Hall of Osorkon II, London 1892; Barta, in: SAK 6, 1977, 25-42.

308 E. Hornung – E. Staehelin, Studien zum Sedfest, Basel – Genf 1974.

309 K. Sethe, Beiträge zur ältesten Geschichte Ägyptens, UGAÄ 3, 1905, 133; H. Kees, in: H. Bonnet, Reallexikon der ägyptischen Religionsgeschichte, Berlin 1952, 160.

- Amenophis IV., in einem seiner ersten Jahre.
  Es scheint sich um ein fiktives Jubiläum des Sonnengottes Aten zu handeln.
- Osorkon II. (22. Dynastie), Jahr 22.
  Das Datum ist offenbar eine Verschreibung oder Verlesung aus „Jahr 30" (22: ∩∩ı ı, 30: ∩∩∩).

Das Regierungsjubiläum wurde demnach mindestens seit dem Mittleren Reich wohl stets im 30. Jahr gefeiert. Unklar ist noch, wann es innerhalb dieses Jahres begangen wurde. Während es in späterer Zeit, vielleicht schon seit den Ramessiden, anscheinend an oder um den ersten Tag des V. Monats stattfand, war es vorher offenbar mit dem Tag der Thronbesteigung verbunden. Es ist umstritten, ob es zu Anfang oder am Ende des 30. Jahres lag[310] – die Tatsache, daß zu Beginn des 30. Jahres erst 29 Jahre vergangen waren, spricht eher für die Abhaltung der Feierlichkeiten gegen Ende des Regierungsjahres.

Nach Ablauf der 30 Jahre wurde das Fest, wenigstens im Neuen Reich, in kürzeren Abständen wiederholt; allerdings sind nur von zwei Pharaonen, Amenophis III. und Ramses II., die Daten späterer Feiern bezeugt. Sie fanden bei diesen Pharaonen im 34. und 37. Jahr statt.[311] Letzterer konnte in seinem langen Königtum noch neun weitere Jubiläen begehen, nämlich in den Jahren 40, 43, 46, 49, 52, 55, 58, 61 und 64.[312]

5.2 Mitregentschaften

Gelegentlich haben ägyptische Könige ihre Thronfolger zu Mitregenten krönen lassen. Das ist allerdings weitaus seltener geschehen als es von manchen, hauptsächlich zur Lösung chronologischer Schwierigkeiten, angenommen wurde.[313] Vor allem muß hervorgehoben werden, daß es sich nicht um eine feste Einrichtung handelte, sondern um eine von Fall zu Fall notwendig gewordene Maßnahme, die eigentlich im Widerspruch zum ägyptischen Königsdogma steht, nach dem es nur e i n e n „lebenden Horus" geben sollte. Wahrscheinlich hat erstmals der aus dem Beamtenstand hervorgegangene Begründer der 12. Dynastie, Ammenemes I., nach einem mißglückten Attentat auf seine Person seinen Sohn Sesostris zum Mitregenten erhoben. Seinem Beispiel sind dann fast alle Könige dieser Dynastie gefolgt. Die für die Zeit des Alten Reiches vermuteten Koregenzen[314] sind nicht erweisbar und schon aus den hier genannten Gründen unwahrscheinlich. Aus späterer Zeit sind nur wenige Koregenzen sicher bezeugt oder als möglich anzusehen:

---

310 Zur Lage der Jubiläumsfeiern im Regierungsjahr bei Amenophis III. Van Siclen, in: JNES 32, 1973, 290-300; v. Beckerath, in: MDAIK 47, 1991, 29-33.

311 Habachi, in: ZÄS 97, 1971, 68-69; v. Beckerath, op.cit., 30 (8.).

312 Die Ankündigungen erfolgten jeweils im vorangehenden Regierungsjahr, so auch im Jahr 66 für das 13. Jubiläum, das der König nicht mehr erlebte. Vgl. F. Gomaa, Chaemwese, Sohn Ramses' II. und Hoherpriester von Memphis, ÄA 27, 1973, 27-33.

313 Eine Zusammenstellung aller möglichen Mitregentschaften mit Abwägung ihrer Wahrscheinlichkeit gibt W.J. Murnane, Ancient Egyptian Coregencies, SAOC 40, 1977. Vgl. v. Beckerath, in: BiOr. 36, 1979, 305-06; ders., CNR, 41-49.

314 So bes. P. Kaplony, Die Rollsiegel des Alten Reichs, Monumenta Aegyptiaca 2, Bruxelles 1977.

Hat-schepsut — Tuthmosis III.	(18. Dynastie)[315]
Tuthmosis III. — Amenophis II.	(18. Dynastie)
(?) Amenophis III. — Amenophis IV.	(18. Dynastie)
Amenophis IV. — Semench-ka-rê	(18. Dynastie)
(?) Sethos I. — Ramses II.	(19. Dynastie)
Amen-em-nisut — Psusennes I.	(21. Dynastie)
Psusennes I. — Amen-em-opet	(21. Dynastie)
Osorkon III. — Takelot III.	(22. Dynastie)
Nektanebês — Teôs	(30. Dynastie)

In jedem Fall erhält auch der jüngere Partner alle Rechte und die volle Titulatur eines Pharao; er zählt seine Regierungsjahre von der Krönung zum Mitregenten an. In den amtlichen Urkunden wird während einer Mitregentschaft stets nur nach einem der beiden Partner, meist nach dem jüngeren, datiert; eine Datierung bald nach dem einen und bald nach dem anderen Herrscher hätte Verwirrung in der Verwaltung verursacht.[316]

In den Königslisten wird manchmal für jeden der beiden Koregenten die volle Regierungszeit angegeben, so daß die Jahre der Zusammenregierung doppelt verrechnet sind, wie sich aus den Zahlen nachweisen läßt, die der Turiner Königspapyrus und offenbar auch Manetho für die Herrscher der 12. Dynastie geben. Notizen mit Hinweis auf die Mitregentschaft mag es in der Annalistik gegeben haben; sie sind nirgends erhalten und nur ganz selten zu erschließen.

5.3 Apis-Bestattungen

Eine gewisse Hilfe für die Aufstellung der ägyptischen Chronologie seit der späten 18. beziehungsweise der 22. Dynastie bieten auch die Daten der Bestattungen der heiligen Apis-Stiere im Serapeum von Memphis (Friedhof von Saqqâra). Das Serapeum wurde in der Mitte des 19. Jh. von A. Mariette entdeckt.[317] In zahlreichen Kammern, die meist zu beiden Seiten unterirdischer Gänge in zeitlicher Folge angelegt worden waren, standen die Sarkophage dieser Tiere, die im Heiligtum des Ptah von Memphis als göttliche Wesen verehrt wurden.[318] Während der Zeit ihrer Mumifizierung wurden ihnen in ihrer Grabkammer vom König und von Privatleuten kleine Stelen errichtet, die oft datiert sind. Aus ihnen geht meist der Name des Pharao hervor, unter dessen Regierung sie beigesetzt wurden – manchmal, besonders in späterer Zeit, auch das genaue Datum oder zumindest das Jahr ihrer Beisetzung. Spätere Stelen, besonders aus der 26. Dynastie, enthalten sogar sämtliche Lebensdaten der verstorbenen Stiere: Geburt, „Inthronisation", Tod und Bestattung. Es ist offensichtlich, daß solche Angaben von Nutzen für die Chronologie sind (siehe unten, II.1.4 und 2.1). Leider waren die Ausgrabungsmethoden des 19. Jh. weniger gründlich als die heutigen, so daß die ursprüngliche Verteilung

---

315 Hier liegt ein Sonderfall vor, insofern als sich Hat-schepsut als Regentin für den unmündigen Tuthmosis selbst zum König und Mitregenten krönte, jedoch vor ihrem Partner verstarb.

316 v. Beckerath, in: Problemi starega Egipta, Ljubljana 1978; ders., in: GM 83, 1984, 11-12.

317 A. Mariette, Le Sérapéum de Memphis, Paris 1857.

318 Plan bei Mariette, op.cit., T. 3; wiedergegeben in Catalogue Sérapéum, Plan A und B.

der Stelen, die sich jetzt größtenteils im Louvre in Paris befinden[319], vielfach nicht mehr festzustellen ist. Die Grüfte der älteren Zeit sind jetzt wieder verschüttet; dem Besucher sind lediglich die der ptolemäischen Zeit zugänglich. Auffallend ist eine große zeitliche Lücke zwischen der letzten Beisetzung der Ramessidenzeit und der ersten aus der 22. Dynastie, schätzungsweise 200 Jahre; die fehlenden Grabanlagen dürften in einem noch unentdeckten Seitengang zu suchen sein.

War ein Apis gestorben und nach der üblichen Frist von 70 Tagen bestattet worden, suchte man im ganzen Land – gewöhnlich jedoch in den Memphis nahegelegenen Landesteilen – nach einem Kalb, das in der Zeit kurz nach dem Tod des letzten Apis geboren worden war und gewisse Merkmale aufwies. Meist wurde es noch im gleichen Jahr gefunden, gelegentlich aber dauerte die Suche bis zu drei Jahren. Das Alter, das die heiligen Stiere erreichten, liegt zwischen drei und 26 Jahren.[320]

Die folgende Liste gibt eine Übersicht über alle datierten Apis-Bestattungen der pharaonischen Zeit. Waagrechte Trennlinien bezeichnen zeitliche Lücken; die übrigen Bestattungen folgten unmittelbar aufeinander.

Amenophis III.	
[Ach-en-aten][321]	
Tut-anch-amun	
Har-em-hab (2 Apis).	
Sethôs I.	
Ramses II.	J. 16
Ramses II.	J. 30
Ramses II.	J. 55
Ramses II.	[J. 66 ?]
Si-ptah	[J. 1-2]
Ramses III. (2 Apis)	
Ramses VI.	
Ramses IX.	
Ramses XI. (2 Apis)	
————————	
Takelot I.	J. 10+x
Osorkon II.	J. 23
Schoschenq III.	[J. 4 ?]
Schoschenq III.	J. 28
Pe-mu	J. 2, 1. VI.
Schoschenq V.	J. 11
Schoschenq V.	J. 37, 27. III.

Bokchoris	J. 6 (= Schabako J. 2), 5. I.
Schabako	J. 14, III.
Taharqo	J. 2 (?)
Taharqo	J. 24, 23. VIII.
Psametik I.	J. 21, 25. I.
————————	
Psametik I.	J. 52
Nekaw II.	J. 16, 16. IV.
Apries	J. 12, 21. X.
Amasis	[J. 4 ?]
Amasis	J. 23, 15. IX.
Kambyses	J. 5, 10. XI.
Dareios I.	J. 4, 13. XI.
Dareios I.	J. 31, III.
Dareios I.	J. 34, 11. VI.
[Xerxes I.],	vor J. 17, 13. VII.[322]
Dareios II.	J. 11
Nepherites I.	J. 2, 20. X.
Nektanebês	J. 3, 1. IX.
Nektanebôs	J. 2, 28. II.
Chababasch	J. 2, III.

[319] Veröffentlichung durch M. Malinine, G. Posener und J. Vercoutter im Catalogue Sérapéum. Ferner Chassinat, in: RecTrav 21, 1899, 56-73; 22, 1900, 163-80; 23, 1901, 76-91; 25, 1903, 50-62; Vercoutter, in: Kush 8, 1960, 52-76; ders., Textes biographiques du Sérapéum de Memphis, Paris 1962; Devauchelle u. A., in: BSFE 106, 6.1986, 31-44.

[320] Vercoutter, in: LÄ I, Sp. 338-50; E. Winter, Der Apiskult im Alten Ägypten, Mainz 1978.

[321] Da der Kult des Apis wie der anderer Götter unter diesem König unterdrückt war, wurde der Stier heimlich beigesetzt und unter den Schutz des Königs Teti (6. Dyn.) gestellt, dessen Pyramide am Aufweg zum Serapeum liegt.

[322] An diesem Tag wurde offenbar ein neuer Apis eingeführt. Schott, in: RdE 19, 1967, 87-98.

II. TEIL
CHRONOLOGIE DER ALTÄGYPTISCHEN GESCHICHTE bis 332 v. Chr.

Kopf einer Statue des Königs Nektanebês

Material: Basalt
Maße: Höhe 6,5 cm
Herkunft: unbekannt
Datierung: 30. Dynastie, um 370 v. Chr.
Standort: Paris, Louvre E 8061
(*Photo:* Institut für Ägyptologie, München; Hans-Wolfgang Müller)

EINLEITUNG

Nachdem im ersten Teil dieses Buches die Mittel zur Zeitbestimmung der ägyptischen Geschichte behandelt worden sind, soll im zweiten Teil mit deren Hilfe die Chronologie ihrer einzelnen Abschnitte aufgestellt werden, und zwar beginnend mit der verhältnismäßig sicher datierten Spätzeit (26.–31. Dynastie) und von da zurückschreitend bis zu der nur innerhalb größerer Zeitspannen abschätzbaren Datierung des Alten Reiches und der Vor- und Frühzeit.

Ausgehend von den durch den Kanon des Ptolemaeus gesicherten Daten der Eroberungen Ägyptens durch Alexander den Großen (332 v. Chr.) und durch den Perserkönig Kambyses (525; hierzu oben I.4.2) wird zunächst die Chronologie der Spätzeit festgelegt werden. Ein weiteres ziemlich sicheres Datum (946/945) gibt uns den Anfang der 22. Dynastie (oben S. 70); von da aus kann eine Ordnung der noch recht unsicheren Zeit der 22.–25. Dynastie versucht werden. Die ebenfalls noch der Zwischenzeit zwischen dem Neuen Reich und der Spätzeit zuzurechnende 21. Dynastie, deren Regierungszeiten relativ feststehen, kann dann in die etwa 124 Jahre davor gesetzt werden. Für das Neue Reich ist jetzt von den durch Monddaten (oben I.3.3) fixierten Regierungszeiten Tuthmosis' III. und Ramses' II. auszugehen. Das Mittlere Reich mit der 12. Dynastie, deren relative Chronologie einigermaßen geordnet ist, wird durch das Sothisdatum von el-Lahûn (oben S. 44–45) festgelegt, wodurch auch die noch vielfach dunkle II. Zwischenzeit (13.–17. Dynastie) innerhalb fester Zeitgrenzen liegt. Dagegen ist die Dauer der I. Zwischenzeit zwischen dem Alten und dem Mittleren Reich nicht durch absolute Daten zu begrenzen und kann nur mit einer Unsicherheit von etwa einem halben Jahrhundert bestimmt werden. Infolgedessen lassen sich für das Alte Reich nur ungenaue Zahlen geben, obgleich die Dauer der Einzelregierungen der 4.-6. Dynastie nur noch geringfügigen Unsicherheiten unterliegt. Für die drei ersten Dynastien schließlich kann eine ungefähre Abschätzung der Dauer der Herrschaft der einzelnen Könige, deren Folge feststeht, mit Hilfe einer zwar weitgehend hypothetischen, jedoch plausiblen Rekonstruktion der Fragmente der Annalen aus der 5. Dynastie (oben I.2.1) erreicht werden, die sich auch auf das Geschichtswerk Manethos und den Turiner Königspapyrus stützt. Die Datierung der Kulturabschnitte der vorgeschichtlichen Zeit läßt sich dagegen naturgemäß nur in groben Zügen schätzen.

I. DIE SPÄTZEIT

1.1 Die erste Herrschaft der Perser (27. Dynastie)

Die Daten der Perserkönige werden durch den Kanon des Ptolemaeus absolut festgelegt (siehe S. 58–59 und Anhang O). Ägypten wurde nach den übereinstimmenden Angaben der Exzerptoren Manethos vom Großkönig Kambyses im 5. Jahr seiner Regierung erobert. Nach der von Ptolemaeus benutzten babylonischen Datierung begann dieses Jahr am 29.3.525. Das entsprechende ägyptische Jahr fiel damals mit dem julianischen fast zusammen (2.1.–31.12.525). Das Eindringen des persischen Heeres muß im Mai dieses Jahres erfolgt sein. In Oberägypten wird noch im V. Monat, entsprechend dem julianischen Mai, nach Psametik III., dem letzten Pharao der 26. Dynastie, datiert[323]; das erste Datum der ägyptischen Herrschaft des Kambyses ist „Jahr 5, 29. V.“ (=29.5.525).[324]

Im Jahr 522 marschierte Kambyses auf die Nachricht von der Erhebung des Magiers Gaumâta, der sich für den verstorbenen (und angeblich ermordeten) Bruder des Großkönigs, Bardija (griechisch Smerdis) ausgab, von Ägypten aus nach Asien, verunglückte aber unterwegs tödlich. Der Usurpator, der bereits im März in Babylon anerkannt wurde, stieß jedoch in Persien auf den Widerstand der Großen, die im August Dareios, den Sohn des Hystaspes, aus einer Nebenlinie des Königshauses, auf den Thron erhoben. Gaumâta wurde am 29.9. besiegt und getötet; in Ägypten scheint er nie Anerkennung gefunden zu haben. Das 1. Jahr der Regierung Dareios' I. beginnt babylonisch (postdatierend) am 13.4.521. Die ägyptischen Schreiber ließen die Regierungsjahre der Perserkönige angesichts dieser Datierungsweise und weil sie über das wirkliche Datum der Thronbesteigung in Persien wohl kaum genau unterrichtet waren, mit dem Neujahrstag ihres Kalenders beginnen, der dem babylonischen vorausging.[325] Dieses Datum fiel bei Dareios I. auf den 1. Januar 521; bei den späteren Großkönigen verschob es sich wegen des Wandeljahres in das Ende des vorausgehenden Jahres. Für den Regierungsantritt der Herrscher der 27. Dynastie haben wir folgende Daten:

Kambyses	529, in Ägypten Jahr 5 (ab 2.1.525)
Dareios I.	521, 1.1.
Xerxes I.	485 (kalendarisch ab 23.12.486)
Artaxerxes I.	464 (kalendarisch ab 17.12.465)
Dareios II.	423 (kalendarisch ab 7.12.424)
Artaxerxes II.	404 (kalendarisch ab 2.12.405)

Der Letztgenannte wird von der Überlieferung Manethos nicht mehr als König Ägyptens anerkannt; seine Jahre werden dem aufständischen Amyrtaios (ägyptisch Amen-ir-di-su) zugeschlagen. Dieser scheint seine Regierung tatsächlich vom Jahr 404 ab gezählt zu haben, obgleich seine Erhebung erst Jahre später erfolgte. Aramäische Papyri aus der jüdischen Kolonie auf Elephantine haben uns mehrere Daten aus dem Anfang der Regierung Artaxerxes' II. erhalten; das letzte stammt vom VII. Monat seines 4. Jahres (Mai/Juni 401).[326] In diesem Jahr erhob sich gegen den Großkönig bekanntlich sein jüngerer Bruder Kyros und drang, wie wir aus dem Bericht Xenophons wissen, mit griechischen Söldnern siegreich aus Kleinasien nach Mesopotamien vor. Artaxerxes mußte Truppen aus allen Teilen des Reiches zusammenraffen, um sich seiner zu erwehren. Dennoch unterlag er im Sommer 401 bei Kynaxa seinem Bruder, und nur dessen Tod in der Schlacht rettete seinen Thron. Auch Ägypten war damals von persischen Truppen entblößt worden, so daß es dem Amyrtaios gelingen konnte, das Land zu befreien.

Gegen die Herrschaft der persischen 27. Dynastie hat es immer wieder Erhebungen in Ägypten gegeben. Sie gingen allerdings nicht vom ägyptischen Volk aus, sondern von ägyptisierten libyschen Fürsten, die der Militärkaste der Machimoi angehörten und im Westrand des Nildeltas nahezu unab-

---

323 Pap. Straßburg 2 (Malinine, in: JEA 54, 1968, 188-92, T. 30) und Pap. Loeb 41 (W. Spiegelberg, Die demotischen Papyri Loeb, München 1931, 70-72, T. 24).

324 Stele Louvre 357 (Geburt eines Apis-Stiers). G. Posener, La première domination perse en Égypte, Le Caire 1936, 36-41, T. III.

325 Parker, in: AJSL 58, 1941, 285-301, 373-77; Barta, in: ZÄS 119, 1992, 82-90.

326 E.G. Kraeling, The Brooklyn Museum Aramaic Papyri, New Haven 1953, Nr. 11-12; Shirun, LÄ I, Sp. 365 Anm. 134.

hängig herrschten. Zu ihnen gehörte auch Amyrtaios. Von Herodot (VII, 1, 3) erfahren wir über den Aufstand, der im Herbst 486 noch zu Lebzeiten Dareios' I. ausbrach und im folgenden Jahr von dessen Sohn Xerxes I. unterdrückt wurde, sowie über eine zweite, größere Erhebung unter Inarôs (ägyptisch Iret-har-erow), die sich über ein volles Jahrzehnt hinzog.[327] Letztere begann wohl schon bald nachdem in Ägypten die Ermordung des Xerxes bekannt geworden war (464). Ab 459 wurde sie durch ein athenisches Hilfsheer unterstützt, schließlich aber wurden die Aufständischen, die anfangs siegreich waren, geschlagen, auf der Nilinsel Prosopis eingeschlossen und nach anderthalbjähriger Belagerung vernichtet (454). Das geschah kurz bevor Herodot Ägypten besuchte. In beiden Fällen konnten die Aufständischen nur das Delta, beim zweiten Mal zum Teil auch Memphis, gewinnen, während sich in Oberägypten die persische Besatzung, gestützt auf Nachschub über das Rote Meer, behauptete.[328]

Über den Anführer des Aufstands von 486/485 erfahren wir aus der Literatur nichts. Vermutlich war es Psammêtichos, der Vater des Inarôs. Ihm ist vielleicht sogar ein Skarabäus mit den Namen Neb-ka-en-rê und Psametik zuzuschreiben.[329] Ein weiterer König, der in diese Zeit gehören muß, ist Petubastis mit dem Thronnamen Seher-ib-rê. Von ihm sind Fragmente eines kleinen, hölzernen Naos sowie ein Skarabäus erhalten.[330] Er könnte, statt des Psammêtichos, auch der Empörer des Jahres 486 gewesen sein; wahrscheinlicher aber ist er in das Jahr 522/21 zu datieren, als die Nachricht vom Tod des Kambyses Ägypten erreicht hatte, Dareios I. sich aber wegen mehrerer Aufstände in Medien und in Babylon[331] nicht sogleich dem Land am Nil zuwenden konnte.[332]

Erst als im 4. Jahr Artaxerxes' II. der Bruderkrieg zwischen diesem und dem jüngeren Kyros ausbrach und die persischen Soldaten Ägypten zur Unterstützung des Großkönigs verlassen mußten, hatte die Erhebung Ägyptens unter Amyrtaios nachhaltigen Erfolg.

1.2 Die zweite persische Herrschaft (31. Dynastie)

Die Zeit der zweiten persischen Herrschaft über Ägypten war in Manethos Geschichtswerk nicht mehr enthalten. Das wird durch die spätere Überlieferung bezeugt, in der eindeutig gesagt wird, daß die „Aigyptiaka" mit Nektanebôs, dem letzten König der 30. Dynastie, endeten. So heißt es in der Vorrede zur Chronographie des Eusebius (nur in der armenischen Version erhalten): „... vom Anfang bis zum Ende der Reihe nach alles von der Egypter Altertum und Zeitbeschreibung bis zu einem bei ihnen gewesenen König Nektanebôs ...", und in der Chronik des Hieronymus: „Ochus Aegyptum tenuit Nectanebo in Aethiopiam pulso, in quo Aegyptiorum regnum destructum est; huc usque Manethos". Die von Späteren hinzugefügte „31. Dynastie" ist nun, so wie sie uns bei Africanus und Eusebius überliefert wird, in keiner Weise zu gebrauchen; sie steht in krassem Gegensatz zu den zuverlässigen Angaben des Ptolemaeus. Ganz wertlos sind hier die Zahlen bei Eusebius; Africanus gibt für die drei persischen Herrscher:

---

327 Herodot III, 12; Thukydides I, 104-110.
328 F.K. Kienitz, Die politische Geschichte Ägyptens vom 7. bis zum 4. Jh., Berlin 1953, 65-72.
329 Gauthier, LR IV, 132 Anm. 3; Kienitz, op.cit., 233.
330 LR III, 397 (I u. II).
331 Nidintu-bêl, Datierungen aus Babylonien vom 30.10.-18.12.522. R.A. Parker-W.H. Dubberstein, Babylonian Chronology 626 B.C. to A.D. 75, Providence 1956, 15.
332 Zur Datierung Petubastis' IV. Yoyotte, bei Habachi, in: ZÄS 93, 1966, 73-74, Anm. 25 und 26.

Ôchos, vom 20. Jahr seiner Regierung ab	2 Jahre
Arsês	3 Jahre
Dareios	4 Jahre

Richtig sind die für Dareios III. angebenen 4 Jahre; sie beginnen mit dem 1. Jahr des Königs (bei Ptolemaeus 335) und schließen noch das 4. Jahr ein, das mit dem 13.11.332 endet, als Alexander Ägypten in Besitz nahm. Arses hat dagegen nach Ptolemaeus nur 2 Jahre auf dem Thron gesessen (337–335). Ganz falsch sind die Angaben für Ôchos (Artaxerxes III.), dessen Regierung bei Ptolemaeus 21 Jahre umfaßt (358–337). Sein 20. Jahr, in dem er Ägypten unterworfen haben soll, wäre dann 339 (21.11.340–20.11.339). Es ist jedoch bezeugt, daß die Eroberung bereits im Anfang des Jahres 342 stattfand (siehe oben, I 4.1). Das wäre nach ägyptischer Zählung in sein 17. Jahr gefallen. Es ist jedoch möglich, daß derjenige, der dem Werk Manethos die 31. Dynastie hinzugefügt hat, aus einer offiziellen persischen Quelle schöpfte, in der das 16. Regierungsjahr des Ôchos nach babylonischer Rechnung noch bis zum 14.4.342 dauerte. Aus dem 16. Jahr (griechisch wird 16 geschrieben IC) kann leicht das 20. geworden sein (geschrieben K). Wir haben demnach anzusetzen:

Artaxerxes III. Ôchos	in Ägypten seit Januar/März 342
Arses	seit 337 (kalendarisch ab 16.11.338)
Dareios III.	seit 335 (15.11.336)
Alexander	seit Ende 332 (14.11.332)

Die kurze zweite Perserherrschaft wurde noch unterbrochen durch die Erhebung eines Königs mit dem libyschen Namen Chababasch (Thronname Senen-sotep-en-ptah), der Ägypten nochmals für ganz kurze Zeit befreien konnte.[333] Er muß wenigstens bis in sein 2. Jahr geherrscht haben, da der Sarkophag eines Apis-Stiers in dieses Regierungsjahr des Königs datiert ist.[334] Eine Stele aus der Zeit der Statthalterschaft Ptolemaios' I.[335] besagt, daß Chababasch den Göttern von Buto das Land zurückgegeben habe, das ihnen „der Bösewicht Xerxes (Cheschérisch)“ genommen hatte. Mit Hilfe zweier demotischer Urkunden eines Mannes aus Theben, von denen eine ins 9. Jahr Alexanders (324/23) datiert ist, konnte Spiegelberg[336] erweisen, daß dieser König in die Zeit unmittelbar vor der makedonischen Eroberung gehört. Der Beginn seiner ephemeren Regierung dürfte daher in die Zeit nach dem Tod Artaxerxes' III. gefallen sein, als in Persien der minderjährige Arsês (bei Ptolemaeus Arôgês) auf den Thron kam. Da er in Buto, Memphis und Theben bezeugt ist, scheint er das ganze Land gewonnen zu haben. Belegt sind sein 1. und 2. Jahr, jeweils der III. Monat; er hat also mindestens ein Jahr regiert. Diese Daten können entweder in Januar/Februar der Jahre 337 und 336 oder 336 und 335 gefallen sein. Spätestens im Verlauf des Jahres 335 muß Ägypten noch einmal für kurze Zeit unter die Herrschaft der Perser zurückgekehrt sein.

---

333 Zu diesem König: Gauthier, LR IV, 195-96; F.K. Kienitz, Die politische Geschichte Ägyptens vom 7. bis zum 4. Jh., 109-10, 185-89; Spalinger, in: ZÄS 105, 1978, 142-54 und 107, 1980, 87; Ritner, in: ZÄS 107, 1980, 135-37.

334 H. Brugsch, Thesaurus Inscriptionum Aegyptiacarum V, 1891, 968 (3); ders., in: ZÄS 9, 1871, 13; Gunn, in: ASAE 26, 1926, 87.

335 Die sog. „Satrapenstele“. Urk. II, 11-21 (Kairo CG 22182).

336 Der Papyrus Libbey, Strasburg 1907, 3-4.

Hätte Manetho seine Geschichte bis auf Alexander fortgesetzt, so hätte er Chababasch zweifellos als legitimen Pharao angeführt, so wie ihn die ägyptischen Priester nach dem Zeugnis der „Satrapenstele" (siehe oben) anerkannten. Der spätere Zusatz der 31. Dynastie geht aber wohl auf persische Überlieferung zurück, die den „Rebellen" ignoriert.

1.3 Die Zeit der letzten Unabhängigkeit Ägyptens (28.–30. Dynastie)

Läßt man die fehlerhafte Hinzufügung der 31. Dynastie beiseite und geht von 342 (17.11.343–16.11.342) als dem Jahr des Sturzes der 30. Dynastie und ihres letzten Königs Nektanebôs (Necht-harehbôjet) aus, so ist die Überlieferung dieser ihm zeitlich noch so nahen Epoche bei Manetho nicht schlecht. Seine Angaben über die Dauer der Regierungen der 28.-30. Dynastie sind durchwegs zutreffend und werden durch zeitgenössische Dokumente und die sogenannte „Demotische Chronik"[337] im ganzen bestätigt. Wiederum erweist sich Eusebius gegenüber Africanus als weniger zuverlässig. Die drei Dynastien erscheinen beim Letzteren in dieser Form:

28. Dynastie, ein Sait: Amyrtaios 6 Jahre	
29. Dynastie, 4 Mendesier	
1. Nepheritês	6 Jahre
2. Achôris	13 Jahre
3. Psamuthis	1 Jahr
4. Nephoritês	4 Monate
Summe	20 Jahre 4 Monate
30. Dynastie, 3 Sebennyten	
1. Nektanebês	18 Jahre
2. Teôs	2 Jahre
3. Nektanebôs	18 Jahre
Summe	38 Jahre

Die Herrscher der 30. Dynastie (aus Sebennytos, der Heimat Manethos) lassen sich danach sicher in die Jahre 380–342 datieren. Die Tatsache, daß Teôs (ägyptisch Dje[d]-hor) bereits in den letzten Jahren seines Vaters Nektanebês (Nacht-nebef) dessen Mitregent war[338], wird von Manetho ignoriert; er gibt nur die Zeit der Alleinherrschaft des Teôs an.

Bei der 29. Dynastie (aus Mendes) muß allerdings eine kleine Korrektur vorgenommen werden. Schon Kienitz[339] vermutete, daß Psamuthis (Pe-sche[re-en]-mut) ein Gegenkönig gegen Achôris (Hagor/Hakor)[340] gewesen sei. Eine von Psamuthis errichtete Kapelle in Karnak[341] ist von Achôris, der

[337] W. Spiegelberg, Die sog. Demotische Chronik des Pap. 215 der Bibliothèque Nationale zu Paris, Leipzig 1914; Übersetzung G. Roeder, Altägyptische Erzählungen und Märchen, Jena 1927, 238-49; E. Bresciani, Letteratura e poesia dell' Antico Egitto, Torino 1969, 551-60; J.H. Johnson, in: Enchoria 4, 1974, 1-17.

[338] Tachôs (griechische Variante zu Teôs) wird von Xenophon, Agesilaos, II, 27, bereits 365 als ägyptischer König bezeichnet.

[339] Die politische Geschichte Ägyptens vom 7. bis zum 4. Jh., 178-80.

[340] Die auch im LÄ II, Sp. 931 verwendete Form „Hakoris" ist eine unzulässige Vermischung von ägyptisch Hagor mit griech. Achôris.

[341] Maspero, in: RecTrav 6, 1885, 20; Daressy, in: ASAE 18, 1919, 37-48; Chevrier, in: ASAE 49, 1949, 262.

bei Manetho vor Psamuthis aufgeführt wird, usurpiert worden. Nach den Untersuchungen von D. Ray[342] steht jetzt fest, daß Achôris schon bald nach Antritt seiner Regierung durch Psamuthis vertrieben wurde, jedoch nach etwa einem Jahr wieder an die Macht gelangt ist.

Nach dem Text der „Naukratis-Stele"[343] wurde Nektanebês, der Begründer der 30. Dynastie, am 13. XII. seines 1. Jahres (3.11.380) in Sais gekrönt. Vorher hatte er Nepheritês II., der nach Manetho nur 4 Monate auf dem Thron saß, gestürzt. Für den Anfang der 29. Dynastie haben wir einen Beleg in einem aramäischen Brief, in dem unter dem 5. Epiphi (5. XI.) von der Machtergreifung des *Np^{c}wrt* (Nepheritês I., ägyptisch Nef-aw-rud) berichtet wird[344]; das muß der 1.10. des Jahres 399 sein. Die vorhergehenden Daten in aramäischen Papyri der Judenkolonie in Elephantine sind: *^{c}mwrtjs* (Amyrtaios) Jahr 5, 21. Phamenoth (21. VII.)[345] und Jahr 4, Phamenoth (VII.) Artaxerxes' II. (Juni 401).[346]

Es ist anzunehmen, daß Amyrtaios (Amen-ir-di-su), der in der Überlieferung aus Manetho als einziger König der 28. Dynastie erscheint[347], seine Jahre rückwirkend vom Regierungsantritt des von ihm (und der späteren ägyptischen Tradition) nicht anerkannten Artaxerxes ab zählte. Tatsächlich aber kann er sich erst im Sommer 401, nach dem Abzug des Hauptteils der persischen Truppen wegen des Krieges des Prinzen Kyros gegen seinen Bruder, den Großkönig Artaxerxes II., gegen die persische Herrschaft erhoben haben. Das obengenannte Datum des Amyrtaios (Jahr 5, 21. VII.) ist dann der 19.6.400. Er wird noch bis zum Herbst des Jahres 399, als Nepheritês ihn stürzte, regiert haben, also vom Beginn seines fiktiven 1. Jahres ab 5 Jahre und etliche Monate, die Manetho zu 6 Jahren aufgerundet hat.

1.4 Die Zeit der Restauration (26. Dynastie)

In der Mitte des 7. Jh. konnte sich die 26.Dynastie aus Sais gegen Kuschiten (Nubier, Äthiopen) und Assyrer durchsetzen und wieder einen Einheitsstaat herstellen, bis ihre Herrschaft schließlich durch die persische Eroberung ihr Ende fand. Auch diese Dynastie läßt sich chronologisch genau festlegen. Ihr Ende wird, wie wir wissen, durch den Einmarsch des Kambyses im Mai 525 bestimmt. Für die Herrscherreihe steht uns neben Manetho auch Herodot (II, 151–82, III, 10) zur Verfügung, der für diese zu seiner Zeit noch nicht lange zurückliegende Epoche ebenfalls verhältnismäßig korrekte Namen und Zahlen gibt. Die Listen der Könige lauten bei den beiden Autoren:

---

342 Ray, in: JEA 72, 1986, 149-58.

343 Maspero, Le Musée Egyptien 1, 1899/1900, 40-45; Erman u. Wilcken, in: ZÄS 38, 1900, 127-35; Lichtheim, in: Fs Hughes, 139-46; dies., Ancient Egyptian Literature, III, Berkeley-Los Angeles 1980, 86-89.

344 E.G.H. Kraeling, The Brooklyn Museum Aramaic Papyri, New Haven 1953, Nr. 13.

345 A. Cowley, Aramaic Papyri from the Vth Century B.C., Oxford 1923, Nr. 35.

346 Kraeling, op.cit., Nr. 11/12.

347 Wohl weil er als Sait bezeichnet ist im Gegensatz zu den Mendesiern der 29. und den Sebennyten der 30. Dynastie.

MANETHO (AFRICANUS)[348]			HERODOT		
26. Dynastie, 9 Saiten			-		
Stephinatês	7 Jahre		-		
Nechepsôs	6 J.		-		
Nechaô	8 J.		-		
Psammêtychos	54 J.		Psammêtichos	54 J.	
Nechaô	6 J.		Nekôs	16 J.	
Psammuthis	6 J.		Psammis	6 J.	
Uaphrês	19 J.		Apriês	25 J.	
Amôsis	44 J.		Amasis	44 J.	
Psammecheritês		6 Monate	Psammênitos		6 Monate

Von den bei Manetho angeführten Königen sind nur die auch bei Herodot genannten Herrscher über Ägypten gewesen. Die drei ersten waren jedenfalls nur Lokalfürsten von Sais zur Zeit der kuschitischen Herrschaft; sie werden im Zusammenhang mit der 25. Dynastie behandelt werden. Chronologisch fallen sie aus. Die zeitgenössischen Denkmäler ergeben folgende Reihe der Pharaonen dieser Dynastie, deren Namen sich unschwer in den griechischen Quellen identifizieren lassen:

Psametik I. (Th. Wah-ib-rê),
Nekaw (biblisch Necho; Th. Uhem-ib-rê)
Psametik II. (Th. Nefer-ib-rê),
Wah-ib-rê (biblisch Hophra; Th. Ha'a-ib-rê),
Ah-mose II. (Th. Chnem-ib-rê),
Psametik III. (Th. Anch-ka-en-rê)

Die Regierungsdauer Psametiks I. wird von Herodot und Manetho übereinstimmend mit 54 Jahren angegeben, was die zeitgenössischen Dokumente bestätigen. Aus den Angaben der Serapeum-Stele Louvre 193[349] zu den Lebensdaten eines Apis-Stiers läßt sich folgendes entnehmen:

Apis	geboren:	Psametik I.	Jahr 53, 19. VI.
	gestorben:	Nekaw	Jahr 16, 6. II.
	Alter:	16 Jahre, 7 Monate, 17 Tage.	

Die Rechnung ist:

Psametik I.	J. 53 (Rest)		6 M. 11 T. (ohne Epagomenen)
	J. 54	1 J.	
Nekaw	J. 1-15	15 J.	
vom	J. 16		1 M. 6 T.
ergibt:		16 J.	7 M. 17 T., in Übereinstimmung mit den Angaben der Stele.

[348] Eusebius führt vor Stephinatês noch einen „Äthiopen Ammeris" mit 12 Jahren an, läßt dafür den letzten König aus und enthält auch sonst mehrere Fehler.

[349] Chassinat, in: RecTrav 22, 1900, 20-21 (Nr. 63). Zu den Apis-Stelen u. ihren Daten siehe oben, I.5.3.

Psametik II. starb nach der Inschrift der Gottesgemahlin Anch-nes-nefer-ib-rê[350] am 23.I. seines 7 Jahres. Für ihn sind also, wie bei Herodot und Manetho, 6 Jahre zu verrechnen. Die Regierungsdauer seines Vorgängers Nekaw läßt sich aufgrund der Serapeum-Stele Louvre 240[351] feststellen:

Apis	geboren:	Nekaw	Jahr 16, 7. III.
	gestorben:	Apriês	Jahr 12, 12. VIII.
	Alter:	17 Jahre, 6 Monate, 5 Tage.	

Die Rechnung ist:

Nekaw	J. 16 (Rest)		10 M. 11 T. (ohne Epagomenen)
Psametik II.	J. 1-6	6 J.	
Apriês	J. 1-11	11 J.	
vom	J. 12		7 M. 12 T.
ergibt:		18 J.	6 M. 5 T.

Das Ergebnis der Rechnung liegt gegenüber der Angabe der Stele genau ein Jahr zu hoch. Demnach hat Nekaw entgegen Herodot (16 Jahre) und Manetho (6 Jahre) tatsächlich 15 Jahre auf dem Thron gesessen. Sein Jahr 16, nach Herodot das Todesjahr, ist mit dem 1. Jahr Psametiks II. identisch. Die Rechnung muß also so aussehen:

Nekaw J. 16 = Psametik I.	J. 1 (Rest)		10 M. 23 T.
Psametik II.	J. 2-6	5 J.	
Apriês	J. 1-11	11 J.	
vom	J. 12		7 M. 12 T.
ergibt richtig:		17 J.	6 M. 5 T.

Zur Ermittlung der korrekten Regierungslänge des Apriês (bei Herodot 25 Jahre, bei Manetho 19 Jahre) haben wir zwei Stelen in Leiden[352] und eine in Florenz[353], die die Lebensdaten zweier Priester verzeichnen:

1. Leiden: Priester,

geboren:	Nekaw	Jahr 1, 1. XI.
gestorben:	Amasis	Jahr 27, 28. VIII.
Alter:	65 Jahre, 10 Monate, 2 Tage.	

Rechnung:

Nekaw	J. 1 (Rest)		2 M. 4 T.
	J. 2-15	14 J.	
Psametik II.	J. 1- 6	6 J.	
Amasis	J. 1-26	26 J.	
vom	J. 27		7 M. 28 T.
ergibt:		46 J.	10 M. 2 T.

[350] Kairo 681. Maspero, in: ASAE 5, 1904, 84-90; Breasted, Anc. Records, IV § 938, 985, 988c; C.E. Sander-Hansen, Das Gottesweib des Amun, Kopenhagen 1940, Textanhang 4.

[351] Chassinat, op.cit., 167 (Nr. 90).

[352] Stelen des Priesters Psametik, Leiden V 18 u.19. P.A. Boeser, Beschreibung der ägyptischen Sammlung des Niederländischen Reichsmuseums Leiden, VII, 1915, 5 (Nr. 14-15); Breasted, Anc. Records, IV., § 1026-29.

[353] Stele Florenz 2551. S. Bosticco, Le stele egiziane di Epoca Tarda, Mus. Archeol. di Firenze, 1972, 26-28, T. 15.

Wenn wir diese Summe vom Alter des Mannes abziehen, bleibt ein Rest von 19 Jahren für Apriês.

2. Florenz:	Priester,		Rechnung:				
geboren:	Nekaw	Jahr 3, 2.X.	Nekaw	J.	3		3 M. 3 T.
gestorben:	Amasis	Jahr 35, 6.II.		J.	4-15	12 J.	
Alter:	71 Jahre, 4 Monate, 9 Tage[354]		Psametik II.	J.	1-6	6 J.	
			Amasis	J.	1-34	34 J.	
			vom	J.	35		1 M. 6 T.
			ergibt			52 J.	4 M. 9 T.

Auch hier verbleibt für Apriês ein Rest von 19 Jahren. Das stimmt mit der Ziffer Manethos überein, während die Zahl Herodots unrichtig sein muß. Nach der Erzählung bei Herodot (II, 169) hat Amasis nach seinem Staatsstreich gegen Apriês diesen anfangs noch als nominellen Mitregenten am Leben gelassen und ihn erst später getötet, als er sein Königtum wiederzugewinnen versuchte. Diese Übergangszeit kann aber keinesfalls sechs Jahre lang gedauert haben. So ist vermutet worden, die 25 Jahre bei Herodot seien eine Verschreibung für 21.[355] Beweisen läßt sich das nicht; die Zeit ist jedenfalls chronologisch nicht anzurechnen. Der letzte Herrscher der Dynastie, Psametik III., hat nach Herodot und Manetho nur 6 Monate regiert, ehe er von Kambyses besiegt und gefangen wurde. Wir besitzen aber zwei Urkunden, die in den V. Monat seines 2. Jahres datiert sind.[356] Das Datum fällt in den Mai des Jahres 525. Da das ägyptische Kalenderjahr mit dem 2.1. jul. begann, umfaßt die Regierung dieses Königs in der Tat zwei unvollständige Kalenderjahre; chronologisch ist sie also mit einem vollen Jahr (526–525) zu verrechnen. Vom ersten Regierungsjahr hat Psametik III. in Wirklichkeit höchstens einen Monat auf dem Thron gesessen. Als offene Frage ist jedoch immer betrachtet worden, ob dieses Jahr dem 44. oder dem 45. Jahr des Amasis entspricht, dessen Regierung demnach entweder (mit Herodot und Manetho, die freilich auch aufgerundet haben könnten) zu 44 Jahren oder nur zu 43 Jahren zu rechnen sei. Für die letztere Lösung hatte sich noch Kienitz[357] ausgesprochen aufgrund des Zeugnisses des Pap. Rylands IX[358], nach dem das 44. Jahr des Amasis sein letztes gewesen zu sein schien. Durch das oben (in I.3.3) besprochene Vollmonddatum vom 12. Jahr des Amasis ist jedoch inzwischen bewiesen worden, daß das Antrittsjahr des Pharao in das Jahr 570 (nicht 569) gefallen sein muß, so daß er also in seinem 45. Jahr starb. Damit ist nun die Chronologie der 26. Dynastie endgültig festgelegt.[359]

---

[354] Verschreibung der Stele zu „6 Tage“ bereits verbessert.

[355] H. de Meulenaere, Herodotus over de 26de dynastie, Leuven 1951, 75. Die damit in Zusammenhang stehende „Amasis-Stele“ in Kairo wurde von Daressy, in: RecTrav 22, 1900, 1-9, unzureichend publiziert. Eine bevorstehende Neubearbeitung durch Edel (vgl. in: GM 29, 1978, 13-20) verspricht Lösung der noch ungeklärten Frage.

[356] Pap. Straßburg 2 (Malinine, in: JEA 54, 1968, 188-92, T. 30) und Pap. Loeb 41 (W. Spiegelberg, Die demotischen Papyri Loeb, München 1931, 70ff., T. 23).

[357] Op.cit., 156-57 mit Anm. 1 auf S. 157.

[358] F.Ll. Griffith, Demotic Papyri in the John Rylands Library, III, 1909, 106. Übersetzung bei G. Roeder, Alt-ägyptische Erzählungen und Märchen, Jena 1927, 261-97.

[359] Diese Ansätze werden außerdem durch ein Sonnenfinsternisdatum vom Todesjahr Psametiks I. (siehe oben, I.3.1) bestätigt.

	1. Regierungsjahr (ägyptische Kalenderjahre)
Psametik I.	664 (5.2.664– 4.2.663)
Nekaw (II.)	610 (23.1.610–22.1.609)
Psametik II.	595 (19.1.595–18.1.594)
Apriês (Wah-ib-rê)	589 (18.1.589–16.1.588)
Amasis (Amôsis II.)	570 (13.1.570–12.1.569)
Psametik III.	526 (2.1.526– 1.1.525)

Kopf einer Statue des Königs Schabako

Material: Rosengranit
Maße: Höhe 0,97 m
Herkunft: Karnak, Tempel des Amun-Re, 'Cachette'
Datierung: 25. Dynastie, um 700 v. Chr.
Standort: Kairo, Ägyptisches Museum CG 42010
(*Photo:* Institut für Ägyptologie, München; Hans-Wolfgang Müller)

2. DIE III. ZWISCHENZEIT

Die Epoche zwischen dem Ende des Neuen Reiches und der Spätzeit wird jetzt als „III. Zwischenzeit" bezeichnet.[360] Es ist die Zeit der Herrschaft der Libyer, die in Ägypten seit der 20. Dynastie als Söldner einwanderten und bald einen Militäradel bildeten. Unter dieser Feudalherrschaft zerfiel Ägypten allmählich in Kleinstaaten; in der zweiten Hälfte des 8. Jh. wird es von ägyptisierten Kuschiten (griechisch Äthiopen) aus Nubien besetzt und schließlich im 7. Jh. kurzfristig von den Assyrern erobert. Von beiden Fremdherrschaften kann es um die Mitte des 7. Jh. Psametik I., der Begründer der 26. Dynastie, befreien. Er entstammt selbst dem Geschlecht der libyschen Fürsten von Sais im Delta.

Diese Periode (21.–25. Dynastie) kann nicht mehr so sicher datiert werden wie die Spätzeit. Immerhin besitzen wir einen wertvollen chronologischen Fixpunkt in dem Synchronismus zwischen Schoschenq I., dem ersten Herrscher der 22. Dynastie, und Rehabe'am von Juda (siehe oben, I 4.5); der Beginn der 22. Dynastie kann dadurch auf die Jahre 946/945 festgelegt werden. Die wirre Zeit der 22. und 23. Dynastie ist im einzelnen immer noch unsicher, vor allem hinsichtlich der Reihenfolge und des Nebeneinanders der Könige. Nachdem die Kuschiten schon seit Mitte des 8. Jh. in Oberägypten eingedrungen waren, beginnt ihre Herrschaft über das ganze Land (die 25. Dynastie Manethos) erst mit der Einnahme von Memphis durch ihren König Schabako. Die Regierungszeit des Taharqo, des letzten noch in Ägypten anerkannten kuschitischen Pharao, ist sicher datiert; sie ist durch die Daten einer Apis-Stele chronologisch mit derjenigen Psametiks I. verbunden.

2.1 Die Zeit der kuschitischen Herrschaft

In der am Ende des Neuen Reiches selbständig gewordenen ägyptischen Provinz in Nubien hatte sich seit dem 10. Jh. ein einheimisches Königtum mit dem Sitz in Napata (am Gebel Barkal beim 4. Katarakt im Sudan) entwickelt, das weiterhin die ägyptische Kultur (Religion, Hieroglyphenschrift) pflegte. Seine Könige beanspruchten seit der Mitte des 8. Jh., rechtmäßige Pharaonen Ägyptens zu sein. Spätestens Pije (sein Name früher „Pianchi" gelesen) besetzte Oberägypten.[361] Später stieß er zeitweilig auch in den Norden vor, wobei er Memphis einnehmen und die libyschen Stadtkönige Mittel- und Unterägyptens unterwerfen konnte. Schon bald nach seinem Abzug richteten jedoch der Fürst von Sais, Tef-nachte, und dann sein Sohn Bak-en-rinef (griechisch Bokchôris) ihre Herrschaft wieder auf. Erst Pijes Nachfolger Schabako besiegte in seinem 2. Jahr den Bokchôris (24. Dynastie) und eroberte das ganze Land, beließ jedoch die meisten der Kleinkönige unter seiner Oberhoheit in ihren Machtbereichen. Die ständigen Auseinandersetzungen mit dem Assyrerreich, das damals ganz Vorderasien bis nach Palästina beherrschte, führten schließlich zu mehrfachen assyrischen Einfällen in Ägypten, bei denen der kuschitische Pharao Taharqo (griech. Tarakos, in der Bibel Tirhaqa) vertrieben wurde (672 und 667).[362] Als dieser starb, gewann sein Nachfolger Tanot-amun noch einmal für wenige Monate

---

[360] Grundlegende Behandlung durch Kitchen, Third Interm. Period, 1974; 2. Aufl. mit Supplement 1987.

[361] Die Chronologie dieses kuschitischen Königs muß im Zusammenhang mit der der 22. und 23. Dyn. behandelt werden.

[362] Zu diesem Synchronismus mit Assyrien siehe oben, S. 71.

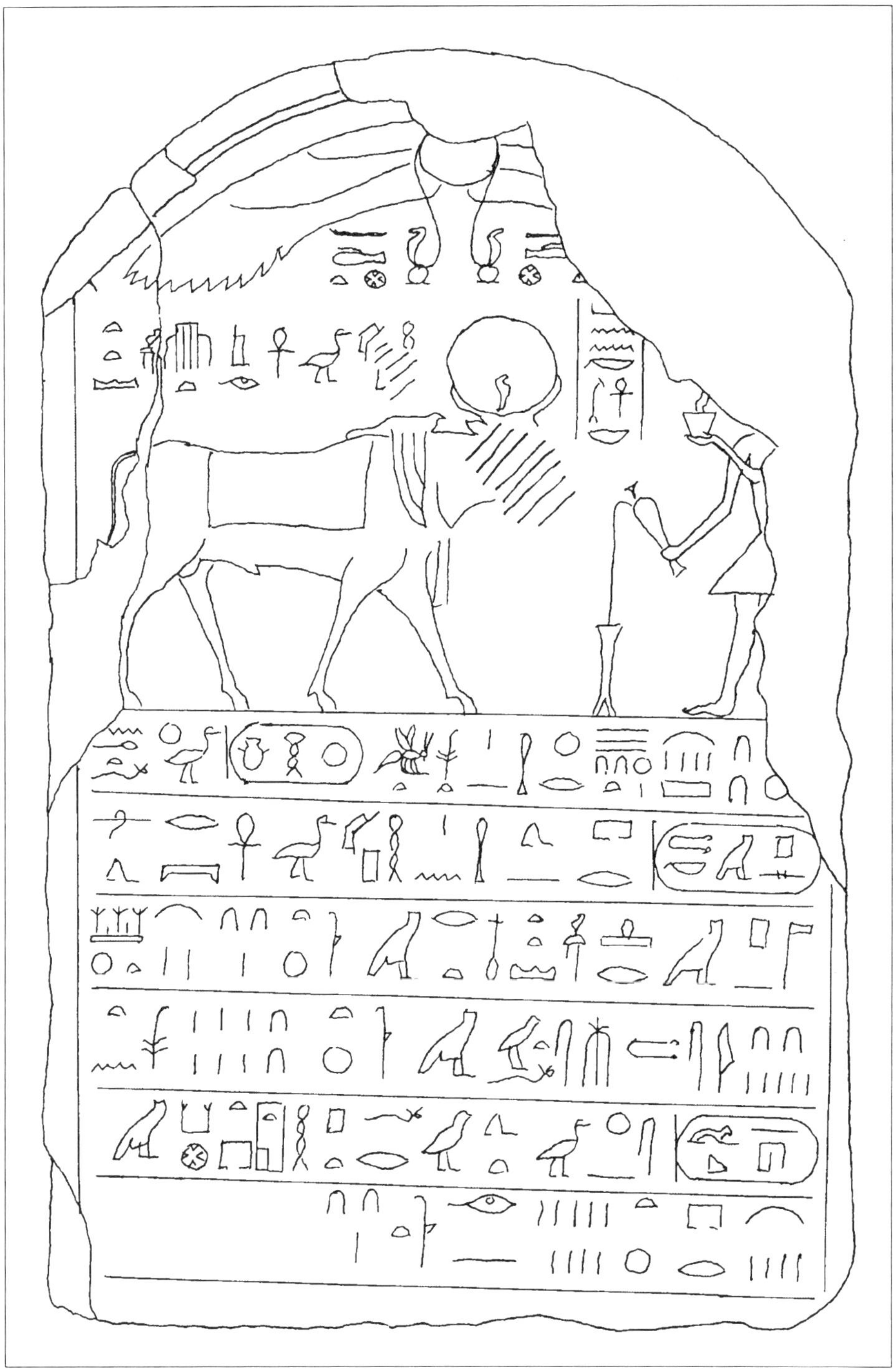

Abb. 9
Serapeum-Stele vom 21. Jahr Psametiks I.
(Catalogue Sérapeum, T. LII, Nr. 192)

Ägypten zurück, wurde aber von den Assyrern bald wieder nach Nubien zurückgedrängt (664). Diese setzten, da sie die Herrschaft über das peripher gelegene Nilland nicht auf Dauer behaupten konnten, Psametik von Sais als Vasallenkönig in Memphis ein, der sich jedoch alsbald von dem niedergehenden Assyrerreich zu lösen vermochte und auch Oberägypten den Kuschiten entreißen konnte; er ist der

Begründer der 26. Dynastie. Tanot-amun und seine Nachfolger regierten in Napata weiterhin mit der Titulatur eines Königs von Ägypten. Später verlegten sie ihre Residenz in das weiter südlich gelegene Meroë (Ruinen 200 km nördlich von Chartum), wo sie noch bis um 300 n. Chr. herrschten. Ihre Chronologie kann hier nicht behandelt werden.[363]

Manetho gibt in seiner „Ägyptischen Geschichte" nur die drei kuschitischen Könige (griechisch als „Äthiopen" bezeichnet) an, die tatsächlich in ganz Ägypten anerkannt waren.

25. Dynastie, 3 Äthiopen[364]

Sabakôn	8 Jahre	kuschitisch	Schabako
Sebichôs	14 Jahre		Schebitko
Tarakos	18 Jahre		Taharqo

Aus dem Text der Grabstele eines Apis-Stiers aus dem Serapeum von Memphis geht das genaue zeitliche Verhältnis der Regierung des Taharqo zu der Psametiks I. sowie die Dauer der Herrschaft des Ersteren hervor.[365] Der Stier wurde im 26. Jahr Taharqos geboren und am 9. VIII. des gleichen Jahres im Tempel des Ptah feierlich inthronisiert. Er starb am 20. XII. des 20. Jahres Psametiks I. Da wir die Regierung dieses Königs genau datieren können (siehe das vorige Kapitel), läßt sich das Todesdatum des Stiers auf den 25.1.644 berechnen. Dessen Lebenszeit wird mit 21 Jahren angegeben, daher ist das Datum seiner Einführung der 11.9.665. Das 26. Jahr Taharqos ist demnach das ägyptische Jahr vom 6.2.665–4.2.664. Das erste Jahr der Regierung Psametiks I., der im Lauf des Jahres 664 eingesetzt wurde, beginnt mit dem 5.2.664. In diesem Jahr muß Taharqo gestorben sein und der folgenlose Einfall seines Nachfolgers Tanot-amun stattgefunden haben. Taharqo starb also in seinem 27. Jahr und regierte 26 Jahre von 690 bis 664. Die abweichende Angabe Manethos für seine Regierungsdauer (18 Jahre) ist vermutlich damit zu erklären, daß er die Zeit seit der ersten Vertreibung des Taharqo durch die Assyrer (672) dem Vater des Psametik, Nekaw (Nechaô) zurechnet, dem er in der Tat 8 Jahre gibt. Deshalb fehlt bei ihm auch Taharqos Nachfolger Tanot-amun, dessen Regierung mit derjenigen Psametiks I. gleichzeitig ist.

Nicht so sicher sind die beiden Vorgänger Taharqos, Schabako und Schebitko, zu datieren. Von Schabako, den er Sabakôn nennt, berichtet Manetho, er habe den saitischen König Bokchôris besiegt und ihn lebendig verbrennen lassen. Hier helfen wieder Weihungen aus dem Serapeum, der Grabstätte der heiligen Apis-Stiere, weiter. Mehrere Stelen wurden zur Zeit der Beisetzung eines Apis im Jahr 6 des Bokchôris geweiht, doch wurde an die Wand der Grabkammer noch vor deren Verschließung ein ins 2. Jahr des Schabako datiertes Graffito geschrieben.[366] Die Eroberung von Memphis ist demnach noch vor dem Abschluß der Bestattungszeremonien für diesen Stier erfolgt, im Jahr 2 des Schabako, dessen Regierung natürlich von seiner Thronbesteigung in Napata an gezählt wird. Das höchste Datum

[363] Sie ist u.a. behandelt worden von Reisner, in: JEA 9, 1923, 34-77 und 157-60; Dunham-Macadam, in: JEA 35, 1949, 139-52; F. Hintze, Studien zur meroitischen Chronologie, Abh. Akad. Berlin 1959, 2; Wenig, in: MIO 13, 1967, 1-44; sowie in der Publikation der kuschitischen Königsgräber durch D. Dunham, The Royal Cemeteries of Kush, 5 Bde., Cambridge/Mass. 1950-63.

[364] Die bei Eusebius gegebenen Zahlen sind auch hier wieder wertlos. Sie sind von einem Zahlenspiel beeinflußt, das den Dynastien 22, 24 und 25 je 44 Jahre gibt.

[365] Serapeum-Stele Louvre Nr. 192. Catalogue Sérapéum, 146; Parker, in: Kush 8, 1960, 267-69. Siehe hier, Abb. 9.

[366] Vercoutter, in: Kush 8, 1960, 65-69; Kitchen, Third Interm. Period, § 114.

aus seiner Regierung ist „Jahr 15, 11. X.“.[367] Von seinem Nachfolger Schebitko kennen wir nur ein einziges Datum, das seines ersten feierlichen Erscheinens in Theben im XI. Monat seines 3. Jahres.[368] Die Angaben Manethos zur Regierungslänge der beiden kuschitischen Pharaonen müssen also unrichtig sein. Am wahrscheinlichsten ist – wenn man nicht größere Verschreibungen annehmen will – eine Vertauschung ihrer Zahlen in der Überlieferung, so daß also ursprünglich Schabako 14 Jahre (von der Eroberung von Memphis ab) und Schebitko 8 Jahre gehabt hätte.[369] Diese Vermutung läßt sich allerdings nicht beweisen, so wahrscheinlich sie auch ist.

Nach den Synchronismen, die aus den Annalen des Assyrerkönigs Sargon hervorgehen (siehe oben S. 61–62), ist die Eroberung Unterägyptens durch Schabako in eines der Jahre 715–712 zu setzen. Für Schabako und Schebitko bleiben danach insgesamt 22–25 Jahre, während Manetho ihnen 22 Jahre gibt; seine Zahlen können also zutreffend sein. Die Daten für die drei kuschitischen Herrscher sind demnach:

Schabako (Th. Nefer-ka-rê)	716/713–701/698 (in Ägypten ab 715/712)
Schebitko (Th. Djed-kaw-rê)	701/698–690
Taharqo (Th. Chu-nefertum-rê)	690–664

Die Erwähnung des Taharqo (Tirhaqa) im Zusammenhang mit dem Palästinafeldzug das assyrischen Königs Sin-ach-eriba (Sanherib) im Jahr 701 im biblischen Bericht 2. Kg. 19,8 hat lange Kontroversen ausgelöst. Da Taharqo mit Sicherheit erst 690 auf den Thron kam, hat man angenommen, er habe bereits als Kronprinz im Jahr 701 das militärische Oberkommando gehabt[370] – zu einem Feldzug ist es indessen nicht gekommen. Seine Laufbahn hat er auf fünf Stelen beschrieben.[371] Danach ist er schon als Jüngling mit König Schebitko aus Nubien nach Ägypten gekommen. Nach der oben erwähnten Kai-Inschrift in Karnak konnte das aber erst in dessen 3. Jahr gewesen sein, als dieser erstmals in Ägypten erschien – also in den Jahren 699/696. Die Nennung des Taharqo im Alten Testament muß demnach auf einem Irrtum des später schreibenden Chronisten beruhen und sollte nicht zu chronologischen Festlegungen benutzt werden.

Nicht sicher läßt sich die Frage der Jahrdatierung zur Zeit der 25. Dynastie beantworten. Gewiß ist lediglich, daß man in der 21. Dynastie noch nach der Methode des Neuen Reiches (Königsjahre, vgl. S. 11) datiert hat und daß man spätestens in der 26. Dynastie zur antedatierenden Zählweise nach Kalenderjahren zurückgekehrt war. Stilistische Erwägungen legen es nahe, daß die libyschen Dynastien 22, 23 und 24 noch ebenso verfahren sein werden wie die 21. Dynastie, während die restaurative 25. Dynastie bereits zum Gebrauch der Spätzeit übergegangen sein kann. Eine der Stelen, die dem im

367 Inschrift auf der Hockerfigur des Ati im Brit. Museum, Nr. 24429. J. Leclant, Enquêtes sur les sacerdoces et les sanctuaires égyptiens à l'époque dite „éthiopienne“, 1954, 15-27.

368 Inschrift am Kai von Karnak. v. Beckerath, in: JARCE 5, 1966, 53 (Nr. 33), verbessert in: GM 136, 1993, 7-9. Es gibt sonst kaum Zeugnisse aus dieser Regierung, die demnach ziemlich kurz gewesen sein dürfte. Während von Schabako die Jahre 2, 4, 6, 7, 14 und 15 belegt sind und von Taharqo Jahr 3, 7, 9, 13, 14, 19, 20, 24 und 26, gibt es von Schebitko nur dieses eine Datum.

369 Manetho zählt die Jahre des Sabakôn erst vom Beginn seiner Herrschaft in Unterägypten, gibt ihm also ein Jahr weniger.

370 So vor allem Kitchen, in: Ancient Orient and Old Testament, London 1966, 82-83; ders., Third Interm. Period, § 346. Vgl. dagegen v. Beckerath, in: Ugarit-Forschungen 24, 1993, 3-8.

371 Stelen aus Tanis, Koptos, el-Matâ'na u. aus Kawa (2). W.M.F. Petrie, Tanis, II, 1888, T. 9; V. Vikentiev, La haute crue du Nil, 1930, T. 1.7; L. Macadam, Temples of Kawa, I, 1949, T. 7-10.

6. Jahr des Bokchôris verstorbenen Apis-Stier geweiht waren[372], trägt das Datum „Jahr 6, 5. I.“. Das wäre bei Zählung nach Kalenderjahren ganz zu Anfang des Jahres 6, in dessen Verlauf Bokchôris von Schabako gestürzt wurde. Es ist jedoch möglich, daß es sich dabei noch um Königsjahre handelt. Dann hätte sein 6. Jahr vorher vielleicht schon einige Monate gedauert und er hätte dieses sein letztes Regierungsjahr noch nahezu vollenden können.

Manetho gibt dem Bokchôris (ägyptisch Bak-en-rinef) 6 volle Jahre und führt ihn als einzigen König der 24. Dynastie auf („24. Dynastie, ein Sait“). Die Regierung dieses Herrschers hat also 5–6 Jahre vor seinem gewaltsamen Ende begonnen (721/717). Vor ihm hat sein Vater Tef-nachte[373] geherrscht. Als Fürst von Sais aus dem libyschen Stamm der Libu (woraus griechisch Libyes) ist er noch zur Zeit Schoschenqs V., des letzten Königs der 22. Dynastie, etwa 740/735 zur Regierung gekommen.[374] Er konnte zunächst den Westen des Deltas unter seiner Herrschaft vereinen, später dann die alte Residenz Memphis besetzen und die schwachen Könige der 23. Dynastie, Osorkon IV. von Bubastis (und Tanis ?) und Auput II. von Leontopolis in Abhängigkeit bringen. Als sich ihm auch die Fürsten Mittelägyptens anschlossen und er den König von Herakleopolis in seiner Stadt belagerte, griff der kuschitische Pharao Pije[375], der um den Besitz Oberägyptens fürchten mußte, ein, besiegte ihn und trieb ihn ins Delta zurück.[376] Tef-nachte konnte aber seine Herrschaft im Westdelta behaupten. Im Gegensatz zu den Kleinkönigen dieser Zeit scheint er nie den Königstitel angenommen zu haben[377], sondern begnügte sich mit dem Titel eines Großen Fürsten des Westens. Er oder sein Sohn und Nachfolger Bokchôris haben dann die übrigen Fürsten und Könige im Delta unterworfen und Memphis zurückerobert; Letzterer hat auch den Titel eines Königs (Th. Wah-ka-rê) geführt.[378]

Nach der Besiegung des Bokchôris scheint Schabako in Sais zunächst einen kuschitischen Statthalter eingesetzt zu haben. Darauf deutet die Nennung eines „Äthiopen Ammeris“, den Eusebius an die Spitze seiner 26. Dynastie setzt. Bei ihm und bei Africanus folgen darauf vor Psammêtichos (Psametik I.) noch drei Namen: Stephinatês, Nechepsôs und Nechaô. Ob ihre Regierungszahlen (7, 6 und 8 Jahre) historisch sind, ist fraglich; für die Chronologie sind sie ohne Bedeutung, da diese Kleinkönige jedenfalls zur Zeit der 25. Dynastie herrschten. Der erste Name, Stephinatês, gibt zweifellos den ägyptischen Namen Tef-nachte wieder, also denselben Namen, den auch der Vater des Bokchôris trug. Man hat daraus geschlossen, daß dessen Familie die Stadtherrschaft in Sais zurückgewinnen konnte. Eine Stele aus dem Westdelta, die ins 8. Jahr eines Königs Schepses-rê Tef-nachte datiert ist[379], ist stilistisch vielleicht eher diesem König zuzuschreiben als dem Vorgänger des Bokchôris.[380] Der dritte dieser Könige, Nechaô, ist Nekaw I., der Vater Psametiks I., mit dem die 26. Dynastie beginnt.[381]

---

[372] Serapeum-Stele, Catalogue Sérapéum, Nr. 101.

[373] Nach Diodor I 45,2 ist „Tnephachthos“ (verderbt aus *Tephnachthos) der Vater des Bokchôris.

[374] Auf zwei Stelen, J. Yoyotte, Mélanges Maspero, I 4, 1961, 153, T. I, datiert er nach den Jahren 36 und 38 dieses Königs.

[375] Der Name ist vom kuschitischen Wort *pi/e* ‚leben“ abgeleitet und deshalb mit der ägyptischen Hieroglyphe *anch* „Leben“ determiniert. Priese, in: MIO 14, 1968, 166-83.

[376] Siegesstele des Pije (in Kairo). Urk. III, 1-56; N.C. Grimal, La stéle triomphale de Pi(‘ankh)y au Musée du Caire, MIFAO 105, 1981.

[377] Falls ihm nicht die unten, Anm. 379, zitierte Stele eines Königs Schepses-rê Tef-nachte zuzuweisen ist (so auch noch v. Beckerath, Königsnamen, 107 und 264).

[378] Inschrift in der Grabkammer des unter Bokchôris gestorbenen Apis. A. Mariette, Le Sérapéum de Memphis, Paris 1857, T. 34.

[379] Jetzt in Athen, Nationalmuseum. Spiegelberg, in: RecTrav 25, 1903, 190-92.

[380] Priese, in: ZÄS 98, 1970, 19-21; Leclant, in: OLZ 61, 1966, 552.

[381] Auch in anderen Städten Unterägyptens herrschten noch Könige unter der Oberhoheit der Kuschiten, u.a. Petubastis III. (Th. Sehetep-ib-en-rê); zu diesem Habachi, in: ZÄS 93, 1966, 69-74.

2.2 Die Libyerzeit

Durch die Fixpunkte 946/945 für den Anfang der 22. Dynastie und 715/712 für das Ende der 24. ist diese verworrene Zeit chronologisch einigermaßen fest umrissen.[382] Dagegen sind die Folge und das Nebeneinander der Herrscher sowie die Länge ihrer Regierungen noch vielfach unsicher. Die erste grundlegende Untersuchung dieser Epoche hat K.A. Kitchen[383] unternommen. Danach hat die 22. Dynastie den gesamten Zeitraum ausgefüllt; die 23. Dynastie ist eine Nebenlinie, die sich 818 von ihr abspaltete und gleichfalls in Ober- und Unterägypten herrschte. Auch die 24. Dynastie, zu der Kitchen neben dem von Manetho allein genannten Bokchoris auch dessen Vater Tef-nachte zählt, ist noch gleichzeitig mit dem Ende der 22.

Inzwischen hat sich Kritik an einzelnen Punkten dieser erstmaligen Rekonstruktion erhoben, vor allem an dem historisch nur schwer denkbaren Nebeneinander der 22. und 23. Dynastie in beiden Landesteilen. A. Leahy[384] und D.A. Aston[385] setzen an die Stelle von Kitchens 23. Dynastie eine oberägyptische Königsreihe, die in der memphitischen Tradition Manethos nicht aufgeführt wird, und lassen die 23. Dynastie, auf das Delta beschränkt, auf die 22. folgen. Ich schließe mich hier den letztgenannten, überzeugenden Vorschlägen an, mit einigen Verbesserungen und Zusätzen.[386] Es bestehen daher folgende Herrscherreihen:

22. Dynastie	Oberägyptische Linie
Schoschenq I.	Har-si-êset
Osorkon I.	Takelot II.
Takelot I.	Petubastis I.
Schoschenq II.	Auput I.
Osorkon II.	Schoschenq IV.
Schoschenq III.	Osorkon III.
Schoschenq IIIa.[387]	Takelot III.
Pe-mu	Rud-amun
Schoschenq V.	Ini

23. Dynastie

Petubastis II. und Auput II.

Osorkon IV.

„Psammûs" (?).

---

[382] Das Anfangsdatum aufgrund des Synchronismus mit Juda (siehe oben, I.4.5); zum Enddatum (715/712, wahrscheinlich 712) vgl. das vorige Kapitel II.2.1.

[383] Third Interm. Period, 1974.

[384] Libya and Egypt, London 1990, 155-200.

[385] Aston, in: JEA 75, 1989, 139-53.

[386] v. Beckerath, in: GM 144, 1995, 7-13, und 147, 1995, 9-13.

[387] Nach den Serapeum-Stelen Nr. 22-24 (Catalogue Sérapéum, 21-24) betrug der Abstand zwischen dem 28. Jahr Schoschenqs III. und dem 2. Jahr des Pe-mu 26 Jahre. Schoschenq hätte demnach 52 Jahre regiert, doch sind nur 39 belegt. In die restliche Zeit ist wahrscheinlich der von Dodson, in: GM 137, 1993, 53-58 identifizierte Schoschenq einzuschieben, der zur Vermeidung einer Umnumerierung vorläufig als „Schoschenq IIIa" bezeichnet wird.

Manetho gibt nur eine unvollständige Liste; die oberägyptische Linie fehlt bei ihm gänzlich. Ein Vergleich läßt folgende mögliche Übereinstimmungen erkennen[388]:

MANETHO (AFRICANUS)		Historisch			
22. Dynastie, 9 Bubastiten					
Sesonchis	21 Jahre	Schoschenq I.	21 Jahre		
Osorthon	15 J.	Osorkon I.	35 J.		
		Takelot I.	13 J.		
		Schoschenq II.	2(?)J.		
3 andere	25 (<29?) J.[389]	Osorkon II.	38(?)J.	79 J.	
		Schoschenq III.	39 J.		
Takelôthis	13 J.				52 J.
		Schoschenq IIIa	13 J.		
3 andere	42 J.	Pe-mu	11 J.	62 J.[390]	
		Schoschenq V.	38 J.		
23. Dynastie, 4 Taniten					
Petubastis	40 J.[391]	Pe-di-bastet II.	24(?) J.		
Osorchô	8 J.	Osorkon IV.	8(?) J.		
Psammûs[392]	10 J	?	?		
Zêt[393]	31 J.				

Die höchsten belegten Regierungsjahre der Herrscher der 22./23. Dynastie sind:

Schoschenq I.	J. 21 (Silsila-Inschrift. JEA 38,1952, T. III)
Osorkon I.	J. 33 (Mumienbinde Quibell, Ramesseum, 10-11)
Takelot I.	J. 14 (Kai-Inschrift Karnak Nr. 18)
Schoschenq II.	(kein Beleg)
Osorkon II.	J. 29 (Kai-Inschrift Karnak Nr. 14)
	J. 30 (Jubiläums-Inschrift Naville, Festival Hall, T. 6, wo „J.30" statt „J. 22" zu lesen sein wird)
Schoschenq III.	J. 39 (Kai-Inschrift Karnak Nr. 22; Priesterannalen Karnak, Fragm. 7)
Schoschenq IIIa	J. 10 (Stele St. Petersburg 5630; evtl. Schoschenq I.)
Pe-mu	J. 6 (Serapeum-Stelen, Catalogue Nr. 22-24)
Schoschenq V.	J. 38 (Stele aus Buto. Mélanges Maspero 1961, T. I, 1; BSFE 24, 1957, 51-54)

[388] Nach Africanus. Eusebius läßt die 6 namenlosen Könige und ihre Zahlen aus.

[389] Da die Dynastiesumme 120 J. ist, während die Einzelposten 116 J. ergeben, muß ein Fehler von 4 Jahren bestehen. Er kann am besten aus einer Verschreibung dieser Zahl (Θ 9 > Є 5) erklärt werden.

[390] Die Zahl Manethos für diese drei Könige bezieht sich vielleicht nur auf die Zeit bis zum Antritt Petubastis' II., dem er die letzten 20 J. Schoschenqs V. zugerechnet haben könnte, so daß sich keine Überschneidung der Dynastien 22 und 23 ergab.

[391] Eusebius 25 J., Sothisbuch 44 J.

[392] Dieser König ist bisher nicht identifiziert; siehe unten, Anm. 403.

[393] Wohl kein Königsname, sondern eine Notiz (griech. *zêtetai* „es ist zu untersuchen; fraglich", oder *zêtema* „Problem"). Ganz unklar ist, auf welchen Zeitraum sich die 31 Jahre beziehen.

Takelot II.	J. 25 (Stele Karnak, ASAE 4, 1903, 183)
Petubastis I.	J. 23 (Kai-Inschrift Karnak Nr. 29)
Auput I.	J. 12 (Graffito Karnak, unveröffentlicht. Nach Photo, das ich Mme. Jacquet-Gordon verdanke)
Schoschenq IV.	J. 6 (Kai-Inschrift Karnak Nr. 35)
Osorkon III.	J. 28 = Takelot III. J. 5 (Kai-Inschrift Karnak Nr. 13)
Takelot III.	J. 7 (Karnak-Inschrift LD III, 258c)
Rud-amun (?)	J. 19 (Inschrift Wadi Ghasûs. BIE 25, 1954, 141-52)
Ini	J. 5 (Graffito, Chons-Tempel Karnak. Hommages Sauneron 1979, 174-80)
Petubastis II.	J. 23 (Stele Florenz 1207; aus Bubastis)
Auput II.	J. 21 (Stele aus Mendes. Genava 30, 1982, 71-81)

Am verworrensten sind die Verhältnisse in Oberägypten. Takelot II. wurde anscheinend von Osorkon II., gewiß erst nach dessen 30. Jahr, seinem Regierungsjubiläum, als Mitkönig für den Süden eingesetzt. Er residierte in Mittelägypten (Herakleopolis – el-Hibe), doch behielt Osorkons Nachfolger Schoschenq III. wohl zunächst die Oberhoheit. Dagegen erhob sich in Theben (?) Petubastis I., ein anderer Abkömmling des Königshauses. Unsicher ist die Stellung des wenig belegten Auput I. (Nachfolger Takelots II. ?) – ebenso, ob Schoschenq IV. und dessen Nachfolger zur Linie Takelots II. oder Petubastis' I. gehören. Eine Hauptquelle für diese Verhältnisse ist die Chronik des Hohenpriesters Osorkon, eines Sohnes Takelots II.[394] Er wurde von seinem Vater in dessen 11. Jahr (830) eingesetzt, verlor seine Stellung aber mehrmals im Kampf gegen die Anhänger des Petubastis (822–817, 814, 812/11). Nach seiner letzten Vertreibung im Jahr 808 konnte er nur noch einmal 798 für kurze Zeit mit militärischer Unterstützung nach Theben zurückkehren.

Eine weitere wichtige Quelle für die Chronologie sind die Nilstandsmarken am Kai von Karnak, die vom 5. Jahr Schoschenqs I. (942/940) bis zum 19. Jahr Psametiks I. (646) reichen.[395] Folgende datierte Inschriften sind dort erhalten:

Schoschenq I.	J. 5 und 6 (Nr. 1 und 3)
Osorkon I.	J. 12 (Nr. 2)
Takelot I.	J. 4 (?), 5, 6 (?), 8, 10 (?), 14 (Nr. 16-21)
Osorkon II.	J. 12, 21, 22, 29 (Nr. 8/9, 11-14)
Schoschenq III.	J. 6 (Nr. 23)
Petubastis I.	J. 5 = Schoschenq III. Jahr 12 (Nr. 24)
Petubastis I.	J. 18, 19, 23 (Nr. 27-29)
Schoschenq III.	J. 39 (Nr. 22)
Schoschenq IV.	J. 6 (Nr. 25)
Osorkon III.	J. 28 = Takelot III. Jahr 5 (Nr. 13)
Takelot III.	J. 6 (Nr. 4)
Schabako	J. 2, 4 und x (Nr. 30-32)
Schebitko	J. 3 (Nr. 33)
Taharqo	J. 6–11 (Nr. 35-40)
Psametik I.	J. 17 und 19 (Nr. 41-42)

[394] Epigr. Survey, Karnak, III, 1954, T. 18-22; R.A. Caminos, The Chronicle of Prince Osorkon, Rom 1958. Die in Regierungsjahren Takelots II. und Schoschenqs III. angegebenen Daten sind hier nach der oben vorgeschlagenen Chronologie in Jahre v. Chr. umgesetzt.

[395] Legrain, in: ZÄS 34, 1896, 111-21; v. Beckerath, in: JARCE 5, 1966, 43-55.

Andere Daten dieser Zeit sind in den „Annalen der Priester von Karnak“ enthalten, Bruchstücken von kleinen Inschriften, die meist die Einführung von Priestern in ihr Amt betreffen.[396] Die Kai-Inschriften sind nur bis zum 6. Jahr Schoschenqs III. nach den Königen der 22. Dynastie datiert, später nach Petubastis I. und seinen Nachfolgern aus der oberägyptischen Linie. Eine Ausnahme bildet die Chronik des Hohenpriesters Osorkon, der seit dem Tod seines Vaters stets nach den Jahren Schoschenqs III. datiert, zuletzt noch in dessen 39. Jahr – so auch die Kai-Inschrift dieses Jahres, die wohl zur Zeit der vorübergehenden Anwesenheit des Osorkon in Theben geschrieben wurde.

Die verhältnismäßig wenigen Daten der im Norden residierenden Herrscher der 22. Dynastie verdanken wir den Stelen aus den Grabkammern der Apis-Stiere (Serapeum) in Saqqâra (siehe oben, I.5.3) sowie einer Anzahl von Schenkungsstelen, zumeist aus dem Delta. Mit diesen Mitteln konnte die hier gegebene Chronologie aufgestellt werden. Unter den Serapeum-Stelen aus dem 37. Jahr Schoschenqs V. verdient eine besonderes Interesse.[397] Sie wurde von einem Priester Pe-son-hor geweiht und gibt eine Genealogie seiner Vorfahren, zu denen die ersten Könige der 22. Dynastie gehören (vgl. oben Abb. F). Sie reicht zurück bis zu den Ahnen jener Könige, die gegen Ende der 20. Dynastie als Söldner nach Ägypten einwanderten. In dieser Genealogie ist jeder Ahn der Sohn des vorhergehenden:

1. Libyer Bujewawa
2. Fürst Mawasan
3. Fürst Nebscheni
4. Fürst Pathut
5. Fürst Schoschenq
6. Fürst Nemalot
7. König Schoschenq (I.)
8. König Osorkon (I.)
9. König Takelot (I.)
10. König Osorkon (II.)
11. Fürst Nemalot
12. Priester Udj-ptah-ef-anch
13. Priester Hem-ptah (d. Ä.)
14. Priester Pe-son-hor (d. Ä.)
15. Priester Hem-ptah (d. Jgr.)
16. Priester Pe-son-hor (d. Jgr.)

Von dem kuschitischen König Pije (Th. User-maat-rê und Senofer-rê), dem Vorgänger des Schabako (25. Dynastie), sind mindestens 30 Jahre belegt.[398] Schon von Anfang an besaß er offenbar die wohl schon durch seinen Vater Kaschta gewonnene Oberhoheit über den Süden Ägyptens und die dort herrschenden Könige der oberägyptischen Linie der 22. Dynastie. Eine Weihinschrift für den Gott Min im Wadi Ghasûs in der Ostwüste[399] nennt die Gottesgemahlinnen des Amun Schep-en-upet, Tochter Osorkons III., und ihre (aufgezwungene) Mitregentin Amen-ir-di-si, Tochter des Kaschta von Kusch. Beiden ist je ein Datum beigeschrieben: Jahr 19 bei Schep-en-upet und das damit gleichgesetzte Jahr 12 bei Amen-ir-di-si. Da die Gottesgemahlinnen sonst nie nach eigenen Jahren datieren, hat Kitchen mit Recht vermutet, daß sich diese Daten auf die Könige beziehen, in deren Stellvertretung sie in Theben regierten – auf den libyschen König und seinen kuschitischen Oberherrn. Da Osorkon III. zur Zeit der kuschitischen Herrschaft sicher schon tot war und Kaschta jedenfalls nicht so lange regierte, muß es sich um die Brüder der beiden Damen handeln – Pije von Kusch und einen der Söhne Osorkons III.,

---

[396] J.M. Kruchten, Les annales des prêtres de Karnak (XXI-XXIII dyn.) et autres textes contemporains rel. à l'initiation des prêtres d'Amon, Leuven 1989.
[397] Catalogue Sérapéum, 30-31 (Nr. 31); Breasted, Anc. Records, IV, § 785-92. Siehe oben, S. 30-31.
[398] Mumienbinde im Brit. Museum Nr. 6640. J.B. Greene, Fouilles exécutées à Thèbes, Paris 1855, T. 8; Kitchen, Third Interm. Period, § 123 Anm. 292.
[399] G. Schweinfurth, Alte Baureste und hieroglyphische Inschriften im Uadi Gasus, 1885, T. I-III; Christophe, in: BIE 25, 1954, 141-52; Kitchen, Third Interm. Period, § 143 und 321.

entweder Takelot III. oder Rud-amun. Während Kitchen an Takelot dachte, legen chronologische Erwägungen jetzt nahe, Rud-amun zu bevorzugen.[400] Damit besteht die Gleichung Rud-amun Jahr 19 = Pije Jahr 12.

Erst in seinem 20. Jahr hat Pije selber in Ägypten eingegriffen; das muß zwischen 730 und 725 gewesen sein, wahrscheinlich 726. Bei seinem Feldzug[401] hat er alle Fürsten Ägyptens unter seine Herrschaft gezwungen, bis auf Tef-nachte von Sais, der sich in das Sumpfgebiet des nordwestlichen Deltas zurückzog. Vier der Fürsten, die sich Pije unterwarfen, trugen den Königstitel – ein Zeugnis für die Zerrissenheit des Landes am Ende der Libyerzeit: Nemalot von Hermopolis, Pef-thew-aw-bastet von Herakleopolis[402], Osorkon (IV.) von Bubastis (und Tanis ?) sowie Auput (II.) von Leontopolis.[403]

Im Anschluß gebe ich eine versuchsweise aufgestellte, vorläufige Chronologie der 22. und 23. Dynastie. Feststehend ist lediglich die Regierungszeit Schoschenqs I. sowie, daß die mindestens 37jährige Herrschaft Schoschenqs V. zwischen 737 und 730 endete; ferner, daß Osorkon IV. und Auput II. (23. Dynastie) zur Zeit des Feldzuges des Kuschiten Pije (wahrscheinlich 726) regierten. Die Existenz des Königs Schoschenq IIIa ist noch nicht gesichert; eventuell sind die ihm zugewiesenen Jahre noch zur Regierung Schoschenqs III. zu zählen. Der ägyptische Name von Manethos „Psammûs" konnte bisher noch nicht festgestellt werden.[404]

22. Dynastie

Schoschenq I.	946/45–925/24
Osorkon I.	925/24–etwa 890
Takelot I.	etwa 890–877
Schoschenq II.	etwa 877–875
Osorkon II.	etwa 875–837
Schoschenq III.	etwa 837–798
Schoschenq IIIa.	etwa 798–785
Pe-mu	etwa 785–774
Schoschenq V.	etwa 774–736
Oberägyptische Linie	
Takelot II.	etwa 841–816
Petubastis I. (Gegenkönig ?)	etwa 830–805/800
Auput I.	etwa 816–800
Schoschenq IV.	etwa 805/800–790
Osorkon III.	etwa 790–762
Takelot III. (anfangs Mitregent)	etwa 767–755
Rud-amun	etwa 755–735
Ini	etwa 735–730

400 Aston, in: JEA 75, 1989, 153.

401 Siegesstele vom 21. Jahr; siehe oben II.2.1, Anm. 376. Der Feldzug fand im 20. Jahr statt.

402 Schwiegersohn des Rud-amun und vielleicht Nachfolger des Ini, der sich auf den Stammbesitz der oberägyptischen Linie zurückgezogen hatte.

403 Ta-rêmu, wahrscheinlich Tell Muqdâm im zentralen Delta. Die Abgrenzung der einzelnen Herrschaftsbereiche ist schwierig. Vgl. F. Gomaa, Die libyschen Fürstentümer des Deltas vom Tod Osorkons II. bis zur Wiedervereinigung Ägyptens durch Psametik I., Beihefte zum Tübinger Atlas des Vorderen Orients, Teil B, Bd. 6, Wiesbaden 1974.

404 Vielleicht ist er mit dem obskuren König Meri-towi-[rê ?] Pen-amun (spätägypt. Pa-amun, griech. Pamunis) zu vergleichen, von dem sich das Fragment einer Inschrift aus Tarrâna (Terenuthis, Westdelta) im Brit. Museum (Nr. 653) befindet. Vgl. Gauthier, LR, III, 403 (9). Kitchen, Third Interm. Period, § 78-79, will ihn allerdings in eine spätere Zeit datieren.

23. Dynastie

Petubastis II.		etwa 756–732/30
Osorkon IV.	(in Tanis/Bubastis)	etwa 732/30–722
Psammûs (?)		etwa 722–712
Auput II.	(in Leontopolis)	etwa 756–725 (?)

2.3 Die 21. Dynastie

Seit dem Ende der Ramessidenzeit galt die Thebais (und in der Theorie eigentlich ganz Ägypten) als Besitz des Gottes Amun. Er wurde von Hohenpriestern aus dem Königshaus verwaltet, die neben den in Tanis residierenden Pharaonen der 21. Dynastie nahezu unabhängig, gelegentlich sogar mit dem Königstitel herrschten. Zwei Erkenntnisse sind grundlegend für die Aufstellung einer Chronologie dieser Dynastie geworden[405]:

1. Manetho führt nur die in Unterägypten anerkannten Könige in seiner Liste auf.
2. Auch die thebanischen Hohenpriester haben stets, wenigstens formell, die Hoheit der tanitischen Könige anerkannt und ihre Urkunden nach deren Regierungsjahren datiert, auch wenn sie selbst den Königstitel angenommen hatten.

Die Hauptschwierigkeit besteht darin, daß diese Dokumente nur selten den Namen des Königs tragen, nach dem sie datiert sind, häufig dagegen den des Hohenpriesters. Dennoch unterscheidet sich die Form der Datierung eindeutig von der üblichen „Jahr x (Monat y, Tag z) unter der Regierung des Königs NN", kürzer auch „Jahr x (etc.), König NN", indem hinter dem Datum statt des Königsnamens der so datierte Vorgang folgt, der meist in Beziehung zum Hohenpriester steht, zum Beispiel „Jahr x, Monat y, Tag z. An diesem Tag befahl der Hohepriester NN ...".[406] Quelle für diese Daten sind vor allem die Aufschriften auf den damals wiederbestatteten Mumien der Pharaonen des Neuen Reiches[407], diejenigen von Priestermumien[408], die „Annalen" der Priester von Karnak[409] und Graffiti in Theben-West.[410]

Eine Reihe von Untersuchungen hat zu dem Ergebnis geführt, daß diese Daten folgendermaßen zu verteilen sind[411]:

[405] Zuerst wohl von Breasted, Anc. Records, IV, § 604-07, dargelegt. Vgl. Kitchen, Third Interm. Period, Part I.
[406] v. Beckerath, in: Gs Barta, 53-55
[407] G. Maspero, Les momies royales de Deir el-Bahari, MMAF 1,4. 1887; Kitchen, op.cit., Excursus B (§ 379-91).
[408] Daressy, in: Revue archéol., sér. III, 22, 1896, 72-90; ders., in: ASAE 1, 1900, 141-48 und 8, 1907, 3-38; Kitchen, loc.cit.; A. Niwinski, 21st Dynasty Coffins from Thebes, Theben V, Mainz 1985.
[409] J.M. Kruchten, Les annales des prêtres de Karnak, Leuven 1988.
[410] W. Spiegelberg, Aegyptische und andere Graffiti aus der thebanischen Nekropolis, Heidelberg 1921; J. Černý, Graffiti hiérogl. et hiérat. de la nécropole thébaine, DFIFAO 9, 1956,; ders. und A.E. Sadek, Graffiti de la montagne thébaine, Le Caire 1971-73.
[411] Breasted, Anc. Records, IV, § 604-07; Young, in: JARCE 2, 1963, 99-112; Hornung, Chronologie, 101-06; Černý, CAH II, 35; Wente, in: JNES 26, 1967, 155-76; Kitchen, Third Interm. Period, Part I; Niwinski, in: JARCE 16, 1979, 49-68; Barta, in: MDAIK 37, 1981, 35-39; v. Beckerath, CNR, 64-68; ders., in: Gs Barta, 53-55. Die Zugehörigkeit der hohen Daten zu Psusennes I., die man früher Amen-em-opet zuschrieb, ist jetzt wohl allgemein akzeptiert.

Tabelle 6. Daten der 21. Dynastie

Könige	Jahr	Hohepriester
Smendes	1	
"	4	
"	6	Pi-nodjem I.
"	9	"
"	10	"
"	11	"
"	12	"
"	13	"
"	15	" (dann König)
"	16	Masahalot
"	18	"
"	19	
"	20	
"	21	
"	25	Men-cheper-rê
Amen-em-nisut/Psusennes I. [1/4]		"
Psusennes I.	6	"
"	7	
"	8	Pi-nodjem I. als König
"	19	
"	24	
"	30	
"	40	Men-cheper-rê
"	48	"
Amen-em-opet [1/2] = [Psusennes I.]	49*	
"	1	[Men-cheper-rê]
"	[2/4]	Smendes
"	5*	
"	7*	Pi-nodjem II.
"	10	"
Osochor	2*	
"	x	Pi-nodjem II.
" /Si-amun	3	"
" "	5	"
Siamun	1	"
"	5	"
"	6	"
"	7	"
"	8*	"
"	9	"
"	10*	"
"	10+x	Psusennes
"	12	"
"	14	
"	16*	
"	17*	
Psusennes II.	5	Psusennes
"	10+x (13 ?)	"

* Jahre mit Nennung des regierende Königs

Hieraus ergeben sich für Smendes 25/26 Jahre, für Psusennes I. 48+x Jahre, Amen-em-opet 9+x Jahre, Osochor 1 (4 ?)+x Jahre, Si-amun 16-+ Jahre und Psusennes II. 12+x Jahre.
Demgegenüber gibt Manetho folgende Liste (nach Africanus [A]; E = Eusebius):

21. Dynastie, 7 Taniten

Smendês (ägypt. Nes-bi-neb-dedet)	21 Jahre
Psusennês (Pe-sib-cha-en-ne[wet])	46 (E 41) Jahre
Nephercherês (Nefer-ka-rê)	4 Jahre
Amenôphthis (Amen-em-opet)	9 Jahre
Osochôr (Osorkon)	6 Jahre
Psinachês (Si-amun)	9 Jahre
Psusennês (II.)	14 (E 35) Jahre
Summe (A und E)	130 Jahre

Die Geschichtlichkeit der Namen Nephercheres und Osochor in dieser Liste wurde früher angezweifelt, doch konnten diese Könige inzwischen belegt werden:

1. Die Namen eines Königs Amen-em-nisut mit dem Thronnamen Nefer-ka-rê, der dem Nephercherês Manethos entspricht, waren zusammen mit denjenigen Psusennes' I. derart auf die beiden Enden eines Bogens (gefunden im Grab des Letzteren) geschrieben, daß eine Koregenz (Mitregentschaft) beider Könige wahrscheinlich ist.[412] Dabei muß Amen-em-nisut in den ersten Jahren des Psusennes dessen Mitregent gewesen sein[413] – bei Manetho ist seine in der Vorlage wohl neben Psusennes verzeichnete Regierung dann hinter diesen geraten.

2. König Osorkon, Sohn einer Mehit-en-usechet, wird in einer Genealogie aus späterer Zeit erwähnt[414]; er kann mit keinem der Herrscher dieses Namens aus der 22. Dynastie identisch sein und ist daher wohl der Osochôr Manethos. Da auch die Könige und Hohenpriester der 21. Dynastie libyscher Abstammung waren, erscheint dieser Name in ihrer Reihe nicht verwunderlich.[415]

Die Zahlen Manethos für die 21. Dynastie (bei Africanus) scheinen durchwegs korrekt zu sein. Widerspruch gegen die belegten Daten besteht lediglich bei Si-amun, von dem das 17. Jahr belegt ist.[416] Hier nimmt man jetzt allgemein Verlust des Zehners ([1]9 Jahre) an. Merkwürdigerweise stimmt die Summe von 130 Jahren zu den an sich weniger zuverlässigen Zahlen des Eusebius. Sie wird auch von Africanus angegeben, obgleich sie nicht zu seinen Zahlen paßt, und stand daher wohl schon in der gemeinsamen Quelle der beiden Chronographen. Dort war wahrscheinlich die volle Regierungsdauer der einzelnen Herrscher ohne Berücksichtigung eventueller Koregenzjahre addiert, die Regierung Psusennes' I. also zu 50 (46+4) Jahren gerechnet.

---

412 P. Montet, Tanis II, 1951, 168, Fig. 44 (413), T. 72.

413 In der Memphitischen Priestergenealogie (siehe oben, S. 44, Nr. 46-47) wird er v o r Psusennês genannt, Grdseloff, in: ASAE 47, 1947, 207-11. Außerdem hat Psusennes am Ende seiner Regierung Amen-em-opet als Mitregenten angenommen.

414 Inschrift LD III, 258a; Daressy, in: RecTrav 18, 1896, 51-52; E. Young, op.cit., 100-01; Yoyotte, in: BSFE 77/78, 1976/77, 39-54. Der Name erscheint bei Manetho sonst als Osorthôn u. Osorchô. Der Thronname des Königs ist erhalten in Fragm. 3 B der Priesterannalen (Kruchten, op.cit., 45-48, T. 2 u. 17).

415 Um die eingeführte Numerierung der Osorkon-Könige der 22. Dyn. nicht ändern zu müssen, wird dieser als „Osorkon A" bezeichnet. Zur libyschen Herkunft der 21. Dynastie Jansen-Winkeln, in: BN 71, 1994, 78-97.

416 Priesterannalen, Fragm. 3 B (Kruchten, loc.cit.); Graffito in Abydos, Daressy, in: BIE 1898, 286.

Eine weitere Zusammenregierung muß es zwischen Psusennes I. und seinem Nachfolger Amen-em-opet gegeben haben. Kitchen[417] konnte die fragmentarische Aufschrift einer Mumienbinde zu „[Jahr 1/2] Amen-em-opet = Jahr 49 [Psusennes I.]" ergänzen. Die bereits von Hornung[418] vermutete Mitregentschaft hat also im 48. oder 49. Jahr des Letzteren begonnen. Auch diese vermutlich 2jährige Koregenz ist in der Summe doppelt mitgezählt.

	M	A	E
Smendês	21 J.	21 J.	21 J.
Nephercherês	4 J.	4 J.	4 J.
Psusennês	50 J. (4 J. Koreg.)	46 J.	41 J. (verschr.)
Amenôphthis	11 J. (2 J. Koreg.)	9 J.	9 J.
Osochôr	6 J.	6 J.	6 J.
Psinachês	19 J.	9 J.	9 J.
Psusennês	14 J.	14 J.	14 J. + 21 J.
Summe	130 J. (6 J. Koreg.)	114 J.	109 J. 130 J.

Während Africanus die Differenz zwischen seinen Zahlen und der überlieferten Summe unkorrigiert ließ, hat Eusebius anscheinend die bei ihm noch fehlenden 21 Jahre einfach der letzten Regierung zugeschlagen. Die richtige Summe für die 21. Dynastie wird demnach 124 Jahre sein – das sind die bei Africanus gegebenen Zahlen mit der einzigen Verbesserung 9 zu 19 beim vorletzten Herrscher. Danach ergibt sich für die 21. Dynastie folgende Chronologie:

Smendes (Th. Hedj-cheper-rê sotep-en-rê)	1070/69–1044/43
Amen-em-nisut (Th. Nefer-ka-rê heqa-weset)	1044/43–1040/39
Psusennes I. (Th. A-cheper-rê sotep-en-amun)	1044/43– 994/93
Amen-em-opet (Th. User-maat-rê sotep-en-amun)	996/95 985/84
Osochor (Th. A-cheper-rê sotep-en-rê)	985/84– 979/78
Si-amun (Th. Neter-cheper-rê mer-amun)	979/78– 960/59
(Hor-)Psusennes II. (Th. Tit-chepru-rê sotep-en-rê)	960/59– 946/45

Für die gleichzeitigen thebanischen Hohenpriester läßt sich folgende ungefähre Chronologie aufstellen:

Pi-nodjem I.	etwa 1070 bis nach 1037/36
Masahalot	1055/54–1046/45
Men-cheper-rê	1046/45– 997/96
Smendes	997/96– 993/92
Pi-nodjem II.	993/92– 970/69
Psusennes	970/69– 955/50
Djed-chons-ef 'anch (?)	955/50– 944/43 (?)

[417] Op.cit., 32-34.
[418] Chronologie, 103-04.

Porträt Ramses' II. (Detail von einer Sitzfigur des Königs)

Material: Granodiorit
Maße: Höhe der Statue 1,94 m
Herkunft: wohl Karnak, Tempel des Amun-Re
Datierung: 19. Dynastie, um 1270 v. Chr.
Standort: Turin, Museo Egizio Cat. No. 1380
(*Photo:* Institut für Ägyptologie, München; Hans-Wolfgang Müller)

3. DAS NEUE REICH

Das Neue Reich, die Zeit der größten äußeren Machtentfaltung Ägyptens, umfaßt die 18., 19. und 20. Dynastie.[419] Chronologische Anhaltspunkte geben Monddaten aus der Zeit Tuthmosis' III. und Ramses' II. (siehe oben, S. 50–51).Während für das erstgenannte Datenpaar (Tuthmosis III., Jahr 22 und 24) zunächst drei Möglichkeiten offenblieben, ließ sich das aus der Zeit Ramses' II. durch Synchronismen mit Assyrien und Babylonien (oben, S. 67) genau fixieren und die Thronbesteigung dieses Pharao damit auf das Jahr 1279 festlegen. Weitere Synchronismen ermöglichten sodann die Datierung der 37jährigen Regierung Amenophis' III. in die Jahre 1396/1385–1359/1348. Für seine beiden Vorgänger Amenophis II. und Tuthmosis IV. sind wenigstens 33, höchstens 41 Jahre anzusetzen, für Tuthmosis III. 51–53 Jahre. Da der Regierungsantritt dieses großen Königs somit zwischen 1490 und 1460 fallen muß, bleiben von den drei obengenannten Möglichkeiten für die Monddaten nur die mittleren, 9.5.1457 und 18.2.1455, bestehen und die Thronbesteigung Tuthmosis' III. ist chronologisch genau auf das Jahr 1479 zu datieren. Von diesen festen Punkten (Regierungsantritt Tuthmosis' III. 1479 und Ramses' II. 1279) darf für den Aufbau einer Chronologie des Neuen Reiches ausgegangen werden.

Durch die Festlegung des Endes der 21. Dynastie auf 946/45 und die Wahrscheinlichkeit, daß diese Dynastie 124 Jahre herrschte (siehe das vorige Kapitel), ergibt sich ferner ein Endpunkt für das Neue Reich bzw. die 20. Dynastie, der in den Jahren 1070–1069 liegt. Wir werden daher zuerst die Zeit von Ramses II. bis zum Ende der 20. Dynastie (1279–1070/69) besprechen, danach die von Tuthmosis III. (ab 1479) bis zu Ramses II., einschließlich der beiden ersten Herrscher der 19. Dynastie, Ramses I. und Sethôs I. Erst dann kann auch der Anfang der 18. Dynastie und des Neuen Reiches behandelt werden.

3.1 Die spätere 19. und die 20. Dynastie (Die Ramessiden seit Ramses II.)

Zunächst soll hier hervorgehoben werden, daß die Zeit von Ramses II. bis zum Ausgang der 20. Dynastie die bestdokumentierte der ägyptischen Geschichte ist; kaum ein Jahr scheint unbelegt zu sein. Sicher bezeugt sind in Inschriften und Urkunden[420]:

Ramses II.,	Jahr 1–11, 14–22, 24–27, 29–67
Mer-en-ptah,	Jahr 1–8, 10
Amen-mes-su,	Jahr 1–4
Sethôs II.,	Jahr 1–2, 5–6
Si-ptah und Te-wosret,	Jahr 1–8
Seth-nachte,	Jahr 2–3

[419] Neuere Untersuchungen der Chronologie des Neuen Reiches: Hornung, Chronologie, 1965; Wente u. Van Siclen, in: Fs Hughes, 1977, 217-66; Krauss, Sothis- und Monddaten, 1985; v. Beckerath, CNR, 1994, sowie die Beiträge von W. Helck, E. Hornung und K.A. Kitchen, in: HML Gothenburg, 1987, sowie von J. v. Beckerath, W. Helck und R. Krauss, in: HML Haindorf, 1990.

[420] Vgl. die Zusammenstellungen bei Wente-Van Siclen, in: Fs Hughes, 217-61, sowie in KRI VIII, 70-84.

Ramses III.,	Jahr 2–32
Ramses IV.,	Jahr 1–7
Ramses V.,	Jahr 1–4
Ramses VI.,	Jahr 1–8
Ramses VII.,	Jahr 1–4, 7–8
Ramses VIII.,	Jahr 1
Ramses IX.,	Jahr 1–19
Ramses X.,	Jahr 1–3
Ramses XI.,	Jahr 1, 3, 6, 8–10, 12, 14–15, 17–18, 19–20 (= *uhem-mesut* 1–2), 22–25 (*u.m.* 4–7), 27, 28 (*u.m.* 10)

Erst bei den Daten der letzten ramessidischen Regierung gibt es größere Lücken, da jetzt die Urkunden aus Der el-Medina, der Siedlung der Leute der Königsgräber im Westen von Theben, aufhören.[421]

Das Thronbesteigungsdatum Ramses' II. ist uns dadurch bekannt, daß dieser Tag auch später noch gefeiert wurde.[422] Es ist der 27. XI. des ägyptischen Kalenders, entsprechend dem 31. Mai 1279. Auch die übrigen Daten aus der Zeit dieses Pharao lassen sich damit genau festlegen, so das der Schlacht bei Qadesch in Syrien (Jahr 5, 9. XI. = 12.5.1274) und das des Friedensschlusses mit den Hethitern (Jahr 21, 21. V. = 21.11.1259). Ramses II. hat außerordentlich lange auf dem Thron gesessen; er ist mehr als 85 Jahre alt geworden und hat noch den Anfang seines 67. Regierungsjahres erlebt.

Auch das Antrittsdatum seines Sohnes Mer-en-ptah läßt sich innerhalb enger Zeitgrenzen bestimmen. Ein Verwaltungspapyrus läßt den 13. II. des 1. Jahres dieses Königs unmittelbar auf den 18. I. des 67. Jahres Ramses' II. folgen.[423] Hierdurch und mittels einiger kleinerer Inschriften[424] können wir den Regierungswechsel auf die Tage zwischen dem 29. I. und dem 13. II. festlegen, das ist zwischen dem 23.7. und 3.8.1213. Das letzte Datum des Mer-en-ptah ist der 7. IV. seines 10. Jahres (24.9.1204)[425], und es ist nicht wahrscheinlich, daß er viel länger herrschte. Nach Manetho, der für Ramses II. nahezu richtig 66 Jahre und 2 Monate angibt, hätte er 19 Jahre und 6 Monate regiert, doch liegt hier gewiß – wie so oft in der Tradition seines Werkes – eine Erhöhung um 10 Jahre vor. So wird Mer-en-ptah noch vor der Vollendung des 10. Jahres gestorben sein. Er muß bei seiner Thronbesteigung schon in vorgerücktem Alter gestanden sein.

Die Frage seiner Nachfolge ist umstritten. Während jetzt fast allgemein angenommen wird, daß ihm zunächst für einige Jahre Amen-mes-su, ein naher Verwandter, folgte und erst darauf sein eigentlicher Thronerbe Sethôs II., will R. Krauss[426] in Amen-mes-su einen Gegenkönig sehen, der sich eine Zeitlang in Oberägypten gegen Sethôs II. behauptet hätte; seine Regierungszeit würde dann chronologisch wegfallen. Gegen diese Annahme erheben sich indes schwere Bedenken[427] und der feststehende Zeitraum von Ramses II. bis zum Ende der 20. Dynastie könnte dann nur durch unwahrscheinliche Ver-

[421] Diskussion der Thronbesteigungsdaten und Regierungslängen bei Helck, in: Anal. Bibl. 12, 1959, 113-26, und v. Beckerath, CNR, 68-92. Zu den Antrittsdaten siehe hier, Anhang D.
[422] Helck, op.cit., 118-20.
[423] Papyrus Gurob L, Gardiner, RAD, 30.
[424] Inschriften in Medinet Habu und Dêr el-Bahari, KRI IV, 25; W. Spiegelberg, Aegyptische und andere Graffiti aus der thebanischen Nekropolis, Heidelberg 1921, 70, T. 93 (Nr. 854). Vgl. Peden, in: GM 140, 1994, 69.
[425] Pap. Sallier I 3,4. A.H. Gardiner, Late Egyptian Miscellanies, Bi.Aeg. VII, 1937, 79.
[426] Krauss, in: SAK 4, 1976, 161-69; 5, 1977, 131-74.
[427] Vgl. Osing, in: SAK 7, 1979, 253-71; CNR, 37 mit Anm. 201.

längerung anderer Regierungen ausgefüllt werden. Es empfiehlt sich daher, bei der Reihenfolge Amen-mes-su – Sethôs II. zu bleiben. Einer auf mehreren Ostraka fortlaufend verzeichneten Absentenliste der Grabmannschaft von Dêr el-Medina[428] verdanken wir sowohl das Thronbesteigungs- als auch das Höchstdatum der Regierung des Amen-mes-su. Der König hat am 18. XI. (= 9.5.1203) seine Herrschaft angetreten und ist nach dem 29. XI. seines 4. Jahres (13.5.1200) gestorben oder gewaltsam beseitigt worden. Ob das noch im Jahr 1200 oder erst im nächsten geschah, wissen wir nicht. Sein Ende fällt also in eines der Jahre 1200 oder 1199.

Der Regierungsantritt Sethôs' II. wird wiederum durch das Zeugnis mehrerer Ostraka[429] auf die Tage 29. VI.-6. VII. eingegrenzt, das wären 14.-17.12.1200 oder die gleichen Tage in 1199. Er ist gegen Ende seines 6. Jahres verstorben. Sein Tod, der um den 1. V., vermutlich am 2. V. eingetreten sein muß, wurde am 19. V. in Theben gemeldet (die Ramessiden residierten im Norden, in der Ramsesstadt im Ostdelta). Das Datum fällt in den Oktober eines der Jahre 1194 oder 1193.

Bei seinem Tod setzte man den noch minderjährigen Prinzen Si-ptah (anfangs Ra-mes-su – Siptah), den Sohn einer Nebenfrau des Verstorbenen, auf den Thron. Die Regentschaft führten der Kanzler Bija, ein Mann palästinensischer Herkunft, und die Königin Te-wosret, Witwe Sethôs' II. Als Si-ptah frühzeitig (wohl im 7. Jahr seiner Regierung) starb, übernahm die Königin die Alleinherrschaft, datierte aber weiter nach den Jahren des Si-ptah.[430] Gegen sie erhob sich, offenbar vom Süden aus, eine Verschwörung, die die Beseitigung des fremden Einflusses (wohl durch Anhänger des Bija an ihrem Hof) zum Ziel hatte und die Seth-nachte, den Begründer der 20. Dynastie, zum König machte. Er hatte allerdings noch während seines ganzen ersten Regierungsjahres um sein Königtum zu kämpfen.[431] Früher vermutete man aufgrund irriger Auslegung des sogenannten historischen Berichtes im Papyrus Harris I[432] ein Interregnum zwischen der 19. und der 20. Dynastie, in dem ein Palästinenser sich zum Herrscher gemacht haben soll.[433] Diese Annahme ist gegenstandslos, da eine ununterbrochene Amtsführung des oberägyptischen Wezirs und des Vizekönigs von Nubien von der Zeit Si-ptahs bis in die Ramses' III., des Sohnes und Nachfolgers Seth-nachtes, nachgewiesen werden konnte[434] und der betreffende Bericht als auf einem literarischen Motiv beruhend und demnach nicht streng historisch erkannt wurde.[435]

Seth-nachte datierte seine Jahre offenbar vom Tag seiner Erhebung an,[436] die zwischen dem 27. IX. und dem 10. X., vielleicht genau am 10. X., stattgefunden haben dürfte. Die letzte Datierung nach

---

[428] Ostraka Kairo CG 25780, 25782-84. KRI IV, 221-28.

[429] Ostraka New York, Metrop. Mus. 19.6.217 sowie Kairo CG 25509, 25515 und 25542. Vgl. CNR, 71-72.

[430] Zu diesen Vorgängen Helck, in: ZDMG 105, 1955, 39-42; v. Beckerath, in: ZDMG 106, 1956, 241-51; ders., in: JEA 48, 1962, 70-74; Gardiner, in: JEA 44, 1958, 12-22; R. Drenkhahn, Die Elephantine-Stele des Sethnacht und ihr historischer Hintergrund, ÄA 36, 1980; Altenmüller, in: JEA 68, 1982, 107-15; v. Beckerath, in: Fs Kákosy, 1992, 63-67.

[431] Als Abschluß der Kämpfe wird auf der Elephantine-Stele der 10. X. seines 2. Regierungsjahres genannt, vielleicht der erste Tag dieses Jahres.

[432] Pap. Harris I des Brit. Museums. W. Erichsen, Papyrus Harris, Bi.Aeg. V, 1933. Übersetzung Breasted, Anc. Records, IV, § 151-412, der historische Bericht § 397ff.

[433] Die Schätzungen lagen zwischen 2 und 13 Jahren. Der Name des Palästinensers wurde „Irsu (Arsu)" gelesen, doch handelt es sich offenbar um eine fiktive Bezeichnung Iri-su „der sich (selbst) machte" (Usurpator, „Selfmademan"). Es ist fraglich, ob er sich auf eine konkrete Person bezieht, da Bija anscheinend schon vor Si-ptah gestorben war.

[434] Helck, op.cit. in Anm. 430.

[435] J. v. Beckerath, Tanis und Theben, ÄF 16, 1951, 76-79. So auch Helck, op.cit.

[436] Altenmüller, in: JEA 68, 1982, 107-15 und neuerdings in: GM 145, 1995, 29-36, nimmt an, er hätte seine Regierung rückwirkend vom Tod Si-ptahs ab gerechnet. Dagegen vgl. v. Beckerath, in: Fs Kákosy, 64.

Königin Te-wosret ist „Jahr 8, x. *schomu*-Monat“ (vorher „IV.[*projet*]“) auf einem Ostrakon aus dem Königsgräbertal.[437]
Manetho gibt für Thuôris (<*Thuôsris = Te-wosret) einschließlich des bei ihm nicht genannten Siptah, dessen Regierungsjahre die Königin fortführte, insgesamt 7 Jahre an. Es ist also wahrscheinlich, daß die Herrschaft der Te-wosret noch einige Monate in ihr 8. Jahr hinein dauerte. Das Datum des Ostrakons ist demnach wohl zu „[I.] *schomu* -Monat“, das ist der IX., zu ergänzen. Die Erhebung Seth-nachtes fand also wohl im März 1186 oder 1185 statt. Von seiner Regierung war bisher nur das 2. Jahr bekannt, doch nennt eine Stele im Tempel von Serâbit el-Châdim (Sinai) anscheinend noch sein 3. Jahr.[438] Da das Thronbesteigungsdatum seines Sohnes Ramses' III. vermutlich einige Tage früher im Jahr liegt als sein eigenes, muß Seth-nachte dieses 3. Jahr noch nahezu vollendet haben, so daß wir für ihn volle drei Jahre zu veranschlagen haben.

Das Antrittsdatum Ramses' III. ist gut bezeugt, vor allem durch den Festkalender, den er an seinem Totentempel Medinet Habu anbringen ließ.[439] Es ist der 26. IX.; der Beginn seines Königtums ist also auf den 7.3.1183 oder 1182 zu datieren. Ramses III., der letzte bedeutende Pharao des Neuen Reiches, ist im Anfang seines 32. Jahres in Theben nach einem von seinem Harim ausgehenden Mordanschlag gestorben. Der im Auftrag seines Nachfolgers verfaßte Rechenschaftsbericht über sein Königtums[440] ist auf den 6. XI. seines 32. Jahres, 9–10 Tage vor seinem Tod, zurückdatiert.

Die nächsten fünf Herrscher, alle Söhne oder Enkel Ramses' III., haben nur kurze Zeit regiert. Damals erlebte Ägypten einen dramatischen Niedergang mit Teuerung, Korruption und Angriffen der Libyer, die sich allmählich im unteren Niltal festsetzen konnten und als Soldaten, so wie die Germanen im späten Römischen Reich, immer mehr die Macht übernahmen.

Ramses IV.: Antrittsdatum (A.) 15. XI.[441] (= 17.April 1152/1151); höchstes belegtes Datum (M.) Jahr 7, 23. III.[442] Der König muß in diesem Jahr gestorben sein, da eine Urkunde, die über alljährliche Unterschlagungen aus der Getreideernte berichtet, auf die Ernte seines 6. Jahres die des ersten Ramses' V. folgen läßt.[443]

Ramses V.: A. Anfang des VIII. Monats[444] (Anfang Januar 1145/1144); M. Jahr 4, 17. VI.[445] Der König ist entweder kurz zuvor verstorben (dann ist das aus Theben stammende Datum postum, d. h. sein Tod wäre dort noch nicht bekannt gewesen) oder er hat noch fast ein Jahr länger regiert.

Ramses VI.: A. 25. V./11. VI.[446] (= Oktober/November 1142/1140); M. Jahr 8, 6. III. (wahrscheinlich).[447] Wegen des Thronbesteigungsdatums seines Nachfolgers muß er bis in den Anfang seines 9. Jahres auf dem Thron gesessen haben.

---

437 Ostr. Kairo CG 25293, KRI IV, 407-08. Zur Ergänzung der Daten v. Beckerath, loc.cit.
438 Sinai, Nr. 271. v. Beckerath, op.cit., 65-66, fig. 1.
439 Epigr. Survey, Medinet Habu, III, T. 152; KRI V, 143; ferner u.a. Ostr. Turin 57033; DM 55, KRI V, 496, 554.
440 Pap. Harris I (oben Anm. 432), 1,1. Breasted, Anc. Records, IV, § 182. Vgl. jetzt P. Grandet, Ramsès III. Histoire d'un règne, Paris 1993.
441 Ostr. DM 39 und 44, KRI V, 552-53, VI, 116; Pap. Turin 1949+1946, Vso. I, 10-16, KRI V, 557-58: Vgl. Černý, in: ZÄS 72, 1936, 109-18.
442 Ostr. DM 207, KRI VI, 149. M.L. Bierbrier, The Late New Kingdom in Egypt, Warminster 1975, 33 und 135 Anm. 11.
443 Pap. Turin 1887, Vso. 1,8-2,9. Gardiner, RAD, 79-81.
444 Erschlossen aus Pap. Turin 2002 u. 2044, die über Vorbereitungen zur Beisetzung Ramses' IV. berichten. D. Valbelle, Les ouvriers de la Tombe, Le Caire 1985, 36-37; Helck, in: Fs Kákosy, 272-75; v. Beckerath, CNR, 80-81; ders., in: ZÄS 122, 1995, 97-100.
445 Ostr. Edgerton 14, KRI VI, 253.
446 Ostr. Kairo CG 25726 + Brit.Mus. 50722, KRI VI, 364 und Ostr. IFAO 1425, KRI VI, 372. Janssen, in: GM 29, 1978, 45-46; vgl. CNR, 81 u. Anm. 473.

Ramses VII.: A. Ende VII. .[448] (Ende Dezember 1134/1132); M. Jahr 8,25. XII.[449] Es ist unsicher, ob der Pharao in diesem oder erst im nächsten Regierungsjahr starb, da das Antrittsdatum Ramses' VIII. anscheinend nur wenige Tage nach dem genannten Höchstdatum liegt.

Ramses VIII.: A. wahrscheinlich im Anfang des 1. Monats[450] (= Anfang Juni 1126/1123). Belegt ist nur sein erstes Jahr: 21. I., Beginn der Abschlußarbeiten am Grab seines Vorgängers[451]; 13. I.–2. V. Dekorierung des Grabes des Ky-nebu.[452] Über die Zeit dieses Herrschers ist wenig bekannt; er hatte offenbar nur ein ephemeres Königtum. Wegen des Datums der Thronbesteigung Ramses' IX. muß er jedoch wenigstens ein Jahr regiert haben; auch noch ein zweites Jahr kann nicht ausgeschlossen werden.

Ramses IX.: A. 21. I.[453] (Mitte Juni 1125/1121); M. (Todesdatum) Jahr 19, 26./27. V.[454] Gegen Ende dieser wieder etwas längeren, aber schwachen Regierung fanden die Prozesse gegen die Grabräuber statt, die selbst die Ruhestätten der Pharaonen im Tal der Könige nicht verschont hatten.

Ramses X.: A. 27. V.[455] (20./21. Okt. 1107/1103); M. Jahr 3, IV. Monat.[456] Der König kann nicht viel länger auf dem Thron gesessen haben, da auf das genannte Höchstdatum in der gleichen Papyrusurkunde Aufzeichnungen vom I. und III. Monat des ersten Jahres Ramses' XI. folgen. Die Regierung Ramses' X. dürfte etwa 3½ Jahre umfaßt haben.

Ramses XI.: A. 20. XI.[457] (April 1103/1099). Unter der ziemlich langen, schwachen Herrschaft dieses letzten Ramessiden geht das Neue Reich zugrunde. Kämpfe von Militärführern (Pe-nehasi, Herihor, wohl auch Smendes) untereinander und plündernde libysche und nubische Soldtruppen rufen bürgerkriegsähnliche Zustände hervor; in Oberägypten hat der Pharao kaum mehr Autorität. Mit seinem 19. Jahr wird die Ära der „Erneuerung der Schöpfung" (*uhem-mesut*) eingeführt, die eine Wiederherstellung der Ordnung zu begründen sucht.[458] Das letzte Datum aus dieser Ära ist Jahr 10 (= Jahr 28 Ramses' XI.), 25. IX. (Februar 1075/1071)[459], doch kann diese (und auch die schattenhafte Regierung des Königs) noch länger gedauert haben, da aus dieser Zeit kaum mehr Daten erhalten sind. Nachdem der Beginn der 21. Dynastie auf 1070/1069 berechnet worden ist (siehe oben, II.2.3), blei-

---

447 Graffito Nr. 1860a, Černý – Sadek, Graffiti, IV, 1.21. Bell, in: Serapis 6, 1980, 7-16. Das Graffito ist mit Bell, op.cit., und Jansen-Winkeln, in: ZÄS 119, 1992, 32, gegen Bierbrier, in: JEA 58, 1972, 195-99 und Late New Kingdom, 13 mit Anm. 94, zu dieser Regierung und nicht zu Ramses X. zu datieren.

448 Pap. Amiens, Gardiner, RAD, 10; Pap. IFAO o.Nr., KRI VI, 397-402, VII 364-68; Pap. Turin 2081+2095, unpubl., siehe J. Černý, Notebook 23/49-54, dessen Kenntnis ich J. Malek verdanke; vgl. v. Beckerath, in: ZÄS 122, 1995, 98-100.

449 Pap. Turin 1883, KRI VI, 431. Eyre, in: JEA 68, 1980, 168-70.

450 v. Beckerath, in: MDAIK 40, 1984, 3-4, und CNR, 85-86.

451 Pap. Turin 1885, Vso. III 5, KRI VI, 424. Vgl. die vorige Anm.

452 Amer, in: GM 49, 1981, 9-12; KRI VI, 441.

453 G. Botti–T.E. Peet, Il giornale della necropoli di Tebe, Torino 1928, 13, T. 6-7, 32-33, T. 34, KRI VI, 565-66, 685-86; Pap. Turin 1884, KRI VI, 647-50. Helck, in: Anal. Bibl. 12, 1959, 128; v. Beckerath, in: GM 79, 1984, 7-8.

454 Pap. Turin 2075+2056+2096, KRI VI, 653-55, 681-84; M. Gutgesell, Die Datierung der Ostraka u. Papyri, I, HÄB 18, 1983, 148; v. Beckerath, op.cit. in Anm. 453, 8-9.

455 Belege wie Anm. 454.

456 Botti–Peet, op.cit., 55, T. 63. Helck, in: GM 70, 1984, 31. v. Beckerath, in: SAK 21, 1994, 29-33.

457 Pap. Oxford, Ashmolean Mus. 1945.96, KRI VI, 735-38; Gardiner, in: JEA 26, 1940, 23-29. Zum Datum Cannuyer, in: Fs Lichtheim, I, 1990, 98-115; ders., in: GM 132, 1993, 19-29; Ohlhafer, in: GM 135, 1993, 59-72.

458 Im Gegensatz zur Ansicht von H. Kees, Nachr. Akad. Göttingen 1936, 1-20, und NiwiÒiski, in: Fs Brunner-Traut, 1992, 235-62, richtete sich diese Ära nicht gegen den regierenden Pharao, so machtlos dieser auch damals war. Vgl. die Inschrift des Nes-amun in Karnak, Nims, in: JNES 7, 1948, 157-62; dazu v. Beckerath, Tanis und Theben, ÄF 16, 1951, 111, die datiert ist „Jahr 7 der *uhem-mesut*, 28. XI. unter der Regierung Ramses' XI.". Es besteht daher auch kein Grund zu der Annahme, die Jahre der Ära hätten nicht denen des Königs entsprochen. Vgl. Ohlhafer, op.cit., 64.

459 J. Černý, Late Ramesside Letters, Bi.Aeg. IX, 1939, 17.

ben für den letzten Ramessiden einschließlich der Jahre der „Ära“ 29–34 Jahre, die das äußerste Minimum und Maximum für die Dauer seiner Regierung darstellen dürften.[460]

Chronologie der Zeit von Ramses II. bis Ramses XI.

19. Dynastie		
Ramses I.	(siehe unten, II.3.5)	
Sethôs I.	"	
Ramses II.	A. 1279,	31.5.
Mer-en-ptah	A. 1213,	24.7./3.8.
Amen-mes-su	A. 1203,	3.5.
Sethôs II.	A. 1200/1199,	Dezember
Si-ptah und Te-wosret	A. 1194/1193,	Oktober
20. Dynastie		
Seth-nachte	A. 1186/1185,	Anfang März
Ramses III.	A. 1183/1182,	12.3
Ramses IV.	A. 1152/1151,	17.4
Ramses V.	A. 1145/1144,	Anfang Januar
Ramses VI.	A. 1142/1140,	Oktober/November
Ramses VII.	A. 1134/1132,	Ende Dezember
Ramses VIII.	A. 1126/1123,	Anfang Juni
Ramses IX.	A. 1125/1121,	Juni
Ramses X.	A. 1107/1103,	Okt.
Ramses XI.	A. 1103/1099,	April (regiert bis 1070/1069)

3.2 Die 18. Dynastie von Tuthmosis III. bis Amenophis III.

Im vorigen Kapitel konnte für die Zeitbestimmung der späteren 19. und der 20. Dynastie von dem sicher fixierten Datum des Regierungsantritts Ramses' II. (31.5.1279) ausgegangen werden. Ein weiteres, nunmehr als absolut anzusehendes Datum des Neuen Reiches ist das der Thronbesteigung Tuthmosis' III. im Jahr 1479 (siehe oben, S. 103). Im Folgenden soll nun die Chronologie der dazwischenliegenden zweihundert Jahre besprochen werden.

Tuthmosis III., der Sohn einer Nebenfrau Tuthmosis' II., wurde als Kind im Alter von höchstens sechs Jahren durch Orakelspruch des Gottes Amun zum König bestimmt[461], da sein Vater keinen Sohn von seiner Halbschwester und Gemahlin Hat-schepsut hatte und mit Recht deren Ambitionen fürchtete. Das Datum des Orakels ist nicht erhalten; es ist nicht identisch mit dem der Thronbesteigung, kann aber höchstens ein halbes Jahr früher gewesen sein. Das eigentliche Thronbesteigungsdatum Tuthmosis' III. ist der 4. IX.[462], der im Jahr 1479 auf den 28.4. fiel. Königin Hat-schepsut führte zuerst die Regentschaft und ließ sich dann selbst zum König krönen. Der Zeitpunkt ihrer Krönung ist ungewiß –

---

[460] Zu den Vorgängen am Ausgang der 20. Dynastie zuletzt Jansen-Winkeln, in: ZÄS 119, 1992, 22-34.
[461] Inschrift aus dem 42. Jahr Tuthmosis' III. mit Bericht über seine Kindheit. Urk. IV, 155ff.
[462] Mehrfach belegt, z.B. Urk. IV, 180.

er muß nach dem 29. VI. des 2. Jahres, spätestens aber im 7. Jahr liegen.[463] Er ist jedoch für die Aufstellung der Chronologie der 18. Dynastie ohne Bedeutung, da die Datierung auch während der Königsherrschaft der Hat-schepsut stets nach den Jahren des jungen Pharao geschah.

Tuthmosis III. hatte – einschließlich der Regentschaft der Hat-schepsut – eine Regierung von nahezu 54 Jahren. Er ist am 30. VII. seines 54. Jahres gestorben[464] und saß demnach vom 28.4.1479 bis zum 11.3.1425 auf dem Thron. Die von Manetho benutzte spätere Tradition hat diese Zeit offenbar in zwei Abschnitte geteilt: die Jahre bis zum Tod der Hat-schepsut[465] und die der Alleinherrschaft Tuthmosis' III., von der wiederum seine Zusammenregierung mit seinem Sohn Amenophis II. abgerechnet zu sein scheint. Diese Mitregentschaft, für die schon immer verschiedene Indizien sprachen[466], ist durch das von Parker im Papyrus St. Petersburg 1116 A entdeckte Monddatum (dazu oben, I 3.3) bestätigt worden; sie währte zweieinhalb Jahre, so daß für Tuthmosis bis zur Thronerhebung seines Sohnes am 13.11.1428 (1. IV.) nur 51½ Jahre zu verrechnen sind.

Die Existenz dieser Koregenz ist früher, zuletzt noch von Krauss[467], bestritten worden. Man kann auch für diesen Fall, bei dem Amenophis II. erst im November 1426 gekrönt worden wäre, ein passendes Monddatum finden, doch sprechen entscheidende Gründe gegen diese Annahme: 1. Die Koregenz hätte auch in diesem Fall noch 4 Monate lang bestanden, falls man nicht das Todesdatum Tuthmosis' III. emendiert.[468] 2. Der Neumond fiele dann auf ein Datum, an dem im Petersburger Papyrus kein solcher erwähnt wird (10. XI.). 3. Man müßte annehmen, daß der Papyrus nicht aus dem 19. sondern aus dem 20. Jahr Amenophis' II. stammt und daß damals noch Getreide aus dem Jahr 18 zur Verteilung gekommen wäre, was ganz ohne Parallelen in ägyptischen Wirtschaftsurkunden ist.[469]

Das höchste sichere Datum aus der Regierung Amenophis' II., das Jahr 26, steht auf einem Weinkrug aus seinem Totentempel.[470] Da man Weingefäße unmittelbar nach der Lese, die in den August (jul.) fiel, versiegelte und beschriftete[471], muß es sich um den I. Kalendermonat handeln und der Pharao hat somit mindestens 25 Jahre und 10 Monate regiert. Der Fund dieses Gefäßes muß aber nicht bedeuten, daß es sich bei dessen Datum um das Jahr des Ablebens des Herrschers handelt. Tut-anch-amun wurden in sein Grab Weinkrüge mitgegeben, deren Datum bis zu 6 Jahren zurücklag[472], und im Ramesseum, dem Totentempel Ramses' II., fand man Weingefäße aus fast allen Jahren seines langen Königtums, wobei wenigstens vom Jahr 32 ab sicher ist, daß es sich nicht um spätere Opfergaben aus der Zeit seiner Nachfolger handelt.[473] Ein auf einem Papyrus aus der Zeit Amenophis' II.[474] erhaltenes

---

[463] Zur Diskussion S. Schott, Nachr.Akad.Göttingen 1955, 6; Tefnin, in: CdE 48, 1973, 232-42. An dem von Schott vermuteten Tag (Jahr 2, 29. VI.) wurde ihr das Königtum nur verheißen. P. Lacau-H. Chevrier, Une chapelle d'Hatshepsout à Karnak, Le Caire 1977, 133 (Fr. 287). Die Krönung, die an anderer Stelle der Kapelle (ebd., 116-17) berichtet wird, fand wahrscheinlich nicht lange vor dem sicher in Jahr 7 datierten Baubeginn des Tempels von Dêr el-Bahari statt.

[464] Inschrift im Grab des Amen-em-hab. Urk. IV, 895.

[465] Tod der Königin zwischen Jahr 20, VIII., Hayes, in: JEA 48, 1960, 38, T. 20, und Jahr 22, 10. VI. Urk. IV, 1244, vermutlich am letztgenannten Datum oder kurz zuvor.

[466] Redford, in: JEA 51, 1965, 107-22; W.J. Murnane, Ancient Egyptian Coregencies, SAOC 40, 1977, 44-57. Zur Chronologie Amenophis' II. P. Der Manuelian, Studies in the Reign of Amenophis II, HÄB 26, 1987, 1-19.

[467] Das Ende der Amarnazeit, HÄB 7, 1978, 175.

[468] III. *projet* (VII.) zu III. *achet* (III.).

[469] Parker, in: Fs Wilson, 75-82.

[470] W.M.F. Petrie, Six Temples at Thebes, London 1896, T.V.

[471] Die Versiegelung fand etwa um den 1.Sept. jul. statt. Siehe oben, S. 54.

[472] J. Černý, Hieratic Inscriptions from the Tomb of Tut'ankhamun, Oxford 1965, 1-3, 21-24.

[473] KRI II, 691-94.

[474] Pap. Brit. Mus. 10056. Glanville, in: ZÄS 66, 1931, 105-21 u. 68, 1933, 7-41. Vgl. Redford, op.cit. in Anm. 466, 107 u. 111. Der Text enthält Aufzeichnungen über Schiffe und ihre Ladung. Die erhaltenen Daten laufen vom 18. I. bis zum 20. VII. (das Anfangsdatum ist verloren), wobei das Regierungsjahr nur am 1. IV. (Thronbesteigungstag Amenophis' II.) und

Datum ist leider nicht ganz sicher, doch hielt der Bearbeiter die Lesung „Jahr 30“ für die wahrscheinlichste. Es empfiehlt sich daher, für Amenophis II. (einschließlich der Jahre der Mitregentschaft mit seinem Vater) ein Minimum von 26 Jahren und ein Maximum von 31 Jahren zu veranschlagen.

Von seinem Nachfolger Tuthmosis IV. ist uns der Tag der Thronbesteigung nicht bekannt. Das höchste Datum aus seiner Regierungszeit steht an einem Felsen auf der Insel Konosso im 1. Katarakt; es ist der 2. VII. des 8. Jahres.[475] Manetho (bei Josephus) verzeichnet für diesen Monarchen 9 Jahre und 8 Monate. Wir können also für die Dauer dieser Regierung 7–10 Jahre annehmen. Die von Wente und Van Siclen[476] vorgeschlagene, durch kein Datum gestützte Längung auf 33 Jahre beruht lediglich auf der Vermutung, der König habe zwei Jubiläen begangen – eine Annahme, die durch Hornung und Staehelin[477] widerlegt werden konnte.

Auch für das Antrittsdatum Amenophis' III. gibt es keine direkten Belege, doch hat man aus der anzunehmenden Verbindung der Jubiläumsfeiern des Königs mit den Wiederholungsdaten seiner Thronbesteigung dafür auf den Anfang des X. oder des XI. Monats geschlossen – je nachdem, ob diese Festlichkeiten zu Beginn[478] oder am Ende des Regierungsjahres[479] stattfanden.

Als letztes Jahr des Königtums Amenophis' III. ist sein 38. Jahr bezeugt. Ganz zu Anfang dieses Jahres (XI.) sind zwei Fettgefäße datiert, die noch zu dem im 37. Jahr gefeierten dritten Jubiläum geliefert wurden.[480] Weitere Gefäße sind in die Epagomenentage datiert[481], während Weinkrüge dieses Jahres[482], obgleich sie kein Tagesdatum tragen, zu Anfang des II. Monats beschriftet worden sein müssen (Weinernte Ende August jul.). Noch in diesem Jahr ist der Pharao verstorben oder er hat seinen Sohn zum Mitregenten ernannt und ihm die Regierungsgeschäfte überlassen.

Die Frage der von manchen vermuteten Koregenz Amenophis' III. und seines Sohnes, die in der Ägyptologie lange umstritten war[483], kann jetzt wohl als entschieden gelten. Eine längere Zusammenregierung, die sogar bis ins 12. Jahr des jüngeren Partners gedauert haben sollte, ist mit Sicherheit auszuschließen; eine kurze Mitregentschaft von 1–2 Jahren ist möglich, jedoch nicht beweisbar. Für die Chronologie wäre sie jedenfalls ohne Auswirkung, denn es wäre in dieser Zeit in allen Urkunden (wozu sogar mit dem Jahrgang beschriftete Weingefäße gerechnet werden müssen) nur nach dem jüngeren König datiert worden.[484] In Malqata, dem Palast Amenophis' III. im Westen von Theben, kamen neben zehn Weinkrügen aus dem Jahr 38 auch fünf aus einem Jahr 1, zweifellos Amenophis' IV., zutage.[485] Der Regierungswechsel – ob durch den Tod des alten Herrschers verursacht oder durch seinen Rückzug vom aktiven Königtum – trat demnach in der Zeit zwischen der Weinernte des Jahres 38 und der des folgenden Jahres ein. Wir haben somit für Amenophis III. 37–38 Jahre zu verrechnen.

Das Ergebnis dieses Kapitels läßt sich nun folgendermaßen in Zahlen ausdrücken:

---

am 4. VII. vermerkt ist. Falls die Lesung „Jahr 30“ richtig ist, hat der Pharao noch mindestens 3 Monate u. 20 Tage dieses Jahres erlebt.

475 Urk. IV, 1545-48.

476 Fs Hughes, 229-30.

477 Studien zum Sedfest, Aegyptiaca Helvetica 1, 1974, 63-65.

478 Van Siclen, in: JNES 32, 1973, 290-300.

479 Helck, Manetho, 67; v. Beckerath, in: MDAIK 37, 1981, 29-33.

480 Hayes, in: JNES 10, 1951 51, Fig. 11 (Nr. 142).

481 Ebd., Fig. 11 (Nr. 143 und 143a).

482 Ebd., 47, Fig. 7 (Nr. 61-62).

483 Diskussion und Literatur: Helck, in: MIO 2, 1954, 196-202; Hornung, Chronologie, 71-78; v. Beckerath, CNR, 45.

484 Vgl. v. Beckerath, in: GM 83, 1984, 11-12.

485 Hayes, in: JNES 10, 1951, 28.

Tuthmosis III.	*1479 (28.4.)–1425 (11.3.)
Hat-schepsut	1478/1473–1457 (29.1.?)
Amenophis II.	*1428 (13.11.)–1402/1397
Tuthmosis IV.	1402/1397–1395/1387
Amenophis III.	1395/1387–1358/1350[486]

3.3 Die Amarna-Zeit

Die Zeit Amenophis' IV. (Th. Nefer-chepru-rê wâ-en-rê) und seiner unmittelbaren Nachfolger, die sogenannte Amarna-Zeit[487], ist Gegenstand unzähliger Abhandlungen gewesen. Vieles hat dabei – selbst wenn man nur streng wissenschaftliche Untersuchungen in Betracht zieht – spekulativen Charakter, da manche Einzelheiten immer noch im Dunklen liegen. Das gilt auch für die Chronologie der Zeit, die uns hier ausschließlich interessiert. Die Frage einer möglichen, kurzen Mitregentschaft Amenophis' IV. mit seinem Vater ist bereits im vorigen Kapitel erörtert worden. Das Datum, an dem der junge Pharao den Thron bestieg – sei es nach dem Tod seines Vaters oder als dessen Mitregent – ist von Murnane[488] mit einleuchtenden Gründen auf einen der Tage 1.–8. V. festgelegt worden.[489]

In seinem 5. Jahr faßte der König den Entschluß, seine Residenz in die von ihm geplante „Sonnenstadt" Achet-aten (el-Amarna) zu verlegen[490] und änderte seinen Namen, der den des Gottes Amun enthielt, in Ach-en-aten (Echnaton).[491] Der in Kartuschen gesetzte dogmatische Name seines Sonnengottes Aten wurde nach dem 8., jedoch vor dem 12. Jahr abgeändert, was für die Datierung mancher Denkmäler für uns von Nutzen ist. Die älteste Tochter des Königs und seiner Gemahlin Nofret-ete, Merit-aten, wurde wohl schon zu Anfang der Regierung geboren, die zweite, Maket-aten, offenbar im 5. und die dritte, Anches-en-pa-aten, im 6. Jahr.[492] In der in zwei Höflingsgräbern erhaltenen Triumphdarstellung vom 8. VI. des Jahres 12 sind alle sechs Töchter anwesend[493]; die ägyptische Darstellungsweise läßt nicht erkennen, daß die jüngste noch im Säuglingsalter gewesen sein wird.

Die Prinzessin Maket-aten ist bald darauf, spätestens im 13. Jahr, gestorben. Nach dem 12. Jahr gibt es keine datierten Inschriften mehr, lediglich die Jahrdaten von den Vorratsgefäßen, die noch bis zum 17. Jahr reichen.[494] Aus den Daten der darunter befindlichen Weinkrüge, die jeweils um den 1. Sep-

---

486 Ohne die mögliche Koregenz mit Amenophis IV.

487 Benannt nach (Tell) el-Amarna, dem Ausgrabungsort der Residenz Achetaten in Mittelägypten.

488 In Fs Hughes, 163-67.

489 Sollte Murnanes Argumentation nicht zutreffen (dazu Barta, in: SAK 8, 1980, 41) könnte das Datum nur unwesentlich früher gewesen sein, was chronologisch unerheblich wäre.

490 Die Namensänderung des Königs muß im VIII. Monat dieses Jahres erfolgt sein. Ein Brief vom 19. VII. (Pap. Gurob I 1. F.Ll. Griffith, The Petrie Papyri, London 1898, T. 38) nennt den Pharao noch mit seinem alten Namen; der neue erscheint erstmals auf den Grenzstelen von Amarna, datiert Jahr 5, 13. VIII. N. de G. Davies, The Rock Tombs of El Amarna, V, London 1908, T. 29-32; W.J. Murnane-C.C. Van Siclen, The Boundary Stelae of Akhenaten, London 1993, 11-68.

491 Der Name wird in deutschen Publikationen mit irriger und unbegründeter Vokalisation als „Echnaton" wiedergegeben. Ich bevorzuge für den seinerzeit etwa *Ach-an-jati(n) gesprochenen Namen (vgl. Fecht, in: ZÄS 85, 1960, 84-89) die in der englischen Literatur übliche, an die ägyptologische Aussprache angelehnte Schreibung Ach-en-aten.

492 Der Text der Grenzstelen des Jahres 5 erwähnt nur Merit-aten, während Maket-aten in der Darstellung hinzugefügt wurde. Ebenso wurde Anches-en-pa-aten auf den Stelen vom 6. Jahr, die nur Merit-aten und Maket-aten nennen, nachträglich dazugesetzt. Vgl. Leeuwenburg, in: JEOL 9, 1943, 39-49.

493 Grab des Huy, Davies, op.cit., III, T. 13-15, und des Meri-rê II, ders., op.cit., II, T. 37-40.

494 Die Gefäßaufschriften aus Amarna sind veröffentlicht bei W.M.F. Petrie, Tell el-Amarna, London 1984, T. 22-25, und in City of Akhenaten, I, 1923, T. 63-64; II (1933) T. 57-58, III, 1951, T. 84-98.

tember (jul.), damals also im II. Monat, beschriftet wurden, läßt sich ebenso wie bei Amenophis III. (siehe im vorhergehenden Kapitel) das Regierungsende Ach-en-atens ablesen: es muß innerhalb der auf die Weinlese seines 17. Jahres folgenden zwölf Monate liegen.

Das Hauptproblem stellen zwei Personen aus der Familie des Pharao dar: seine Gemahlin Nofret-ete und sein Schwiegersohn Semench-ka-rê.[495] Seiner Nebenfrau, der „Gemahlin (nicht: Königsgemahlin) und großen Geliebten" Kija[496], kann ich keine solche Bedeutung beimessen, wie sie ihr Helck[497] geben wollte. Sie wird mit diesem Titel, der sie in bezeichnender Weise von der „Großen Königsgemahlin" Nofret-ete unterscheidet, schon zur Zeit der Frühform des Namens des Gottes Aten erwähnt[498]; auf Gefäßen wird ein „Gut der Dame (*ta schepset*, das ist zweifellos Kija)" in den Jahren 11 und 16 genannt.[499] Die Ergänzung ihres Namens und ihrer Figur auf den Fragmenten der Altarstele London U.C. 410[500] ist ganz unsicher. Die Erwähnung eines „Gutes der Königsgemahlin" (der Titel ist in Kartusche geschrieben) in den Jahren 14–17 auf Gefäßen aus Amarna kann sich nicht auf sie beziehen.[501]

Königin Nofret-ete heißt in offiziellen Inschriften „Nefer-nefru-aten Nofret-ete" (alles in einem Königsring). Andererseits wird Semench-ka-rê, der Gatte der ältesten Königstochter Merit-aten[502], in den wenigen Inschriften, in denen er unter diesem Namen erscheint[503], stets Anch-chepru-rê (Thronname, ohne Epithet) genannt; die Inschriften gehören wohl in die Zeit unmittelbar nach dem Ende Ach-en-atens. Umstritten ist immer noch ein König mit dem gleichen Thronnamen Anch-chepru-rê, jedoch mit dem Beinamen „geliebt von Nefer-chepru-rê" bzw. „von Wâ-en-rê" (das ist Ach-en-aten) und „geliebt von Aten" sowie dem Eigennamen Nefer-nefru-aten (Beinamen „geliebt von Ach-en-aten" und „von Wâ-en-rê")[504], ferner eine (regierende) Königin, von der nur der Thronname Anchet-chepru-rê (mit den gleichen Epitheten wie bei Anch-chepru-rê) selten auf Siegeln belegt ist[505], daneben auch einmal ein Siegel mit der Aufschrift „Tochter des Rê Anch-em-maat".[506]

Die eine Zeitlang aufgestellte Theorie, alle diese Namen seien der Nofret-ete zuzuschreiben und es habe gar keinen König Semench-ka-rê gegeben, kann jetzt wohl als widerlegt gelten. Ebenso läßt sich aber die Existenz einer Königin Anchet-chepru-rê nicht leugnen, doch ist ihre Identität noch umstritten. Gegen die Ansicht von Krauss[507], der sie mit Merit-aten identifizieren möchte, spricht allein schon ihre Darstellung als Gemahlin des Semench-ka-rê[508]: es ist nach ägyptischer Vorstellung unmöglich, daß eine Frau, die einmal „Pharao" mit den göttlichen Aspekten eines solchen war, später in den

[495] Hierzu zuletzt Allen, in: GM 141, 1994, 7-17.

[496] Belege bei R. Hanke, Amarna-Reliefs aus Hermopolis, HÄB 2, 1978, 195-96, Abb. 42-43 und 45.

[497] Helck, in: MDAIK 40, 1984, 159-67.

[498] Fairman, in: JEA 47, 1961, 29, Fig. 1; Hanke, op.cit., 195.

[499] Petrie, Tell el-Amarna, T. 25, Nr. 95 (Jahr 11). In City of Akhenaten, II, T. 58, Nr. 16 ist sicher „[Jahr 1] 6" zu ergänzen, da der Oberwinzer statt der üblichen Bezeichnung *heri-kamu* als *heri-bah* betitelt wird, was (neben dem gewöhnlichen Titel) nur in den Jahren 12-17 und den anschließenden Jahren 1-2 vorkommt; vgl. W. Helck, Materialien zur Wirtschaftsgeschichte des Neuen Reiches, IV, Abh. Akad. Mainz 1963, 728.

[500] J. Samson, Amarna, Warminster 1978, T. 12.

[501] Entgegen Helck, loc.cit. in Anm. 499.

[502] Seine Herkunft ist unklar, doch gehörte er mit Sicherheit zur kgl. Familie.

[503] Wandbild im Grab des Meri-rê II, Davies, op.cit., II, T. 41; Siegel City of Akhenaten, II, T. 50, Nr. 29; Ringe ebd. III, T. 100, Nr. 23-24 und Newberry, in: JEA 14, 1928, 6, Fig. 2; wohl auch auf dem Block aus Memphis, Newberry, op.cit., 8, Fig. 3-4, wo nur [Anch]-chepru-[rê] erhalten ist.

[504] Zusammenstellung bei Harris, in: Acta Or. 36, 1974, 11-21, Fig. 1 a-c und 2 a-d. Der Name Nefer-nefru-aten dort auch einmal mit dem Epithet *heqa* „Herrscher".

[505] Belege bei R. Krauss, Das Ende der Amarnazeit, HÄB 7, 1978, 30-32.

[506] City of Akhenaten, III, T. 108 (U.C. 2107). Anch-em-maat ist auch ein Beiname Ach-en-atens.

[507] Krauss, op.cit., passim.

„irdischen" Stand einer Königsgemahlin zurückversetzt werden könnte. Demnach kommt Anchet-chepru-rê nur noch als Thronname der Nofret-ete in Betracht; sie scheint von Ach-en-aten in den späteren Jahren seiner Regierung zur Mitregentin erhoben worden zu sein.

Der Name Nefer-nefru-aten findet sich (außer als Beiname der Nofret-ete) stets nur mit männlichen Titeln und Epitheten, also auch niemals mit dem weiblichen Thronnamen Anchet-chepru-rê. Dagegen teilt er seinen Thronnamen Anch-chepru-rê mit Semench-ka-rê, mit dem er schon deshalb identisch sein wird. Für diese Identität spricht auch die Aufschrift zweier Kästen aus dem Grab des Tut-anch-amun, die in einer Reihe die Namen Amenophis' IV. (Nefer-chepru-rê wâ-en-rê und Ach-en-aten), dieses Königs (Anch-chepru-rê *meri* Nefer-chepru-rê und Nefer-nefru-aten *meri* Wâ-en-rê) und der „Großen Königsgemahlin" Merit-aten, der Gattin Semench-ka-rês, nennt.[509] So wird Nefer-nefru-aten der Name des Semench-ka-rê zu Anfang seines Königtums gewesen sein[510] – die Beinamen, die ihn als von Ach-en-aten geliebt bezeichnen, deuten darauf hin, daß er damals dessen Mitregent war. Daß dies auch der Beiname der Nofret-ete ist, und daß er den gleichen Thronnamen wie diese, nur in männlicher Form führt, läßt vermuten, daß er erst zum Zeitpunkt des Todes der Königin an deren Stelle Mitregent Ach-en-atens wurde. Seine Gemahlin Merit-aten hat zu dieser Zeit offenbar die Rolle der „First Lady" übernommen, als die sie in einem Brief des Fürsten von Byblos bezeichnet wird („die Herrin Ägyptens")[511], ohne daß man deshalb vermuten muß, sie hätte ihren eigenen Vater geheiratet.[512]

Semench-ka-rê scheint Ach-en-aten überlebt zu haben, wenn auch nur für kurze Zeit. Damals wird er seinen Namen zu „Semench-ka-rê" geändert haben, wobei dies sein eigentlicher Geburtsname gewesen sein könnte, den er als Koregent Ach-en-atens durch Nefer-chepru-rê ersetzt hätte. Das einzige Datum aus seiner kurzen Alleinregierung ist das eines Graffitos, das ein gewisser Pe-wah im Grab des Pa-iri (Theb. Grab Nr. 139) hinterließ.[513] Es ist datiert vom 10. III. des 3. Jahres des Königs Anch-chepru-rê Nefer-nefru-aten[514] und enthält nicht nur ein Gebet an den von Ach-en-aten verfemten Gott Amun, sondern erwähnt sogar das „Gottesopfer des Amun im Totentempel des Anch-chepru-rê in Theben". Da hier der König zwar noch den Namen Nefer-nefru-aten trägt, jedoch offensichtlich bereits zum alten Glauben zurückgekehrt ist, wird dieser Text aus der Zeit des Übergangs unmittelbar nach dem Tod Ach-en-atens stammen. Die Regierungsjahre sind hier natürlich vom Beginn der Koregenz ab gezählt.

Die Zeit der nominellen und offenbar nur kurzen Mitregentschaft der Königin Nofret-ete ist nicht näher festzulegen; sie kann jedenfalls frühestens im 13. Jahr ihres Gemahls begonnen haben. Es ist noch ungeklärt, wer die (oben Anm. 501 erwähnte) Königsgemahlin war, deren Gutsbesitz in den Jahren 14–17 an den Hof von Amarna lieferte.[515] Wenn es Nofret-ete war, dann könnte sie erst im letzten Jahr Amenophis' IV. zur Mitregentin erhoben worden sein und Nefer-nefru-aten bzw. Semench-ka-rê

---

[508] In der Darstellung im Grab des Meri-rê (oben Anm. 503) und in den Aufschriften zweier Kästen aus dem Grab Tut-anch-amuns (Harris, op.cit., Fig. 1 a und 2 a).

[509] Newberry, in: JEA 14, 1928, 5; Harris, loc.cit. in Anm. 508.

[510] Munro, in: ZÄS 95, 1969, 109-16.

[511] J.A. Knudtzon, Die El-Amarna-Tafeln, Leipzig 1908-12, Nr. 195; Albright, in: JEA 23, 1937, 190-03.

[512] Dagegen wohl mit Recht Helck, in: CdE 44, 1969, 22-26.

[513] Gardiner, in: JEA 14, 1928, 10-11, T. V-VI.

[514] Die Beinamen sind kaum mehr leserlich, vermutlich „*meri* Aten (?)" beim Thronnamen und „*meri* [Wâ]-en-[rê]" beim Eigennamen.

[515] Jahr 14: City of Akhenaten, III, T. 92, Nr. 208; Jahr 15: ebd., T. 94, Nr. 245; Jahr 16: ebd., T. 93, Nr. 218; Jahr 17: City of Akhenaten, I, T. 63, K.

wäre diesem für etwa 2½ Jahre auf dem Thron gefolgt. Es gibt jedoch kein sicheres Datum aus der Regierung dieses Letzteren, abgesehen von dem Graffito aus seinem 3. Jahr. Die von Gefäßaufschriften belegten Jahre 1 und 2 können auch aus dem Anfang der Regierung Tut-anch-amuns stammen.[516] Ein Jahr 3 fehlt unter den Gefäßaufschriften aus Amarna gänzlich. Die Anlieferungen begannen dort mit dem 4. Jahr Amenophis' IV., und im 3. Jahr Tut-anch-amuns scheint dieser junge König Amarna bereits endgültig verlassen zu haben. Da das Datum des Graffitos aus dem 3. Jahr des Nefer-nefru-aten kaum einen Monat nach der Zeit der Versiegelung der Weinkrüge liegt, läßt sich das Fehlen von solchen aus dem 3. Jahr dieses Herrschers eigentlich nur damit erklären, daß zur Zeit der Weinernte noch nach dem 17. Jahr des alten Pharao datiert wurde, dieser mithin unmittelbar nach der Lese verstorben ist. Wenn das zutrifft, muß schon Ach-en-aten am Ende seiner Regierung dem jungen Mitherrscher gestattet haben, den Kult der alten Götter außerhalb von Achet-aten wieder zuzulassen. Nefer-nefru-aten hat dann, alsbald unter dem Namen Semench-ka-rê, noch einige Monate regiert und jedenfalls vor der Weinernte des folgenden Jahres sein Ende gefunden. Er wird demnach am Ende des 14. Jahres Ach-en-atens dessen Mitregent geworden sein und als Alleinherrscher noch sein 4. Jahr erlebt haben.

Für Amenophis IV. und seinen Schwiegersohn, Koregenten und Nachfolger können also mit Wahrscheinlichkeit folgende Grenzwerte der Datierung angesetzt werden:

Amenophis IV. (Ach-en-aten, Th. Nefer-chepru-rê wâ-en-rê)	1358/1350 (Nov./Dez.)–1341/1333 (September)
Semench-ka-rê (Nefer-nefru-aten, Th. Anch-chepru-rê)	1344/1336 (Oktober ?)–1340/1332 (Sommer ?)

3.4 Das Ende der 18. Dynastie (Tut-anch-amun, Aja und Har-em-hab)

Der bei seiner Thronbesteigung noch nicht zehnjährige Prinz Tut-anch-aten[517], nach überwiegender Ansicht ein jüngerer Bruder Semench-ka-rês, hat wohl in den Sommermonaten eines der Jahre 1340–1332 seine Regierung angetreten (Th. Neb-chepru-rê). Er war vermählt mit Anches-en-pa-aten, der jüngeren Schwester der Merit-aten. Alsbald verließ er die kurzlebige Residenzstadt Achet-aten, die dem Verfall preisgegeben wurde, siedelte nach Memphis um und gab auch zugunsten der herkömmlichen Religion den Reformversuch Ach-en-atens wieder auf. Seinen Namen änderte er in Tut-anch-amun und den seiner Gemahlin in Anches-en-amun. Das wird etwa zu Beginn des 3. Regierungsjahres gewesen sein.[518] Hinter diesen radikalen Veränderungen, die kaum dem Wunsch des noch unmündigen Pharao entsprungen sein werden, standen vermutlich Männer wie der wohl aus der Familie der Teje, der Gemahlin Amenophis' III., und vielleicht auch der Nofret-ete stammende Aja und der von ihm mit dem militärischen Oberbefehl betraute General Har-em-hab. Sie hatten erkannt, daß sich der Monotheismus von Amarna beim Volk nicht durchsetzen ließ und dadurch auch die Armee derart geschwächt wurde, daß der Zusammenbruch der ägyptischen Herrschaft in Syrien-Palästina unmittelbar bevorstand.

---

[516] Das gilt auch für die aus Gütern des Semench-ka-rê bzw. des Anch-chepru-rê gelieferten Weingefäße (Jahr 1. City of Akhenaten, III, T. 86, Nr. 35-36). Die Güter können durchaus zu Beginn der Regierung Tut-anch-amuns noch bestanden haben.

[517] Mit dem Titel eines Königssohnes bezeugt auf einem aus Amarna stammenden Block. G. Roeder, Amarna-Reliefs aus Hermopolis, II, Hildesheim 1969, T. 196 (831-VIII C). Siehe auch Ray, in: Antiquity 49, 1975, 45-47.

[518] Hornung, Chronologie, 90-91.

Tut-anch-amun ist, offenbar unerwartet und jedenfalls nicht gewaltsam, im 10. Jahr seines Königtums gestorben. Er wurde in aller Eile in einem kleinen, ursprünglich nicht für einen Herrscher vorgesehenen Grab beigesetzt, dessen Wiederentdeckung in nahezu unversehrtem Zustand 1922 bekanntlich zur größten archäologischen Sensation der Ägyptologie wurde. Dort aufgefundene Weinkrüge aus dem Jahr 10[519] erweisen, daß der junge Pharao noch die Weinernte dieses Jahres erlebt hat. Für den Zeitpunkt seines Todes ergab sich ein Hinweis aus den bei der Bestattung in das Grab mitgegebenen Blumenkränzen[520]: dieser muß etwa Anfang Februar (julianisch; ägyptisch Anfang VII. Monat) eingetreten sein; seine Regierung läßt sich daher auf 1340/1332 (Sommer)–1330/1322 (Februar) festlegen; sie umfaßte somit etwa 9½ Jahre und ist mit 10 Jahren unserer Zeitrechnung anzusetzen. Offenbar hat ihm auch Manetho, dessen „Rathôthis" kaum ein anderer König sein kann, 9 Jahre zugeschrieben (Monate anscheinend verloren).

Nach dem Ableben Tut-anch-amuns übernahm der wohl schon im Greisenalter stehende Aja als einziger noch mit der königlichen Familie Verwandter die Herrschaft (Th. Cheper-chepru-rê iri-maat). Auch als König bezeichnete er sich stets als „Gottesvater", womit er seine verwandtschaftliche Beziehung zum Herrscherhaus und seine Berechtigung zur Thronfolge ausdrücken wollte. Im Grab Tut-anch-amuns ist er als Nachfolger abgebildet, der die Bestattung nach den vorgeschriebenen 70 Tagen ausrichtete.[521] Die junge Witwe Anches-en-amun wird er kaum geheiratet haben[522], doch scheint er als ihr Beschützer aufgetreten zu sein. In die Zeit nach dem Tod Tut-anch-amuns muß auch der Versuch der Königin, einen Sohn des Hethiterkönigs Suppiluliuma zum Gatten und König von Ägypten zu machen, datiert werden.[523] Die Verhandlungen werden sich über mehr als ein Jahr hingezogen haben[524]; sie können nicht während eines kaum halbjährigen Interregnums stattgefunden haben, da eine königslose Zeit nach ägyptischem Verständnis ausgeschlossen war.[525] Das Scheitern dieses jedenfalls mit Zustimmung Ajas erfolgten Versuches durch die Ermordung des hethitischen Prinzen Zannanza wird letztlich auch das Ende Ajas und der jungen Königin herbeigeführt haben. Belegt ist von Aja noch der 1. IV. seines 4. Jahres[526]; er hatte den Thron also mindestens 3 Jahre und 9 Monate inne. Falls, wie meist angenommen wird, die in der Überlieferung Manethos gewiß irrig bei seinem Nachfolger Armais (Har-em-hab) stehende Zahl von 4 Jahren und einem Monat die Dauer seiner Regierung angibt, hätte er noch bis in den Anfang seines 5. Jahres gelebt. Für ihn sind demnach 3–4 Jahre (vgl. hierzu auch Anhang Seite 184) anzusetzen.

Sein Nachfolger Har-em-hab (Th. Djeser-chepru-rê sotep-en-rê) kam vermutlich durch Staatsstreich und nach inneren Kämpfen auf den Thron – ein genaueres Datum fehlt. Mit dem bisherigen Königshaus war er nicht verwandt, vielmehr ist er aus dem Beamtenstand hervorgegangen.[527] Unter Tut-anch-amun hatte ihn Aja an die Spitze der Armee gesetzt; seine Sondervollmachten wurden durch den

[519] J. Černý, Hieratic Inscriptions from the Tomb of Tut'ankhamun, Oxford 1965, 3 und 24, T. V, Nr. 24.
[520] Siehe oben, I.3.4, mit Literatur.
[521] Steindorff, in: ASAE 38, 1938, 647-48, 657, Abb. 90, T. 116.
[522] Das gemeinsame Vorkommen ihrer Namen auf dem Ring Urk. IV, 2108 kann auch anders gedeutet werden.
[523] Zu diesem umstrittenen Ansatz CNR, 16 und 100-02, gegen R. Krauss, Das Ende der Amarnazeit, HÄB 7, 1978, 41-43 und Helck, in: MDAIK 40, 1984, 164-65. Die Situation, in der kein männlicher Nachkomme der Königsfamilie mehr vorhanden war, paßt nur zu der Zeit des Todes Tut-anch-amuns.
[524] Vgl. dazu den hethitischen Bericht über diese Vorgänge in den Annalen Mursilis II., veröffentlicht von Güterbock, in: JCS 10, 1956, 11-98, 107-30. Die Königin wird darin *dachamunzu* (ägyptisch *ta hemet-nisut* „die Königsgemahlin") genannt.
[525] Entgegen der Annahme von Hornung, Chronologie, 93 Anm. 101, und Barta, in: GM 62, 1983, 15-21.
[526] Stele des Nacht-min (Berlin 2074). Urk. IV, 2110.
[527] Zu seiner Laufbahn W. Helck, Der Einfluß der Militärführer in der ägyptischen 18. Dyn., UGAÄ 14, 1939, 78-84.

Titel *er-pat*, der eine Königsstellvertretung beinhaltete, zum Ausdruck gebracht.[528] Als er den Thron usurpierte, kann er nicht mehr ganz jung gewesen sein, doch muß er noch eine längere Regierung gehabt haben. Er heiratete Mut-nodjmet, die wahrscheinlich eine Tochter seines Vorgängers Aja und Halbschwester der Nofret-ete war.[529] Auch in der Form seines Thronnamens lehnte er sich noch an die letzten Herrscher der 18. Dynastie (x-chepru-rê) an. Da er auch zu seinen Nachfolgern keine verwandtschaftlichen Beziehungen hatte, wird er gewöhnlich noch zur 18. Dynastie gerechnet. Immerhin haben ihm die Ramessiden, die ihm den Thron verdankten, stets ein ehrenvolles Andenken bewahrt. Während sie das Gedächtnis an die Könige der Amarna-Zeit einschließlich der zur Orthodoxie zurückgekehrten Pharaonen Tut-anch-amun und Aja in den Annalen auslöschten, haben sie ihn als einzigen königlichen Ahnen zwischen Amenophis III. und Ramses I. anerkannt.

Die Dauer der Regierung Har-em-habs ist eines der umstrittensten Probleme der Chronologie des Neuen Reiches.[530] Aus seiner Zeit sind uns nur wenige datierte Dokumente erhalten geblieben, da in seiner Residenz Memphis – im Gegensatz zu Theben – kaum solche gefunden wurden. So hat Helck in mehreren Abhandlungen[531] die Ansicht vertreten, der König hätte den Thron nur 12–13 Jahre lang innegehabt. Sicher bezeugt sind die Jahre 3, 6–9, 12 und 13 des Har-em-hab.[532] Das Datum eines Inschriftfragments in London[533] ist wahrscheinlich zu „[Jahr 1]5" (oder „[Jahr 2]5") zu ergänzen. Eine auf den 9. XI. des 27. Jahres datierte Notiz auf dem Bruchstück einer zerschlagenen Königsfigur (vielleicht des Aja)[534] spricht vom Eingang eines Bildes des Königs Har-em-hab in seinen Totentempel. Entgegen Fairman, Harris und Helck[535], die diese Notiz unter Ramses II. datieren wollten, stammt sie höchstwahrscheinlich aus der Zeit Har-em-habs. Schließlich gibt es noch die merkwürdige Datierung einer in den Grabinschriften des Mose wiedergegebenen Urkunde vom „Jahr 58 (oder 59) des Har-em-hab".[536] Da eine so lange Regierungszeit dieses Pharao ausgeschlossen ist, hat man schon seit langem vermutet, daß es sich um eine Datierung unter Einschluß der Jahre der verfemten Vorgänger des Königs handelt.[537] Har-em-hab selbst hat zwar seine Jahre erst von der eigenen Thronbesteigung ab gezählt, doch zur Zeit der Ramessiden könnte man die Jahre dieser Herrscher, die man aus der Königsliste gestrichen hatte, ihm zugerechnet haben. Nach ägyptischer Zählweise, die auch die unvollständigen Regierungsjahre mitrechnet, wären für diese Könige 34–35 Jahre (Amenophis IV. 17 J., Semench-ka-rê 3 J., Tut-anch-amun 10 J., Aja 4–5 J.) abzuziehen, so daß das Datum der Mose-

---

[528] Der Titel bedeutet z. Zt. des Neuen Reiches keine Anwartschaft auf den Thron, obgleich ihn auch Kronprinzen tragen. Zur Herkunft des Titels W. Helck, Untersuchungen zu den Beamtentiteln des ägyptischen Alten Reiches, ÄF 16, 1954, 55-56; ders., in: Or. 19, 1950, 416-34.

[529] R. Hari, Horemheb et la reine Moutnedjemet, Genève 1964.

[530] Dazu v. Beckerath, in: SAK 6, 1978, 43-49, CNR, 103-05 und in: SAK 22, 1995, 37-41.

[531] Manetho, 69; in: GM 67, 1983, 47-49; HML Haindorf, 65-66. Helck läßt dabei die Synchronismen Amenophis' III. u. Ramses' II. mit Babylonien (siehe oben, I.4.4) völlig außer acht.

[532] Jahr 3: Urk. IV, 2177; Jahr 6: G. Haeny, Untersuchungen im Totentempel Amenophis' III., (Wiesbaden 1981, 65-70, T. 14; Jahr 7: KRI III, 42 und V 475; Jahr 8: Urk. IV, 2170; Jahr 9: in: JEA 75, 1989, IX; Jahr 12: Quirke, in: JEA 72, 1986, 85, Fig. 4. Die Deckelinschrift Redford, in: BASOR 211, 1973, 36-49 („Jahr 16") bleibt besser außer Betracht, da es sich vermutlich um Fälschung handelt.

[533] U.C. 14391. Hari, op.cit., 300-02, T. L u. 82. Der Raum scheint bei Textergänzung zu groß für ‚Jahr 5".

[534] U. Hoelscher, The Excavation of Medinet Habu, II, Chicago 1939, 106-08, Fig. 88-90, T. 51 c. Die Notiz wurde auf das Bruchstück einer bereits zerstörten Figur geschrieben.

[535] H.W. Fairman, in: City of Akhenaten, III, 157-58; Harris, in: JEA 54, 1968, 95-99; Helck, in: CdE 48, 1973, 253-54.

[536] A.H. Gardiner, The Inscription of Mes, UGAÄ 4,3, 1905, 11 mit Anm. 72; G.A. Gaballa, The Memphite Tomb Chapel of Mose, Warminster 1977, 25 und LXIII. Die beschädigte Ziffer kann 58 oder 59 gelesen werden je nachdem, ob die Einerstriche in zwei Gruppen zu je 4 oder ohne Unterbrechung geschrieben waren. Bei anzunehmender Abschrift aus hieratischer Vorlage ist ersteres wahrscheinlicher. Vgl. Borchardt, Mittel, 85 Anm. 5.

Inschrift etwa dem 24. Jahr Har-em-habs entspräche. Wir haben daher für ihn mindestens 26 Jahre anzunehmen, was auch im Einklang mit dem aufgrund der babylonischen Synchronismen errechneten Zeitabstand zwischen Amenophis III. und Ramses II. (siehe oben, S. 65–66) steht, während die Annahme einer um zehn oder mehr Jahre kürzeren Regierung eine Lücke ergäbe, die nur durch eine unwahrscheinliche Längung der Herrschaft Sethôs' I. ausgefüllt werden könnte.

3.5 Die ersten Ramessiden (Ramses I. und Sethôs I.)

Har-em-hab hatte offenbar keinen überlebenden Sohn. So ernannte er, wohl erst in den letzten Jahren seiner Regierung, einen alten Kameraden seiner militärischen Laufbahn, den im Ostdelta beheimateten Pe-ra-mes-su, zum Wezir und zum Thronfolger.[538] Auch dieser muß damals schon bejahrt gewesen sein, aber er hatte einen tatkräftigen Sohn, Setoy (Sutaja, griech. Sethôs), an seiner Seite. Als König ließ Pe-ra-mes-su den neuägyptischen Artikel in seinem Namen weg, nannte sich in klassisch-ägyptischer Form Ra-mes-su (griech. Ramessês, woraus im Deutschen „Ramses" wurde) und nahm, gewiß mit absichtlichem Anklang an den des Begründers der 18. Dynastie und des Neuen Reiches, den Thronnamen Men-pehti-rê an. Mit ihm kam das Königshaus der älteren Ramessiden (19. Dynastie) an die Macht. Angesichts seines Alters war ihm keine lange Herrschaft beschieden. Nach Manetho soll er ein Jahr und 4 Monate König gewesen sein. Tatsächlich ist das Datum einer Stele aus Buhen (Nubien)[539], der 20. VI. seines 2. Jahres, das höchste von ihm erhaltene. Die Stele verewigt eine Opferstiftung, die Ramses I. für den Tempel von Buhen aus der Beute eines Feldzuges machte, den der Kronprinz Setoy geleitet hatte. Dessen Königsname ist nachträglich der Inschrift hinzugefügt worden. Eine zweite, ursprünglich wohl daneben aufgestellte Stele vom 30. XII. des ersten Jahres Sethos' I.[540] beschreibt die gleiche Stiftung, jedoch unter dem Namen des neuen Königs, auf dessen Feldzug – noch als Kronprinz – sie zurückgeführt wird. Offensichtlich ist sein Vater in der Zwischenzeit verstorben. Das Datum des Regierungsantritts Ramses' I. ist unbekannt, doch muß es jedenfalls vor dem 20. VI. liegen. Da dieser um 1300 in den Dezember fiel, haben wir für Ramses I. zwei julianische Jahre zu verrechnen.

Antrittsdatum und Regierungslänge seines Sohnes Sethos' I. (Th. Men-maat-rê) sind Gegenstand wissenschaftlicher Diskussion gewesen. Helck[541] und Murnane[542] haben aus den Daten der von Spiegelberg[543] publizierten Wirtschaftsurkunden aus den Jahren 2 und 3 dieses Herrschers den möglichen Zeitraum für seine Thronbesteigung auf den 18. XI.-23. XII. begrenzen können. Eine weitere Einengung (auf 18. XI.–9. XII.) ermöglichen vielleicht die Holz- und Tongefäß-Abrechnungen auf Ostraka aus Dêr el-Medina.[544] Helck[545] hat nun auf ein Fest des vergöttlichten Sethos aufmerksam gemacht, bei dem in Theben am 24. XI. eine Prozession zu Schiff stattfand. Bei diesem Datum, das innerhalb

537 Loret, in: ZÄS 39, 1901, 4; Meyer, Chronologie, 90 Anm. 2; Borchardt, Mittel, 85-87; U. Hoelscher, Excavations at Ancient Thebes, OIC 15, 1932, 51; R. Anthes bei Hoelscher, The Excavation of Medinet Habu, II, Chicago 1939, 106-08.
538 W. Helck, Der Einfluß der Militärführer in der ägyptischen 18. Dynastie, UGAÄ 14, 1939, 84-86.
539 Louvre C 57. KRI I, 2-3.
540 Brit. Museum 1189. KRI I, 37-38, nebst der abgekürzten Version von einer kleineren Stele ebd., I 100.
541 Helck, in: Analecta Biblica 12, 1959, 117-18.
542 Murnane, in: Serapis 3, 1976, 23-33.
543 W. Spiegelberg, Rechnungen aus der Zeit Setis I., Strasburg 1898.
544 KRI I, 364-68.

des ermittelten Zeitraumes liegt, könnte es sich um den Tag der Thronbesteigung handeln. Es fällt jedoch auf, daß dieses Datum nur drei Tage vor dem des Regierungsantritts seines Nachfolgers Ramses' II. liegt (27. XI.). So könnte die Prozession eine Zeremonie innerhalb eines mehrtägigen Festes gewesen sein, das erst am 27. XI. seinen Höhepunkt hatte. An diesem Tag, dem Beginn eines neuen Regierungsjahres, könnte Sethos I. seinen Sohn zum Mitregenten erhoben haben – für eine solche Koregenz gibt es in der Tat einige gewichtige Hinweise.[546]

Auch die Länge der Regierung Sethos I. ist umstritten. Gegensätzliche Ansichten darüber finden sich bereits bei Erman (21 Jahre) und Ed. Meyer, (10 Jahre). In neuerer Zeit nehmen manche eine Dauer von 14–15 Jahren an[547], andere dagegen nur 10–11 Jahre.[548] Das Problem einer möglichen Koregenz mit seinem Sohn Ramses, die höchstens rund ein Jahr bestanden haben kann, spielt hierbei keine Rolle. Das letzte Datum, das wir von Sethos I. kennen, der 12. XII. des Jahres 11 auf einer Stele aus Napata[549], stammt sicherlich noch aus der Zeit seiner Alleinherrschaft. Sein Sohn kann also frühestens am darauffolgenden 24./27. XI. gekrönt worden sein. Die Verteilung der überlieferten Daten aus der Regierungszeit Sethos' I. (Jahr 1–9 komplett, zum Teil mehrfach belegt, dazu Jahr 11) deutet darauf hin, daß er kaum länger als 11 Jahre auf dem Thron gesessen haben wird. Bierbrier[550] wollte aus den biographischen Angaben auf der Statue des Hohenpriesters Bak-en-chons[551] eine Regierungslänge von mindestens 15 Jahren ableiten, doch schließen die Jahre, die der Priester für die Dauer seiner Lebensstationen angibt, nach ägyptischer Zählweise wohl jeweils Anfangs- und Endjahr mit ein, worauf Wente und Van Siclen[552] wohl zu Recht hingewiesen haben. Die Mindestdauer der (Allein-) Herrschaft Sethos' I. beträgt demnach nur noch zehn Jahre. Wir können jetzt für Ramses I. und Sethos I. (ohne die Zeit der möglichen Koregenz mit Ramses II., die in dessen Regierungszeit enthalten wäre) Grenzwerte festlegen, wobei die spätesten Ansätze die wahrscheinlichsten sind:

Ramses I.	Herbst 1296/1292–1294/1290
Sethos I.	Juni 1294/1290–1279/1278
Ramses II.	ab 31. Mai 1279

Da oben für Aja die Grenzwerte 1330/1322–1327/1318 festgelegt werden konnten, würden für Har-em-hab mindestens 23 und höchstens 35 Jahre verbleiben; er wird aber, wie wir gesehen haben, wenigstens 26 Jahre regiert haben. Nimmt man für Sethos I. 11 Jahre an, so erhöhen sich die Werte für Har-em-hab auf 27–37 Jahre, wobei das Maximum sicher zu hoch liegt. Es bleibt also hier eine chronologische Unsicherheit, die besonders die Zeit betrifft, die Har-em-hab noch über das Minimum von 26 Jahren hinaus regiert haben kann. Danach läßt sich aus den vorangehenden Kapiteln (Zeit Tuthmosis' III. bis Ramses' II.) folgendes vorläufige Ergebnis aufstellen:

---

[545] Helck, in: CdE 41, 1966, 233-34.
[546] Murnane, in: JNES 34, 1975, 153-90; ders. Ancient Egyptian Coregencies, SAOC 40, 1977, 57-87.
[547] So vor allem K.A. Kitchen, Pharaoh Triumphant, Warminster 1982, 20-41 und 239.
[548] Krauss, Sothis- und Monddaten, 207; v. Beckerath, Königsnamen, 162. Helck, HML, Haindorf, 63-64.
[549] KRI I, 75-76. Napata (heute Gebel Barkal) liegt an der Südgrenze des damaligen ägyptischen Imperiums.
[550] Bierbrier, in: JEA 58, 1972, 303. Ihm ist Kitchen, op.cit. in Anm. 547 gefolgt.
[551] München, Ägyptische Sammlung (Glyptothek WAF 38). Letzte Veröffentlichung von Plantikow-Münster, in: ZÄS 95, 1969, 117-39.
[552] Fs Hughes, 232-33. Vgl. auch Helck, in: MDAIK 37, 1981, 213 Anm. 9.

Tuthmosis III.	1479–1425
(bis 1458/57 zusammen mit Hat-schepsut)	
Amenophis II.	1428–1402/1397
Tuthmosis IV.	1402/1397–1395/1387
Amenophis III.	1397/1387–1358/1349*
Amenophis IV.	1358/1349–1341/1333
Semench-ka-rê	1344/1335–1340/1332
Tut-anch-amun	1340/1332–1330/1322
Aja	1330/1322–1327/1318
Har-em-hab	1327/1318–1296/1292
Ramses I.	1296/1292–1294/1290
Sethos I.	1294/1290–1279*
Ramses II.	1279–1213

* Ohne Berücksichtigung einer eventuellen Koregenz mit dem Nachfolger

3.6 Die ersten Herrscher der 18. Dynastie

Nachdem die Regierungszeiten der Pharaonen des Neuen Reiches von Tuthmosis III. bis zum Ende der 20. Dynastie innerhalb enger Zeitgrenzen festgelegt werden konnten, bleiben nunmehr nur noch die Regierungen der ersten vier Könige der 18. Dynastie (Amosis I., Amenophis I., Tuthmosis I. und Tuthmosis II.) chronologisch zu bestimmen.

Über die Zeit des Begründers des Neuen Reiches, Amosis I. (ägyptisch Ah-mose, Th. Neb-pehti-rê) ist verhältnismäßig wenig bekannt. Vandersleyen[553] hat erwiesen, daß die Hyksos (15. Dynastie), die vorher den Norden Ägyptens beherrschten, erst im Verlauf seiner Regierung, etwa im 12.-15. Jahr, endgültig vertrieben werden konnten. Vermutlich war Amosis noch minderjährig, als er seine Herrschaft antrat; wir besitzen daher keine Zeugnisse aus deren erstem Jahrzehnt. Sein letztes Datum, Jahr 22, ist das einer doppelten Stele in den Steinbrüchen von el-Ma'asâra.[554] Mit Recht gilt daher die dem König bei Manetho (nach Josephus) gegebene Regierungslänge von 25 Jahren und 4 Monaten als korrekt oder wenigstens ungefähr zutreffend. Die Vermutung einer Mitregentschaft seines Sohnes und Nachfolgers[555] ist dagegen kaum wahrscheinlich. Sie beruht lediglich auf der Benennung der Königin Ah-mose Nofret-iri auf der eben genannten Stele als „Königsmutter“ – einem Titel, der auch sonst für die Mutter des voraussichtlichen Thronerben gebraucht wird. Dagegen spricht auch, daß die Stelen im oberen Feld nur die Namen des Amosis und seiner Gemahlin nennen, während der angebliche Mitregent fehlt.

Wahrscheinlich stand auch der neue Herrscher, Amenophis I. (Amen-hotpe, Th. Djeser-ka-rê) anfangs noch unter der Regentschaft seiner Mutter Ah-mose Nofret-iri, mit der zusammen er später zum Schutzgott der thebanischen Nekropole wurde.[556] Sicher zu recht hat man das Datum seiner Thronbesteigung unter den Daten der für ihn dort später gefeierten Feste gesucht.[557] Unter ihnen werden nur zwei offenbar mehrtägige Feste mit dem „Erscheinen“ des Königs in Verbindung gebracht: am 29.

---

553 C. Vandersleyen, Les guerres d'Amosis, Bruxelles 1971, 33 ff.
554 LD III 3 a-b; Urk. IV, 24-25.
555 Vittmann, in: JEA 60, 1974, 250-51. Ihm sind Wente und Van Siclen, in: Fs Hughes, 225, gefolgt.
556 Zu seiner Regierung F.J. Schmitz, Amenophis I., HÄB 6, 1978.

und 30. I. sowie am 11. und 13. XI.[558] Dabei hat es sich als wahrscheinlich herausgestellt, daß es sich bei dem letztgenannten um das Fest der Thronbesteigung[559], bei dem anderen um das der Krönung[560] handelt. Auch die Dauer des Königtums dieses Pharao steht fest: Die biographische Inschrift eines Gefolgsmannes[561] spricht eindeutig von seinen 21 Regierungsjahren, was gut zu der Angabe Manethos (20 Jahre und 7 Monate) paßt.

Nach dem Tod Amenophis' I., der keinen ihn überlebenden Sohn hatte, folgte ihm ein Verwandter[562], Tuthmosis I. (Dhut-mose[563], Th. A-cheper-ka-rê), auf dem Thron. Als sein Antrittsdatum ist der 21. VII. überliefert.[564] Weniger sicher ist die Dauer seines Königtums. Das höchste Datum findet sich in einer merkwürdigen Inschrift in Karnak.[565] Dort steht, eingerahmt von einem Königsring, in der Mitte der Name Tuthmosis' I., wiederum in einer Kartusche, rechts und links davon einige kryptographische Zeichen sowie die Daten „Jahr 8" und „Jahr 9". Man hat ihre Zugehörigkeit zur Regierung dieses Königs bezweifelt[566], da die Inschrift über einem längeren Text Tuthmosis' III. angebracht war, doch ist ihre Beziehung zu dem König, der allein mit ihnen zusammen in dem Ring erscheint, wohl kaum zu bezweifeln – selbst wenn es sich um eine ihm von seinem Enkel geweihte Inschrift handeln sollte. Tuthmosis I. hat in Feldzügen zuerst die Südgrenze des ägyptischen Reiches bis Kurgûs, südlich vom großen Nilbogen bei Abu Hamed im Sudân, 150 km stromaufwärts vom 4. Katarakt, vorgeschoben (Jahr 2–3)[567] und ist dann, nach dem 4. Jahr, in Asien bis zum Euphrat vorgestoßen. Man wird diesem großen Pharao, der auch zahlreiche Bauten in Theben errichten ließ, kaum weniger als 10–15 Jahre geben dürfen.[568]

Da ihm seine Söhne, die er von seiner Hauptgemahlin Ah-mose hatte (Amen-mose und Wadjmose), im Tod voraufgegangen waren, hatte er den Sohn einer Nebenfrau, Tuthmosis II. (Th. A-cheper-en-rê), zum Nachfolger bestimmt und ihn mit der legitimen Erbtochter Hat-schepsut vermählt. Von diesem sind uns weder der Zeitpunkt seiner Thronbesteigung noch die Länge seiner Regierung bekannt. Wir besitzen von ihm nur ein einziges Datum, das aus seinem Antrittsjahr stammt.[569] Deshalb ist ihm oft nur eine sehr kurze Zeit auf dem Thron zugebilligt worden.[570] Ein anderes Datum, Jahr 18,

---

557 Vgl. Černý, in: BIFAO 27, 1927, 159-203; Schmitz, op.cit., 22-33.

558 29. I.: Ostrakon Kairo CG 25275; 30.I.: Ostr. Kairo 25276; 11. XI. Pap. Turin 1898+1987+2094 (Giornale dell' anno 3; dort beginnt das Feiern der Mannschaft des Königsgrabes am 9. XI.); 13. XI.: Ostr. Brit. Mus. 5637.

559 Vermutlich am 9. XI. D.B. Redford, History & Chronology of the 18th Dynasty of Egypt, Toronto 1967 3-27; Schmitz, op.cit., 27-30; Barta, in: SAK 8, 1980, 43-45; Helck, in: SAK 15, 1988, 159-64; CNR, 109-10.

560 Barta, op.cit., 45. Die Krönungen fanden erst nach der Beisetzung des Vorgängers, also mehr als 70 Tage nach der Thronbesteigung statt.

561 Im Grab des Amen-em-hat, Erfinders einer Wasseruhr. Borchardt, Zeitmessung, 60-63, T. 18.

562 Das Verwandtschaftsverhältnis ist unbekannt, doch ist es sehr unwahrscheinlich, daß er nicht irgendwie zur kgl. Familie gehört hätte.

563 Der Name enthält den des Mondgottes Djehuti (> Dhuti, griech. Thôth) Seine griech. Form ist als „Tuthmôsis" und „Tethmôsis" belegt; die übliche Schreibung „Thutmosis" ist unzulässige Kontaminierung des Ägyptischen und des Griechischen.

564 Urk. IV, 81 und wohl auch in der Krönungsinschrift E. Naville, Deir el-Bahari, VI, T. 166.

565 A. Mariette, Karnak, Leipzig 1875, T. 32 f; K. Sethe, Das Hat-schepsut-Problem noch einmal untersucht, Abh. Akad. Berlin 1932, 85, Abb. 23. Photo bei R. Krauss, HML Haindorf, 87, Abb. 3.

566 Edgerton, in: AJSL 53, 1937, 189 A.4; Wente-Van Siclen, in: Fs Hughes, 226.

567 Inschriften von Kurgûs, Arkell, in: JEA 36, 1950, 36-39; Vercoutter, in: Kush 4, 1956, 68, Tombos, Urk. IV, 82-88, und am 1. Katarakt bei Aswân, Urk. IV, 88-89.

568 Zu den Feldzügen und für eine längere Regierung des Königs jetzt Bradbury, in: Serapis 8, 1984/85, 1-20.

569 Urk. IV, 137-41.

570 Für eine Regierung von nur 2-4 Jahren: Hornung, Chronologie; W. Helck, Geschichte des alten Ägypten, Hdb. d. Orientalistik I, 1, 1968; ders., HML Gothenburg, 1987; v. Beckerath, Abriß, 1971; Krauss, Sothis- und Monddaten; Gabolde, in: SAK 14, 1987.

stand in der Aufschrift einer fragmentarischen, jetzt verlorenen Statue eines Beamten.[571] Man hat die unglaubhaft hohe Jahrzahl dadurch verringern wollen, daß man annahm, durch einen Sprung im Stein sei möglicherweise aus einer Vier IIII eine Acht !!!! geworden.[572] Viel wahrscheinlicher ist es jedoch, daß der Königsname auf der Figur aus Maat-ka-rê, dem Thronnamen der Hat-schepsut, in A-cheper-en-rê geändert war[573], womit das Datum für Tuthmosis II. überhaupt ausscheidet. Die nachträgliche Ersetzung des Namens der Königin durch den ihres Vaters Tuthmosis I. oder ihres Gemahls Tuthmosis II. ist ja infolge der Löschung ihres Namens in der späteren Zeit Tuthmosis' III. häufig bezeugt[574], zum Teil sogar in privaten Inschriften.[575]

Wir kennen also von Tuthmosis II. nur das 1. Regierungsjahr. Dennoch sollte er eine etwas längere Zeit auf dem Thron gesessen haben, da er bei seinem Regierungsantritt erst ein Kind („Falke im Nest")[576] war, bei seinem Tod aber zwei Kinder im Alter von nicht weniger als sechs Jahren, die Prinzessin Nofru-rê und Tuthmosis III., hinterließ. Auch er wird daher mindestens zehn Jahre regiert haben.[577] Dafür spricht noch eine weitere Erwägung: Königin Hat-schepsut hat das Jubiläumsfest (siehe oben, I.5.1), das die Pharaonen im 30. Jahr ihrer Herrschaft begingen, gefeiert, obwohl die Zeit ihres Königtums weniger als 20 Jahre währte.[578] Die dafür hergestellten Obelisken wurden am 30. XII. des 16. Jahres Tuthmosis' III. (23.8.1464) im Steinbruch vollendet.[579] Vermutlich begann mit dem darauffolgenden 1.I. das 30. Jahr ihres fiktiven Königtums. Da sie behauptete, schon von ihrem Vater Tuthmosis I. eingesetzt worden zu sein, hat sie sich offenbar nachträglich die Jahre ihres Gatten Tuthmosis' II. zugerechnet – allerdings nie in der offiziellen Datierung, die nach den Jahren Tuthmosis' III. geschah. Die Regierung Tuthmosis' II. wird hiernach in dem ägyptischen Kalenderjahr, das vom 31.8.1493 bis zum 30.8.1492 lief, begonnen und somit rund 13 Jahre gedauert haben.

Ausgehend von dem chronologisch sicheren Regierungsanfang Tuthmosis' III. am 28.4.1479 können jetzt folgende Grenzwerte für die Antrittsdaten der ersten Könige der 18. Dynastie gegeben werden:

Amosis I. (25 Jahre)	1554/1547
Amenophis I. (21 Jahre)	1529/1522
Tuthmosis I. (10–15 Jahre)	1508/1501
Tuthmosis II. (12–14 Jahre)	1493/1491

571 Daressy, in: ASAE 1, 1900, 90 (2.).
572 Wente-Van Siclen, in: Fs Hughes, 226.
573 So richtig Krauss, Sothis- und Monddaten, 120.
574 Vgl. W.F. Edgerton, The Thutmosid Succession, SAOC 8, 1933.
575 U.a. auf der Statue des Hapu-sonbe, Edgerton, op.cit., 35-36; Delvaux, in: SAK 15, 1988, 53-67 und auf der des Ahmose Ruru, B.V. Bothmer, Brooklyn Mus. Annual 8, 1968, 55-56; Sauneron, in: Kemi 18, 1968, 45-50; T.G.H. James, Corpus of Hieroglyph. Inscriptions in the Brooklyn Mus., 1974, 77, Nr. 178.
576 Nach der Biographie des Aneni, Urk. IV, 58.
577 Für eine längere Regierung u.a. A.H. Gardiner, Egypt of the Pharaohs, Oxford 1961; D.B. Redford, op.cit. in Anm. 559; Wente-Van Siclen, in: Fs Hughes; Barta, in: JEOL 26, 1979/80; K.A. Kitchen, HML, Gothenburg, 1987; v. Beckerath, in: SAK 17, 1990, und CNR.
578 Reste von Jubiläumsinschriften der Königin: Urk. IV, 355 und 359.
579 Urk. IV, 367: Arbeiten von Jahr 15, 1. VI. bis Jahr 16, 30. XII. = 6 Monate.

3.7 Absolute Datierung des Anfangs des Neuen Reiches

Wie oben (in I 3.2) besprochen, hat man bisher einen festen chronologischen Anhaltspunkt für das Neue Reich in dem Kalendarium auf der Rückseite des medizinischen Papyrus Ebers gesucht, da dort der Frühaufgang des Sothisterns unter dem 9. XI. des 9. Jahres Amenophis' I. verzeichnet zu sein scheint. In neueren Untersuchungen wurde dagegen auf die Möglichkeit hingewiesen, daß dieser Vermerk nicht nur zu dem genannten Datum gehören könnte, sondern zum gesamten ersten Abschnitt des Kalendariums, der die 30 Tage vom 9. XI. bis zum 8. XII. umfaßt. Das Sothisdatum wäre danach nur noch von geringem chronologischen Wert, da es eine zu große Zeitspanne offen ließe: 1538–1450 bei Annahme von Memphis als Stelle der Beobachtung des Phänomens und 1534–1431, wenn dieser Ort das oberägyptische Theben gewesen sein sollte. Die im vorigen Kapitel gewonnenen Grenzwerte für die Regierungszeit Amenophis' I. schränken diese Zeiträume allerdings erheblich ein: Für den Anfang des 9. Jahres Amenophis' I., der vermutlich auf diesem Datum lag, kommen nur noch die Jahre 1521–1514 in Frage. Eine genauere Festlegung ermöglichen die zu Anfang jeder Zeile des Kalendariums verzeichneten Mondmonate (siehe die Tabelle auf S. 48). Dabei wird es sich wohl nicht mehr um den in der Frühzeit der ägyptischen Geschichte gebrauchten älteren Mondkalender handeln, der nach dem Aufgang der Sothis geschaltet wurde. Vielmehr haben wir hier den anscheinend zu Beginn des Mittleren Reiches (um 2000) eingeführten jüngeren Mondkalender vor uns, dessen Schaltung sich nach dem Neujahrstag des Wandeljahres richtete[580]: wenn das Ende des 12. Mondmonats vor diesen Neujahrstag fiel, mußte ein 13. Mondmonat zugeschaltet werden. Die Namen der Mondmonate vor den zwölf 30tägigen Abschnitten des Ebers-Kalendariums bedeuten vermutlich, daß es Mondmonate sind, die jeweils innerhalb der betreffenden Abschnitte begannen. Diese Neumondtage können, wie ich gezeigt habe[581], nur auf jeweils drei bestimmte ägyptische Kalendertage fallen:

1. *Up-ronpet* (12. Mondmonat)	= 6.–8. XII.
1. *Techi* (1. Mondmonat)	= 1.–3. I
1. *Menchet* (2. Mondmonat)	= 1.–3. II
1. *Hat-hor* (3. Mondmonat)	= 1.–3. III.
1. *Ka-her-ka* (4. Mondmonat)	= 30. III.–2. IV.
1. *Schef-bedet* (5. Mondmonat)	= 30. IV.–2. V.
1. *Rekeh* I (6. Mondmonat)	= 29. V.–1. VI.
1. *Rekeh* II (7. Mondmonat)	= 29. VI.–1. VII.
1. *Renutet* (8. Mondmonat)	= 29. VII.–1. VIII.
1. *Chonsu* (9. Mondmonat)	= 28.–30. VIII.
1. *Chent-echtai* (10. Mondmonat)	= 27.–29. IX.
1. *Ipet-hemet* (11. Mondmonat)	= 27.–29. X.

Auf diesen Kalendertagen aber liegen in den letzten Jahrzehnten des 16. Jh. Neumonde nur in den Jahren 1542, 1531, 1528, 1517, 1506 und 1503, und von diesen sechs Jahren liegt nur eines, nämlich 1517, innerhalb der für das 9. Jahr Amenophis' I. ermittelten Grenzwerte. In diesem Jahr könnte der 9. XI. auch der Tag des Sothisaufgangs gewesen sein, falls dieser in Theben beobachtet wurde. In Mem-

---

[580] Barta, in: ZÄS 110, 1983, 19-22.
[581] v. Beckerath, in: ZÄS 120, 1993, 134-35, mit Tabelle.

phis liegt er fünf Tage später, wäre aber natürlich ebenfalls in den ersten Zeitabschnitt des Kalendariums gefallen. Die nicht mit Sicherheit zu entscheidende Frage des Beobachtungsortes wird nunmehr für die Chronologie nebensächlich; in jedem Fall dürfte der erste Tag des Kalendariums des Papyrus Ebers, der 9. XI. des 9. Jahres Amenophis' I., der wahrscheinlich auch der erste Tag dieses Regierungsjahres war, auf den 11. Juli (jul.) des Jahres 1517 zu datieren sein, womit wieder ein absolutes Datum der ägyptischen Chronologie gewonnen wäre. Damit lassen sich nunmehr die am Schluß des vorigen Kapitels gegebenen Daten für die ersten vier Herrscher der 18. Dynastie folgendermaßen verbessern:

Amosis I.	1550 – 1525
Amenophis I.	1525 (13.7.) – 1504
Tuthmosis I.	1504 (22.3.) – 1493/1491
Tuthmosis II.	1493/1491 – 1479 (28.4.)

3.8 Manetho und die Chronologie des Neuen Reiches

Zur Bestimmung einer genaueren Chronologie der 18. und 19. Dynastie können mit der nötigen Kritik auch die in den Exzerpten aus Manethos Geschichtswerk überlieferten Zahlen zum mindesten teilweise herangezogen werden. Freilich liegt in der Überlieferung gerade für diese Zeit eine erhebliche Verwirrung vor, aus der oft der Schluß auf ihre Unbrauchbarkeit gezogen worden ist. Für die Zuverlässigkeit vieler Angaben Manethos hat sich besonders Helck in seinem Werk „Manetho und die ägyptischen Königslisten" (hier zitiert: „Manetho") eingesetzt. Er hat dort auch manche plausible Erklärung für die Entstehung der Textverderbnisse gegeben. Die nachfolgende Darstellung verwendet einige seiner Erklärungen, läßt fraglich erscheinende beiseite und fügt neue hinzu.[582]

Ganz verderbt sind bei Manetho namentlich die Angaben, die die sogenannte Amarna-Zeit betreffen. Hier stand ja keine offizielle Überlieferung zur Verfügung, die Namen Amenophis' IV. (Ach-en-aten) und seiner Nachfolger waren aus den Annalen getilgt. Es verwundert daher nicht, wenn bei Manetho die Regierung Ach-en-atens anscheinend nicht aufgeführt ist und stattdessen der Name Achencherês/Akencherês (mit den Varianten Acherrês und Cherrês/Chebrês), von denen einer nach Angabe des Josephus einer Frau gehört haben soll, dreimal mit fast gleicher Regierungszahl (12 Jahre) erscheint. Dazwischen steht, freilich an falscher Stelle, der rätselhafte Name Rathôthis (Var. Athôris), in dem man zur Not den des Tut-anch-amun erkennen kann[583], wozu auch die Regierungsdauer passen würde. Auch den Namen seines Nachfolgers Aja scheinen die Achencherês-Varianten überdeckt zu haben – möglicherweise ist seine Regierungszahl (4 Jahre und 1 Mon.) dabei zum nächsten König, Har-em-hab (Manetho: Armais) geraten. Daß Ach-en-aten seine Gemahlin mit dem Thronnamen Anchet-chepru-rê kurzzeitig zur Mitregentin erhob, hat offenbar großen Eindruck in der volkstümlichen

[582] Vgl. oben I.2.6, wo bereits auf die Veränderungen der Königsliste Manethos hingewiesen wurde, die durch den Einfluß der volkstümlichen Literatur hervorgerufen wurde.

[583] Zur Chronologie der Amarna-Zeit oben II 3.3. Im Namen Rathôthis könnte -thôt- auf *tut* (*twot*) zurückgehen. Zur Ableitung des Wortanfangs *ra-* von *per-o*, *erra-* ‚König" vgl. G. Fecht, Wortakzent u. Silbenstruktur, ÄF 21, 1960, 209 Anm. 598.

Überlieferung hinterlassen – aber die Dauer ihrer Mitregentschaft kann jedenfalls nicht 12 Jahre betragen haben.[584] Folgende Gegenüberstellung scheint möglich:

Könige	MANETHO
1. Ach-en-aten	
2. Kgin. Anchet-chepru-rê	10. Akencherês/Acherrês/Achencherês
3. Semench-ka-rê (Anch-chepru-rê)	12. Akencherês/Acherrês/Chencherês
4. Tut-anch-amun	11. Rathôthis/Rathôs/Athôris
5. Aja	13. Akencherês/Chebrês/Acherrês oder Cherrês

Sie ergibt jedoch für die Chronologie nur wenig.

Der vorhergehende Hauptteil der 18. Dynastie bietet weniger Schwierigkeiten; die Herkunft der Textverderbnisse läßt sich dort weitgehend erklären. Wir können dabei die Liste des Josephus zugrunde legen, die bei den Regierungszahlen meist auch die Monate angibt; Schreibfehler lassen sich mit Hilfe der Varianten des Africanus und des Eusebius verbessern.[585]

18.1 Tethmôsis (Amôsis)	25 J. 4 M.
18.2 Chebrôn	13 J.
18.3 Amenôphis	20 J. 7 M.
18.4 Amessês (Amensis), Kgin.	21 J. 9 M.
18.5 Mêphrês (Misphrês)	12 J. 9 M.
18.6 Mêphramuthôsis (Misphragmuthôsis)	25 J. 10 M.
18.7 Tuthmôsis	9 J. 8 M.
18.8 Amenôphis	30 J. 10 M.
18.9 Ôros	36 J. 5 M. (Var. 38 J. 7 M.)

Zunächst ist hier die nachträgliche Gleichsetzung des ersten Herrschers, Amôsis, und des dritten, Tethmôsis (= Tuthmosis I.) zu beobachten[586], die darauf zurückzuführen ist, daß von beiden eine parallele Überlieferung bestand, die ihnen die Vertreibung der Hyksos zuschrieb. Dem Tethmôsis ist dann bei dessen Versetzung an die erste Stelle sein Sohn Chebrôn ([A]-cheper-en-[rê] = Tuthmosis II.)[587] vom vierten auf den zweiten Platz gefolgt. Die bei der Verschmelzung des ersten und es dritten Königs beziehungslos gewordene Regierungszahl des Tethmôsis geriet dann zum fünften Namen der Reihe, Misphrês, der als bloße Namensvariante (zu Misphragmuthôsis) keine Zahl hatte.

[584] R. Krauss, Das Ende der Amarnazeit, HÄB 7, 1978, 26-30, hat Manethos Königin Akencherês mit Merit-aten gleichgesetzt und daraus viel zu weitgehende Schlüsse für den Ablauf der Ereignisse dieser Zeit gezogen.

[585] Zur Vereinfachung der Darstellung sind hier nicht alle Schreibungsvarianten der Namen aufgeführt. In der nachfolgenden Liste sind die Namen nach Josephus angegeben, die nach den Chronographen in Klammern.

[586] In der gemeinsamen Vorlage des Josephus und der Chronographen stand hier wohl „Amôsis, auch genannt (ὅ καὶ) Tethmôsis", wovon Josephus den Amôsis strich, die anderen den Tethmôsis.

[587] Zur Identifizierung Helck, Manetho, 65; v. Beckerath, in: SAK 17, 1990, 71-74. Zur Wiedergabe des *ch* von ägypt. *cḫper* in den griechischen Formen der Königsnamen vgl. v. Beckerath, in: Fs Krause, 1995, 15-18.

Ursprünglich:	Später:
Amôsis	Amôsis = Tethmôsis
Amenôphis	Chebrôn
Tethmôsis	Amenôphis
Chebrôn	Amensis
Amensis	

Der folgende Herrscher, der große Tuthmosis III., war bei Manetho anscheinend unter drei Namensformen erwähnt, in denen die spätere Überlieferung drei verschiedene Könige sah: Misphrês/Mêphrês (Men-cheper-rê), Misphragmuthôsis/Mêphramuthôsis (Men-cheper-rê Dhut-mose) und Tuthmôsis (Dhut-mose). Auch Amenophis III. erschien bei ihm unter zwei Namen, Amenôphis und Ôros, wobei Letzterer der bei Josephus wiedergegebenen Osarsephos-Sage entstammt, in der König Amenôphis wünscht, so wie Ôros (auch Ôr, d.h. der Gott Horus) zu sein. Es standen also bei Manetho folgende Namen untereinander:

Misphrês Misphragmuthôsis Tuthmôsis	=	Tuthmosis III.
Amenôphis	=	Amenophis II.
Tuthmôsis	=	Tuthmosis IV.
Amenôphis Ôros	=	Amenophis III.

Die weitere Überlieferung hat dann die beiden „Tuthmôsis" und die beiden „Amenôphis" gleichgesetzt und dabei die Reihenfolge Amenophis II. – Tuthmosis IV. vertauscht. Vergleichen wir die Zahlen des hergestellten Manetho mit den chronologischen Werten, die wir für diese Könige festlegen konnten:

Amôsis	25 J. 4 M.	Amosis I.	22/25 J.
Amenôphis	20 J. 7 M.	Amenophis I.	20 J. 8½ M.
Tethmôsis	12 J. 9 M.	Tuthmosis I. Tuthmosis II.	25 J. 1½ M.
Chebrôn	13 J.		
Amensis	21 J. 9 M.	Hat-schepsut Tuthmosis III.	51 J. 7 M.
Misphrês bzw. Misphragmuthôsis	25 J. 10 M		
Amenôphis	30 J. 10 M.	Amenophis II.	26/31 J.
Tuthmôsis	9 J. 8 M.	Tuthmosis IV.	7/10 J.
Ôros	36 J. 5 M./ 38 J. 7 M.	Amenophis III.	37 J. 6 M.

Manethos Zeitangaben weichen hier also durchwegs nicht von der chronologischen Wirklichkeit ab; sie verdienen Vertrauen. Bei der Regierungszeit Tuthmosis' III. (einschließlich der der Hat-schepsut, aber ohne die Zeit der Mitregentschaft seines Sohnes Amenophis' II.) ergibt sich sogar eine perfekte Übereinstimmung, wenn man die für seine Alleinherrschaft angegebene Zahl (25 J. 10 M.) zu 29 J. 10 M. verbessert (Є = 5 > Θ = 9). Bei Manethos Angabe für Tuthmosis I. scheint lediglich die Zahl der

Monate zu hoch zu sein, wie die Monatsziffern bei Josephus auch sonst meist unsicher und nicht nachprüfbar sind. Bei Amenophis III. liegt die vermutliche Dauer seiner Regierung (37 J. 6 M.) ziemlich genau in der Mitte zwischen den beiden Versionen der Manetho-Überlieferung. Auch für Amenophis II. scheint mir jetzt Manethos Angabe (30 J. 10[?] M.) gegenüber der von Helck (Manetho) und auch noch von mir (CNR) bevorzugten, jedoch bei Misphragmuthôsis stehenden Zahl (25 J. 10[?] M.) die bessere zu sein.[588] Diese aus Manetho gewonnenen Zahlen würden die oben (S. 119) gegebene Chronologie noch um einiges verbessern.

Amosis I.	Thronbesteigung	1550
Amenophis I.		1525 (13.7.)
Tuthmosis I.		1504 (22.3.)
Tuthmosis II.		1492 (Frühjahr ?)
Tuthmosis III. und Hat-schepsut		1479 (28.4.)
Tuthmosis III. (Rest der Regierung)		1457 (Januar)–1425 (11.3.)
Amenophis II.		1428 (13.11.)
Tuthmosis IV.		1397
Amenophis III.		1388 (Juni)

Daran schließen dann Amenophis IV. und seine Nachfolger an:

Amenophis IV. (Ach-en-aten)	1351 (Ende November)–1334
Semench-ka-rê (Nefer-nefru-aten)	1337 (Oktober ?)
Tut-anch-amun (Tut-anch-aten)	1333 (Sommer ?)
Aja	1323 (Anfang Februar)

Die Regierung des Aja wird etwa 4 Jahre gedauert haben, also bis in das Jahr 1319. Da Har-em-hab mindestens 26 oder 27 Jahre auf dem Thron gesessen haben muß (seine Regierungszahl scheint bei Manetho verloren beziehungsweise von der des Aja verdrängt zu sein), bleiben für Ramses I. und Sethôs I. nur die Jahre 1292–1279 (rund 13 Jahre).

Am Ende der 18. und in der 19. Dynastie ist bei Josephus und den Chronographen die Herrscherreihe Manethos weitgehend durch das Eindringen volkstümlicher Erzählungen (Die feindlichen Brüder, Sesôstris-Sethôsis, Osarsêphos) in Verwirrung geraten und zwar derart, daß der ursprüngliche Übergang zwischen den beiden Dynastien kaum mehr feststellbar ist. Außerdem ist dort eine bisher nicht erklärte Wiederholung von Königsnamen („Ramessês/Rampsês/Rapsakês, Amenôphis/Amenôphath/Amenôphthis, Sethôs/Sethôsis/Sethôs der auch Ramessês [heißt]") zu konstatieren, bei der es sich, wie die zugehörigen Zahlen erweisen, jeweils um den gleichen Herrscher handeln muß.

[588] Siehe oben S. 109, zur Feststellung, daß es sich bei dem Datum „Jahr 26" eines Weinkruges aus dem Totentempel des Königs nicht um das Todesjahr handeln muß.

JOSEPHUS		AFRICANUS		EUSEBIUS		Historisch
Ramessês	1.4	Ramessês	1	Ramessês	68	Ramses I.
Ramessês Miamun	66.2					Ramses II.
Amenôphis	19.6	Amenophath	19	Amenôphis	40	Mer-en-ptah
Sethôs-Ramessês	59	Sethôs	51	Sethôs	55	Sethos I.
Rampsês	66	Rapsakês	66	Rampsês	66	Ramses II.
(Amenôphis)		Amenephthês	20	Amenephthis	40(8)	Mer-en-ptah
(Sethôs-Ramessês)		Ramessês	60	-		Sethos I.
		Ammenemnês	5	Ammenemês	26	Amen-mes-su
		Thuôris	7	Thuôris	7	Te-wosret

In der von Josephus, freilich in hellenistischer Bearbeitung wiedergegebenen, hier schon mehrfach erwähnten Osarsephos-Erzählung handelt es sich um eine Vermischung verschiedener populärer Traditionen, die das Motiv der Vorhersage eines Unglücks für das Land – die Herrschaft von Ausländern und Gottesfeinden – sowie seiner Errettung durch einen jungen Pharao gemeinsam hatten. Einmal ist der König, dem geweissagt wird, Amenophis III. und das Unheil offenbar die Ketzerei von Amarna, die dann von den ersten Ramessiden (Sethôs, Ramessês) liquidiert wird. Damit vermischt ist die Erinnerung an die Notzeit nach dem Tod des Mer-en-ptah, dessen Name, griechisch wohl als *Menephthês zu rekonstruieren, durch Vermengung mit demjenigen Amenophis' III. über Amenôphthês und Amenôphath zu Amenôphis wird. In der von den Begründern der 20. Dynastie, Seth-nachte und Ramses III., initiierten Tradition[589] erscheint die Endzeit der 19. Dynastie als Zeit der Wirren und der Fremdherrschaft, von der sie Ägypten befreien mußten. Die Verfemung bezog sich besonders auf die Regierungen Si-ptahs und der Königin Te-wosret, unter denen der Asiat Bija der „starke Mann“ war. Aber auch Amen-mes-su, der den rechtmäßigen Thronfolger Mer-en-ptahs zeitweilig verdrängt hatte, galt als illegitim. Merkwürdigerweise übersieht diese Tradition aber auch den von den jüngeren Ramessiden der 20. Dynastie als rechtmäßiger König und Ahn anerkannten Sethôs II. Er fehlt auch in der manethonischen Überlieferung, während dort sowohl Amen-mes-su (Ammenemnês) als auch die Tewosret (als männlicher König Thuôris, < *Thuôsris) erscheinen. Allerdings würde die für Ammenemnês angegebene Regierungsdauer (5 Jahre, Var. 26 < 6 Jahre) nur für Sethos II. passen, der in seinem 6. Jahr starb, und die Zahl für Thuôris schließt die Regierung des Si-ptah, dessen Jahre sie weiterzählte, mit ein. So könnte der Name Sethos' II. vielleicht wegen der vorherigen Wiederholung Sethos' I. gestrichen worden sein und ebenso die Zahl für Ammenemnês. Am Schluß der Dynastie mag bei Manetho „*Siphthas und Thuôris 7 Jahre“ gestanden haben; beim Ausfall des Namens *Siphthas war nicht mehr erkenntlich, daß es sich bei Thuôris um eine Frau handelte.[590]

---

589 Zum Ausdruck gebracht im „Historischen Abschnitt“ des Pap. Harris I, der einen Rechenschaftsbericht über die religiösen Stiftungen Ramses' III. enthält. W. Erichsen, Papyrus Harris I, Bi.Aeg. V, 1933, 91-97; Breasted, Anc. Records, IV, § 397-412.

590 Nach antiker Chronographie fiel in ihre Regierungszeit der Fall von Troia. Daher wurden Si-ptah und Te-wosret mit dem sagenhaften Königspaar Polybôs und Alkandra identifiziert, bei denen Menelaos und Helena auf dem Heimweg Zuflucht fanden (Homer, Odyssee IV, 125-32).

Beim Vergleich von Manethos Zahlen mit den geschichtlichen ergibt sich folgendes Bild:

Ramses I.	rund 2 Jahre,	Manetho 1 Jahr 4 Monate
Sethôs I.	10–15, wahrsch. 11 J.	59 (51, 55) J.
Ramses II.	66 J. 2–3M.	66 J. 2 M.
Mer-en-ptah	9 J. 9M.	19 J. 6 M.
Amen-mes-su	3–4 J.	5 (26) J.
Sethôs II.	5 J. 10M.	-
Si-ptah und Te-wosret	7½ J.	7 J.

Als sicher darf angenommen werden, daß die Regierungszahl Sethos' I. um 40 Jahre und die Mer-en-ptahs um 10 Jahre erhöht wurde – ein Vorgang, der in der Überlieferung Manethos ja häufig zu beobachten ist. Problematisch ist nur die Zahl für Sethos I. Auch nach Abzug von 40 Jahren bleiben noch 19 Jahre (Jos.), 11 Jahre (Afr.) oder 15 Jahre (Eus.). Die Erhöhung erklärt sich hier vermutlich aus der von Manetho oder späteren Bearbeitern hergestellten Verbindung dieses Herrschers (Sethôs/Sesoôsis) zu der sagenhaften, auch schon von Herodot berichteten Erzählung vom Erobererkönig Sesôstris und seinem ungetreuen Bruder, die sich inhaltlich eher auf die Kriegstaten Sethos' I. und Ramses' II. bezieht als auf Sesostris III. (12. Dynastie), dessen Name hier allerdings vorliegt.[591] Die Entscheidung zwischen den überlieferten Versionen der Regierungszahl Sethos' I. kann nicht aus der Textkritik Manethos kommen, die verschiedene Möglichkeiten offen läßt. Da nach den obigen Feststellungen für Ramses I. und Sethos I. nur etwa 13 Jahre bleiben, muß diese Entscheidung zugunsten der Lesart des Africanus (51 < 11 Jahre) fallen. Die 59 Jahre des Josephus wären dann als nach-manethonisches Mißverständnis (ἕν = 1 > ἐννεα = 9) zu verstehen, die 55 Jahre des Eusebius ihrerseits als Verschreibung aus der Zahl des Josephus (Є = 5 > Θ = 9).

Die Angaben Manethos zur 20.Dynastie sind chronologisch kaum verwendbar. Africanus und Eusebius führen keine Einzelregierungen auf, wohl weil alle Könige (außer Seth-nachte) Ramses heißen.[592] Die von ihnen gegebene Zahl der Herrscher (12 gegenüber historisch 10) ist vielleicht durch Verdoppelungen aufgrund verschiedener Namensvarianten entstanden. Die Dynastiesumme ist ebenfalls zu hoch: Africanus gibt 135 Jahre, Eusebius 178 (Var. 172) Jahre, gegenüber geschichtlich wahrscheinlich 115–117 Jahren; auch hier mögen wie in der 18. und 19. Dynastie Erhöhungen von Einzelziffern vorgekommen sein.

Die Chronologie des Neuen Reiches von Har-em-hab bis zum Ende der 19. Dynastie stellt sich unter teilweiser Heranziehung der Zahlen Manethos wie folgt dar (die Chronologie der 18. Dynastie, ohne Har-em-hab, ist bereits oben, S. 126 gegeben worden, die der 20. Dynastie auf S. 108):

---

591 Die Darstellung von K. Sethe, Sesostris (UGAÄ 2,1. 1900) hat das Verdienst, die Identität des Namens mit dem ägypt. Se-n-wosret (früher „Usertesen" gelesen) erkannt zu haben, geht aber mit der Zuschreibung aller bei Herodot, Diodor u. auch Josephus von diesem berichteten Taten an den König der 12. Dyn. zu weit.

592 Die im sog. Sothisbuch (oben, S. 56) gegebenen Namensvarianten zu „Ramessês" sind als Namen der Könige der 20. Dyn. aufgefaßt worden (Helck, Manetho, 44-45). Das ist möglich jedoch unwahrscheinlich; weder die Form der Namen noch die Zahlen passen zu diesen Königen. Das „Sothisbuch" ist ein spätantikes Machwerk (um 400 n. Chr.), das neben Eusebius auf obskuren Quellen u. wohl auch freier Erfindung beruht.

Har-em-hab	1319–1292
Ramses I.	1292 (Herbst)–1290
Sethôs I.	1290 (6.?)–1279/1278
Ramses II.	1279 (31.5.)–1213
Mer-en-ptah	1213 (24.7./3.8.)–1203
Amen-mes-su	1203 (3.5.)–1200/1199
Sethôs II.	1200/1199 (12.)–1194/1193
Si-ptah und Te-wosret	1194/1193 (10.)–1186/1185

Mähnensphinx Ammenemes' III.

Material: Granodiorit
Maße: Höhe 1,50 m, Länge 2,36 m
Herkunft: wohl Krokodilopolis/Faijûm, später verschleppt
und in Tanis gefunden
Datierung: 12. Dynastie, um 1820 v. Chr.
Standort: Kairo, Ägyptisches Museum CG 394
(*Photo:* Institut für Ägyptologie, München; Hans-Wolfgang Müller)

4. DAS MITTLERE REICH UND DIE II. ZWISCHENZEIT

Die dem Neuen Reich voraufgehende II. Zwischenzeit war eine Epoche des Verfalls des ägyptischen Königtums, in der der Thron der Pharaonen von häufig wechselnden Machthabern verschiedener Herkunft usurpiert wurde („13. Dynastie"). Dennoch konnte die Zentralregierung in Itj-towi bei Memphis zunächst die Einheit des Landes einschließlich der unter der 12. Dynastie gewonnenen Provinz in Unternubien bewahren. Im Delta erhoben sich aber bald zahlreiche Lokalkönigtümer, in der Überlieferung als „14. Dynastie" zusammengefaßt. Unter den auch hier rasch wechselnden Kleinkönigen befanden sich Leute palästinensischer (kanaanäischer) Herkunft. Als einer dieser Palästinenser von seinem Machtgebiet im östlichen Delta aus Memphis (bzw. Itj-towi) eroberte und den letzten König der 13. Dynastie stürzte, begann die Herrschaft der Hyksos (15. Dynastie) und ihrer Vasallen („16. Dynastie") über Ägypten. Der Süden des Landes einigte sich alsbald unter den Königen von Theben (17. Dynastie), die sich als rechtmäßige Nachfolger der 13. Dynastie betrachteten, jedoch gleichfalls den Hyksos tributär wurden. Von hier ging schließlich die Befreiung Ägyptens aus.[593]

Eine sichere Chronologie dieser Periode läßt sich nicht aufstellen. Früher schätzte man ihre Dauer wegen der unzähligen Königsnamen, die im Königspapyrus von Turin (Tur.) sowie auf Statuen, Stelen und Kleindenkmälern bis zu Skarabäensiegeln erschienen, auf viele Jahrhunderte, ja auf mehr als ein Jahrtausend. Grundlage bildete die Überlieferung Manethos, deren verschiedene Versionen eine Dauer von 1066–1590 Jahren ergaben, wobei allerdings von Anfang an klar war, daß seine Dynastien 13–17 wenigstens zum Teil gleichzeitig gewesen sein müssen. Die kürzeste Schätzung stammte von Ed. Meyer[594], der dieser Wirrenzeit mit dem Blick des Historikers lediglich 400 Jahre zubilligen wollte – etwa 150 Jahre für die 13. und 14. Dynastie und 250 für die Zeit der Hyksosherrschaft. Die Entdekkung des Sothisdatums vom 7. Jahr Sesostris' III. im Papyrusfund von el-Lahûn 1899 (siehe oben, S. 44–45) führte dann zur chronologischen Festlegung der 12. Dynastie und ergab damit eine zeitliche Begrenzung für die II. Zwischenzeit, deren Anfang man jetzt auf etwa 1780 datieren mußte. Die Gesamtdauer, dieser Epoche wurde nunmehr auf 200–250 Jahre berechnet, bei unterschiedlicher Ansetzung des Beginns des Neuen Reiches.

Damit stand der chronologische Rahmen für diese im einzelnen noch ungesicherte Zeit fest. Vorher hatten die Pharaonen der 12. Dynastie das von der 11. Dynastie begründete Mittlere Reich durch Zentralisierung innerlich gefestigt, durch Eroberung Unternubiens erweitert und das Land auf eine neue kulturelle Höhe geführt. Die Datierung dieser Dynastie stand seit der Veröffentlichung des Sothisdatums mit 2000/1991–1788/1778 ungefähr fest. Erst in neuester Zeit sind Vorschläge zu einer Verkürzung gemacht worden.[595] Die Chronologie der 12. Dynastie soll hier zunächst besprochen werden, da sie den Ausgangspunkt für die Datierung des Mittleren Reiches und der II. Zwischenzeit bildet.

---

593 Darstellung dieser Epoche zuletzt J. v. Beckerath, Untersuchungen zur polit. Geschichte der Zweiten Zwischenzeit in Ägypten, ÄF 23, 1964, zu der sich seitdem nur einzelne Verbesserungen ergeben haben.

594 Geschichte des alten Aegypten, in: Oncken, Allgemeine Geschichte, Berlin 1887, 13.

595 Der wesentlich niedrigere Ansatz von Krauss, Sothis- und Monddaten, der sicher auf unrichtigen Voraussetzungen beruht (vgl. Barta, in: BiOr 44, 1987, 416-20; v. Beckerath, in: OLZ 84, 1989, 401-04; U. Luft, Die chronolog. Fixierung des Mittl. Reiches nach dem Tempelarchiv v. Illahun, Wien 1992), kann hier unberücksichtigt bleiben.

4.1 Die 12. Dynastie

Die Zeitbestimmung der 12. Dynastie ist ein Musterbeispiel für die Methodik der Chronologie Ägyptens. Manethos Liste ihrer Herrscher ist allerdings, so wie sie uns überliefert ist, weitgehend verderbt. Im Turiner Königspapyrus (I.2.2 und Anhang F) sind die meisten Namen und zum Teil auch die Zahlen zerstört. Erhalten ist[596]:

5.19 [Könige der] Residenz Itj-towi			
5.20 [König Sehet]ep-ib-[rê], er regierte	[Jahre x]9*		
5.21 [König Cheper]-ka-[rê]	Jahre 45*		
5.22 [...]	Jahre 10 (+x ?)*		
5.23 [...]	Jahre 19* (19*)		
5.24 [...]	Jahre 30(+x)*		
5.25 [...]	Jahre 40(+x)*		
6.1 König Maa-cheru-rê, er regierte	Jahre 9,	M. 3,	T. 27
6.2 König Nefru-sobek<rê>	Jahre 3,	M. 10,	T. 24
6.3 [Summe] der Königtümer der Residenz [Itj-towi:			
Könige] 8, sie regierten	Jahre 213, Monat 1, Tage 17		

Die Liste dieser acht Herrscher läßt sich ergänzen aus den Königstafeln von Abydos und Saqqâra (siehe Tabelle auf S. 27), wo wir folgende Reihe finden:

Sehetep-ib-rê (Ammenemes I.)	A 59, S 44 = Tur. 5.20
Cheper-ka-rê (Sesostris I.)	A 60, S 43 = Tur. 5.21
Nub-kaw-rê (Ammenemes II.)	A 61, S 42 = Tur. 5.22
Cha-cheper-rê (Sesostris II.)	A 62, S 41 = Tur. 5.23
Cha-kaw-rê (Sesostris III.)	A 63, S 40 = Tur. 5.24
Ni-maat-rê (Ammenemes III.)	A 64, S 39 = Tur. 5.25
Maa-cheru-rê (Ammenemes IV.)	A 65, S 38 = Tur. 6.1
Ka-sobek-rê (Nefru-sobek)	S 37 = Tur. 6.2

Den sichersten Anhaltspunkt für die Chronologie bildet natürlich das Sothisdatum vom 7. Jahr Sesostris' III. In Verbindung mit einer Reihe von Monddaten aus der Zeit dieses Pharao und seines Nachfolgers Ammenemes' III. läßt sich hier ein absolutes Datum fixieren (vgl. oben S. 44–45). Es ist der 17. Juli (jul.) des Jahres 1866, das älteste und wichtigste astronomische Datum der ägyptischen Geschichte. Damit ist auch das Antrittsjahr dieses Herrschers auf das Jahr 1872 (genau 4.12.1873–3.12.1872) festgelegt.

Zur Bestimmung der Regierungsdauer der einzelnen Könige helfen uns die in den Urkunden dieser Zeit reichlich vorhandenen Daten sowie auch die Tatsache, daß die meisten von ihnen zu Lebzeiten ihre Nachfolger zu Mitregenten erhoben haben. Die höchsten belegten Daten sind:

[596] Zur absoluten Datierung der 12. Dynastie jetzt grundlegend U. Luft, Die chronologische Fixierung des ägypt. Mittleren Reiches nach dem Tempelarchiv von Illahun, Abh. Akad. Wien 1992; dazu v. Beckerath, in: Or 64, 1995, 445-49.

Ammenemes I. Jahr 30, 7. III. (Todestag)[597],
Sesostris I. Jahr 44 = Ammenemes II. Jahr 2[598],
Ammenemes II. Jahr 35 = Sesostris II. Jahr 3[599],
Sesostris II. Jahr 8 (oder 9)[600],
Sesostris III. Jahr 19, 21. XII.[601],
Ammenemes III. Jahr 46, 22.I.[602]

Die Regierungslänge der beiden letzten Herrscher ist im Tur. enthalten: Ammenemes IV. 9 Jahre, 3 Monate, 27 Tage; Königin Nefru-sobek 3 Jahre, 10 Monate, 24 Tage.

Die Doppeldaten erweisen Koregenzen. Für die Chronologie ist dabei die wahre Regierungslänge nicht von Bedeutung, sondern nur die Zeit der Regierung des älteren Partners bis zum Beginn der Mitregentschaft des jüngeren. Es ist wahrscheinlich, daß die Könige dieser Dynastie ihre Nachfolger jeweils an einem Neujahrstag krönen ließen, da damals die Regierungs- mit den Kalenderjahren übereinstimmten. Das wird auch durch den oben (Anm. 601) erwähnten Berliner Papyrus und durch die Bruchstücke einer Inschrift ebendort[603] bewiesen. Aufgrund der oben aufgeführten Doppeldaten haben wir für Sesostris I. 42 Jahre und für Ammenemes II. 32 Jahre zu verrechnen. Auch für Ammenemes I. und Sesostris I. gibt es ein Doppeldatum (Jahr 30 = Jahr 10)[604]. Zwar ist es als solches bestritten worden[605], doch ist es wahrscheinlich, daß der aus dem Beamtenstand hervorgegangene Ammenemes nach einem mißglückten Attentat als erster Pharao seinen Sohn mit der Leitung der Regierungsgeschäfte betraut hat.[606] Für Ammenemes I. sind demnach nur 20 Jahre zu verrechnen. Auch für die übrigen Könige der 12. Dynastie sind solche Koregenzen zu vermuten[607], doch ist ihre Dauer unbekannt.

Neuere Untersuchungen haben ergeben, daß die Regierung Sesostris' III. mit dem 19. Jahr endet und daß Sesostris II. wohl nicht lange über das höchste von ihm bekannte Datum (Jahr 8/9) hinaus regierte.[608] Da nach dem oben erwähnten Berliner Papyrus (Anm. 601) der Wechsel vom Jahr 19 Sesostris' III. zum Jahr 1 seines Nachfolgers anscheinend am Neujahrstag lag, ist es höchstwahrscheinlich, daß Ammenemes III. damals Mitregent wurde. Wir wissen nicht, wie lange der alte König danach noch lebte; jedenfalls sind für ihn nur 19 Jahre zu verrechnen. Für die Koregenz Ammenemes' III. und Ammenemes' IV. gibt es ein leider unvollständiges Zeugnis: an einem Felsen bei Semna in Nubien,

---

597 Pap. Berlin 10499 (Sinuhe R 5). In Tur. 5.20 ist die Regierungszahl dementsprechend „[Jahre 2]9" (+Monate) zu ergänzen.

598 Stele Leiden V, 5, P. Boeser, Beschreibung der aegyptischen Sammlung des Niederländ. Reichsmuseums Leiden, Vol. II, Haag 1909, Pl. IV. Der Tur. gibt 45 Jahre (+ x Monate) an, wonach Sesostris in seinem 46. Jahr starb.

599 Felsinschrift bei Aswân. LD II, 123e; J. de Morgan, Catalogue des monuments et inscriptions, I, Le Caire 1894, 25, Nr. 178.

600 Engelbach, in: ASAE 33, 1933, 71-72, T. II.

601 Pap. Berlin 10055. Borchardt, in: ZÄS 37, 1899, 91 (früher Sesostris II. zugewiesen). Darauf folgt dort der 2. I. des 1. Jahres seines Nachfolgers.

602 F.Ll. Griffith, The Petrie Papyri, London 1898, T. XIV (Pap. Kahun VI, 19).

603 Berlin 15801-04. Inschr. Berlin, I, 268. Ergänzt nach dem Paralleltext Urk. IV, 261 (Hatschepsut).

604 Stele Kairo CG 20516. H.O. Lange – H. Schäfer, Grab- und Denksteine des Mittleren Reiches, II, 108-11; IV, T. 35.

605 So von R.D. Delia, Bull. of the Egyptol. Seminar, New York 1, 1979, 15-28, und 4, 1982, 55-69 und von Helck, in: GM 67, 1983, 43-46, und in: Or. 58, 1989, 315-17, die sich auf die Interpretation zweier Literaturwerke (Sinuhe, Lehre Ammenemes' I.) stützen. Auch die von Obsomer, in: RdE 44, 1993, 103-40, vorgebrachten Argumente haben mich nicht überzeugt.

606 W.J. Murnane, Anc. Egyptian Coregencies, SAOC 40, 1977, 2-5; Eaton-Krauss, in: MDOG 112, 1980, 35-51; Blumenthal, in: ZÄS 110, 1983, 104-21; Jansen-Winkeln, in: SAK 18, 1991, 241-64.

607 Mit sicherer Ausnahme der Königin Nefru-sobek, die wohl kaum zur Thronfolge vorgesehen war und die Herrschaft nur übernahm, weil kein Thronerbe mehr vorhanden war.

608 Zusammenfassend Simpson, LÄ V, Sp. 889-907.

an dem damals die Pegelstände der Nilflut vermerkt wurden, fand sich das Doppeldatum „Jahr 1 entsprechend Jahr 44[+x]"[609], das nach den Umständen der Anbringung der Inschrift nur auf Ammenemes III. und seinen Nachfolger bezogen werden kann. Hinter der Ziffer 44 befindet sich eine zerstörte Stelle, so daß man 45/48 Jahre ergänzen kann. Da wir jedoch eine Urkunde aus dem 46. Jahr Ammenemes' III. besitzen (Anm. 602), ist nur noch die Ergänzung zu 47 oder 48 möglich. Auch 48 ist unwahrscheinlich, da dies vermutlich das Todesjahr des Herrschers war und eine wenn auch nur kurze Koregenz aufgrund dieser Inschrift sicher ist.

Hinsichtlich der Eintragungen des Tur. für diese Dynastie war lange strittig, ob dort nur die chronologisch zu verrechnenden Regierungszeiten verzeichnet waren[610] oder deren Gesamtdauer einschließlich der Jahre der Mitregentschaft des Nachfolgers, die dann also doppelt gezählt worden wären.[611] Hier ist es jetzt eindeutig, daß Letzteres zutrifft. So sind für Sesostris I. 45 Jahre angegeben, obwohl für ihn nur 42 Jahre zu verrechnen sind. Aber auch dann besteht noch eine bemerkenswerte Diskrepanz zwischen den Angaben des Tur. für die drei Könige Ammenemes II., Sesostris II. und III. und den für diese belegten Daten:

Ammenemes II.,	Gesamtregierung 34+x Jahre, Tur. 10(+x?) Jahre
Sesostris II.,	Gesamtregierung 8+x Jahre, Tur. 19 Jahre
Sesostris III.,	Gesamtregierung 19+x Jahre, Tur. 30(+x) Jahre

Will man hier nicht gänzlich falsche Zahlen im Tur. unterstellen, so muß man der Vermutung einer Vertauschung der Zahlen beziehungsweise der Königsnamen zustimmen, bei der Ammenemes II. und seine Zahl dort irrtümlich nicht vor, sondern hinter den beiden Sesostris verzeichnet wurde.[612] Mit dieser Umstellung ergibt sich dann eine genaue Übereinstimmung:

Ammenemes II.,	Gesamtregierung 34+x Jahre, Tur. 30(+x) Jahre
Sesostris II.,	Gesamtregierung 8+x Jahre, Tur. 10 Jahre
Sesostris III.,	Gesamtregierung 19+x Jahre, Tur. 19 Jahre

Sesostris II. ist an einem 14. VIII., wohl in seinem 11. Jahr, gestorben[613]; eine Koregenz mit Sesostris III. ist nicht sicher erweisbar. Letzterer muß nach dem Zeugnis des Tur. noch in seinem 20. Jahr, dem Antrittsjahr seines Sohnes, verstorben sein.
Danach ergeben sich für die 12. Dynastie folgende Ansätze:

Ammenemes (Amen-em-hat) I.	1976 (30.12.1977)–1947 (2.2.)
Sesostris (Se-n-wosret) I.	1956 (25.12.1915)–1911/1910
Ammenemes II.	1914 (15.12.1915)–1879/1876
Sesostris II.	1882 (7.12.1883)–1872 (15.7.)
Sesostris III.	1872 (15. 7. ?) –1853/1852

609 D. Dunham – J.M.A. Janssen, Semna-Kumma, Boston 1960, 132 (R.I.S. 7).
610 So v. Beckerath, in: SAK 4, 1976, 45-47; Barta, in: SAK 7, 1979, 1-9.
611 So mit Recht schon Meyer, Gesch. d. Altert., I (^{2}1909) 245; Parker, Calendars, 69.
612 Krauss, Sothis- und Monddaten, 194-95; Franke, in: Or 57, 1988, 122-26; Helck, in: SAK 19, 1992, 172-73.
613 Dieser Tag wurde in el-Lahûn, seiner Pyramidenstadt, feierlich begangen. Borchardt, in: ZÄS 37, 1899, 91; Gardiner, in: JEA 31, 1945, 21-22.

Ammenemes III.	1853 (30.11.1854)	–1806/1805
Ammenemes IV.	1807/06 (18.11.1808/07)	–1798/1797 (11.3.)
Königin Nefru-sobek	1798/97 (11.3.)	–1794/1793 (29.1.)

Zum Schluß sei noch kurz die Überlieferung Manethos zu diesen Königen behandelt. Ammenemes I. ist dort getrennt von der 12. Dynastie an die 11. angeschlossen mit dem Vermerk „Nach ihnen (d.h. den Königen der 11. Dynastie) Ammenemês, 16 Jahre"; die Zahl ist offensichtlich verschrieben. Die 12. Dynastie beginnt dann mit Sesostris I. (genannt Sesonchosis, wobei eine Vermengung mit dem Namen „Schoschenq" vorliegen dürfte)[614], der richtig als „Sohn des Ammenemês" bezeichnet wird und eine Regierung von 46 Jahren, aufgerundet aus den 45 Jahren (+x Monaten) des Tur., erhält. Ihm folgt Ammanemês (Ammenemes II.) mit 38 Jahren; die Einer sind wahrscheinlich von den Zahlen der folgenden Könige, die alle auf 8 enden, beeinflußt. In dem darauf folgenden Sesôstris, der ein großer Eroberer gewesen sein soll[615], sind vielleicht Sesostris II. und III. verschmolzen. Ihm werden 48 Jahre gegeben – eine Zahl, die möglicherweise die Gesamtregierungszeit Ammenemes' III. darstellt. Dessen Thronname Ni-maat-rê, in später Aussprache *Nemarê, steckt in den Namen der beiden nächsten Könige Amerês und Lamarês (Lamaris, Lacharês).[616] Vermutlich war dort ursprünglich nur ein Herrscher „Amarês oder Lamarês, 8 Jahre" genannt gewesen; das griechische „oder" (ἤ) ist zur Ziffer 8 (η′) geworden, so daß dann zwei Könige mit je 8 Jahren entstanden. Natürlich ist die Regierungszeit ist für Ammenemes III. viel zu kurz; vielleicht ist die Zahl durch Ausfall der Zehner zu erklären. Ebenfalls daran angeglichen ist die Zahl des Nachfolgers Ammenemês (Ammenemes IV.), die richtig 9 Jahre heißen müßte, während die Königin am Schluß der Dynastie zutreffend 4 Jahre erhält. Ihr Name Skemiophris ist verderbt aus *Seknôphris; der ägyptische Name Nefru-sobek wurde als *Se(be)k-nofre(t) aufgefaßt.

MANETHO (AFRICANUS)

(11. Dynastie)	
Nach diesen Ammenemês	16 Jahre
12. Dynastie, 7 Diospoliten, 160 Jahre	
1. Sesonchosis, Sohn des Ammenemês	45 Jahre
2. Ammanemês	38 Jahre
3. Sesôstris	48 Jahre
4. Amerês	8 Jahre
5. Lamarês (Lacharês)	8 Jahre
6. Amenemês	8 Jahre
7. Skemiophris, seine Schwester	4 Jahre

[614] Beide sollen Eroberer gewesen sein, wobei wohl schon die biblische Tradition über Schoschenq I. in die Überlieferung aus Manetho eingedrungen ist.

[615] So schon Herodot II, 102-110, bei dem er jedoch offenbar bereits mit Sethôs I. und Ramses II. vermengt ist.

[616] Marrês bei Diodor, Marês bei Aelian, Moiris bei Herodot und Diodor. Ihm wird die Kolonisierung des Faijûm zugeschrieben; bei seinem Namen liegt Vermischung seines Thronnamens „Nemarê" mit „Mi-wer", der Bezeichnung des Faijûm-Sees vor. Der Anfangsbuchstabe L wohl dialektisch (r > l) aus *per-ô ma-rê* „König (Ne)mare". Vgl. G. Fecht, Wortakzent und Silbenstruktur, ÄF 21, 1960, 209 Anm. 598.

4.2 Die II. Zwischenzeit (13.–17. Dynastie)

Durch die Festlegung des Endes der 12. Dynastie auf 1794/93 und des Beginns des Neuen Reiches auf 1550 ist die II. Zwischenzeit zeitlich eingegrenzt. Die Dynastien Manethos stellen die Herrscher nach dem Gesichtspunkt ihrer Residenz, ihres Machtbereiches und ihrer Volkszugehörigkeit zusammen. So umfaßt die 13. Dynastie die gesamtägyptischen Könige bis zum Einbruch der Hyksos[617], die 14. Dynastie die mit der 13. gleichzeitigen unterägyptischen Lokalkönige, die 15. Dynastie die „großen" Hyksos, die 16. ihre asiatischen und ägyptischen Vasallen im Norden des Landes und die 17. Dynastie die thebanischen Könige zur Zeit der Hyksos. In Manethos Überlieferung hebt sich die Gruppe der sechs Hyksos der 15. Dynastie deutlich hervor – nur sie werden namentlich aufgeführt.

Da sich die Könige der 17. Dynastie als Fortsetzer der 13. verstanden und unter den Kleinkönigen der 14. Dynastie schon Asiaten waren ebenso wie unter denen der 16., besteht der einzige Grund für die Trennung in verschiedene Dynastien (13. und 14. gegen 17. und 16.) darin, daß die einen vor, die anderen nach dem entscheidenden Ereignis der Einnahme von Memphis durch die Hyksos geherrscht haben. Der Anfang der 15. Dynastie ist also der bedeutsamste Einschnitt in dieser Zwischenzeit. Während es sich geschichtlich um einen einmaligen Vorgang handelt, ist archäologisch kaum oder doch nur ganz allmählich eine Änderung zu beobachten.

Dieser Zeitpunkt läßt sich chronologisch in etwa feststellen, ausgehend vom Turiner Königspapyrus, in dem sich trotz seines hier sehr fragmentarischen Zustands die Dynastie der sechs Hyksos, Manethos 15. Dynastie, hervorhebt durch die Tatsache, daß diese dort als einzige Herrscher der gesamten Königsliste nicht mit dem Titel „König von Ober- und Unterägypten" bezeichnet werden, sondern als „Hyksos" (ägyptisch *heqa-chasut* „Herrscher von Fremdländern"). Die Summe ihrer Regierungen, 108 Jahre, ist auf einem kleinen Fragment zufällig erhalten. Das Ende ihrer Herrschaft ist innerhalb der Regierungszeit des Amosis anzusetzen, und zwar in seinem 12.–15. Jahr (1539/1536), doch ist es möglich, daß die ägyptische Annalistik ihre Dynastie nicht erst mit dem Fall ihres Hauptstützpunktes Auaris im Ostdelta enden ließ, sondern schon mit der Einnahme von Memphis durch Amosis, also vielleicht ein bis zwei Jahre vorher. Wir kommen dann mit dem Beginn der Hyksosherrschaft in die Jahre 1649/1644. Das ist zugleich das Enddatum für die 13. und 14. Dynastie.

Weitere chronologische Festlegungen sind in dieser Zwischenzeit nicht möglich. In der 14. und 16. Dynastie haben wir Gruppen verschiedenster örtlicher Kleinkönige vor uns, während die 13. und 17. Dynastie ebenso wie die 15. einheitliche Reihen aufeinander folgender Herrscher darstellen. Für Dynastie 13 dürfen etwa 50 Könige angenommen werden, die 146/152 Jahre regierten – im Durchschnitt weniger als 3 Jahre pro Herrscher. Dabei ist allerdings zu berücksichtigen, daß einzelne Könige längere Regierungen hatten (so Nefer-hotep I. über 11 Jahre, Ja-ib rund 11 und Aja I. rund 14 Jahre). Die 17. Dynastie, die etwa gleichzeitig mit den Hyksos zur Macht kam, zählt 15 Könige, die ca. 1645-1550, also etwa 95 Jahre herrschten. Auch unter ihnen sind Könige mit längerer Regierungszeit (Sebek-em-saf I. und Neb-iri-aw mit 16 Jahren, Beb-anch mit 12 Jahren).

Ungelöst ist noch die Frage der Identifizierung der sechs Hyksos der 15. Dynastie. Manetho (bei Josephus) gibt folgende Reihe:

---

[617] Manetho läßt die 13. Dyn. mit einem „Tutimaios" enden, der früher fälschlich mit dem König Dedu-mose (Tur. VII, 13) gleichgesetzt wurde. R. Weill, La fin du Moyen Empire égyptien, Paris 1918, 79; dagegen v. Beckerath, Untersuchungen zur polit. Geschichte der Zweiten Zwischenzeit, ÄF 23, 1964, 64 und in LÄ VI, s.v. Tutimaios.

1. Salitis (Afr.Saitês)
2. Bêôn (Afr.Bnôn)
3. Apachnas (Afr.Pachnan)
4. Iannas (Afr.Staan [< Siaan ?])
5. Apôphis (Afr.Aphobis)
6. Assis (Afr.Archlês)

Im Tur. sind alle Namen bis auf den letzten zerstört; dessen Name Chamudi läßt sich kaum mit „Assis" oder „Archlês" vergleichen, doch mag der König mehrere Namen geführt haben. Sein Vorgänger, der nach dem Tur. über 40 Jahre regierte, muß Manethos Apôphis sein. Es ist der Apopi (mit den Thronnamen Aqen-en-rê und A-user-rê), dessen Name unter den Hyksos am häufigsten bezeugt ist, auch auf Denkmälern, und der nach dem Datum des mathematischen Papyrus Rhind[618] mindestens 33 Jahre herrschte. Als dessen Vorgänger ist der Hyksos Chajân anzunehmen, der mit Manethos Iannas gleichzusetzen ist. Auch von ihm sind Denkmäler vorhanden, darunter der bekannte Gefäßdeckel aus Knossos – das als Handelsobjekt dorthin gelangte Stück ist für die Chronologie Kretas von Bedeutung. Ganz offen aber ist, welche von den zahlreich auf Skarabäen und Siegeln bezeugten Hyksosnamen[619] mit den ersten drei Königen der 15. Dynastie gleichzusetzen sind – es scheint keiner recht zu passen. Im Tur. ist nur die schon erwähnte Zuweisung der 40+x Jahre des vorletzten Herrschers sicher. Außerdem sind dort noch drei weitere Ziffern teilweise erhalten, die zum zweiten, dritten und vierten König gehören müssen: x+3 Jahre, 8 Jahre 3 Monate und 10 (oder 20, 30) Jahre. Die nachfolgende Aufstellung ist, bis auf die Anfangs- und Enddaten der Dynastie, hypothetisch..[620]

MANETHO		TURIN		v. Chr.
Salitis (Saitês)	19 J.	...	[15] J.	1648/45–1633/30
Bêôn (Bnôn)	44 J.	...	[1]3 J.+M.	1633/30–1619/16
Apachnas (Pachnan)	36 J. 7 M.	...	8 J.+M.	1619/16–1610/07
Iannas (Staan)	50 J. 1 M.	[Chajân]	20 J.+M.	1610/07–1590/87
Apôphis (Aphobis)	61 J.	[Apopi]	4[1] J.	1590/87–1549/46
Assis (Archlês)	49 J. 2 M.	Chamudi	[9 J.]	1549/46–1540/37*
		Summe	108 J.	1648/45–1540/37*

* In Auaris noch bis 1539/35.

Die Namen, die im Tur. von den Dynastien der II. Zwischenzeit erhalten sind, können aus dem Anhang F ersehen werden. Die folgende Liste zählt nur die Könige auf, von denen Denkmäler vorhanden sind[621]:

13. Dynastie	Tur. (Kol. und Zl.)
1. Wegaf (Th. Chu-towi-rê)	6.5
2. Amen-em-hat-sonbef (Th. Sechem-ka-rê)	6.6
3. Pen-tini (?; Th. Sechem-rê-chu-towi)	6.6 (?; „ausgelassen")

---

[618] T.E. Peet, The Rhind Mathematical Papyrus, London 1923,; G. Robins-C. Shute, The Rhind Mathem. Papyrus (ebd. 1987). Tafel I in beiden Publikationen.

[619] Versuch einer chronolog. Ordnung bei O. Tufnell, Studies on Scarab Seals, II, Warminster 1984, 172.

[620] Vgl. hierzu die versuchsweise Aufstellung von W. Helck, Die Beziehungen Ägyptens u. Vorderasiens zur Ägäis, Darmstadt 1979, 50.

[621] Basierend auf der Denkmälerliste in meinen Untersuchungen zur Geschichte der Zweiten Zwischenzeit (oben, Anm. 617) 245-99, mit Verbesserungen nach neueren Veröffentlichungen, bes. Franke, in: Or. 57, 1988, 245-74; Dautzenberg, in: GM 127, 1992, 43-48 und 140, 1994, 19-25.

4. Ammenemes V. (Th. Sechem-ka-rê)	6.7
5. Sehetep-ib-rê	6.8
7. Ammenemes VI. (Th. Se'anch-ib-rê)	6.10
8. Neben-nu (Th. Semen-ka-rê)	6.11
9. Har-nedj-her-jotef (Th. Hetep-ib-rê)	6.12
12. (?) Sebek-hotpe I. (Th. Cha-anch-rê)	6.15
14. Hor (Th. Aw-ib-rê)	6.17
15. Ammenemes VII. (Th. Sedjefa-ka-rê)	6.18
16. Sebek-hotpe II. (Th. Sechem-rê-chu-towi)	6.19
17. Chendjer (Th. User-ka-rê)	6.20
18. Emra-mescha (Th. Semench-ka-rê)	6.21
19. An-j otef IV. (Th. [Se]hetep-ka-rê)	6.22
21. Sebek-hotpe III. (Th. Sechem-rê-sewadj-towi)	6.24
22. Nefer-hotep I. (Th. Cha-sechem-rê)	6.25
23. Si-hathor (Th. Men-wadj-rê)	6.26
24. Sebek-hotpe IV. (Th. Cha-nefer-rê)	6.27
25. Sebek-hotpe V. (Th. Cha-hetep-rê)	7.1
26. Ja-ib (Th. Wah-ib-rê)	7.2
27. Aja I. (Th. Mer-nefer-rê)	7.3
28. (?) Sebek-hotpe VI. (An ?; Th. Mer-hetep-rê)	7.4 (?)
29. (?) Ment-hotpe V. (Se-wadj-tu ?; Th. Se'anch-en-rê)	7.5 (?)
30. (?) Nefer-hotep II. (Ined ?; Th. Mer-sechem-rê)	7.6 (?)
32. Sebek-hotpe VII. (Th. Mer-kaw-rê)	7.8
33. (?) Nefer-hotep III. (Ij-cher-nofret; Th. Sechem-rê-se'anch-towi)	7.9 (?)
34. (?) Sebek-hotpe VIII. (Th. Sechem-rê-se'user-towi)	7.10 (?)
35. (?) Ment-hotpe VI. (Th. Mer-anch-rê)	7.11 (?)
36. (?) Ment-em-saf (Th. Djed-anch-rê)	7.12 (?)
37. Dedu-mose (Th. Djed-nefer-rê/Djed-hetep-rê)	7.13
41. (?) Seneb-mi-iu (Th. Sewah-en-rê)	7.17 (?)
42. (?) Ment-hotpe VII. (Th. Se'udja-rê)	7.18 (?)
44. (?) User-mont (Th. Secha-en-rê)	7.20 (?)
45. (?) Ini (Th. Mer-schepes-rê)	7.21 (?)
(?) Sena'a-ib (Th. Men-cha'u-rê)	(?)
(?) Dhuti (Th. Sechem-rê-semen-towi) (?, hier oder Dyn. 17)	
(?) Ra-hotpe (Th. Sechem-rê-wah-cha'u) (?, hier oder Dyn. 17)	
(?) Upwaut-em-saf (Th. Sechem-rê-nefer-cha'u) (?, hier oder Dyn. 17)	

14. Dynastie

2. Nehasi (Th. A-seh-rê)	8.1
6. Mer-djefa-rê	8.5

15. Dynastie

4. Chajân (Iannas, Th. Se'user-en-rê)	11.5 (?)
5. Apopi (Apôphis, Th. A-qen-en-rê/A-user-rê)	11.6 (?)

17. Dynastie

1.(?) An-jotef V. (Th. Nub-cheper-rê)	12.30 (?)

2.(?) Ra-hotpe (Th. Sechem-rê-wah-cha'u)	13.1 (?, hier oder Dyn. 13)
3. Sebek-em-saf I. (Th. Sechem-rê-wadj-cha'u)	13.2
4.(?) Dhuti (Th. Sechem-rê-semen-towi)	13.3 (?, hier oder Dyn. 13)
5.(?) Sesostris IV. (Th. Senefer-ib-rê)	13.4 (?)
6. Neb-iri-aw I. (Th. Sewadj-en-rê)	13.5
7. Neb-iri-aw II. (Th. Nefer-ka-rê ?)	13.6
8. Semen-en-rê	13.7
9. Beb-anch (Th. Se'user-en-rê)	13.8
10. Sebek-em-saf II. (Th. Sechem-rê-sched-towi)	13.9
11. An-jotef VI. (Sechem-rê-up-maat)	[13.10]
12. An-jotef VII. (Sechem-rê-heru-her-maat)	[13.11]
13. Senacht-en-rê (Ta-o I.?)	[13.12]
14. Ta-o (II.?, Th. Seqen-en-rê)	[13.13]
15. Ka-mose (Th. Wadj-cheper-rê)	[11.14]

4.3 Die 11. Dynastie

Ammenemes I. war, ehe er König wurde, der Wezir des letzten Königs der 11 .Dynastie[622], unter dem offenbar innere Kämpfe das Land erschütterten. Er verteidigte die Stellung der Zentralregierung und bestieg schließlich selber den Thron, wobei er den gestürzten Ment-hotpe IV. vielleicht noch eine kurze Zeit lang als nominellen Mitregenten duldete.[623] Einige Jahrzehnte vorher hatte Ment-hotpe II. als König des oberägyptischen Theben die Herrschaft der Dynastie von Herakleopolis (9./10. Dynastie) im Norden beseitigt und dadurch die Einheit Ägyptens nach den Wirren der I. Zwischenzeit wiederhergestellt – er gilt daher als der Begründer des Mittleren Reiches. Für die Chronologie ist es nützlich, daß im Königspapyrus von Turin die Dauer fast aller Regierungen und auch die Summe der Jahre dieser Dynastie erhalten ist; wir können also von dem gesicherten Datum ihres Endes, dem Anfang der 12. Dynastie im Jahr 1976, ausgehen.

Mit Hilfe der Denkmäler dieser Zeit und der königlichen Ahnentafel von Karnak (= K.; vgl.oben I.2.3) läßt sich folgende Herrscherreihe aufstellen:

1. Fürst An-jotef von Theben (K. 13)
2. „Hor Tepi-a" Ment-hotpe I. (K. 12)
3. Hor Seher-towi, An-jotef I. (K. 11)
4. Hor Wah-anch An-jotef II. (K. 10)
5. Hor(-nacht) Neb-tep-nufer An-jotef III. (K. [9])
6. Hor Se'anch-ib-towi Ment-hotpe = König Ment-hotpe II. (Th. Neb-hapet-rê; K. 29)
7. König Ment-hotpe III. (Th. Se'anch-ka-rê; K.30)
8. König Ment-hotpe IV. (Th. Neb-towi-rê; K.31)

---

622 Als solcher genannt in den Inschriften Nr. 110 u. 113 im Wâdi Hammâmât, (Couyat-Montet, Ouâdi Hammâmât, 77-81, T. 29.

623 Hierzu v. Beckerath, in: ZÄS 92, 1965, 4-12.

Abb. 10
Mentuhotep II. und seine Vorgänger am Tempel von et-Tôd
(Nach Vandier, BIFAO 36, 1936

Die Reihenfolge und die Identifizierung der einzelnen Herrscher war früher sehr umstritten; die Probleme sind seitdem durch die Arbeiten von H. Stock[624] und A.H. Gardiner[625] gelöst.

Demgegenüber zählt der Tur. nur sechs Namen auf, alle mit dem Titel eines „Königs von Ober- und Unterägypten", den in Wirklichkeit erst Ment-hotpe II. im Verlauf der Wiedervereinigung annahm. Die ersten Könige nannten sich nur mit dem Horustitel und setzten ihrem Namen im Königsring die Bezeichnung „Sohn des Rê" hinzu.

Turin 5.12 König [...*	...]	(= Nr. 2 obiger Liste)
5.13 König [...*	...]	(= Nr. 3)
5.14 König [... A]n-[jotef]	49 Jahre	(= Nr. 4)
5.15 König [...]	8 Jahre	(= Nr. 5)
5.16 König Neb-hapet-rê	51 Jahre	(= Nr. 6)
5.17 König Se'anch-ka-rê	12 Jahre	(= Nr. 7)

5.18 Summe: 6 Könige, sie regierten 1[36] Jahre und 7 „leere" Jahre; Summe 143 Jahre.

*Die Zeichenreste passen zu „Sohn [des Rê Ment-hotpe] „und" Sohn [des Rê An-jotef]".

Aus der Summe von 143 Jahren ergibt sich zunächst, daß die beiden ersten im Tur. genannten Herrscher zusammen 16 Jahre regiert haben; die Dynastie ist demnach auf 2119–1976 anzusetzen. Die

624 Die Erste Zwischenzeit Ägyptens, Studia Aegyptiaca, II, Roma 1949, 69-90.
625 Gardiner, in: MDAIK 14, 1956, 42-51.

7 „leeren" oder „(in der Vorlage) ausgelassenen" Jahre (*wosef*) gehören offenbar an den Schluß; sie entsprechen der Regierungszeit des in der offiziellen Überlieferung übergangenen Ment-hotpe IV.[626] Seine Weglassung ist vermutlich damit zu erklären, daß er von Ammenemes I., der ihn gestürzt hatte, nicht als rechtmäßig anerkannt wurde, wie auch das Bruchstück einer königlichen Opfertafel aus Karnak zeigt, wo er durch Se-n-wosret, den nicht-königlichen Vater des Ammenemes, ersetzt ist.[627]

Der Horusname des ersten Ment-hotpe ist eine Fiktion. Er bedeutet „Horus Vorfahr" und wurde ihm demnach erst in der späteren Tradition zugelegt. Tatsächlich war er wohl nur „Großes Oberhaupt des thebanischen Gaues".[628] Auch sein Nachfolger An-jotef I. war anfangs nur Fürst; da er aber die Herrschaft über mehrere Nachbargaue hinzugewonnen hatte, nannte er sich bereits „Großes Oberhaupt des Südens"[629] und nahm später den Königstitel an – allerdings nur den Horusnamen und den eines Sohnes des Rê, nicht aber einen Thronnamen, der ihn als Herrscher Beider Länder bezeichnet hätte. An-jotef II. hat dann während seiner langen Regierung im Krieg mit den Königen der 9./10. Dynastie gestanden. Dabei scheint es vor allem um den Besitz von Abydos, dem Kultort des Osiris und Grabstätte der ersten Herrscher Ägyptens, gegangen zu sein. Er konnte seinen Machtbereich im Norden bis zum X. Gau (Qaw el-Kebîr, rund 100 km stromabwärts von Abydos) erweitern, doch erst Ment-hotpe II. gelang der Endsieg über die Herakleopoliten.

Der Zeitpunkt der Wiedervereinigung Ägyptens läßt sich leider nicht genau festlegen. Im 14. Jahr Ment-hotpes II., als dieser sich noch keinen Thronnamen zugelegt hatte, gab es nochmals Kämpfe im Gau von Thinis, in dem Abydos lag[630]; der Endsieg kann erst einige Jahre später errungen worden sein. Andererseits war der König zur Zeit seines Jubiläums, das im 30. Regierungsjahr begangen wurde, schon Herr der Beiden Länder. Als solcher bezeichnet er sich auf einem Felsrelief im Wadi Schatt er-Rigâl, das ihn im Jubiläumsgewand darstellt.[631] Daneben ist zwar in flüchtiger Schrift noch das „Jahr 39" angegeben, doch kann dies weder von der Thronbesteigung noch von der Wiedervereinigung aus das Datum des Jubiläums sein. Vermutlich handelt es sich dabei um eine spätere Inschrift.[632] Die Wiedervereinigung wird demnach zwischen dem 20. und dem 30. Jahr Ment-hotpes II. zum Abschluß gelangt sein (ca. 2027/2017).

Die Herrschaft der 11. Dynastie über das wiedervereinigte Ägypten wurde anscheinend durch erneute Wirren beendet, die sich in den 7 Jahren des Königtums Ment-hotpes IV. zugetragen haben müssen. Die Erhebung ging offenbar vom Süden aus, da sich nur in Unternubien Inschriften dreier Könige fanden, die stilistisch in diese Zeit gehören: An(-jotef, Th. Qa-ka-rê), Seger-seni (Th. Mench[?]-ka-rê) und Ij-ib-chent-rê (?, oder König Chent, Th. Ij-ib-rê).[633] Vielleicht handelte es sich

[626] Sein Name wird in den Königstafeln von Abydos u. Saqqâra sowie im Tur. übergangen und lediglich in der Tafel von Karnak genannt. Aus seiner Zeit ist nur das Datum einer Expedition ins Wadi Hammâmât (Jahr 2) belegt durch mehrere Inschriften ebendort, Couyat – Montet, op.cit., Nr. 110, 113, 191, 192; G. Goyon, Nouvelles inscriptions rupestres du Wadi Hammamat, Paris 1957, 76-81, T. 17-22, Nr. 53-59.

[627] Habachi, in: ASAE 55, 1958, 185-90, T. IV.

[628] Zeitgenössisch nicht belegt. Außer seiner Nennung auf der Karnak-Tafel gibt es noch das Fragment einer ihm von An-jotef II. gewidmeten Statue, auf der er als „Vater der Götter" (d.h. der späteren Könige) bezeichnet ist. L. Habachi, The Sanctuary of Heqaib, Elephantine IV, Mainz 1985, 109-10, T. 187-88.

[629] Stele Straßburg 345. J.J. Clère – J. Vandier, Textes de la Ière Période Interméd. et de la XIème dyn., Bi.Aeg. X, 1948, § 11.

[630] Stele Brit. Mus. 99 (1203). Clère – Vandier, op.cit., § 23. Dort wird es als „Jahr des Frevels von Thinis" bezeichnet; eine zweite Stele, Clère – Vandier, op.cit., § 18, läßt erkennen, daß es sich dabei um den „Kampf mit dem Haus des Achtoi (d.h. mit der Dyn. von Herakleopolis) im Westen von Thinis (bei Abydos)" handelt.

[631] H.E. Winlock, The Rise and Fall of the Middle Kingdom at Thebes, New York 1947, 62, T. 37.

[632] v. Beckerath, in: MDAIK 47, 1991, 30 (3.).

[633] v. Beckerath, Königsnamen, 64 u. 195-96 (XI a-c).

um eine Reaktion auf den dann von der 12. Dynastie ausgeführten Plan zur Verlegung der Residenz, die zunächst in Theben geblieben war, nach dem Norden (Memphis – Itj-towi).

In der Überlieferung Manethos finden wir zu dieser Dynastie folgende Angabe: „11. Dynastie, 16 diospolitische Könige, 43 Jahre". Zu vermuten ist, daß die ägyptische Vorlage hier in Übereinstimmung mit dem Tur. „6 Könige, 143 Jahre" lautete.

Chronologie der 11. Dynastie

Ment-hotpe I. und	
An-jotef I.	2119–2103
An-jotef II.	2103–2054
An-jotef III.	2054–2046
Ment-hotpe II.	2046–1995
Ment-hotpe III.	1995–1983
Ment-hotpe IV. (und Gegenkönige)	1983–1976

Sitzfigur Ment-hotpes II. (Detail)

Material: Sandstein, bemalt
Maße: Höhe der Statue 1,38 m
Herkunft: Totentempel des Königs in Dêr el-Bahari
Datierung: 11. Dynastie, um 2000 v. Chr.
Standort: Kairo, Ägyptisches Museum JE 36195
(*Photo:* Institut für Ägyptologie, München; Hans-Wolfgang Müller)

5. DIE I. ZWISCHENZEIT

Ein Hauptproblem der Chronologie Altägyptens stellt die Dauer der Zeit zwischen dem Alten und dem Mittleren Reich, die sogenannte I. Zwischenzeit dar. Da es aus dem Alten Reich keine absoluten Daten gibt, läßt sich dieser Zeitraum nicht genau festlegen, womit die gesamte ältere Chronologie unsicher wird. Die Schätzungen gehen demzufolge weit auseinander.

Zunächst ist zu bestimmen, was unter dem Begriff der I. Zwischenzeit verstanden werden soll. Bei Manetho werden noch die Könige der 6. Dynastie namentlich aufgeführt, während für die 8.–11. Dynastie nur die Anzahl der Könige und der Jahre jeder dieser Herrschergruppen angegeben werden.[634] Auch die ägyptischen Königstafeln übergehen die Herrscher der Zwischenzeit und setzen übereinstimmend mit Ment-hotpe II., dem Vereiniger Ägyptens, wieder ein; sie scheinen also die Herrschaft über das ganze Land als Kriterium für die Aufnahme unter die königlichen Ahnen zu betrachten. Dabei ist allerdings ein Unterschied zwischen den Tafeln von Abydos und Saqqâra zu beobachten: während Saqqara schon die 8. Dynastie ausläßt, nennt Abydos hier noch 17 großenteils unbekannte Königsnamen. Auch der Turiner Königspapyrus führt die Herrscher der 8. Dynastie wenigstens zum Teil namentlich auf und macht hinter dem letzten von ihnen einen großen Schlußstrich, indem er hier nicht nur die Jahre der 6. und 8. Dynastie summiert, sondern auch die Jahre, die bis zu diesem Zeitpunkt seit dem Anfang der Geschichte (Menes) verflossen sind (Kol. V, 14-17). Daraus wird ersichtlich, daß die ägyptische Überlieferung die 8. Dynastie noch zum Alten Reich rechnet und als „Zwischenzeit" lediglich die Könige der 9./10. Dynastie sowie die mit ihnen gleichzeitigen ersten Herrscher der 11. Dynastie ansieht, von denen demnach keiner über ganz Ägypten regieren konnte. Andererseits müssen unter den zahlreichen, kaum belegten Königen der 8. Dynastie bereits „zwischenzeitliche" Verhältnisse geherrscht haben. Obgleich sie zu ihrer Zeit die einzigen Pharaonen im Land gewesen sein werden, wird ihre Autorität wohl nicht mehr sehr weit gereicht haben.[635]

Während Manetho zwei Dynastien aus Herakleopolis[636] mit je 19 Königen verzeichnet, entspricht dem im Tur. nur e i n e Gruppe von 18 Herrschern (IV, 18-26, V, 1-9), die wir deshalb zur Vermeidung einer Umnumerierung der Dynastien als 9./10. bezeichnen. Vermutlich handelt es sich in der manethonischen Tradition um eine irrtümliche Verdoppelung; auch die Jahresangaben (409 bzw. 185 Jahre) sind ganz unwahrscheinlich:

9. Dynastie: 19 Herakleopoliten, 409 Jahre
   1. König: Achthoês
10. Dynastie. 19 Herakleopoliten, 185 Jahre

---

[634] Die „7. Dynastie" (Afr.: „70 memphit. Könige, 70 Tage") wird durch Irrtum des Epitomators entstanden sein. Manetho hatte hier wohl nur ein kurzes Interregnum vermerkt, woraus dann eine Dynastie wurde. Diese ist mit Meyer, Gesch. d. Altert., I, ^{2}1909, § 267 zu streichen. Die Übertragung der Bezeichnung auf Teile der 8. Dyn. ist unstatthaft.

[635] Quellen für die Verhältnisse dieser Zeit sind die Dekrete aus Koptos. Urk. I, 293-307; Hayes, in: JEA 32, 1946, 3-23; H. Goedicke, Kgl. Dokumente a. d. Alten Reich, ÄA 14, 1967, 163-230. Übersetzung W. Schenkel, Memphis-Herakleopolis-Theben, ÄA 12, 1965, 11-24.

[636] Ahnâsija el-Medina nahe dem Eingang zum Faijûm.

Beide Angaben dürften auf ursprünglich nur eine Dynastie, in Übereinstimmung mit dem Tur., zurückgehen:

(9./10. Dynastie): 19 Herakleopoliten, 185 Jahre
1. König: Achthoes 9 (? > 409) Jahre

Im Tur. sind die meisten der 18 Königsnamen verloren, ebenso sämtliche Zahlen und leider auch die Dynastiesumme. Der bei Manetho genannte König Achthoês ist historisch; er entspricht dem ägyptischen Namen Achtoi, den mehrere Herrscher der Dynastie trugen. Die materielle Hinterlassenschaft der Herakleopoliten ist äußerst gering; sie besteht nur aus wenigen, verstreuten Kleinfunden[637] sowie Erwähnungen in Inschriften von Zeitgenossen und in späteren Literaturwerken.[638] Danach können diese 18 Könige nur etwa 100-150 Jahre auf dem Thron gesessen haben; im Süden Ägyptens wurden sie nicht anerkannt.

Offen ist die Frage, ob und wie lange sie vor dem (fiktiven) Beginn der 11. Dynastie (2119) regierten.[639] Die ägyptische Überlieferung betrachtet die Herakleopoliten nicht als gesamtägyptische Könige; ihre Herrschaft läßt sich südlich von Abydos nicht sicher nachweisen. Andererseits beginnt der Königspapyrus die Jahre der 11. Dynastie mit der Regierung des Fürsten Ment-hotpe, der noch nicht König war, läßt aber dessen Vorgänger, den Fürsten An-jotef aus. Hier liegt der Schluß nahe, daß die thebanische Tradition, die hier vom Tur. übernommen wird, mit der Einschiebung des ersten Ment-hotpe den zeitlichen Anschluß an die noch als legitim angesehene 8. Dynastie erreichen und so die 11. Dynastie gleichzeitig mit den nicht anerkannten Herakleopoliten beginnen lassen wollte.[640] Es ergeben sich aber andererseits aus der Aufstellung der Reihen oberägyptischer Lokalfürsten, vor allem in den Gauen von Koptos und Dendera, Argumente für einen Zeitabstand von mehreren Jahrzehnten zwischen der 8. Dynastie und der Erhebung der Thebaner unter An-jotef I.[641] Ganz sicher ist das zwar nicht – man könnte diese Fürsten auch als untereinander und mit der 8. und der frühen 11. Dynastie gleichzeitig betrachten[642] – doch scheint die größere Wahrscheinlichkeit für eine gewisse Zeitspanne zu sprechen. Länger als eine Generation kann diese allerdings kaum gedauert haben. Der Gaufürst An-jotef von Theben nennt sich noch auf seiner Grabstele[643] „Vertrauter des Königs", was sich angesichts ihrer Nichtanerkennung seitens der Thebaner wohl kaum auf die Herakleopoliten beziehen kann. An-jotef muß also wenigstens zu Anfang seiner Herrschaft noch unter einem König der 8. Dynastie gestanden sein. Der bei el-Mo'alla bestattete Fürst des südlich an den thebanischen Gau angrenzenden Gebiets, Anch-tifi, hat in seinem Grab eine biographische Inschrift[644] hinterlassen, die wertvolle Einblicke in die lokalen Geschehnisse dieser Wirrenzeit ermöglicht. In seiner Jugend hat er noch mit dem in Abydos als Stellvertreter der Zentralregierung residierenden „Vorsteher von Oberägypten" verhan-

[637] Zusammenstellung: v. Beckerath, in: ZÄS 93, 1966, 13-20.
[638] „Geschichte vom Beredten Bauern", „Lehre für König Merikarê".
[639] Der Abstand zwischen dem Ende der 8. und dem Beginn der 11. Dyn. wurde von Ed. Meyer, 1925, auf 82 Jahre geschätzt, von Scharff, 1950, auf 57 J., Parker, 1957/1974: 21 J., Hayes, 1961: 27 J., Gardiner, 1961: 19 J., v. Beckerath, 1962, u. Helck, 1968: 0 J., Barta, 1981: 34 J.
[640] v. Beckerath, in: JNES 31, 1962, 140-47.
[641] H.G. Fischer, Inscriptions from the Coptite Nome, Roma 1964, 39-102; ders., Dendera in the Third Mill. B.C., Locust Valley/N.Y. 1968, 128-76, 187-88; Barta, in: ZÄS 108, 1981, 23-33.
[642] So E. Martin-Pardey, Unt. z. ägypt. Provinzialverwaltung, HÄB 1, 1976, 202-33.
[643] Kairo CG 20009. H.O. Lange – H. Schäfer, Grab- u. Denksteine des Mittl. Reiches, I, 8-9; Abb. bei H.W. Müller, in: MDAIK 4, 1933, T. 31.

delt. Das muß noch zur Zeit der 8. Dynastie (oder gar der 6.) gewesen sein. Aus seinen späteren Jahren berichtet er über die große Hungersnot, die zu der Zeit herrschte, als es in Oberägypten keinen anerkannten König gab, sowie über einen militärischen Vorstoß gegen den Gau von Theben. Dieser Kampf muß schließlich zugunsten Thebens ausgegangen sein; nach dem Ende des Anch-tifi konnte sich An-jotef I. dessen Machtgebietes bemächtigen.

Es ist hiernach wohl am wahrscheinlichsten, für den Abstand zwischen der 8. und der 11. Dynastie eine Zeitspanne von ungefähr einem Vierteljahrhundert anzunehmen, wobei die äußersten Grenzen des Möglichen (Grenzwerte) zwischen 0 und 50 Jahren liegen dürften. Das bedeutet für das Ende des Alten Reiches (8. Dynastie), den Ausgangspunkt für die Chronologie der vorangehenden Zeit, einen Ansatz auf etwa 2170/2120 (Mittelwert um 2145) v. Chr.

---

[644] J. Vandier, Mo'alla, Paris 1950; Schenkel, Memphis-Herakleopolis-Theben, 45-57.

Sitzfigur des Königs Chephren mit Horusfalken

Material: Anorthositgneis
Maße: Höhe 1,68 m
Herkunft: Giza, Taltempel des Königs
Datierung: 4. Dynastie, um 2550/2500 v. Chr.
Standort: Kairo, Ägyptisches Museum CG 14
(*Photo:* Institut für Ägyptologie, München; Kurt Lange)

6. DAS ALTE REICH

Die erste Blütezeit der ägyptischen Kultur bezeichnen wir als das Alte Reich. Sie endet eigentlich schon mit der 6. Dynastie, nach der im Turiner Königspapyrus überlieferten ägyptischen Annalistik, bei der es nicht um die kulturelle Höhe des Reiches sondern um dessen äußerliche Einheit geht, aber erst mit der 8. Dynastie. Das Alte Reich ist die Zeit der Erbauer der großen Pyramiden am Westrand des Niltales zwischen Abu Rowâsch im Nordwesten von Kairo bis an den Rand der Faijûm-Oase. Es beginnt daher mit der 3. Dynastie, deren Könige sich bereits Pyramiden errichten ließen. Jedoch muß die Zeit dieser Dynastie als eine Übergangsperiode angesehen werden, aus der wir im Gegensatz zur 4., 5. und 6. Dynastie noch wenige Schriftzeugnisse besitzen.

Infolge der unsicheren Dauer der I. Zwischenzeit müssen für das Ende des Alten Reiches (8. Dynastie) um ein halbes Jahrhundert auseinanderliegende Grenzwerte (2170/2120) angenommen werden; für die vorhergehenden Epochen läßt sich daher keine absolute Chronologie aufstellen. Für die relative Chronologie stehen uns die Angaben des Tur. sowie – unter der Einschränkung späterer Veränderungen und Verderbnisse – diejenigen Manethos zur Verfügung. Datierte Inschriften aus dieser Epoche sind selten und nicht ohne weiteres verwendbar, da die Jahre nach den Steuerzählungen unter den einzelnen Herrschern benannt werden. Diese fanden, wie bereits oben (I.1.4) dargelegt wurde, ursprünglich in jedem zweiten Jahr statt. Das Antrittsjahr eines Pharao wurde dabei „Jahr der Vereinigung der Beiden Länder" genannt, ohne Rücksicht darauf, ob in dieses Jahr eine Zählung fiel oder nicht. In letzterem Fall fand die erste Zählung unter der neuen Regierung im folgenden Jahr statt, im ersteren war dann das übernächste Jahr das der zweiten Zählung. Ein „Jahr der 10. Zählung" zum Beispiel kann also ein 19. oder ein 20. Regierungsjahr gewesen sein. Zu dieser verhältnismäßig geringen Unsicherheit tritt nun aber die schon seit Anfang der 4. Dynastie bezeugte Tatsache, daß gelegentlich auch in zwei aufeinander folgenden Jahren gezählt wurde. Diese Praxis wurde dann im weiteren Verlauf des Alten Reiches immer häufiger angewandt, bis schließlich unter der 6. Dynastie nahezu jedes Jahr ein Zählungsjahr war. So bedeutet das obengenannte Beispiel „Jahr der 10. Zählung" chronologisch Jahr 19/20 minus x des betreffenden Königs, wobei x die Anzahl der zusätzlich eingeschobenen Zählungsjahre meint. Namentlich zur Zeit der 6. Dynastie ist auch mit der Möglichkeit zu rechnen, daß im Verlauf eines zunächst als „Jahr nach der x. Zählung" bezeichneten Jahres später noch eine außerordentliche Zählung durchgeführt wurde.

So sind wir für die Aufstellung der (relativen) Chronologie dieser Zeit auf den Turiner Königspapyrus und die Überlieferung Manethos (letztere mit Korrektur der überhöhten Zahlen) angewiesen. Bei der Benutzung der Zahlen des Tur. ist zu berücksichtigen, daß – wie bereits oben, S. 21 festgestellt – der Schreiber bei den Königen des Alten Reiches durchwegs die Angabe der Monate und Tage ihrer Regierung ausgelassen, die Jahrzahlen also nicht aufgerundet hat. Danach ist für die Gesamtdauer einer Dynastie stets eine um etwa 3–4 Jahre höhere Zahl anzusetzen, als sich aus den Einzelposten des Tur. ergibt.

6.1 Die Dynastien 6–8

Im Königspapyrus (Tur.) sind die 6. und 8. Dynastie Manethos zu e i n e r Gruppe zusammengefaßt; davor und dahinter markiert jeweils eine Summierung das Ende einer Dynastie. Die Namen der meisten Könige sind verloren, können jedoch aus der Königstafel von Abydos sicher ergänzt werden. Auffallend ist, daß der Tur. bei der 8. Dynastie gegenüber Abydos die ersten elf Namen ausläßt, dafür aber einen „König Neit-aqerti"[645] nennt, der eindeutig der von Manetho und schon von Herodot erwähnten Königin Nitôkris entspricht. Die Abydostafel berücksichtigt sie ebensowenig wie die Königin Nefru-sobek am Ende der 12. Dynastie.[646]

Die nachweisbaren Gleichsetzungen der Namen sind nebenstehend (Tabelle 7) dargestellt. Vergleicht man nun die hierdurch ergänzte Liste des Tur. mit derjenigen Manethos, ergibt sich folgendes Bild:

TURIN		MANETHO		
		6. Dynastie		
[Teti	.. Jahre]	Othoês	30 J.	
[User-ka-rê...]		-		
[Meri-rê]	20 J.	Phios	53 J.	
[Mer-en-rê	..] J. 4 M.	Methusuphis[647]	7 J.	
[Nefer-ka-rê]	90 J.	Phiôps	94 (100) J.	
[Mer-en-rê ?]	1 J. 1 M.	Menthesuphis	1 J.	
Neit-aqerti	.. J.	Nitôkris	12 J.	
-		7. Dynastie		70 T.
Ausgelassen (*wosef*)				
(11 Könige)	6 J.			
Nefer-ka(-rê)	.. J.			
Nefer(-ka-min)	.. J.	8. Dynastie	146 J.	
Ibi	2 J. 1 M.			
[Nefer-kaw-rê]	4 J. 2 M.			
[Nefer-kaw-hor]	2 J. 1 M.			
[Nefer-ir-ka-rê]	1 J. 8 M.			

[645] Die Form des Namens ist weiblich.

[646] Die früher oft geäußerte Vermutung, der Name Nitokris sei aus demjenigen des ersten Herrschers der 8. Dyn., Netri-ka-rê, entstanden (zuletzt Goedicke, in: ZDMG 112, 1962, 245), wird durch das Zeugnis des Tur. (IV, 7: Neit-aqerti) eindeutig widerlegt. Ein angeblicher zeitgenössischer Beleg für König Netri-ka-rê, T.G.H. James, The British Museum Quarterly 24, 1961, 38, hat sich leider als Fälschung herausgestellt (Nach freundl. Mitteilung von W.V. Davies).

[647] Methusuphis/Menthesuphis ist wohl auf Verwechslung der Götter Nemti und Month zurückzuführen.

Tabelle 7. Die Dynastien 6 und 8

Denkmäler	ABYDOS	TURIN.
Teti	Teti	4.1 ...
User-ka-rê	User-ka-rê	4.2 ...
Meri-rê Pepi	Meri-rê	4.3 ...
Mer-en-rê Nemti-em-saf	Mer-en-rê	4.4 ...
Nefer-ka-rê Pepi	Nefer-ka-rê	4.5 ...
Nemti-em-saf	Mer-en-rê Djefa-em-saf[648]	4.6 ...
-	-	4.7 Neit-aqerti
Netri-ka-rê	Netri-ka-rê	-
Men-ka-rê	Men-ka-rê	-
Wadj-ka-rê (?)	Nefer-ka-rê	-
Nefer-ka-rê [Neb]i	Nefer-ka-rê Nebi	-
-	Djed-ka-rê Schema'i	-
-	Nefer-ka-rê Chendu	-
-	Mer-en-hor	-
-	Nefer-ka-min	-
Ni-ka-rê	Ni-ka-rê	-
-	Nefer-ka-rê Tereru	-
Nefer-ka-hor	Nefer-ka-hor	-
Nefer-ka-rê (?)	Nefer-ka-rê Pepi-sonbe	4.8 Nefer-ka(-rê)
-	Nefer-ka-min Anu	4.9 Nefer(-ka-min)
Qa-ka-rê Ibi	Qa-ka-rê	4.10 Ibi
[Nefer-kaw-rê]	Nefer-kaw-rê	4.11 ...
Nefer-kaw-hor Chu-ui-hapi	Nefer-kaw-hor	4.12 ...
-	Nefer-ir-ka-rê	4.13 ...

Im Tur. folgt auf diese Liste eine größere, vier Zeilen umfassende Summierung, nach der die 6. und 8. Dynastie zusammen 187 Jahre herrschten und die Gesamtdauer der ersten acht Dynastien seit Menes 955 Jahre betragen hätte. Die Summe für Dynastie 6/8 setzt sich dabei zusammen aus 181 Jahren und gesondert aufgeführten 6 Jahren, die „ausgelassen" (*wosef*) sind. Die Letzteren müssen sich auf die elf im Tur. fehlenden Könige beziehen – die Zahl erscheint allerdings selbst für diese ephemeren Herrscher zu niedrig. Daß die Gesamtzahl der Könige der 8. Dynastie auf der Abydostafel 17 ist, während Manetho „27 Memphiten" nennt, ist gewiß kein Zufall.

Der Dynastiegründer Teti (Othoês) hat vermutlich keine sehr lange Regierung gehabt. Er ist wahrscheinlich von Unas, dem letzten Herrscher der 5. Dynastie, zum Nachfolger ernannt worden[649]; nach Manetho soll er von seiner Leibwache ermordet worden sein. Sein Sohn Pepi war jedenfalls zu diesem Zeitpunkt noch minderjährig. Manetho schreibt dem Othoês 30 Jahre zu, was wohl wieder eine

[648] „Djefa" ist hierat. Verschreibung für das Zeichen des Gottes Nemti (oder Anti). Zu diesem Gott Otto, LÄ I , Sp. 318-19; zur Lesung „Nemti" O.D. Berlev, Westnik Drevnij Istorii 1/107, Moskau 1969, 3-30.
[649] Dazu Altenmüller, in: Fs v. Beckerath, 1-20.

„Erhöhung“ um ganze Zehner ist. Ein Graffito aus den Alabasterbrüchen von Hat-nub[650] bezeugt für ihn das „Jahr nach der 6. Zählung“, doch wissen wir nicht, wie oft damals gezählt wurde.

Die Tafel von Abydos schiebt zwischen Teti und seinen Sohn Pepi I. (Th. Meri-rê)[651] einen User-ka-rê ein, von dem wir nichts als zwei kleine Siegel[652] kennen. Er fehlt auf der Tafel von Saqqâra ebenso wie bei Manetho, doch muß er im Tur. verzeichnet gewesen sein (Kol. 4, Zl. 2). Dort ist die Spalte der Jahreszahlen an der zweiten Stelle dieser Dynastie frei; die Angabe der Regierungslänge muß ausnahmsweise weiter links gestanden sein – sie war jedenfalls sehr kurz. Entweder handelt es sich bei User-ka-rê um einen Usurpator, der sich zeitweilig an die Stelle des rechtmäßigen Thronerben setzte, oder um einen Regenten für den jungen Pharao Pepi, der selber den Königstitel annahm ähnlich wie später Königin Hat-schepsut. Auch die Möglichkeit ist erwogen worden, daß er ein Gegenkönig in der Zeit Pepis I. gewesen sein könnte, der diesen vorübergehend verdrängte.[653] Für Pepi I. gibt der Tur. nur 20 Jahre an, was sicherlich viel zu wenig ist, Manetho dagegen 53 Jahre, in denen die ephemere Regierung des User-ka-rê enthalten sein wird. Daten aus der Zeit Pepis I. reichen bis zum „Jahr der 25. Zählung“, was bei zweijährigem Zählungsrhythmus sein 49. oder 50. Jahr bedeuten würde. Zwar ist damals schon mit häufigeren Zählungen zu rechnen, doch dürfte das Königtum dieses Pharao tatsächlich mehr als 40 Jahre gedauert haben. Die Jahreszahl des Tur. beruht gewiß auf Verschreibung.

Auf Pepi I. sind nacheinander seine Söhne Nemti-em-saf (Th. Mer-en-rê) und Pepi II. (Th. Nefer-ka-rê) gefolgt. Nemti-em-saf (Methusuphis)[654] regierte nach Manetho 7 Jahre. Diese Zahl erscheint realistisch angesichts der langen Herrschaft seines Vaters und der Tatsache, daß sein jüngerer Bruder als Kind auf den Thron kam.[655] Im Tur. ist bei ihm nur die Ziffer 4 in einem kleinen Abstand von den Resten der Zeichengruppe „Regierungsjahr“ erhalten, dazwischen Spuren, die als 10 oder sogar als 40 gedeutet wurden.[656] Nach Helcks plausibler Erklärung[657] handelt es sich aber um Reste des Wortes „Monat“; die Regierungsdauer ist demnach wohl zu „[6] Jahre 4 [Monate]“ zu ergänzen. Die Unvereinbarkeit einer Regierungsdauer von 14 Jahren mit dem Alter Pepis II. und der Zahl Manethos hat man durch die Annahme einer Mitregentschaft Nemti-em-safs bei Pepi I. zu überbrücken gesucht. Dafür schienen neben einem Goldanhänger mit den Namen der beiden Könige[658] und der Doppelfigur Pepis I. und seines kleinen Sohnes[659] Inschriften aus dem „Jahr der 5. Zählung“ unter Nemti-em-saf[660] zu sprechen. Es ist jedoch eher an eine damals nicht mehr außergewöhnliche alljährliche Zählung unter diesem König zu denken als an die Vermutung einer für die Zeit des Alten Reiches ganz unwahrscheinlichen Zusammenregierung zweier Pharaonen. Gegenstände mit den Namen zweier

---

[650] R. Anthes, Die Felseninschriften von Hatnub, UGAÄ 9, 1928, 18, T. 9.
[651] Zu Anfang der Regierung Th. Nefer-sa-hor.
[652] P. Kaplony, Die Rollsiegel des Alten Reichs, II, Monumenta Aegyptiaca, 2, Bruxelles 1977, 361-62, T. 98.
[653] K. Sethe, Die altägypt. Pyramidentexte, IV, Leipzig 1922, 5-8.
[654] Nemti (oder Anti) war der Hausgott seiner Mutter, die einer oberägypt. Gaufürstenfamilie entstammte.
[655] Nach Manetho (Afr.) soll er erst 6 Jahre alt gewesen sein. Eine Statuette im Brooklyn-Museum (Abb. z.B. W. Wolf, Die Kunst Ägyptens, Stuttgart 1957, Abb. 147) stellt ihn, als König gekrönt, auf dem Schoß seiner Mutter dar.
[656] Gewöhnlich zu [1]4 ergänzt. A.H. Gardiner, The Royal Canon of Turin, Oxford 1959, 16 (IV, 4a), T. II, wollte [4]4 lesen.
[657] Manetho, 58.
[658] Drioton, in: ASAE 44, 1945, 55-56.
[659] Lebensgroße Gruppe aus Kupfer, gefunden in Hierakonpolis, jetzt in Kairo, J.E. Quibell-F.W. Green, Hierakonpolis, I, London 1900, T. 44-45; II, 1902, T. 50-57.
[660] Urk. I, 110 u. 256.

Könige sind häufig und bekanntlich kein Beweis für Koregenzen[661]; die Figur des kindhaften Nemti-em-saf zeigt nicht die Embleme des Königtums.

Nach Manetho soll der im Alter von sechs Jahren gekrönte Pepi II. hundert Jahre alt geworden sein; er hätte demnach 94 Jahre auf dem Thron gesessen, doch verrechnet Manetho für ihn volle 100 Jahre. Auch der Tur. verzeichnet bei ihm 90 Jahre (vielleicht zu 93 oder 94 zu ergänzen). Zweifellos war diese Regierung von außergewöhnlicher Länge, doch gibt die hohe Zahl Anlaß zu berechtigten Zweifeln.[662] Der Tur. beweist lediglich, daß diese noch von Manetho tradierte Überlieferung wenigstens auf seine Vorlage aus dem Anfang des Neuen Reiches zurückgeht. Zusammen mit einer vagen Erinnerung an die besonders lange Regierung, mit der die geordnete Welt des Alten Reiches zu Ende ging, mag dort ein Schreibfehler zu dieser Zahl geführt haben: in der hieratischen Schrift macht ein zusätzlicher Strich aus 60:  eine 90: , so daß es sich ursprünglich um 60 Jahre gehandelt haben könnte.[663]

Auf Pepi II. folgt die kurze Herrschaft Nemti-em-safs II.[664], für deren Dauer von nur einem Jahr der Tur. und Manetho übereinstimmen. Nach der bereits von Herodot (II, 100) überlieferten Geschichte soll er von seinen Großen ermordet und von seiner Gemahlin Nitokris gerächt worden sein. Die 12 Jahre, die Manetho der Königin gibt, sind zweifellos zu viel; vermutlich sind sie aus „2 Jahre" entstanden.

Mit Nitokris endet bei Manetho die 6. Dynastie. Nach der „7. Dynastie", die lediglich ein kurzes Interregnum (Manetho: 70 Tage) gewesen sein wird, folgt bei ihm die 8. Dynastie mit 27 namentlich nicht genannten Königen, denen auf der Abydostafel 17 Herrscher (Nr. 40-56) entsprechen.[665] Wie aus Tabelle 7 (oben S. 149) hervorgeht, fehlen im Tur. die ersten 11 dieser kurzregierenden und kaum belegten Könige. Auf sie werden sich die in der Summierung des Tur. erwähnten 6 ausgelassenen Jahre beziehen; die Auslassung ist vermutlich hinter der verlorenen Zahl der Neit-aqerti (Tur. 4.7) vermerkt gewesen. Die Regierungszahlen der beiden nächsten Herrscher (Tur. 4. 8-9) sind leider zerstört; ihnen folgen noch vier weitere Könige mit Regierungen von durchschnittlich 2½ Jahren. Eine ähnlich kurze Regierungszeit ist auch für die übrigen Herrscher der Dynastie zu vermuten; sie haben keine Denkmäler hinterlassen und ihre Macht im Land scheint sehr begrenzt gewesen zu sein. Dennoch erscheint bei Zugrundelegung eines Regierungsdurchschnitts von nur 2½ Jahren die Gesamtzeit von 6 Jahren für diese 11 Könige zu knapp. In der Vorlage des Tur. könnten einmal die Zehner dieser Zahl, vielleicht 20, ausgefallen sein. Die Gesamtdauer der 8. Dynastie mag daher 46 Jahre gewesen sein; bei Manetho sind aus den 17 Königen mit 46 Jahren 27 Könige mit 146 Jahren geworden.

---

661 Obgleich eine Koregenz der Brüder Nemti-em-saf I. und Pepi II. ausgeschlossen ist, gibt es ein Siegel mit den Horusnamen beider, (Clédat, in: RecTrav 32, 1910, 40; Kaplony, op.cit. in Anm. 650, 411-14, T. 112). Ebenso gibt es Siegel mit den Namen nicht unmittelbar aufeinander folgender Könige des Alten Reiches. Kaplony, Mon.aeg. 2 u. 3, passim, und z.B. auch von Sesostris II. und Ammenemes III. (ebendort, 3, T. 145, Nr. 15).

662 Zuerst geäußert von H. Stock, Die Erste Zwischenzeit Ägyptens, Studia Aegyptiaca, II, Roma 1949, 103, Anm. 1.

663 Während der Tur. bei Pepi II. mit Manetho übereinstimmt, was auf gemeinsame Überlieferung hinweist, ist seine Ziffer bei Pepi I. wohl erst ein Fehler des Schreibers des Tur., der in seiner Summierung sowie bei Manetho nicht erscheint.

664 Sein zeitgenössisch nicht belegter Thronname ist in Abydos offenbar zu „Mer-en-rê" verschrieben. Vor der III. Zwischenzeit war es unmöglich, daß gleichnamige Könige den gleichen Th. führten.

665 Auffallend ist, daß Abydos (Nr. 39, 43-45 u. 51-52) im Königsring zusätzlich Eigennamen angibt, offenbar zur Vermeidung von Verwechslung von Herrschern mit gleichem Th. Einzige Ausnahme ist der mehrfach vorkommende Th. Nefer-ka-rê, der in Nr. 42 vielleicht irrtümlich für den aus dieser Zeit belegten Wadj-ka-rê steht. Vgl. Hayes, in: JEA 32, 1946, 20-21 und 34, 1948, 115-16; Dautzenberg, in: GM 114, 1990, 47-52. Weitere aus dieser Zeit belegte Könige, die z.T. mit denen der Abydos-Liste identisch sein werden, sind Sechem-ka-rê (?, oder Anch-ka-rê?). Djed-ka-hor (?), Ity, Ij-em-hotep, Hotep, Chui, Isu und Ij-tjenu.

Die Überlieferung der Jahrzahlen für Dynastie 6–8 läßt sich danach vielleicht so rekonstruieren:

	MANETHO	Vorlage	TURIN
6. Dynastie			
Teti	30	10	[10]
User-ka-rê	-	2	[2]
Pepi I.	53	50	20
Nemti-em-saf I.	7	6	[6]
Pepi II.	100 (94)	90 (< 60)	90
Nemti-em-saf II	1	1	1
Neit-aqerti	12	2	[2]
Summe	203 (197)		
8. Dynastie			
Könige 1-11		6 (< 26)	6
Könige 12-13		10	[10]
Könige 14-17		10	10
Summe	146	187	187 (P. 157)

Die Summe für die Dynastien 6 und 8 umfassende Herrschergruppe ist im Tur. 181 Jahre, 6 Monate und 3 Tage, dazu 6 „ausgelassene" Jahre ergibt 187 Jahre, 6 Monate und 3 Tage. Danach folgt dort noch die Summierung der ersten acht Dynastien, auf die erst später (unten, S. 179) eingegangen werden soll.

Ausgehend von der hier angenommenen Datierung des Endes der 8. Dynastie auf die Zeit zwischen 2170 und 2120 soll nun die Chronologie für die beiden Dynastien vorgeschlagen werden.

6. Dynastie (131 Jahre, 2347/2297-2216/2166)		Pyramiden
Teti (10 Jahre)	2347/2297–2337/2287	Djed-isut-Teti
User-ka-rê (2 J.)	2337/2287–2335/2285	
Pepi I. (Meri-rê, 50 J.)	2335/2285–2285/2235	Men-nofre-Pepi/Merirê
Nemti-em-saf I. (Mer-en-rê, 6 J.)	2285/2235–2279/2229	Cha-nofre-Merenrê
Pepi II. (Nefer-ka-rê, 60 J.)	2279/2229–2219/2169	Men-anch-Pepi-Nefer karê
Nemti-em-saf II. (1 J.)	2219/2169–2218/2168	
Königin Nitokris (2 J.)	2218/2168–2216/2166	

8. Dynastie (46 Jahre, 2216/2166–2170/2120)	
Könige 1–11 (26 J.)	2216/2166–2190/2140
Könige 12–17 (20 J.)	2190/2140–2170/2120

6.2 Die 5. Dynastie

Die 5. Dynastie ist die Blütezeit des Sonnenkultes in Ägypten Nach der Überlieferung stammte sie aus Sachebu, einem Kultort des Sonnengottes Rê im Nordwesten des heutigen Kairo. Die Herkunftsangabe Manethos, „Könige aus Elephantine", beruht vermutlich auf einer Verlesung des Ortsnamens zu Abu, „Elephantine". Mit der 5. Dynastie änderte sich die religiöse Stellung des ägyptischen Königtums, auf das sich jetzt der Staatskult nicht mehr ausschließlich konzentriert. In dessen Mittelpunkt treten nun der Totengott Osiris, der die Stelle des verstorbenen Königs einnimmt, und vor allem Rê, dem die Herrscher neben ihren Pyramiden sogenannte Sonnenheiligtümer errichten lassen. Das höchste Staatsamt unter dem Pharao, das des Wezirs, wird nicht mehr von königlichen Prinzen bekleidet.

Die Folge der neun Herrscher der Dynastie steht durch das Zeugnis der Königstafeln von Abydos und Saqqâra sowie durch Manetho im wesentlichen fest.[666] Im Königspapyrus sind die ersten sechs Namen zerstört, doch sind die Regierungszahlen fast alle erhalten. Dabei gilt die schon bei der 6. Dynastie gemachte Feststellung, daß der Schreiber des Papyrus die in seiner Vorlage wohl noch vorhandenen Angaben über Monate und Tage, vielleicht aus Bequemlichkeit, weggelassen hat. Das zeigt der Vergleich mit den Zahlen Manethos, die zum Teil um jeweils ein Jahr höher liegen, also aufgerundet sind, so bei User-kaf (Tur. 7 Jahre, Manetho [mit Erhöhung um 20] 28 Jahre), Sahu-rê (Tur. 12, M. 13 Jahre) und Men-kaw-hor (Tur. 8, M. 9 Jahre).[667] Die Regierungsdauer des Sahu-rê wird durch die annähernd zeitgleichen Annalen (vgl. oben I.2.1 und unten II.7.4) bestätigt, wonach der König im „Jahr nach der 6. Zählung" (= 13. Jahr) gestorben ist. Für User-kaf und Sahu-rê sind daher 8 und 13 Jahre anzusetzen. Für den dritten Herrscher, Nefer-ir-ka-rê, dessen Zahl im Tur. gänzlich verloren ist[668], dürfen aufgrund der Angabe Manethos 20 Jahre angenommen werden. Die Abydostafel führt ihn unter dem Namen Kakai auf. Nach der Erzählung von der göttlichen Geburt der drei ersten Könige der Dynastie[669] war dies sein Eigenname, den er bei der Thronbesteigung durch einen auf den Sonnengott bezogenen Namen ersetzte, worin ihm auch die nächsten Könige gefolgt sind. Erst nach dem Tod des Pharao wird gelegentlich sein Geburtsname wieder genannt.[670]

Tabelle 8. Die 5. Dynastie

TURIN		ABYDOS	SAQQÂRA	MANETHO	
3 17[User]-ka-[rê](!)	7 J. (+ M.)	26 User-kaf	34 User-kaf	5.1 Usercherês	28 J.
3.18...	12 J. (+)	27 Sahu-rê	33 Sahu-rê	5.2 Sephrês	13 J.
3.19...	...	28 Kakai	32 Nefer-ir-ka-rê	5.3 Nephercherês	20 J.
3.20...	7 J. (+)	-	31 Schepses-ka-rê	5.4 Sisirês	7 J.
3.21...	[1]1 J. (+)	29 Neferef-rê	30 Cha-nefer-rê	5.5 Cherês	20 J.
3.22...	[3]1 J. (+)	30 Ni-user-rê	-	5.6 Rathurês	44 J.
3.23Men-ka-hor	8 J. (+)	31 Men-kaw-hor	29 Men-ka-hor	5.7 Mencherês	9 J.

---

666 Vgl. Tabelle 8. Zu den Pyramiden dieser Dynastie Stadelmann, LÄ IV, Sp. 1244-51; zu den Sonnenheiligtümern ders., LÄ V, Sp. 1094-99.

667 Helck, Manetho, 50-52.

668 Hier begann eine neue Kolumne der Vorlage, wie die erhaltene Formel „er regierte" zeigt. Siehe oben, I.2.2, S. 32-33.

669 Papyrus Westcar (Berlin 3033), wo er „Keku" genannt wird. Dtsch. Übersetzung dieser auf späteren, auf Überlieferung der 5. Dyn. beruhenden Erzählung: A. Erman, Die Literatur der Aegypter, Leipzig 1923, 64-77; neuer E. Brunner-Traut, Altägypt. Märchen, Düsseldorf/Köln 1963, 11-24.

670 Dasselbe gilt auch für Neferef-rê (Eigenname Isi), Ni-user-rê (E. Ini) und Djed-ka-rê (E. Isesi).

3.24 Djed(-ka-rê)	28 J. (+)	32 Djed-ka-rê	28 Maa(!)-ka-rê	5.8 Tancherês	44 J.
3.25 Unas	30 J. (+)	33 Unas	27 Unas	5.9 Onnos	33 J.

Pyramiden	Sonnenheiligtümer
Wab-isut-Userkaf (Saqqara)	Nechen-rê
Cha-bai-Sahurê (Abusir)	Sochet-rê
Bai-Neferirkarê (Abusir)	Iset-ib-rê
? (Abusir ?)	?
Netri-biw-Neferefrê (Abusir)	Hotep-rê
Men-isut-Niuserrê (Abusir)	Schesep-ib-rê
Netri-isut Menkawhor (Dahschur ?)	Achet-rê
Nefer-Djed-ka-rê (Saqqâra-Süd)	-
Nefer-isut-Unas (Saqqâra)	-

Noch nicht ganz geklärt ist die Geschichte seiner beiden Nachfolger Schepses-ka-rê und Neferef-rê – der Letztere auch als Nefer-rê (oder Ra-nufer ?) bezeugt.[671] Die Königstafel von Saqqâra nennt hier Schepses-ka-rê und Cha-nefer-rê , wobei der zweite Name verschrieben sein dürfte. Diesen Königen entsprechen bei Manetho Sisirês und Cherês, während die Abydostafel nur einen König, Neferef-rê, kennt. Nur von diesem ist auch eine (unvollendete) Pyramidenanlage gefunden worden sowie der Name seines Sonnenheiligtums belegt. Er scheint der älteste Sohn des Nefer-ir-ka-rê gewesen zu sein.[672] Sein Vorgänger Schepses-ka-rê wäre demnach ein Usurpator. Von ihm sind lediglich einige Siegelabdrücke mit seinem Horusnamen erhalten[673]; wir kennen von ihm weder den Namen einer Pyramide noch den eines Sonnenheiligtums. Möglicherweise sollte auf einem großen, noch sichtbaren Quadrat bei Abusir, wo sich auch die Grabmäler der Könige Sahu-rê, Nefer-irka-rê, Neferef-rê und Ni-user-rê befinden, seine Pyramide entstehen[674], doch könnte es sich auch um die Anlage des Sonnenheiligtums eines dieser Herrscher handeln. Nach übereinstimmendem Zeugnis des Tur. und Manethos soll dieser fast unbekannte König 7 Jahre geherrscht haben. Für Neferef-rê gibt Manetho 20 Jahre an; im Tur. ist nur die Ziffer 1 erhalten, vor der noch ein Zehner, vermutlich 10, gestanden haben muß.

Der bedeutendste Pharao dieser Dynastie, unter dem auch der Sonnenkult seinen Höhepunkt erreichte, sollte nach dem archäologischen Befund Ni-user-rê (Manetho Rathurês) gewesen sein. Daß sein Name auf der Saqqâratafel fehlt, ist offenbar eine versehentliche Auslassung beim Übergang von der oberen zur unteren Reihe der Königsnamen daselbst. Möglich ist, daß sein Name auf der Tafel, die die Könige in rückwärtiger Folge aufführt, zwischen der 4. und der 5. Dynastie nachgetragen wurde, wo an einer leider zerstörten Stelle ein Name gestanden haben muß, der in keiner anderen Liste vorkommt.[675] Manethos „44 Jahre“ sind allerdings für seine Regierung zu viel[676]; man wird aber die halbzerstörte Ziffer des Tur., die theoretisch 11, 21 oder 31 sein kann, am wahrscheinlichsten zu „31“ zu

[671] Verner, in: BIFAO 85, 1985, 281-84. Zur Lesung der Namen Djedef-rê, Cha'ef-rê, Neferef-rê etc. als Ra-djedef, Ra-cha'ef, Ra-neferef Ranke, in: JAOS 70, 1950, 65-68; ders., Die ägypt. Personennamen, II, Glückstadt 1952, 257-58. Dagegen Brunner, in: ZÄS 102, 1975, 94-99; Barta, in: GM 49, 1981, 13-16, deren Argumentation ich mich hier anschließe.
[672] Verner, op.cit. in Anm. 670.
[673] P. Kaplony, Die Rollsiegel des Alten Reichs, II, Bruxelles 1981, 289-94, T. 81-82. Der König scheint auch einen Eigennamen gehabt zu haben, der auf dem Siegel Berlin 20396 „Netri-user (?)“ geschrieben ist; v. Beckerath, Königsnamen, 55 u. 182 [4 E], nach Durchzeichnung, die ich S. Wenig verdanke.
[674] Verner, in: ZÄS 109, 1982, 75-78. Der Bau wurde „schon im Stadium der vorbereitenden Erdarbeiten verlassen“.
[675] Malek, in: JSSEA 12, London 1982, 28.
[676] Die Ziffer 44 bei ihm und Djed-ka-rê (Tancherês) paßt nicht zur sonstigen Überlieferung. Vielleicht handelt es sich hier

ergänzen haben. Sein Nachfolger Men-kaw-rê hat nach dem Tur. und Manetho rund 9 Jahre regiert. Für Djed-ka-rê sind dagegen die „28 Jahre“ des Tur. offenbar zu wenig, die „44 Jahre“ Manethos zu viel. In den Abusir-Papyri ist ein sicher dieser Regierung zugehöriges Datum „Jahr der 21. Zählung“ erhalten[677], das einem 41. oder 42. Regierungsjahr entsprechen würde, doch bei häufigerer Zählung auch einem etwas früheren Jahr. Immerhin mag Djed-ka-rê an die 40 Jahre geherrscht haben und bei der Zahl des Tur. Verwechslung der in der hieratischen Schrift sehr ähnlichen Ziffern 20 und 30 vorliegen. Unsicher ist, ob sein Nachfolger Unas (Onnos) tatsächlich, wie der Tur. angibt, 30 Jahre (Manetho 33 Jahre) herrschte – eine Dauer von 20 Jahren oder sogar noch weniger würde den Zeugnissen aus seiner Zeit eher gerecht.

Gegen Ende der 5. Dynastie traten wesentliche Änderungen ein. Seit Men-kaw-hor wurden die königlichen Pyramiden nicht mehr bei Abusir angelegt, seit Djed-ka-rê keine Sonnenheiligtümer mehr errichtet. Schließlich verzichtete der letzte Herrscher, Unas, auf die Annahme eines auf den Sonnengott bezogenen Namens, wie ihn seine Vorgänger getragen hatten, und nannte sich dafür im Königsring „Sohn des Rê Unas“. Erstmals ließ er im Inneren seiner Pyramide Totensprüche, die sogenannten „Pyramidentexte“, anbringen, die vorher wohl nur mündlich rezitiert wurden. Daß er Blöcke vom Totentempel des Djed-ka-rê in seiner Grabanlage wiederverwendete, ist allerdings kein Beweis für einen Bruch mit diesem; auch Ramses II. hat Denkmäler seines Vaters Sethos' I., den er durchaus verehrte, für sich verwendet. Unas scheint aber keinen überlebenden Thronerben gehabt zu haben. Sein Nachfolger Teti (6. Dynastie) war anscheinend der Sohn des von ihm besonders geehrten (adoptierten ?) Fürsten Schepsi-pu-ptah.[678]

Für die 5. Dynastie soll aufgrund der vorstehenden Ausführungen folgende Chronologie vorgeschlagen werden:

5. Dynastie (158 Jahre, 2504/2454–2347/2297)	
User-kaf (8 Jahre)	2504/2454–2496/2446
Sahu-rê (13 Jahre)	2496/2446–2483/2433
Nefer-ir-ka-rê (20 Jahre)	2483/2433–2463/2413
Schepses-ka-rê (7 Jahre)	2463/2413–2456/2406
Neferef-rê (11 Jahre)	2456/2406–2445/2395
Ni-user-rê (31 Jahre)	2445/2395–2414/2364
Men-kaw-hor (9 Jahre)	2414/2364–2405/2355
Djed-ka-rê (38 Jahre)	2405/2355–2367/2317
Unas (20 Jahre)	2367/2317–2347/2297

Zum Schluß soll hier noch einmal darauf hingewiesen werden, daß es im Tur. vor dem Ende der 5. Dynastie, deren Summenzahl leider weggebrochen ist, keine Einteilung in Herrschergruppen gibt. Das heißt, die ersten fünf Dynastien werden dort als eine Einheit behandelt. Die bei Manetho gegebene Einteilung, die der Schreiber des Tur. hier nicht beachtet hat, muß aber schon in der annalistischen Überlieferung vorhanden gewesen sein, aus der sie später Manetho übernahm.

---

wie auch bei Bokchôris (Eusebius, 24. Dyn.) um eine ungefähre Angabe (ein Lebensalter ?).

677 P. Posener-Kriéger – J.L. de Cenival, The Abu Sir Papyri, Hierat. Papyri in the Brit. Museum, V, London 1968, T. 41.

678 Altenmüller, in: Fs v. Beckerath, 1-20.

6.3 Die 4. Dynastie

Mit dem ersten Herrscher der 4. Dynastie, Senofru[679], hat die religiöse Stellung des Gottkönigtums ihren Höhepunkt erreicht; der zentralisierte Staat des Alten Reiches ist vollendet. Nicht weniger als drei große Pyramiden, deren Masse insgesamt die der Cheops-Pyramide noch um ein Drittel übertrifft, hat dieser Pharao errichten lassen: die unvollendete, später umgebaute von Mêdûm sowie die beiden von Dahschûr, die „Rote“ und die „Knickpyramide“.[680] Am bekanntesten sind jedoch die Erbauer der drei Pyramiden von Giza, von Herodot, der überhaupt nur diese kennt, Cheôps, Chephrên (eigentlich *Chephrês) und Mykerinos genannt. Erst mit diesen machtvollen Herrschern setzen auch die Schriftzeugnisse reichlicher ein, die unsere Hauptquelle für die Geschichte dieser Zeit bilden.

Die Überlieferung unterrichtet uns nur unvollkommen über die Herrscherreihe dieser Dynastie. Die Königstafel von Abydos läßt, wie auch in der 5. Dynastie, später als illegitim betrachtete Herrscher aus; auf der Tafel von Saqqâra und im Turiner Königspapyrus sind die Namen großenteils verlorengegangen. Der Tur. hat übereinstimmend mit Manetho acht Könige verzeichnet, die jedoch nicht als Herrschergruppe gegenüber ihren Vorgängern und Nachfolgern abgesetzt sind. Nach der Saqqâra-Tafel wären es neun gewesen, wobei der Letzte rätselhaft bleibt, sofern es sich nicht, wie im vorigen Kapitel vermutet, um den nachgetragenen, an seiner richtigen Stelle vergessenen Ni-user-rê handelt.

ABYDOS	SAQQÂRA	TURIN	
1. Senofru	Senofru	Senofr(u)	24 Jahre[681]
2. Chufu[682]	Chufu<f>	...	23 J.
3. Djedef-rê	Djedef-rê	...	8 J.
4. Cha'ef-rê	Cha'uf-rê	Cha'ef-[re]	20+x J.
5. -	... -rê	...	...
6. Men-kaw-rê	...	...	18/28/38 J.
7. Schepses-kaf	...	...	4 J.
8. -	...	...	2 J.
9. (?)	...	-	

Die Liste, die Manetho für diese Dynastie gibt, unterscheidet sich erheblich von der ägyptischen Überlieferung:

		HERODOT:	
1. Sôris	29 Jahre	Cheôps	50 Jahre
2. Suphis (I)	63 J.	Chephrên	56 J.
3. Suphis (II)	66 J.	Mykerinos	6 J.
4. Mencherês	63 J.		
5. Ratoisês	25 J.		
6. Bicheris	22 J.		
7. Sebercherês	7 J.		
8. Thamphthis	9 J.		
Summe 174 Jahre (Posten 184 J.).			

[679] Eigtl. Senofer-ui „Vollkommen gemacht hat mich [Gott NN (vielleicht Horus)]“.
[680] Stadelmann, Pyramiden, 80-105; ders., LÄ IV, Sp. 1219-41.
[681] Bei den Regierungszahlen sind im Tur. auch hier überall die Monate und Tage weggelassen.
[682] Eigtl. Chu'ef-ui(-chnum) „Er beschützt mich (nämlich der Gott) Chnum“.

Die Abweichungen Manethos von der historischen Reihenfolge lassen sich daraus erklären, daß sein Geschichtswerk vor allem der Kritik an der bei den Griechen als Quelle für die Geschichte Ägyptens verwendeten Darstellung Herodots gewidmet war. So hat er die drei Pyramidenerbauer von Giza hintereinander gesetzt und die beiden weniger bedeutenden Könige, die dazwischen regierten, erst dahinter aufgeführt.

Schwieriger sind die Differenzen bei den Zahlen zu erklären. Der Unterschied bei der Zahl für Senofru-Soris ist wieder auf die häufige Verschreibung 5 > 9 zurückzuführen; die im Tur. nicht ausgeschriebenen Monate der Regierungszeit ergaben aufgerundet 25 Jahre. Bei den Königen der Giza-Pyramiden liegt offensichtlich Erhöhung um 40 Jahre vor; Manetho wollte auch hier Herodot übertreffen; auch glaubte er wohl, eine kürzere Regierungszeit würde angesichts der von den Griechen bestaunten Riesenbauten unglaubhaft erscheinen. Die Zahl des Dritten von ihnen, Mencheres, wurde anscheinend der des Suphis (Cheops) angeglichen[683] – wiederum im Widerspruch zu Herodot, nach dem Mykerinos nur 6 Jahre herrschte. Die für die restlichen Könige gegebenen Zahlen lassen sich mit den im Tur. erhaltenen kaum in Einklang bringen. Nach Helck[684] liegen hier freilich nur schwer verständliche Vertauschungen vor, die vielleicht erst von den Ausschreibern Manethos stammen:

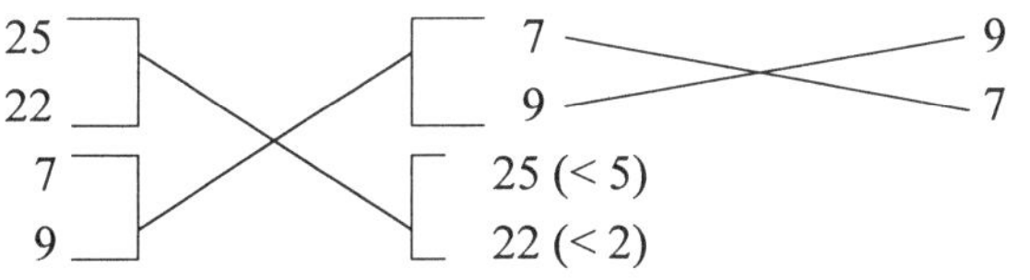

Akzeptiert man diesen Vorschlag Helcks, so bestehen folgende Übereinstimmungen zwischen dem Tur. und Manetho:

1.Senofru	24 J.	1.Sôris	25 > 29 J.
2.Chufu	23 J.	2.Suphis (I)	23 > 63 J.
3.Djedef-rê	8 J.	5.Ratoisês	9 J.
4.Cha'ef-[rê]	2[6] J.	3.Suphis (II)	26 > 66 J.
5.[Bi-ka-rê ?	7] J.	6.Bicheris	7 J.
6.[Men-kaw-rê]	28 J.	4.Mencherês	? > 53 > 63 J.
7.[Schepses-kaf]	4 J.	7.Sebercherês	5 > 25 J.
8.[Djedef-ptah ?]	2 J.	8.Thamphthis	2 > 22 J.

Es ist nun noch die Frage zu klären, wie weit die so rekonstruierte Überlieferung zu den ziemlich spärlichen zeitgenössischen Nachrichten und zu dem archäologischen Befund stimmt.

Von Senofru, dessen gewaltige Pyramidenbauten kaum in eine Regierung von 25 Jahren zu passen scheinen, wird das „Jahr der 17. Zählung" durch ein Graffito an der Pyramide von Mêdûm belegt, die der König zugleich mit der Errichtung seiner dritten Pyramide zu einer Kultstätte umbauen ließ. Bei zweijährlichem Zyklus wäre dies sein 33. oder 34. Jahr. Aus den Annalen wissen wir jedoch, daß in seiner Regierung mindestens einmal, zwischen der 7. und 8. Zählung., ein Jahr ausfiel. Auffallend ist

[683] Vielleicht bei Manetho urspr. 53 Jahre (Helck, Manetho, 52). Bei Einsetzung dieser Zahl stimmt die Dynastiesumme mit den Einzelposten überein.
[684] Manetho, 52-53.

ferner, daß die Graffiti in Mêdûm (15., 16. und 17. Zählung)[685] und in Dahschûr (15. und 16. Zählung)[686] nie ein Jahr „nach der x. Zählung“ überliefern, was natürlich Zufall sein kann. Eine mehr als 40jährige Herrschaft, wie sie Stadelmann[687] für Senofru vermutet, ist mir daher unwahrscheinlich – möglich dagegen, daß die auch noch bei Manetho zu findende Zehnerziffer 20 im Tur. auf eine hieratische Verschreibung aus 30 zurückgehen kann, so daß wir für diesen König 35 Jahre anzunehmen hätten. Für Cheops sind 23 Jahre als gesichert zu betrachten; die nicht angeführten überschüssigen Monate werden, wie Manethos Endziffer zeigt, nicht für eine Aufrundung ausgereicht haben. Das höchste von ihm erhaltene Datum ist das „Jahr der 10. Zählung“.[688] Man sollte also nicht wie die antiken Reiseschriftsteller die Masse seiner Pyramide zum Maßstab für die Regierungslänge nehmen, sondern vielmehr nach deren überlieferter Dauer die Arbeitsleistung bei der Errichtung des Monuments errechnen. Das gleiche gilt für Chephren, dessen 66 Jahre bei Manetho auf 26 zurückgehen. Im Tur. ist die Zahl zerstört, doch ist der obere Teil der Ziffer 20 noch deutlich erkennbar.

Chephrens älterer Bruder Djedef-rê, der sein Grabmal weit nördlich von Giza bei Abu Rowâsch anlegte, hat sicherlich 8-9 Jahre regiert. Der Name des Nachfolgers des Chephren ist nur bei Manetho überliefert: Bicheris (*Bicherês). Umstritten sind noch sein ägyptischer Name, seine Stellung in der Königsfamilie und die Identität seines Pyramidengrabes. Aller Wahrscheinlichkeit nach ist ihm die unterirdische Anlage einer begonnenen gewaltigen Pyramide bei Zawijet el-Arijân, heute eine große, rechteckige, mit Kalkstein ausgekleidete Ausschachtung, zuzuschreiben; die Anlage gehört stilistisch sicher der 4. Dynastie an.[689] In ihr wurden Bauzeichen mit einem Königsnamen gefunden, der aus einem Vogel (Falke oder Jabiru) und dem Zeichen für *ka* besteht.[690] Auch daß der Name im Königsring steht, spricht für eine Datierung in die 4. Dynastie: der Ring (Kartusche) um den Königsnamen ist erst seit Senofru belegbar.[691] Sollte das Wort *bai* „beseelt“ schon früh sowohl mit dem Widder als auch mit dem Jabiru-Storch geschrieben worden sein, so könnte es sich um Bi-ka, den „Ältesten Königssohn“ des Djedef-rê handeln, in dessen Grabanlage er genannt ist.[692] Aus seinem Namen Bi-ka hätte dann die spätere Überlieferung einen „zeitgemäßen“ Königsnamen *Bi-ka-rê gemacht, den Manetho griechisch korrekt mit Bicherês/Bicheris wiedergegeben hätte.

Erst nach ihm ist dann Mykerinos (Mencherês, ägyptisch Men-kaw-rê), der Sohn des Chephren, auf den Thron gekommen. Seine Pyramide ist zwar kleiner, aber aufwendiger ausgeführt als die Grabanlagen seiner Vorgänger Cheops und Chephren – Herodot hat daraus bekanntlich geschlossen, er sei im Gegensatz zu seinen beiden „bösen“ Vorgängern ein guter König gewesen. So ist es am wahrscheinlichsten, für seine Regierungszeit, die nach dem Tur. 18, 28 oder 38 Jahre gedauert haben könnte, 28 Jahre anzusetzen. Sein Nachfolger Schepses-kaf wird sein Sohn gewesen sein, hat er doch noch am Totentempel seines Vorgängers gebaut. Ihm war kein langes Königtum beschieden; auch hat er sich

---

685 Stadelmann, Pyramiden, 81.
686 LD II, 1; Stadelmann, op.cit., 100.
687 Op.cit., 105, und Stadelmann, in: MDAIK 36, 1980, 437-48.
688 H. Junker, Giza, I, Wien 1929, 158-59, Abb. 24.
689 Lauer, in: RdE 14, 1962, 21-36; V. Maragioglio – C. Rinaldi, L'architettura delle piramidi Menfite, VI, Rapallo 1967, 16-29; Stadelmann, op.cit., 77-78; ders., LÄ IV, Sp. 1218-19 und V, Sp. 495-97.
690 Maspero, in: ASAE 7, 1906, 257-59; Barsanti, ebd., 266-81; Černý, in: MDAIK 16, 1958, 25-29; Lauer, op.cit., 22-36; v. Beckerath, LÄ I, Sp. 785-86; ders., Königsnamen, 53-54 mit Anm. 12.
691 Der Block von der Insel Elephantine mit dem Namen des Königs Ahu („Huni“, 3. Dyn.) in Kartusche stammt vermutlich aus etwas späterer Zeit. Vgl. Barta, in: MDAIK 29, 1973, 4.
692 G.A. Reisner, History of the Giza Necropolis, I, London 1942, 28; W. Helck, Geschichte des alten Ägypten, Hdb. d. Orientalistik I, 1.3, Leiden 1968, 56.

anstelle einer Pyramide ein Grabmal in Form eines riesigen Sarkophags im Süden von Saqqâra errichten lassen. Der Sonnenkult, der bereits seit der Zeit des Cheops, dessen bedeutendste Söhne in ihren Namen unter den Schutz des Rê gestellt wurden, in der Staatsreligion bestimmend geworden war, wurde jetzt beherrschend. Der Begründer der 5. Dynastie, User-kaf, entstammte vermutlich einem Nebenzweig der königlichen Familie; nach der Legende soll er der Sohn eines Sonnenpriesters gewesen sein. Er heiratete Chent-kawes, wohl eine Tochter des Schepses-kaf, die die Mutter der Könige Sahu-rê und Nefer-ir-ka-rê wurde. Ein letzter Sproß der Hauptlinie war es wahrscheinlich, der sich noch zwei Jahre lang zu halten vermochte. Sein ägyptischer Name ist nirgends bezeugt; aus der griechischen Form Thamphthis ließe sich der Name *Djedef-ptah erschließen.

Im Wadi el-Fawâchir in der Ostwüste wurde eine anscheinend von Beamten des Mittleren Reiches angebrachte Felsinschrift gefunden[693], in der die Namen von fünf Angehörigen der 4. Dynastie verewigt sind; sie wurden zu Unrecht zur Rekonstruktion ihrer Königsfolge herangezogen. Jeder dieser Namen ist dort von einem Königsring umgeben, doch sind entgegen aller Sitte diese Ringe miteinander verbunden; die Königstitulatur steht nur vor dem ersten Namen. Die Namen sind: Chufu, Djedef-rê, Cha'ef-rê, Djedef-hor und Baief-rê – in dieser Reihenfolge. Bei den drei ersten handelt es sich eindeutig um den zweiten, dritten und vierten Herrscher der Dynastie. Die beiden anderen sind nirgends als Könige bezeugt[694]; aus der Literatur des Mittleren Reiches (Pap. Westcar; siehe oben, II.6.2, Anm. 669) kennen wir sie jedoch als Söhne des Cheops. Besonders berühmt war Djedef-hor, der später als Weiser und angeblicher Verfasser einer Lehrschrift verehrt wurde[695]; in der Erzählung des Papyrus Westcar spielt er eine entscheidende Rolle. Stets wird er als Königssohn bezeichnet – hätte er jemals die Königswürde besessen oder auch nur beansprucht, wäre er gewiß in seiner Lehre – schon um deren Bedeutung zu erhöhen – „König" genannt worden.[696] Das gleiche gilt auch für den Prinzen Baief-rê, den man mit dem Bicheris Manethos gleichsetzen wollte – auch er ist niemals König geworden. Die Inschrift stammt offenbar von einem literaturkundigen Schreiber, der die Namen des Cheops und seiner im Papyrus Westcar genannten Söhne verewigen wollte. Es handelt sich jedenfalls nicht um eine partielle Königsliste der 4. Dynastie.

Chronologie der 4. Dynastie (2639/2589-2504/2454)

Senofru (35 Jahre ?)	2639/2589–2604/2554
Cheops (23 Jahre)	2604/2554–2581/2531
Djedef-rê (9 Jahre)	2581/2531–2572/2522
Chephren (26 Jahre)	2572/2522–2546/2496
Bicheris (7 Jahre)	2546/2496–2539/2489
Mykerinos (28 Jahre)	2539/2489–2511/2461
Schepses-kaf (5 Jahre)	2511/2461–2506/2456
Thamphthis (2 Jahre)	2506/2456–2504/2454

Königsgräber der 4. Dynastie: Djed-Senofru (Mêdûm), Cha-Senofru (2 Pyramiden Dahschûr), Achet-Chufu (Giza) Sehedu-Djedefrê (Abu Rowâsch), Wer-Cha'ef-rê (Giza), Seba-Bika (?, Zawijet el-Arijân), Netri-Menkawre' (Giza), Qebeh-Schepseskaf (Saqqâra-Süd).

---

693 Drioton, in: BSFE 16, 1954, 41-49.
694 Ihre Mastabagräber wurden vor der Pyramide ihres Vaters Cheops gefunden.
695 v. Beckerath, LÄ I, Sp. 1099.
696 W. St. Smith, CAH I, 1962, 173; Wildung, Rolle ägypt. Könige, 164-65.

6.4 Die Könige der 3. Dynastie

Die Zeit der 3. Dynastie ist gekennzeichnet von einem unvermittelt eintretenden, bedeutenden Kulturaufschwung – die Erfindung des monumentalen Steinbaues durch den Prinzen Imhotep (Ij-m-hotep) unter der Regierung des Königs Djoser. Dies war die Folge der Errichtung des auf die Person des Pharao bezogenen Einheitsstaates des Alten Reiches unter den beiden Vorgängern Djosers. In Manethos Tradition ist Tosorthros (Afr.)/Sesorthos (Eus.) – wie dort Djoser heißt – der zweite Herrscher der 3. Dynastie, die vermutlich mit der Verlegung der Residenz in die Nähe der Stadt Memphis beginnt. Manetho bezeichnet daher die Könige dieser Dynastie als Memphiten im Gegensatz zu ihren nach der oberägyptischen Stadt Thinis (bei Abydos) benannten Vorgängern. Der Turiner Königspapyrus macht zwischen Menes und dem Ende der 5. Dynastie keine Einschnitte, unterscheidet hier also nicht verschiedene Herrschergruppen. Wenn er auch Djoser (Tur. 3.5) durch ein Rubrum hervorhebt, so ist die Formel „er regierte" bei diesem doch kein Dynastieanfang, sondern lediglich der Beginn einer neuen Kolumne der Vorlage (vgl. oben, I.2.2). Es kam damals auch keine neue Königsfamilie zur Herrschaft; man nimmt vielmehr an, daß die beiden ersten Pharaonen Söhne des letzten Königs der 2. Dynastie waren.

Trotz des gewaltigen kulturellen Aufstiegs, der sich in der Anlage der „Stufenpyramide" von Saqqâra[697] manifestiert, sind wir über diese Epoche historisch nur wenig unterrichtet, da noch kaum inschriftliche Zeugnisse vorliegen. So sind Reihenfolge und Identität der Herrscher der 3. Dynastie vielfach unsicher. Selbst die Gleichsetzung des Erbauers der Stufenpyramide mit dem König Djoser der Überlieferung ist bestritten worden[698], da der Herrscher innerhalb seines Grabmonuments nirgends mit diesem Namen genannt wird, während dort überall nur der Horusname Netri-chet in Erscheinung tritt. Noch bis zur 3. Dynastie war es nämlich nicht üblich, den Eigennamen des Königs inschriftlich wiederzugeben.

Die Identität des zweiten Herrschers der 3. Dynastie mit dem Erbauer der großen Stufenpyramide läßt sich dennoch erweisen. Djoser ist der einzige König dieser Herrschergruppe, der in späteren Inschriften besonders geehrt wird. Der an der Stelle, die er in den Königslisten (Abydos, Saqqâra, Turin) einnimmt, bei Manetho angeführte Tosorthros /Sesorthos enthält deutlich das Element *djoser* (> Tosor /Sesor-) und wird in einer Glosse ebendort als Erfinder des Steinbaues bezeichnet. Schließlich wird der Horus Netri-chet der Stufenpyramide noch in zwei spätzeitlichen Inschriften direkt mit Djoser gleichgesetzt.[699]

Tabelle 9 auf S. 162 gibt eine Übersicht über die Tradition von der 3. Dynastie. Gegenüber den vier oder fünf Namen der ägyptischen Listen hat Manetho deren neun. Hiervon sind die beiden letzten, Sêphuris und Kerpherês, wahrscheinlich Dubletten zu Senofru und Chephren der 4. Dynastie[700]; der Grund für ihre Nennung an dieser Stelle bleibt allerdings unerklärlich. Es entsprechen sich „Sôris 29 Jahre" und „Sêphuris 30 Jahre" sowie „Suphis/Chephrên 26 Jahre" und „Kerpherês 26 Jahre". Ebenso ist ganz offensichtlich in „Tosertasis 19 Jahre" eine Dublette zu „Tosorthros/Sesorthos 29 Jahre" zu sehen; der König hat auch nach dem Tur. 19 Jahre regiert. Die verbleibenden sechs Könige lassen sich

[697] Korrekt eigtl. „Stufenmastaba", da die Grundfläche nicht quadratisch sondern rechteckig ist (115: 102 m).
[698] Nabil Swelim, Some Problems on the History of the IIIrd Dynasty, Cairo 1983, 18, 187-88, 190-91.
[699] Die sog. „Hungersnot-Stele", eine Felsinschrift auf der Insel Sehêl im I. Katarakt, P. Barguet, La stèle de la Famine à Sehêl, Le Caire 1935; Naophor des Ah-mose, Berlin 14765, Wildung, Rolle ägypt. Könige, 79-83, T. VI-VIII.
[700] F.W. v. Bissing, Der Bericht Diodors über die Pyramiden, Berlin 1901, 37 Anm. 1; Helck, Manetho, 23.

mit denen der ägyptischen Listen gleichsetzen, wobei eine Vertauschung des vierten und fünften Herrschers bei Manetho anzunehmen ist: Sôuphis wird (Hu-)djefa entsprechen und Mesôchris dem Nefer/Neb-ka-rê. Hierzu ist noch zu bemerken:

1. Die Weglassung des Neb-ka auf der Tafel von Saqqâra ist wohl damit zu erklären, daß der Verfasser dieser Liste, die die Herrscher in rückwärtiger Folge verzeichnete, ihn als scheinbare Dublette zu dem schon vorher genannten Neb-ka-rê betrachtet und daher gestrichen hat.[701]

2. Es ist erwiesen, daß der Name „Hudjefa“, der auch schon in Dynastie 2 vorkommt, aus einer mißdeuteten Glosse entstanden ist, die den Königsnamen als „zerstört“ und“ausgelassen“ bezeichnete.[702] Das gleiche gilt auch für „Sedjes“ in der Abydostafel. „Sedjes“ und „Hu-djefa“ sind daher identisch und stehen für einen in der Vorlage verlorenen Königsnamen.

3. Ebenso müssen die Namen Nefer-ka-rê (Abydos) und Neb-ka-rê (Saqqâra) den gleichen Herrscher bezeichnen. Dabei wird -rê spätere Hinzufügung sein, da königliche Thronnamen (und für einen solchen haben ihn die Hersteller der Königstafeln wohl gehalten) seit dem Mittleren Reich am Schluß stets mit -rê gebildet werden. Den ersten Namensbestandteil konnte man offensichtlich nicht mehr lesen; er wird daher als nefer-, neb- oder (bei Manetho) mesô- wiedergegeben. Fraglich ist, ob – wie Helck vermutet – dies der vorher als „verloren“ bezeichnete Name ist, der dann in der Vorlage nachträglich doch noch hinzugefügt, später aber für einen weiteren König gehalten worden wäre.

4. Der letzte Herrscher, der auf der Saqqâratafel und im Tur. „Huni“ heißt[703], trug wohl eigentlich den Namen Ahu[704]; eine auf ihn zurückgehende Stiftung wird sowohl in der Grabinschrift des Methen (Anfang 4. Dynastie)[705] als auch in den Annalen für das Jahr der 5. Zählung unter Nefer-ir-ka-rê (5. Dynastie) erwähnt. Die griechische Form des Namens ist anscheinend Achês.

Durch die Denkmäler dieser Zeit sind uns fünf Könige bekannt; ihre Reihenfolge und Identifizierung mit den Namen der Überlieferung sind nicht überall sicher.

1. Hor Necht-sa (oder Sa-nachte ?) ist zusammen mit Hor Netri-chet (Djoser) in Bêt Challâf (nördlich Abydos) durch Siegel bezeugt, die in zwei großen Mastabas gefunden wurden (es sind wohl Gräber königlicher Statthalter).[706] Nach seiner engen Verbindung mit Djoser muß er dessen unmittelbarer Vorgänger gewesen sein, obgleich seine Identität mit König Neb-ka sonst nirgends bezeugt wird.[707] Sein Grab wird in Saqqâra vermutet[708], doch ist es wohl kaum in der ursprünglichen Mastaba (1. Bauphase) der Djoser-Pyramide zu suchen. In seinem Grab bei Saqqâra bezeichnet sich ein Achti-ô als Priester des Neb-ka.[709] Der Königsname ist nach dem Brauch der Zeit dieses Mannes (4. Dynastie) in Kartusche gesetzt. Es ist jedoch unklar, ob es sich hier um den ersten Herrscher der 3. Dynastie handeln soll oder möglicherweise um den vorletzten, der auf der Saqqâratafel „Neb-ka-rê“ genannt wird und auf der von Abydos (weniger wahrscheinlich) „Nefer-ka-rê“.

---

701 Helck, op.cit., 21.

702 Helck, op.cit., 25; Goedicke, in: JEA 42, 1956, 50-3.

703 So auch in der „Lehre für Ka-gemni“ (Pap. Prisse, Hs. des Mittleren Reiches).

704 Zur Lesung Borchardt, in: ZÄS 46, 1909, 12-3; Barta, in: MDAIK 29, 1973, 1-4.

705 Urk. I, 2; Goedicke, in: MDAIK 21, 1966, T. V (Inschr. F).

706 J. Garstang, Mahasna and Bêt Khallâf, London 1903, 24, T. 19. Inschriften mit seinem Horusnamen fanden sich auch im Wadi Maghâra auf dem Sinai (Sinai, T. 2, Nr. 4 und T. 4, Nr. 3).

707 Die Vermutung Sethes (bei Garstang, op.cit.), auf einem der Siegel sei ein Rest des Namens [Neb]-ka zu lesen, ist ausgeschlossen, da Königsnamen vor Senofru noch nicht in Kartusche geschrieben wurden. Bei dem angeblichen Rest einer Kartusche handelt es sich vielleicht um den einer Schiffsdarstellung.

708 Stadelmann, Pyramiden, 35 und 78.

709 R. Weill, Des monuments et de l'histoire des IIe et IIIe dynasties, Annales du Musée Guimet, Paris 1908,262-73,T.VI-

2. Der „Hor Netri-chet König Netri-chet-nebti“ der Denkmäler ist der Erbauer der Stufenpyramide von Saqqâra, in deren weitläufigen Anlagen sein Name vielfach erscheint. Zu seiner Gleichsetzung mit Djoser siehe oben, S. 160.

Tabelle 9. Die 3. Dynastie

ABYDOS	SAQQÂRA	TURIN		MANETHO (Afr./Eus.)	
15 Neb-ka	-	3.4 Neb-ka	19 J.	3.1 Necherôphês/Necherôchis	28 J.
16 Djoser-sa	47 Djoser	3.5 Djoser-it	19 J.	3.2 Tosorthros/Sesorthos	29 J.
17 Teti	46 Djoser-teti	3.6 Djoserti	6 [J.]	3.3 Tyrëis	7 J.
18 Sedjes	-	3.7 [Hu]-djefa	6 J.	3.5 Sôuphis	16 J.
19 Nefer-ka-rê	45 Neb-ka-rê			3.4 Mesôchris	17 J.
-	44 Huni	3.8 Hu[ni]	24 J.	3.7 Achês	42 J.
				3.6 Tosertasis	19 J.
				3.8 Sêphuris	30 J.
				3.9 Kerpherês	26 J.
				Summe	214 J.

3. Hor Sechem-chet König Nebti-djoserti. Ihm gehört die lange verschüttete, erst 1952 wieder aufgefundene, unvollendete Anlage für eine Stufenpyramide südwestlich von der des Djoser.[710] Die Ähnlichkeit beider Anlagen, aber auch die Tatsache, daß hier bereits eine echte (Stufen-)Pyramide mit quadratischem Grundriß geplant war, läßt ihn als Nachfolger Djosers erkennen. Dies wird bestätigt durch seinen Königsnamen Nebti-djoserti; daraus hat die Überlieferung durch Auslassung des nach späterem Brauch für einen Titel gehaltenen Elements Nebti „die beiden Herrinnen“ den im Tur. (3.6) verzeichneten König „Djoserti“ gemacht. Weitere Verderbnis des Namens liegt auf den Tafeln von Saqqâra (Djoser-teti) und Abydos (Teti) vor.

4. Hor Cha-bai, belegt durch Aufschriften mehrerer Steingefäße, die bei der unvollendeten Stufenpyramide von Zawijet el-Arijân (zwischen Giza und Abusir) gefunden wurden[711], sowie durch Siegel aus dem oberägyptischen Hierakonpolis (Kom el-Ahmar).[712] Wahrscheinlich, jedoch nicht ganz sicher war er der Erbauer der genannten Stufenpyramide. Seine Gleichsetzung mit einem der Könige der Listen ist ebenfalls nicht sicher.

5. Hor Qa-hedjet. Ein in den sechziger Jahren vom Louvre erworbenes Relief unbekannter Herkunft stellt einen vom Gott Horus umarmten König mit diesem Horusnamen dar. Da es stilistisch den Reliefs aus der Djoser-Pyramide ähnelt, wurde es sicher zu Recht in die 3. Dynastie datiert.[713] Wir wissen jedoch weder, welchem König dieser Dynastie es zuzuschreiben ist, noch kennen wir sein Grab oder irgendwelche andere Denkmäler von ihm. Der gute Stil des Reliefs zeigt aber, daß es von einer königlichen Anlage dieser Zeit stammen muß, die vielleicht noch nicht ausgegraben ist.

Stilistisch bilden die Stufenpyramide des Djoser, die des Djoserti und die von Zawijet el-Arijân (in dieser Folge) eine Entwicklungsreihe, die zur wirklichen Pyramide bei Senofru führt. Die Anlage von

---

VII.

[710] Z. Goneim, Horus Sekhem-khet, Cairo 1957; Stadelmann, Pyramiden, 72-75.

[711] Reisner-Fisher, in: BMFA 9, 1911, 59; Arkell, in: JEA 42, 1956, 116, und 44, 1958, 120.

[712] J.E. Quibell-J.W. Green, Hierakonpolis, II, London 1902, T. 70 (1) sowie Siegelzylinder London U.C. 11755, Kaplony, IÄF III, T. 132 Nr. 805.

[713] J. Vandier, Comptes rendus de l'Academie des Inscriptions et des Belles-Lettres, Paris 1968, I, 16-22.

Zawijet el-Arijân muß demnach einem der späteren Könige der 3. Dynastie gehören. Ein weiteres Königsgrab dieser Zeit war vielleicht die jetzt nahezu verschwundene „Pyramide“ Lepsius Nr. 29 östlich von der Teti-Pyramide in Saqqâra, in der Nähe des dortigen Inspektorats der Altertümerverwaltung.[714]

Weitere Herrscher der 3. Dynastie und Gräber von solchen sind von N. Swelim vermutet worden (siehe Anm. 698). Was zunächst die Grabanlagen betrifft, so sind innerhalb der großen, umwallten Rechtecke westlich und südwestlich der Djoser-Pyramide keinerlei Reste von Pyramiden- oder Tempelanlagen gefunden worden; es handelt sich offenbar um Kultbezirke, die zu den Königsgräbern der 2. Dynastie gehörten.[715] Die kleinen, ursprünglich nur etwa 10 m hohen Stufenpyramiden, die sich vom Delta bis nach Elephantine an verschiedenen Plätzen feststellen ließen, enthalten keine Grabkammern und waren daher keine Königsgräber, sondern vielleicht königliche Machtsymbole (des Djoser ?).[716]

Die von Swelim zusätzlich der 3. Dynastie zugeordneten Königsnamen „Hor Sa“ und „Hor Ba“ stammen von Gefäßen aus den Vorratskammern der Pyramidenanlage Djosers.[717] So wie die übrigen Herrscher, deren Namen dort gefunden wurden, müssen auch sie in die Zeit vor Djoser datiert werden. „Hor Sa“ könnte eine abgekürzte Form von „Hor Necht-sa“, dem Horusnamen des Vorgängers Djosers, sein[718]; vielleicht ist es aber nur die Bezeichnung einer dem Totenkult dienenden Kapelle namens „Schutz des Horus“.[719] „Hor Ba (Widder)“ ist auf diesen Gefäßen nur einmal belegt[720]; wegen des Fundortes muß es sich bei ihm um einen König der 2. Dynastie handeln.

In die folgende Aufstellung der Herrscher der 3. Dynastie sind nur die durch Denkmäler bezeugten Namen aufgenommen; in Klammern die der Überlieferung. Die Bestimmung der Regierungszeiten kann erst im Zusammenhang mit der Chronologie der Frühzeit (l. und 2. Dynastie) erfolgen.

1 Hor Necht-sa (Neb-ka)
2. Hor Netri-chet König Netri-chet-nebti (Djoser)
3. Hor Sechem-chet König Nebti-djoserti (Djoserti, Teti)
4.? Hor Chabai ⎤ Reihenfolge und
5.? Hor Qa-hedjet ⎦ Identität unsicher
5.(6.) König Ahu (Huni)

714 Stadelmann, Pyramiden, 77-79. Die Lage ist auf dem Plan LD I 33 verzeichnet.
715 Stadelmann, op.cit., 31.
716 Elephantine, Edfû, Kula (Hierakonpolis), Naqâda, Sinki (Abydos), Zawijet el-Amwât, Sêla (Faijûm), Athribis. Kaiser-Dreyer, in: MDAIK 36, 1980, 43-59; Stadelmann, op.cit., 79.
717 Veröff. bei Lacau – Lauer, Pyramide a degrés, IV 2 und V.
718 Pyramide a degrés, IV, 2, 1961, 47; V, 1965, 7-8, T. 6-7; Wildung, Rolle ägypt. Könige, 54-55; Kaplony, IÄF I, 409. Die Schreibung des Wortes *sa* weicht allerdings von der bei Hor Necht-sa ab (Gardiner V 16 anstatt V 17/18).
719 Entgegen der Zeichnung bei Swelim, op.cit., 185, steht „Hor Sa“ dort nicht, wie bei Horusnamen dieser Zeit sonst üblich, in der „Palastfassade“ (*serech*).
720 Swelim, op.cit., 182-83 u. 185.

Grabstele des Königs Hor Wadji

Material: Kalkstein
Maße: Höhe 1,45 m
Herkunft: Abydos
Datierung: 1. Dynastie, um 2900 v. Chr.
Standort: Paris, Louvre E 11007
(*Photo:* Institut für Ägyptologie, München; Hans-Wolfgang Müller)

7. DIE FRÜHZEIT

Die überlieferte Geschichte Ägyptens beginnt mit Menes, dem ersten König der I. Dynastie der Tradition. Er war keineswegs der erste Beherrscher Ägyptens, doch gab es erst seit seiner Regierung jährliche Aufzeichnungen (Annalen), die zur Grundlage der Geschichtsüberlieferung wurden. Obgleich auch die Erfindung der Hieroglyphenschrift bereits einige Zeit zurücklag, hatte sich diese doch erst damals so weit entwickelt, daß mit ihrer Hilfe nicht nur die Benennung von Gefäßinhalten und Eigentum, sondern auch die Aufzeichnung von Vorgängen möglich geworden war. Es dauerte freilich noch bis zum Beginn der 4. Dynastie, bis diese Schrift vollständige Texte wiedergeben konnte. Die Inschriften der Frühzeit der ägyptischen Geschichte beschränken sich noch größtenteils auf die Angabe von Eigennamen, Titeln, Institutionen der Verwaltung und Waren, die für den Hof geliefert wurden oder als Opfergaben dienten.[721] Für die Chronologie finden sich in zeitgenössischen Dokumenten so gut wie keine Daten, so daß wir auf die geringen Überreste einer Abschrift der frühzeitlichen Annalen aus der Mitte der 5. Dynastie[722] und auf die Überlieferung späterer Zeit (Königslisten aus dem Neuen Reich, Manetho) zurückgreifen müssen.

7.1 Die Überlieferung über die 1. und 2. Dynastie der ägyptischen Geschichte

Am schwierigsten ist die Herstellung einer Chronologie dieser Zeit. Absolute Daten lassen sich nicht erreichen. Wie wir bereits bei der Behandlung der 3. Dynastie gesehen haben, ergeben sich Schwierigkeiten in erster Linie bei der Identifizierung der durch inschriftliche Zeugnisse der Frühzeit belegten Könige mit denen der Überlieferung. Das liegt zum einen an der archaischen Schrift, die von den späteren Annalisten zum Teil nicht mehr verstanden und nach der Auffassung ihrer eigenen Zeit umgedeutet wurde, zum anderen an der Entwicklung der ägyptischen Königstitulatur.[723] Von den fünf Namen, die die Pharaonen trugen (neben dem Geburtsnamen vier bei der Thronbesteigung angenommene Namen), tritt auf frühzeitlichen Denkmälern fast ausschließlich der Horusname in Erscheinung, der den Herrscher als irdischen Repräsentanten des Himmelsgottes Horus bezeichnet. Gerade dieser Name aber kommt – auch nach späterer Auffassung – nur dem lebenden, regierenden Pharao zu, weshalb er zur Nennung in Aufzeichnungen über die Vergangenheit ungeeignet ist.

Wenn wir die späteren Königslisten (Tafeln von Abydos und Saqqâra, Turiner Königspapyrus, Manetho) betrachten, so läßt sich in den meisten Fällen Übereinstimmung feststellen – die Abweichungen beruhen auf unterschiedlicher Interpretation der überlieferten Namen (vgl. Tabelle 10). Nehmen wir zunächst nur die altägyptischen Listen, so ist die Identität der Namen fast überall noch erkennbar; die wenigen Unterschiede lassen sich erklären:

- Abydos (A) Ita = Tur. Itetiu: Die Hieroglyphen für Aleph und *tiu* sind fast gleich.
- A Sepati = Tur. Qenti: Die hieratischen Zeichen für *sepat* und *qen* lassen sich auf hieroglyphisch *chaset* zurückführen.

[721] P. Kaplony, Die Inschriften der ägypt. Frühzeit, 3 Bde. u. Supplement, ÄA 8-9, 1963-64.
[722] Siehe oben, I.2.1, und unten, II.7.3.
[723] Hierzu v. Beckerath, Königsnamen, und oben, I.1.2.

- A Bedjaw = Saqqâra (S) Biw-nuter. Während S auf den Herrinnennamen Hetep(-nebti) zurückgeht, scheint A den Eigennamen zu überliefern.
- A Djadjai = S Bebi. Gemeinsamer Ursprung (aus Cha-sechemui) von Helck[724] vermutet.

Auch Manethos Liste geht auf eine ähnliche Quelle zurück. Sein Biênechês (Afr.)/Ubiënthês (Eus.) läßt sich ableiten von *Biw-entêr, das wiederum Verlesung aus hieratisch Qebeh ist.[725] Boêthos ist der in A überlieferte Eigenname Bedjaw. Schwierigkeiten der Gleichsetzung gibt es nur bei den ersten fünf Königen der 1. und beim letzten der 2. Dynastie. Wie Helck erweisen konnte, ist Uënephês eine Variante zu Athothis und Kenkenês eine solche zu Usaphais.[726] Dabei ist Uënephês offenbar ein Beiname für Athothis, dessen Grab bei Abydos später für das des Gottes Osiris gehalten wurde[727], während Kenkenês (ägyptisch Qenti; der Dual mit doppeltem *qen* geschrieben) und Usaphais (aus Sepati) beide auf Chaseti zurückgehen. Diese Variante haben die ursprünglichen Namen des zweiten und vierten Herrschers bei Manetho verdrängt; sie wurden anscheinend wegen ihrer Ähnlichkeit untereinander (Teti/Iti – Iteti – Ita/Itetiu) als Dubletten betrachtet und deshalb gestrichen. Es entsprechen sich also:

ägyptisch	MANETHO
1. Meni	1. Mênês
2. Teti/Iti	-
3. Iteti	2. Athôthis = 4. Uënephês
4. Ita/Itetiu	-
5. Qenti/Sepati	3. Kenkenês = 5. Usaphais

Der letzte König der 2. Dynastie ist bei Manetho vielleicht mit dem ersten der 3. vertauscht worden[728]; bei Sethenês liegt Metathese vor (Sethenês < *Senethês, Senedi). Auf die Regierungszahlen, die bei Manetho nur in teilweise verderbter und überall um Jahrzehnte erhöhter Form vorliegen, während sie im Tur. erst vom achten Herrscher der 2. Dynastie ab erhalten sind, wird weiter unten zurückzukommen sein.

Den Herstellern der aus der Zeit des Neuen Reiches stammenden Königslisten beziehungsweise ihrer Vorlagen müssen annalistische Aufzeichnungen zur Verfügung gestanden haben, in denen sämtliche Namen (Geburts- und Titelnamen) der frühzeitlichen Pharaonen verzeichnet waren. Als Benennungen, die sie daraus übernahmen und in anachronistischer Weise in Kartuschen setzten, wählten sie diejenigen, denen der Titel „König von Ober- und Unterägypten" (in den folgenden Ausführungen abgekürzt „König") voranging. Dieser Titel ist seit Hor Dewen, dem fünften Herrscher der 1. Dynastie, vor dem zweiten Titelnamen (Herrinnennamen) belegt. Seit Hor Semer-chet, dem siebenten König, wurde dieser Name mit dem Element Nebti „die beiden Herrinnen" (Kronengöttinnen) gebildet. Seit dem späten Alten Reich steht der Titel „König" jedoch vor dem Thronnamen, den es erst seit dieser Zeit gab, während der ursprüngliche Namensbestandteil Nebti jetzt (wohl in der Bedeutung „der der beiden Herrinnen") den Titel des zweiten Namens bildet. Die Schreiber des Neuen Reiches haben daher aus diesem

[724] Manetho, 13.
[725] Fecht, in: ZDMG 110, 1960, 117-18.
[726] Helck, op.cit., 10-11 u. 17; Newberry u. Wainwright, in: Anc. Egypt 1914, 148-55.
[727] Uënephês, ägypt. Wen(en)-nofer, Name des Osiris.
[728] Zur Erklärung siehe unten, S. 172.

Namen das Element Nebti als vermeintlichen Titel weggelassen. So hieß zum Beispiel der eben erwähnte siebente König der 1. Dynastie „Hor Semer-chet König Iri-nebti"; davon übernahmen die Historiographen nur „König Iri". Das archaische Schriftzeichen für *iri* „Zugehöriger, Genosse", ein stehender Mann, der einen Stock (?) in Händen hält, wurde – da es später anders aussieht[729] – mit einer anderen, ebenfalls einen Mann darstellenden Hieroglyphe verwechselt und als *semesu* „Ältester" gedeutet. Dieses Beispiel möge die Entstehung vieler Königsnamen der 1.–3. Dynastie in der späteren Tradition explizieren.

Tabelle 10. Die Überlieferung der Frühzeit

ABYDOS	SAQQÂRA	TURIN	MANETHO
1 Meni	-	2.10 Meni	1.1 Mênês (62 Jahre)
2 Teti	-	2.11 It[i]	1.2 Athôthis (57 J.)
3 Iteti	-	2.12 [Iteti]	1.3 Kenkenês (31 J.)
4 Ita	-	2.13 [Ite]tiu	1.4 Uënephês (23 J.)
5 Sepati	-	2.14 Qenti	1.5 Usaphais (20 J.)
6 Mer-bia-pe	58 Mer-bia-pen	2.15 Mer-ba-pen	1.6 Miëbis (26 J.)
7 Semesu (?)	-	2.16 Semsem	1.7 Semempsês (18 J.)
8 Qebeh	57 Qebehu	2.17 [Qe]beh	1.8 Biênechês/Ubiënthês (26 J.)
9 Bedjaw	56 Biw-nuter	2.18 Biw-[nuter]	2.1 Boêthos (38 J.)
10 Ka-kaw	55 Ka-kaw	2.19 [Ka]-kaw	2.2 Kaiëchôs (39 J.)
11 Bi-en-nuter	54 Bi-nutri	2.20 [Bi]-en-nuter	2.3 Binôthris (47 J.)
12 Wadj-nes	53 Wadj-las	2.21 [Wadj-ne]s	2.4 Tlas (17 J.)
13 Senedi	52 Senedj	2.22 Senedj	2.5 Sethenês (41 J.)
-	51 Nefer-ka-rê	2.23 Nefer-ka(-rê)	2.7 Nephercherês (25 J.)*
-	50 Nefer-ka-sokar	3.1 Nefer-ka-sokar (8 J. 4 M.)	2.8 Sesôchris (48 J.)
-	49 Hu-djefa	3.2 Hu-djefa (1 J. 8 M.)	
14 Djadjai	48 Bebi	3.3 Bebti (27 J. 2 M.)	2.9 Chenerês (30 J.)**

* = 2.6 Chairës (?)
** Oder Necherôphês (28 J.) (?)

7.2 Die Könige der 1. Dynastie

Die Herrscher der 1. Dynastie wurden in ihrer oberägyptischen Heimat bei Abydos (Umm el-Qa'âb) beigesetzt, ebenso wie ihre prädynastischen Vorgänger, von deren Gräbern sich die ihren durch erheblich größere Ausmaße unterscheiden.[730] Sieben Großgräber von Königen sowie das der wohl als Regentin herrschenden Königin Merit-neit und zwei Anlagen aus der 2. Dynastie wurden dort gefunden. Hauptsächlich durch Siegelinschriften und beinerne Täfelchen lassen sie sich bestimmten Herrschern zuweisen. Eine weitere Reihe von Großgräbern ausschließlich aus der Zeit der 1. Dynastie befindet

[729] A.H. Gardiner, Egyptian Grammar, Oxford [3]1957, Sign-List A 48.
[730] Zum Königsfriedhof von Abydos (Umm el-Qa'âb) vgl. die Grabungsberichte von W.M.F. Petrie, The Royal Tombs of the First Dynasty, 2 Bde, London 1900-01; zu neueren Grabungen Kaiser u. A., in: MDAIK 35ff., 1979ff.

sich im Nordosten der Nekropole von Saqqâra.[731] Einige dieser etwa 20 Grabanlagen sind als Königsgräber angesehen worden, doch übersteigt die Anzahl dieser Anlagen bei weitem die der Herrscher – es wird sich wohl eher um Prinzengräber handeln.[732] Auffallend ist, daß die Reihe der Gräber sowohl in Abydos als auch in dem erwähnten Bezirk von Saqqâra mit dem letzten König der 1. Dynastie endet - die Dynastieeinteilung Manethos erfährt so auch archäologisch eine Bestätigung.

Vom fünften Herrscher an lassen sich, wie schon gesagt, die inschriftlich erhaltenen Königsnamen dieser Zeit mit denen der Überlieferung gleichsetzen:

Hor Dewen, König Chaseti	=	Sepati/Qenti
Hor Adj-ib, König Mer-pe-bia(-nebui)	=	Mer-bia-pen
Hor Semer- chet, König Iri-nebti	=	Semesu/Semsem
Hor Qa-a, König Qa'a-nebti (und Sen-nebti)	=	Qebeh(u)

Schwieriger ist es bei den ersten vier Königen, von denen uns lediglich die Horusnamen inschriftlich bekannt sind. Der traditionellen Reihe Meni, Iti/Teti, Iteti und Ita/Itetiu stand die stilistisch gesicherte Folge der Herrscher Hor Nar-mer, Hor Aha, Hor Djer und Hor Wadji gegenüber. Man hielt Nar-mer für den historischen Menes, weil er auf seiner berühmten Prunkpalette[733] bereits mit den Kronen beider Ägypten erscheint. Jedoch gibt es auch schon vor diesem König, den man lange als den „Reichsvereiniger" bezeichnet hat, unter den königlichen Symbolen solche, die auf die Dualität und damit auf die Einigung ganz Ägyptens hindeuten (doppelte Falken- und Caniden-Götter).[734] Zudem gehört das Grab des Nar-mer noch nicht zu den großen Gräbern in Abydos und keine der Anlagen in Saqqâra datiert aus seiner Regierungszeit; als Erster tritt hier überall sein Nachfolger Hor Aha auf. Siegel aus der Zeit Hor Nar-mers zeigen neben seinem Horusnamen das Schriftzeichen *men*.[735] Ein Vergleich mit anderen Siegeln der Frühzeit erweist, daß dort neben dem Namen des Herrschers stets der des verantwortlichen Beamten oder später auch der zuständigen Verwaltungsinstitution genannt wird. Der Bewahrer des königlichen Siegels war also unter Nar-mer ein gewisser Men(i)[736]; und da die höchsten Staatsämter in der Frühzeit und noch bis zur 4. Dynastie von Prinzen bekleidet wurden, liegt es nahe, in diesem Meni den Kronprinzen zu erkennen, der auf Hor Nar-mer als Hor Aha folgen sollte.[737] Entscheidend ist auch die Erkenntnis, daß der auf zwei Jahrfeldern vor Beginn der Regierung des Hor Djer auf der Annalentafel (Palermo, Reihe 2) verzeichnete Zeitraum von 10 Monaten nicht ein Interregnum, sondern die kurze Herrschaft des Vorgängers des Djer darstellt[738]; für den Namen war dort kein Platz mehr. Dieser König muß zwischen Hor Aha und Hor Djer eingeschoben werden und entspricht daher höchstwahrscheinlich dem zweiten König der Überlieferung, Iti (Teti). Wegen der Kürze seiner Regierung besitzen wir von ihm keine sicheren Zeugnisse und kennen daher auch nicht

---

731 W.B. Emery, The Tomb of Hemaka, Cairo 1938; ders., Hor Aha, Cairo 1939; ders., Great Tombs of the First Dynasty, 3 Bde. Cairo/London 1949-58.

732 Anders Emery, op.cit.; J.Ph. Lauer, Histoire monumentale des pyramides, I, Le Caire 1962, 16-52; Stadelmann, Pyramiden, 10-31. In Saqqâra gibt es jeweils mehrere Gräber aus der Zeit des gleichen Königs; dazu kommen die kgl. Talbezirke in Abydos. Vgl. Kemp, in: JEA 52, 1966, 13-22; ders., in: Antiquity 41, 1967, 22-32; Kaiser, in: MDAIK 25, 1969, 1-22.

733 Kairo 14716. Oft abgebildet, beide Seiten z.B. bei W. Wolf, Die Kunst Ägyptens, Stuttgart 1957, 86, Abb. 48-49; K. Lange-M. Hirmer, Aegypten, München 1957 u. ff. Auflagen, T. 4.

734 Kaiser, in: ZÄS 85, 1960, 122-26.

735 Petrie, Royal Tombs, II, T. XIII Nr. 93, S. 30; Kaplony, IÄF III, T. 28, Abb. 77.

736 Das -j wird in der archaischen Schrift nicht ausgeschrieben.

737 Helck, in: ZDMG 103, 1953, 354-59; Kaplony, IÄF I, 71-72.

738 Vgl. Helck, Manetho, 78; ders., Gesch. d. alten Ägypten, Hdb. der Orientalistik, I, 3, Leiden 1968, 30.

seinen Horusnamen.[739] Für die ersten Könige der geschichtlichen Zeit ergeben sich demnach folgende Gleichsetzungen: Hor Aha = Meni, Hor ? = Iti, Hor Djer = Iteti, Hor Wadji = Ita. Bei allen neueren Rekonstruktionen der Annalen (siehe dazu unter, II 7.4) steht rechts von der Vorderseite des Palermo-Fragments nur noch Raum für eine Regierung zur Verfügung – die des Hor Aha (Menes).

Aus der Zeit des Djer gibt es ein Prinzensiegel mit dem Namen It.[740] Da das Aleph (a) des Namens Ita als schwacher Konsonant in der archaischen Schrift unter Umständen unbezeichnet bleibt, könnte es sich um den nachmaligen Hor Wadji handeln. Auch der Name Iteti ist auf Siegeln belegt[741], doch ist unsicher, ob dort der spätere König Hor Djer gemeint ist. Endlich könnte auch der Prinzenname des Königs Iti der Überlieferung auf Siegeln seines Vorgängers Hor Aha genannt sein. Dessen am häufigsten bezeugter Prinz heißt Het(i)[742] – das *h* ist vielleicht später als *j* mißverstanden worden.[743]

In den Annalen sind die Namen einiger Könige der 1. Dynastie ganz oder teilweise erhalten (der Königsname ananchronistisch in Kartusche gesetzt):

Hor Djer, (König) Iteti,
Hor Dewen, ... (Name abgebrochen)
Hor Semer-chet, (König) Iri-nebti

Wir können danach für die 1. Dynastie folgende Herrscherreihe aufstellen:

Hor Aha,	Eigenname:	Men(i),	Überlieferung:	Meni
?		Het(i)(?)		Iti (Teti)
Hor Djer		Iteti		Iteti
Hor Wadji		It(a)		Ita (Itetiu)
Hor Dewen, König Chaseti				Sepati/Qenti
Hor Adj-ib, König Mer-pe-bia(-nebui)				Mer-bia-pe(n)
Hor Semer-chet, König Iri-nebti				Semesu (Semsem)
Hor Qa-a, König Qa-a-nebti/Sen-nebti				Qebeh(u)

Abb. 11
Namen der vier letzten Könige der 1. Dynastie auf einem archaischen Gefäß
(Nach Lacau – Lauer, Pyramide à degreés IV, T.4)

[739] Möglicherweise ist ihm der auf einem Gefäß aus den Vorratskammern der Djoser-Pyramide entdeckte Horusname in Gestalt eines Vogels (*bai*? *sa*?) zuzuweisen, doch kann es sich auch um einen König der 2. Dyn. handeln. Quibell, in: ASAE 34, 1934, 75.
[740] Petrie, Royal Tombs, II, T. XV Nr. 109; Kaplony, IÄF III, T. 47 Abb. 175; vgl. ebd. I, 435.
[741] Kaplony, IÄF III, T. 95, Abb. 370.
[742] IÄF I, 566; III, T. 29, Abb. 78 A-D.
[743] Dautzenberg, in: GM 69, 1983, 33-35.

7.3 Die Könige der 2. Dynastie

Während die Herrscher der 1. Dynastie, obgleich auch sie schon überwiegend im Raum des späteren Memphis residiert haben werden, noch im oberägyptischen Abydos bestattet wurden, haben ihre Nachfolger nun auch ihre Gräber in der Nekropole von Saqqâra, etwa einen Kilometer südwestlich der Großgräber aus der 1. Dynastie, anlegen lassen.[744] Dort sind die unterirdischen Teile der Ruhestätten des ersten und dritten Herrschers der 2. Dynastie an der Südseite des Pyramidenbezirks des Djoser entdeckt worden. Ihre Oberbauten müssen langgestreckte Mastabas gewesen sein.[745] Weitere derartige Anlagen werden in den Westmassiven des Djoser-Bezirks vermutet. Die Namen der meisten Könige der 2. Dynastie sind auf Gefäßen gefunden worden, die Djoser in die Vorratskammern seiner Anlage bringen ließ.[746] Folgende Namen sind auf diesen Gefäßen bezeugt:

a. Hor Hetep-sechemui, König Hetep-nebti
b. Hor Neb-rê ⎤
 ⎬ [vermutlich identisch]
c. König Nub-nufer ⎦
d. Hor Ni-nuter, König Ni-nuter-nebti
e. König Weneg-nebti
f. Hor Sechem-ib, König Sechem-ib-nebti Per-en-maat
g. Hor Cha-sechem, identisch mit
h. Hor-Seth Cha-sechemui, König Cha-sechemui-nebti Hetep-nebui-imef
i. Hor Senefer-ka
j. Hor Ba („Widder")
k. Hor Bai (? Vogel, Lesung unsicher)
Außerdem verschleppt aufgefunden:
l. König Sened(i)[747]

Die Identität der Namen a., b. und d. mit den drei ersten Königen der Überlieferung (Bedjaw/Biw-nuter, Ka-kaw, Bi-nutri) wird schon seit langem allgemein angenommen. Biw-nuter (Saqqâra) ist hieratische Verlesung aus *hotep*[748], Bi-nutri Mißverständnis von Ni-nuter(-nebti). Auch Ka-kaw wird auf eine Verlesung zurückgehen; *nub* „Gold" und *ka* „Stier" sind in der hieratischen Schrift ähnlich. Bedjaw ist dagegen schon auf einem Schrifttäfelchen des Alten Reiches belegt[749]; es wird der Eigenname des Herrschers sein.[750] Auch für die beiden nächsten Könige der Listen stehen die altägyptischen Entsprechungen fest: Wadj-nes (Wadj-las) ist von Grdseloff[751] überzeugend aus We-neg (-nebti) abgeleitet worden, und Senedi (Senedj) entspricht natürlich dem König Sened(i). Letztgenannter kann nicht so unbedeutend gewesen sein, wie seine spärliche Dokumentation vermuten läßt,

---

744 Manetho bezeichnet allerdings auch sie noch als Thiniten, was der Herkunft der meisten von ihnen entsprechen wird.
745 J.Ph. Lauer, Histoire monumentale des pyramides, I, Le Caire 1962, 56-59; Stadelmann, Pyramiden, 32-34.
746 C.M. Firth – J.E. Quibell, The Step Pyramid, II, Cairo 1935; Lacau-Lauer, Pyramide à degrés, IV-V. Vgl. Helck, in: ZÄS 106, 1979, 120-32.
747 U. Hölscher, Das Grabdenkmal des Chephren, Leipzig 1912, 106.
748 Helck, Manetho, 12.
749 Wildung, Rolle ägypt. Könige, 39-40 (Schreibtafel Kairo JE 734).
750 Helck, Manetho, 12, hält ihn allerdings für eine weitere Korruptele aus „Hotep".
751 Grdseloff, in: ASAE 44, 1944, 288-92. Die Ableitung von Wadj-nes aus Per-ib-sen (K. Sethe, UGAÄ 3, 1905, 36; Helck, Manetho, 12-13) läßt sich nicht aufrechterhalten.

da seiner noch in späterer Zeit, in einem Grab der 4. Dynastie[752], einem Papyrus des Neuen Reiches[753] und sogar noch mit einem Bronzefigürchen aus der 26. Dynastie[754] gedacht wird. Mit keinem der Herrschernamen der Überlieferung läßt sich dagegen (f.) „Hor Sechem-ib König Sechem-ib-nebti Peren-maat" gleichsetzen.

In dieser Zeit machte der entstehende ägyptische Staat eine schwere Krise durch, die zu einem zeitweiligen Zerfall der politischen Einheit des Landes führte. Ein König, der in seiner Titulatur den Gott Seth an die Stelle des Horus setzte, „Seth Per-ib-sen, König Per-ib-sen-nebti"[755], ist nur in Oberägypten (Abydos, Hierakonpolis) bezeugt. Dort hat er – wieder wie die Herrscher der 1. Dynastie – in Abydos sein Grab angelegt. Darin wurde außer seinem Namen auch der des obengenannten Hor Sechem-ib gefunden. Dies kann unmittelbare Aufeinanderfolge bedeuten, ist aber auch als Identität erklärt worden in der Weise, daß der Herrscher sowohl einen Seth- als auch einen Horusnamen besessen, also doch über beide Landesteile regiert hätte.[756]

Den Schluß der Dynastie bildet „Hor-Seth Cha-sechemui, König Cha-sechemui" mit dem Namenszusatz Hetep-nebui-imef „Die beiden Herren (Horus und Seth) sind in ihm befriedet". Auf einigen Denkmälern, die auf den Fundort Kôm el-Ahmar/Hierakonpolis beschränkt sind, nennt er sich auch nur Horus Cha-sechem.[757] Dieser König hat, wie er auf Gefäßen darstellen ließ[758], die Unterägypter besiegt und das Land vom Süden aus wieder geeinigt. Sein Vorgänger in Oberägypten muß jener Per-ib-sen gewesen sein; wie dieser hat er eine Grabanlage in Abydos errichtet, die er aber anscheinend nach seinem Sieg zugunsten einer ebensolchen in Saqqâra aufgegeben hat. Da nach der von Helck gegebenen Ableitung Cha-sechemui dem Djadjai, Bebi oder Bebti der Überlieferung entspricht[759], ist der Wiedervereiniger Ägyptens der letzte Herrscher der Dynastie. Der von ihm Besiegte war ohne Zweifel der Letzte der drei Könige, die auf der Tafel von Saqqâra und im Tur. Nefer-ka-rê, Nefer-ka-sokar und Hu-djefa heißen[760], während die Abydostafel sie als illegitim übergeht. Diesen Königen, deren originale Namen nicht belegt sind, könnten eventuell die nicht identifizierten Horusnamen Senefer-ka (i.)[761], Ba (j.)[762] und Bai (?, k.)[763] zugehören, die nur in Saqqâra vorkommen. Senefer-ka wird allerdings in die Zeit des Übergangs von der 1. zur 2. Dynastie datiert[764], weil der zusammen mit ihm genannte Gebäudename auch bei Hor Qa-a belegt ist, doch ist das kein sicheres Datierungsmerkmal. Es handelt sich um ein von Senefer-ka, dessen Name über dem ausgekratzten des Qa-a steht, übernommenes Gefäß; der Aneigner muß nicht unmittelbarer Nachfolger des ursprünglichen Besitzers gewesen sein. Jedenfalls werden wir in Nefer-ka-rê, Nefer-ka-sokar und „Hu-djefa" der Tradition die

---

752 Grab des Scheri (siehe unten, Anm. 765).
753 Med. Papyrus Berlin 3038 (Zeit Ramses' II.). H. Grapow, Grundriß der Medizin d. alten Ägypter, II, Berlin 1955, 90-92, 114-33.
754 Berlin 8433. G. Roeder, Ägypt. Bronzefiguren, Berlin 1957, 292, T. 44; Wildung, Rolle ägypt. Könige, T. IV 1.
755 Auch „König Per-ib-sen" (ohne „Nebti") belegt.
756 So K. Sethe, UGAÄ 3, 36; E. Drioton-J. Vandier, L'Égypte, Paris 1962, 164.
757 Wohl mit Rücksicht auf den dortigen Lokalgott Horus nur Cha-sechem „Erscheinung der Macht (Horus)" anstelle von Cha-sechemui „Erscheinung der beiden Mächte (Horus u. Seth)". Die von manchen (Drioton-Vandier, op.cit., 143 u. 164-65; I.E.S. Edwards, in CAH I, 2, Kap. XI) bestrittene Identität beider ist offensichtlich.
758 J.E. Quibell – F.W. Green, Hierakonpolis, I, London 1900, T. 36-38 (Kairo CG 14724; Philadelphia E 3958): „Jahr des Kampfes und des Schlagens des Nordlandes".
759 Siehe oben, II 7.1, Anm. 724.
760 Zur Entstehung von „Hu-djefa" aus einer Notiz „zerstört, ausgelassen" siehe oben, II.6.4, S. 161 mit Anm. 702.
761 Lacau – Lauer, Pyramide à degrés, IV, 15, T. 17 Nr. 86.
762 Nabil Swelim, Problems on the History of the Third Dynasty, Cairo 1983, 182-83 u. 185.
763 Lacau – Lauer, op.cit., Nr. 7.
764 Kaplony, in: ZÄS 88, 1962, 14, Abb. 15.

unterägyptischen Gegenkönige des Seth Per-ib-sen und des Cha-sechem(ui) zu sehen haben. Sie sind auf Senedi gefolgt und Cha-sechemui hat den letzten von ihnen gestürzt.

Ein Mann namens Scheri (Zeit des Chephren) nennt sich in seinem Grab bei Saqqâra[765] unter anderem „Vorsteher der Priester des Per-ib-sen in der Nekropole, in der Totenkapelle des Senedi und an allen seinen Stätten“ (die Königsnamen stehen anachronistisch in Kartuschen). Aus dieser Betitelung sind unterschiedliche Schlüsse gezogen worden, wonach Per-ib-sen entweder Vorgänger[766] oder Nachfolger des Senedi[767] war oder aber mit diesem identisch gewesen sein soll.[768] Nach der überzeugenden Argumentation von Kaiser[769] hat Cha-sechemui nach seinem Sieg in Saqqâra Totenstiftungen für seine beiden von ihm anerkannten Vorgänger errichtet. Senedi muß noch in ganz Ägypten geherrscht haben, da die memphitische Überlieferung seinen Namen aufführt, während sich das Königtum des Per-ib-sen auf den Süden des Landes beschränkte – an seiner Stelle gibt die Überlieferung die drei unterägyptischen Könige.

Es bleibt noch die Stellung des „Hor Sechem-ib, König Sechem-ib-nebti Per-en-maat“ zu klären. Da er sowohl in Saqqâra als auch in Abydos belegt ist, wird er in beiden Landesteilen regiert haben. Seine Verbindung mit Per-ib-sen läßt ihn als unmittelbaren Vorgänger desselben erkennen; wahrscheinlich ist „Senedi“ als sein Geburtsname anzusehen.

Die Namen der Könige dieser Dynastie bei Manetho lassen sich, wie oben (II.7.1) dargelegt wurde, überall auf diejenigen der ägyptischen Tradition zurückführen. Eine schwer verständliche Ausnahme bildet der letzte Herrscher, bei dem ägyptischem Djadjai/Bebi/Bebti die griechische Namensform Chenerês gegenübersteht. Eine Erklärung ist dafür vielleicht durch die Annahme möglich, daß bei Manetho der letzte König der 2. und der erste der 3. Dynastie vertauscht wurden, wobei auch seine Regierungszahlen besser mit den im Tur. gegebenen übereinstimmen würden. Necherôphes / Necherôchis (3.1) könnte, mit der häufigen Vertauschung der Aspiraten auf den Namenszusatz des Cha-sechemui, Hetep-nebui-imef, zurückgehen, der später als *Neterui-hotep „die beiden Götter sind zufrieden“ verstanden worden wäre. Chenerês (2.9) könnte dagegen aus *Neb-ka-rê, späterer Interpretation von Neb-ka, entstanden sein.[770] Wir hätten dann:

2.9 Necherôphês/Necherôchis	28 Jahre (Tur. 27 J. 2 M.)
3.1 Chenerês (*Necherês)	30 Jahre (Tur. 19 J.)

[765] Reliefs aus diesem jetzt verschwundenen Grab in Kairo (CG 1384), Oxford (Ashmolean Museum 1836.479), London (Brit. Mus. 1192), Florenz (Mus. archeol. 2554) und Aix-en-Provence. A. Moret, Fondation E. Piot, Monuments et mémoires 25, 1921/22, 273-98.

[766] So Sethe und Helck, op.cit. in Anm. 751.

[767] B. Grdseloff, op.cit. in Anm. 751, 293-94.

[768] Wildung, Rolle ägypt. Könige, 45-51; Barta, in: ZÄS 108, 1981, 19.

[769] Kaiser, in: GM 122, 1991, 49-55.

[770] Metathese Chenerês < *Ne(b)cherês wie bei Sethenês < *Senethês, = Senedi. Verlust des b bei enttontem *nb*; vgl. Nencoreus < Nub-kaw-rê, bei Plinius, Naturalis historia 36, 11.

Tabelle 11. Die Könige der Frühzeit

1. Dynastie	
Hor Aha, Eigenname (E.) Men(i)	Meni (Mênês)
? E. Het(i) (?)	Iti/Teti
Hor Djer, E. Iteti	Iteti (Athôthis, Uënephês)
Hor Wadji, E. It(a)	Ita/Itetiu
Hor Dewen, König Chaseti	Sepati/Qenti (Usaphais, Kenkenês)
Hor Adj-ib, König Mer-pe-bia	Mer-bia-pe(n) (Miëbis)
Hor Semer-chet, König Iri-nebti	Semesu/Semsem (Semempsês)
Hor Qa-a, König Qa-a-nebti (Sen-nebti)	Qebeh(u) (Biênechês/Ubiënthês)
2. Dynastie	
Hor Hetep-sechemui, König Hetep-nebti (E.Bedjaw)	Bedjaw/Biw-nuter (Boëthos)
Hor Neb-rê, König Nub-nufer	Ka-kaw (Kaiëchôs/Kechôos)
Hor Ni-nuter, König Ni-nuter-nebti	Bi-en-nuter/Bi-nutri (Binôthris)
König Weneg-nebti	Wadj-nes/Wadj-las (Tlas)
Hor Sechem-ib, Kg.Sechem-ib-nebti Per-en-maat (E. Senedi)	Senedi/Senedj (Sethenês)
?	Nefer-ka-rê (Nephercherês,Chairês)
?	Nefer-ka-sokar (Sesôchris)
?	„Hu-djefa“
In Oberägypten: Seth Per-ib-sen König Per-ib-sen(-nebti)	
Hor-Seth Cha-sechemui (Hor-Cha-sechem) König Cha- sechemui-nebti Hetep-nebui-imef	Djadjai/Bebi/Bebti (Necherôphês/Necherôchis)

7.4 Zur Datierung der ersten drei Dynastien

Als Einstieg in die Diskussion der Chronologie der Frühzeit und der 3. Dynastie soll hier ein Vergleich der Überlieferung des Turiner Königspapyrus und Manethos (bei Africanus) vorangestellt werden.

TURIN		MANETHO (Africanus)	
		1. Dynastie	
2.10 Meni	...	1 Mênês	62 J.
11 It[i]	...	3 (Kenkenês)	31 J.
12 [Iteti]	...	2 Athôthis	57 J.
13 [Ite]tiu	...	4 (Uënephês)	23 J.
14 Qenti	...	5 Usaphais	20 J.
15 Mer-ba-pen	...	6 Miëbis	26 J.
16 Semsem	...	7 Semempsês	18 J.
17 [Qe]beh	...	8 Biênechês	26 J.

		2. Dynastie	
18 Biw-[nuter]	...	1 Boêthos	38 J.
19 [Ka]-kaw	...	2 Kaiëchôs	39 J.
20 [Bi]-en-nuter	...	3 Binôthris	47 J.
21 [Wadj-ne]s	...	4 Tlas	17 J.
22 Senedj	...	5 Sethenês	11 J.
23 Nefer-ka(-rê)	...	7 Nephercherês (6 Chairês)	25 (17) J.
3. 1 Nefer-ka-sokar	8 J. 3 M.	8 Sesôchris	48 J.
2 Hu-djefa	1 J. 8 M.	-	
3 Bebti	27 J. 2 M.	9 (3.1) Necherôphês	28 J.
		3. Dynastie	
4 Neb-ka	19 J.	1 (2.9) Chenerês	30 J.
5 Djoser-it	19 J.	2 Tosorth(r)os (6.Tosertasis)	29 (19) J.
6 Djoser-ti	6 J.	3 Tyrëis	7 J.
		4 Mesôchris	17 J.
7 [Hu]-djefa	6 J.	5 Sôuphis	16 J.
8 Hu[ni]	24 J.	7 Achês	42 J.

Zu den ersten fünf Königen Manethos ist noch zu bemerken, daß der spätägyptische Geschichtsschreiber trotz der Einsetzung der Zweitnamen Kenkenês und Uënephês an die Stelle zweier als scheinbare Dubletten gestrichenen „Athothis“ (oder ähnlich) die ursprüngliche Reihenfolge der Regierungszahlen seiner Vorlage beibehalten haben wird.

Hiernach müssen wir uns nun der Rekonstruktion der Annalen zuwenden, von denen uns aus der Zeit der 5. Dynastie Fragmente erhalten sind (siehe oben, I.2.1).[771] Nachdem frühere Versuche zur Bestimmung der ursprünglichen Breite der Annalenplatte, die von unsicheren oder sogar irrtümlichen Voraussetzungen ausgingen, zu keinem annehmbaren Ergebnis geführt haben, sind nur noch die in den letzten Jahrzehnten dazu unterbreiteten Vorschläge[772] zu berücksichtigen, denen hier eine auf eigenen Untersuchungen basierende Rekonstruktion hinzugefügt werden soll. Allen neueren Aufstellungen ist gemeinsam, daß sie an die Stelle unbeweisbarer theoretischer Berechnungen geschichtliche Überlegungen setzen, in die sie die Tradition Manethos und – für das Ende der 2. und die 3. Dynastie des Turiner Königspapyrus einbeziehen. Da die Schätzung Kaisers[773] infolge der Auslassung der drei unterägyptischen Könige Nefer-ka-rê, Nefer-ka-sokar und Hu-djefa beziehungsweise ihres oberägyptischen Gegenparts mit Sicherheit zu kurz ist und Helck seine frühere Rekonstruktion[774] zugunsten einer verbesserten[775] aufgegeben hat, brauchen zum Vergleich nur noch die letztgenannte sowie diejenige von Barta[776] herangezogen werden.

Die zweite der auf der Rückseite der Annalen erhaltenen Jahresreihen enthielt die gesamte Regierungszeit des User-kaf, des ersten Herrschers der 5. Dynastie. Rechts auf dem Kairener Fragment K 1

[771] Versuch einer Rekonstruktion der Annalen siehe Anhang E.
[772] Siehe die Zusammenstellung auf S. 17.
[773] Kaiser, in: ZÄS 96, 1961, 39-61.
[774] Helck, in: MDAIK 30, 1974, 31-35.
[775] Unters. zur Thinitenzeit, ÄA 45, 1987, 122-26.
[776] Barta, in: ZÄS 108, 1981, 11-23.

ist dort das „Jahr nach der 1. Zählung" erhalten, darunter in Reihe 3 das „Jahr der 1. Zählung" seines Nachfolgers Sahu-rê. Es sind demnach zu Anfang der beiden Reihen noch je zwei Jahrfelder zu ergänzen. Für User-kaf ist nach dem Tur., ergänzt durch Manetho, eine Regierung von 7 Jahren und einigen Monaten zu erwarten. Sie wird danach in den Annalen rund 9 Jahrfelder – 7 ganze und zwei unvollständige (Antritts- und Todesjahr) – umfaßt haben. Aber eine genauere Berechnung der ursprünglichen Breite der Platte ist hiernach nicht möglich, da die erhaltenen Jahrfelder in ihrer Breite zu unterschiedlich sind – sie schwankt zwischen 17,9 und 19,6 cm. Von der Vorderseite aus berechnet, ergeben die obengenannten Rekonstruktionen für die ursprüngliche Breite der Annalenplatte nach Barta ca. 185,4 cm, nach Helck ca. 189,8 cm und nach meiner Berechnung ca. 181,1 cm. Die neueren Schätzungen liegen also zwischen 1,81 und 1,90 m. Eine größere Breite ist bei der nur 6,5 cm dicken Platte auch technisch unwahrscheinlich.

Nur an wenigen Stellen sind auf den Bruchstücken der Annalen Regierungsübergänge erhalten geblieben: Beim Übergang von Menes zu seinem Nachfolger (Palermo, Vorderseite, Reihe 2, 2. Jahrfeld), im darauffolgenden Jahr (ebd., 3. Jahrfeld) und in der 5. Reihe (P, Vs., 7. Jahrfeld; vgl. Abb. auf S. 15 und 16), wo wohl der Übergang von Neb-ka zu Djoser verzeichnet war; ferner auf der Rückseite von Mykerinos zu Schepses-kaf (P, Reihe 2) und von Sahu-rê zu Nefer-ir-ka-rê (P, Reihe 5). Weitere Regierungswechsel lassen sich noch auf der Vorderseite des Kairener Fragments K 1 erkennen, doch sind die Angaben in den Jahrfeldern dort wegen der stark abgeriebenen Oberfläche nicht mehr lesbar. Ohne Fehler für die Chronologie können wir in allen Übergangsjahren dem alten wie dem neuen Herrscher jeweils ein halbes Jahr zurechnen. In Wirklichkeit kann ein König, der in den Annalen beispielsweise 15 und 2 unvollständige Jahre erhält (mittlere Berechnung 16 Jahre), ebensowohl nur wenig über 15 Jahre als auch nahezu 17 Jahre auf dem Thron gesessen haben.

Die großen Jahrfelder in Reihe 6 ff. der Vorderseite können ebensowenig wie die der Rückseite zur Ermittlung der ehemaligen Breite der Annalenplatte herangezogen werden; auch sie sind von zu unterschiedlicher Breite. Auf den Bruchstücken liest man hier noch die Namen des Senofru (P, Reihe 6), des Cheops (K 2, Reihe 7 ?) und des Djedef-rê (K 3, Reihe 8); weitere Reihen werden hier noch die Regierungen des Chephren und des Bicheris enthalten haben. Auf der Rückseite wird die erste erhaltene Reihe die zweite der vollständigen Platte gewesen sein. Die 28jährige Regierung des Mykerinos endet dort auf P, wo auch die Thronbesteigung des Schepses-kaf verzeichnet ist. Der Rest der Reihe wird von dieser kurzen Regierung und der des ganz ephemeren Thamphthis ausgefüllt gewesen sein. Reihe 3 wurde von der Regierung des User-kaf eingenommen; die des Sahu-rê beginnt mit Reihe 4 und endet in Reihe 5 mit dem „Jahr nach der 7. Zählung". Dieses Jahr muß dem 13. des Herrschers entsprochen haben; es wird demnach unter Sahu-rê bereits mehrfach in aufeinander folgenden Jahren gezählt worden sein. Ebenso war es wohl auch bei Nefer-ir-ka-rê, dessen Regierung in der 5. Reihe beginnt, während darunter (Reihe 6) noch das „Jahr der 5. Zählung" erkennbar ist. Weitere Reihen sind verloren; die Aufzeichnungen werden wohl noch bis zur Zeit des Ni-user-rê gereicht haben. Auf den kleinen Fragmenten K3 und C ist von der Rückseite nichts übriggeblieben; auf L finden sich dort noch Reste einer Aufzählung von Stiftungen, vielleicht aus der Zeit des Nefer-ir-ka-rê.[777]

Da die Jahrfelder in Reihe 2-5 der Vorderseite, die wir allein zur Rekonstruktion verwenden können, in den einzelnen Reihen etwa gleich sind, von Reihe zu Reihe sich aber sehr unterscheiden,

[777] Reeves, in: GM 32, 1979, 47-51.

nimmt man mit Recht an, daß in jeder dieser Reihen nur ganze Regierungen untergebracht werden sollten, daß also keine Regierung sich über zwei Reihen erstreckt. An den beiden Enden muß jeweils der Bruchteil eines Jahres gestanden haben; die Angabe des letzten Feldes einer Reihe ergänzt sich mit der ersten der folgenden stets zu einem ganzen Jahr.

Für die Rekonstruktion der Reihen 2–5 der Vorderseite der Annalen geben uns deren Bruchstücke bereits einige sichere Anhaltspunkte (siehe dazu Anhang E). Reihe 2 enthielt die Regierungszeit der drei ersten Könige der 1. Dynastie, Menes (Hor Aha), Iti (?) und Athothis (Hor Djer). Im 2. Jahrfeld auf dem Fragment von Palermo (P) endet die Regierung des Menes; die nur etwa zehnmonatige seines Nachfolgers ist auf Feld 2 und 3 verteilt, da sie ja Teile von zwei aufeinander folgenden Kalenderjahren umfaßte (siehe oben, S. 16); der Rest der Reihe gehört der Regierung des Athothis. Dessen Name ist in der gleichen Reihe auf K 1 vollständig erhalten: „Hor Djer, Ni-nub (?), Iteti (in Kartusche), Mutter Chenet-hapi“.[778] Er nimmt dort die Breite von sechs Jahrfeldern ein und stand gewiß über der Mitte der Jahre des Königs. Da es von ihrer Mitte bis zum Anfang der Regierung (ohne das unvollständige Antrittsjahr) 23 Jahrfelder sind, ist die gleiche Anzahl bis zum Ende der Reihe anzunehmen, das heißt, Athothis herrschte etwa 46–47 Jahre. Diese Zahl dürfte den von Manetho (nach Africanus) diesem König zugeschriebenen 57 Jahren (Erhöhung um 10 Jahre) entsprechen. Damit läßt sich schon ungefähr das linke Ende der Tafel bestimmen.

In Reihe 3 sind auf den Fragmenten C und P Anfang und Ende des Namens des Usaphais erhalten: „Hor Dewen, ... [Chaseti, Mutter Me]rit-neit“.[779] In dem nicht sehr großen Zwischenraum zwischen den beiden Fragmenten befindet sich also die Mitte der Regierung dieses Königs. Im dritten auf P erhaltenen Jahrfeld ist sein Jubiläum (Sed-Fest) verzeichnet, das jedenfalls später stets im 30. Regierungsjahr begangen wurde (siehe oben, I.5.1). Wir können damit den Anfang seines Königtums in ein 29 Jahre vorher liegendes Jahrfeld festsetzen; sein Ende muß in den Zwischenraum zwischen den Fragmenten P und K 1 gefallen sein – wegen des über der Mitte stehenden Namens näher an K 1. Auf letzterem stehen alle Jahre der kurzen Regierung des Semempses („Hor Semer-chet, ...-nub, Iri-nebti, Mutter Bat-irites [?]“.[780] Sie umfaßt 7 Jahre und 2 unvollständige; der König hat also wohl etwa 8 Jahre geherrscht, in Übereinstimmung mit Manetho, der ihm (mit Erhöhung) 18 Jahre gibt. Das letzte, sicher unvollständige Jahr wird durch ein ganzes Jahrfeld repräsentiert, ebenso das der Thronbesteigung des Nachfolgers. Hier steht also der Regierungsübergang ausnahmsweise in zwei Jahrfeldern, die jedoch keine Jahre darstellen: sie werden nur durch den senkrechten Strich, der Regierungen voneinander trennt, geteilt, nicht durch die Jahreshieroglyphe.[781] Zwischen Usaphais und Semempses muß aber noch die Regierung des Miëbis gestanden haben. Für sie bleibt, da diejenige des Usaphais wegen der symmetrischen Anordnung unter dem Namen noch etwa 6 Felder über den linken Rand des Fragments P hinausgereicht haben muß, nur wenig Raum. Sie wird etwa 5 Jahre und 2 unvollständige umfaßt haben, die Regierung des Königs mithin etwa 6 Jahre, mit denen man die 26 Jahre bei Manetho

---

778 Lesung Ni-nub unsicher. Es handelt sich wohl um einen Vorläufer des Goldnamens. Der Name Iteti steht nach der Sitte der Zeit der Niederschrift anachronistisch in Kartusche. Der Name der Mutter wurde offenbar allen Königsnamen bis zur 4. Dyn. beigefügt; als Vater gilt eo ipso der Vorgänger.

779 Die Königin Merit-neit, die in Abydos eine kgl. Grabanlage besaß, war anscheinend Regentin für den anfangs wohl noch unmündigen Usaphais.

780 Zur Lesung des Mutternamens Kaplony, IÄF I, 473.

781 Im ersten Feld ist oben „Erscheinen des Königs von Oberägypten“ zu lesen; darunter (jetzt unleserlich) stand wohl die Zahl der Monate und Tage, die Semempses in diesem Jahr noch lebte. Im zweiten Feld steht die übliche Thronbesteigungsformel für seinen Nachfolger. So jetzt auch Henfling, in: Fs Westendorf, Göttingen 1994, 55-62.

für diesen Herrscher vergleichen kann. Vor Usaphais muß in Reihe 3 noch sein Vorgänger Hor Wadji verzeichnet gewesen sein, der nach dem archäologischen Befund jedenfalls nicht ganz ephemer war. Für Menes in der darüberliegenden Reihe ergibt sich daraus eine Regierung von mindestens 30 Jahren; eine genauere Festlegung erlaubt erst die Rekonstruktion der Reihe 5 (siehe unten). Am Ende der Reihe 3 ist die Regierung des Hor Qa-a (Biênechês) anzunehmen. Nachdem der linke Rand der Annalentafel ungefähr bestimmt ist, bleiben für Qa-a, von dem wir auf K 1 das Antrittsjahr und ein Stück des darauffolgenden Jahres haben, noch 23 weitere Jahre und ein unvollständiges – insgesamt also 24 und 2 unvollständige Jahre. Das Ergebnis paßt gut zu den 26 Jahren, die Manetho dem letzten König der 1. Dynastie gibt, und bestätigt zugleich unsere Festlegung des linken Randes der Annalenplatte.

In Reihe 4 ist auf P der Anfang des Namens des Binothris zu lesen: „Hor Ni-nuter, Ren-nub (?), … (Anfang eines Königsringes)“; das Weitere ist verloren. Durch die Angabe der Zählungsjahre in dieser und den folgenden Reihen kann der Beginn seiner Regierung mit einer Unsicherheit von nur einem Jahr festgelegt werden. Vorher müssen in dieser Reihe noch die Jahre der beiden ersten Könige der 2. Dynastie verzeichnet gewesen sein (zu ihrer Dauer siehe unten). Da die Mitte der Regierungszeit des Binothris ungefähr mit dem linken Rand von P zusammengefallen sein wird, muß sie bis auf K 1 gereicht haben. Dort ist in der Tat ein Regierungsübergang im 9. der dort erhaltenen, allerdings nicht mehr lesbaren Jahrfelder zu erkennen. Wir erhalten damit für Binothris insgesamt 42 (oder 43) + 2 unvollständige Jahre (Manetho 47 Jahre). Zwei Jahrfelder nach diesem Übergang beginnt in der Überschriftzeile der leider nicht mehr lesbare Name seines Nachfolgers, der demnach eine kurze Regierung hatte. Nach Manetho hätte Tlas 17 Jahre geherrscht; vielleicht verzeichneten die Annalen für ihn rund 7 Jahre. Der Rest der Reihe, abzüglich 6 Jahrfelder für Tlas (Weneg-nebti) und eines Übergangsjahres, beträgt dann etwa 25½ Jahre. Darin muß die Regierungszeit des Senedi (Sethenes) und der drei nur in Unterägypten (einschließlich Memphis) anerkannten Könige Nefer-ka-rê, Nefer-ka-sokar und „Hudjefa“, enthalten sein. Für die beiden Letztgenannten gibt der Tur. 8 Jahre 3 Monate bzw. 1 Jahr 8 Monate; in den Annalen sind demnach für sie insgesamt 9 und 2 unvollständige Jahre anzunehmen. Die verbleibenden Jahre lassen sich so auf Senedi und Nefer-ka-rê verteilen, daß sich eine gewisse Übereinstimmung mit den Angaben Manethos ergibt: Senedi 11 Jahre = Sethenes 41 Jahre, Nefer-ka-rê 5 Jahre = Nephercheres 25 Jahre.

In Reihe 5 ist auf P im 7. Feld ein Regierungswechsel zu sehen. Hier endet eine Regierung, in der zwei Felder vorher die 8. Zählung verzeichnet war; dieser König ist also in seinem 17. oder 18. Jahr gestorben. In dem Jahrfeld davor las man früher „Geburt des Cha-sechemui“ und wollte daher diese Regierungszeit einem seiner Vorgänger zuschreiben. Es handelt sich jedoch um die Herstellung einer Metallfigur (*mesut bia* „Schaffung aus Erz“) des Cha-sechemui. Eine solche kann erst zur Zeit dieses Königs oder auch – da die 16/17 Jahre der Annalen nicht mit den 27 des Tur. übereinstimmen – seines Nachfolgers stattgefunden haben. Kaiser, Helck und Barta sind sich darin einig, daß es sich hier um die Zeit des Neb-ka handelt, der wahrscheinlich ein Sohn des Cha-sechemui war. Vor seinen Jahren sind dann in dieser Reihe noch die des Cha-sechemui anzusetzen. Trifft die Angabe des Tur. für die Herrschaftsdauer dieses Königs, 27 Jahre und 2 Monate, zu, so müssen wir für ihn 26 Jahre und 2 unvollständige rechts von denen des Neb-ka annehmen und gelangen damit zu einer ungefähren Feststellung auch des rechten Randes der ursprünglichen Annalenplatte. Unter der Voraussetzung dieser Annahme erhalten wir dann in Reihe 2 für Menes 32 und 2 unvollständige Jahre, in Reihe 3 für Hor Wadji 12 und 2 unvollständige Jahre, in Reihe 4 für Boêthos und Kaiechôs 52 und 2 unvollständige

Jahre. Für Wadji ergibt das eine Regierungsdauer von etwa 13 Jahren (Manetho 23 Jahre), für Menes von etwa 33 Jahren. Möglich ist aber, daß zu Anfang des Königtums des Menes das erste Jahr der ägyptischen Geschichte, das später als Jahr der Weltschöpfung galt, durch ein breiteres Jahrfeld repräsentiert wurde, so daß man für Menes auch nur 32 Jahre (Manetho 62 Jahre) ansetzen kann. Das Ergebnis dieser Erwägungen für die Chronologie der ersten drei Dynastien soll anschließend tabellarisch zusammengefaßt werden.

		MANETHO (Afr.)	TURIN	Grenzwerte Antrittsjahre
1. Dynastie				v. Chr.
Menes	32 J.	62 J.		3032/2982
Iti	1 J.	31 J.		3000/2950
Athothis	47 J.	57 J.		2999/2949
Wadji	13 J.	23 J.		2952/2902
Usaphais	47 J.	20 J.		2939/2889
Miëbis	6 J.	26 J.		2892/2842
Semempses	8 J.	18 J.		2886/2836
Qa-a	25 J.	26 J.		2878/2828
2. Dynastie				
Boëthos	28 J.	38 J.		2853/2803
Kaiëchôs	15 J.	39 J.		2825/2775
Binothris	43 J.	47 J.		2810/2760
Tlas	7 J.	17 J.		2767/2717
Sethenes	11 J.	41 J.		2760/2710
Nefer-ka-rê	5 J.	25 J.		2749/2699
Nefer-ka-sokar	8 J.	48 J.	8 J. 3 M.	2744/2694
Hu-djefa	2 J.	-	1 J. 8 M.	2736/2686
Cha-sechemui	27 J.	28 J.	27 J. 2 M.	2734/2684
3. Dynastie				
Neb-ka	17 (18) J.	30 J.	19 J.	2707/2657
Djoser	20 (19) J.	29 (19) J.	19 J.	2690/2640
Djoserti	7 J.	7 J.	6 J.	2670/2620
Sedjes (Hu-djefa)	6 J.	16 J.	6 J.	2663/2613
Mesôchris (?)	6 J.	17 J.	-	2657/2607
Ahu	12 J.	42 J.	24 J.	2651/2601

Im einzelnen ist hierzu zu bemerken: Die 43 Jahre für die beiden ersten Herrscher der 2. Dynastie können so aufgeteilt werden, daß der archäologisch viel bedeutendere Hetep-sechemui (Boëthos) 28 Jahre (Manetho 38 Jahre) erhält und Neb-rê (Kaiëchôs) 15 Jahre (M. 39 < 35 J. ?). Ob die 18 Jahre am Schluß allein dem Ahu (Huni, Achês) zuzuweisen sind oder ob noch ein König x-ka-rê (Nefer/Neb-karê, M. Mesôchris) regiert hat, muß vorerst offen bleiben. Die 24 Jahre, die der Tur. dem Huni gibt, sind auf alle Fälle zu viel, da wir von diesem König kaum eine Spur haben.

Mit dieser Rekonstruktion erhalten wir für die 1.–3. Dynastie insgesamt etwa 393 Jahre. Vergleichen wir diese mit den Ergebnissen von Barta und Helck:

	Barta	Helck	hier
1. Dynastie	186 Jahre	193 Jahre	179 Jahre
2. Dynastie	151 Jahre	156 Jahre	146 Jahre
3. Dynastie	73 Jahre	76 Jahre	68 Jahre
Insgesamt	410 Jahre	424 Jahre	393 Jahre

Die neueren Schätzungen und Berechnungen für die Dauer der drei ersten Dynastien liegen somit nur ungefähr 30 Jahre auseinander, was für diese frühe Zeit einen kaum relevanten Unterschied macht. Ausgehend von den Grenzwerten, die wir für den Beginn der 4. Dynastie festlegen konnten (2639/2589), kommen wir für den Anfang der ägyptischen Geschichte auf ein Datum, das zwischen 3032 und 2982, also um 3000 v.Chr. liegt; die Schätzungen Bartas und Helcks würden einen um 17 beziehungsweise 31 Jahre höheren Ansatz ergeben. Dieses historisch plausible Datum steht ungefähr in der Mitte zwischen den niedrigsten und den höchsten Datierungen aus den letzten Jahrzehnten und befindet sich auch noch innerhalb der durch Radiocarbon C 14 ermittelten Werte für Funde aus der 1. Dynastie (oben S. 56). Die gesamte Zeitdauer der Frühzeit und des Alten Reiches hätte hiernach etwa 862 Jahre betragen gegenüber den 955 Jahren, die der Tur. in Kol. III, 17 dafür angibt. Die Differenz mag auf Fehler im Papyrus zurückgehen. Für die 1. Dynastie und die meisten Könige der 2. sind dort die Regierungszahlen verloren. Angesichts der offensichtlich viel zu hohen Altersangaben für diese Herrscher besteht der Verdacht, daß auch die Regierungszahlen überhöht gewesen sein könnten. Dennoch erweist der verhältnismäßig geringe Unterschied von nur 60-70 Jahren die insgesamt sehr große Zuverlässigkeit der ägyptischen Überlieferung bis zurück ans Ende des 4. Jahrtausends. Sie steht in deutlichem Gegensatz etwa zu den sumerischen Königslisten, die noch bis in die Zeit Sargons von Akkad (24./23. Jh.) mythische Zahlen bieten[782] – ganz abzusehen von der historischen Überlieferung anderer alter Hochkulturen, von denen keine so weit zurückreicht.

Daß die Einführung des ägyptischen 365tägigen Kalenders demnach in die 2. Hälfte der 1. Dynastie fällt, wird ohne Einfluß auf die Annalistik geblieben sein. Da man, wie oben (S. 8) ausgeführt, das erste Jahr des neuen Kalenders mit dem gleichen Tag begonnen haben wird wie das Jahr des bisherigen Mondkalenders, blieb der Übergang unbemerkt. Den Jahren in Reihe 2 und 3 der Annalen ist nicht anzusehen, ob es sich um Mondjahre oder um solche des neuen Kalenders handelt. Erst beim Regierungswechsel von Mykerinos zu Schepses-kaf (Palermo, Rs., Reihe 2) läßt sich der Gebrauch des Kalenders von 365 Tagen nachweisen, wie Borchardt[783] demonstriert hat.

[782] Th. Jacobsen, The Sumerian King List, Chicago 1939.
[783] Annalen, 3 u. Abb. 1; siehe auch Gardiner, in: JEA 31, 1945, 12, Fig. 1.

Bruchstück einer spätvorgeschichtlichen Zeremonialpalette mit Darstellung der Zerstörung von Städten durch königliche Tiermächte

Material: Schiefer
Maße: Höhe 19 cm, Breite 22 cm
Herkunft: Abydos
Datierung: um 3100 v. Chr.
Standort: Kairo, Ägyptisches Museum CG 14238
(*Photo:* Institut für Ägyptologie, München; Hans-Wolfgang Müller)

8. DIE SPÄTVORGESCHICHTLICHE (PRÄDYNASTISCHE) ZEIT

Wie hier anfangs bemerkt, verdankt Hor Aha (Menes) seine Stellung als erster König Ägyptens in der Tradition lediglich dem Umstand, daß unter seiner Regierung die annalistischen Aufzeichnungen begannen. Er ist nicht, wie man früher dachte, der erste Vereiniger der Beiden Länder; vielmehr haben seine oberägyptischen Vorgänger schon seit Generationen das ganze Ägypten, auch das Nildelta, beherrscht.[784] Die Bedeutung des historischen Menes wird aber auch archäologisch dadurch hervorgehoben, daß mit seiner Zeit die Reihe der Grabanlagen bei Saqqâra, der Nekropole von Memphis, beginnt und ebenso die der Großgräber auf dem Königsfriedhof von Abydos (Umm el-Qa'âb). Dort befanden sich bereits die Ruhestätten seiner prädynastischen Ahnen; einige von ihnen wurden schon von Sir Flinders Petrie[785] entdeckt, weitere kamen bei den deutschen Nachgrabungen seit 1977 zutage.[786] Ihre Identifizierung beruht auf Gefäßen (oder Scherben von solchen), die Lieferungen für die Totenopfer enthielten und mit eingeritzten oder aufgemalten Marken versehen waren. Diese Topfaufschriften sind nur schwer lesbar – stehen sie doch offenbar noch ganz am Anfang der Schriftentwicklung.[787] Die flüchtige Zeichnung der wohl aus Holz und Matten bestehenden Behausung des Königs (das spätere *serech*), gekennzeichnet durch einen oder auch zwei darauf hockende Falken, läßt Gefäß und Inhalt als königliches Eigentum erkennen; der Falke stellt den Himmels- und Königsgott Horus dar, seine Verdoppelung weist bereits auf den Dualismus der beherrschten Landesteile Ober- und Unterägypten hin. Erst allmählich wird in das Bild des Königshauses auch der Name des Herrschers, dem Horus als Titel dient, eingeschrieben; die frühe Schrift ist noch nicht sicher lesbar. Folgende Namen konnten bisher in den Gräbern von Abydos festgestellt werden: Hor Ra (? oder Iri ?), Hor Sechen (oder Ka ?) und Hor Nar-mer. Der Letztgenannte, der sich in seinem Horusnamen „Schlagwels" nennt, ist wohl sicher der Vater des Menes. Außerhalb von Abydos ist er vor allem aus Hierakonpolis (Kôm el-Ahmar) bekannt, von wo auch seine berühmte Prunkpalette[788] stammt. Die Reliefs auf ihrer Vorder- und Rückseite stehen bereits auf der Höhe der ägyptischen Kunst, doch ist die Lesung der archaischen Schriftzeichen trotz sorgfältiger Ausführung noch nicht überall eindeutig. Das gleiche gilt für die Schriftdenkmäler eines anderen Königs, dessen Horusname „Skorpion" bedeutet.[789] Die Lesung ist unsicher, da es im Ägyptischen verschiedene Wörter für dieses gefährliche und in seiner weiblichen Form als Göttin verehrte Tier gibt (*seleq*, *djar* u.a.). Dieser zweifellos bedeutende Herrscher, der jedenfalls schon Herr von Ober- und Unterägypten war, fehlt merkwürdigerweise bisher auf dem Friedhof von Abydos. Möglicherweise wurde er bei Hierakonpolis bestattet; aus stilistischen Gründen ist er aber wohl unmittelbar vor Nar-mer einzuordnen.

---

784 Bei dem auf der Palette des Nar-mer (siehe unten, Anm. 788) dargestellten Sieg handelt es sich offenbar um die Niederwerfung eines vielleicht von Libyen aus unterstützten Aufstands im nordwestl. Deltagebiet.

785 W.M.F. Petrie, The Royal Tombs of the Earliest Dynasties, II, London 1901, 7-15, T. 59.

786 Grabungsberichte in: MDAIK 35, 1979, 115-63; 38, 1982, 211-69; 46, 1990, 52-90; 49, 1993, 23-62.

787 Z.B. Kaiser, in: ZÄS 91, 1964, 113, Abb. 7; Th. v. d. Way, Unters. z. Spätvor- u. Frühgeschichte Unterägyptens, Heidelberg 1993, Abb. 22.2-4, 8-10.

788 Kairo CG 14716. Oft abgebildet, z.B. J.E. Quibell-F.W. Green, Hierakonpolis, I, London 1900, T. 29; W. Wolf, Die Kunst Ägyptens, Stuttgart 1957, 86, Abb. 48-49; M. Saleh-H. Sourouzian, Ägypt. Museum Kairo, Offz. Katalog, Mainz 1986, Nr. 8 a-b.

Zeitlich vor diese Gräber namentlich identifizierbarer Könige ist jedoch eine Anzahl weiterer Gräber zu datieren, die durch Gefäße mit dem Symbol des Königshauses ohne eingeschriebenen Namen gekennzeichnet sind. Die auf dieser „Palastfassade“ zum Teil dargestellten Doppelfalken deuten dabei schon auf die Beherrschung der beiden Landesteile hin. Die Könige Oberägyptens müssen schon mindestens 100 Jahre vor der 1. Dynastie auch im Besitz des Nordens des Landes gewesen sein.

Es ist in den letzten Jahrzehnten der Forschung immer deutlicher geworden, daß die Entstehung des ägyptischen Staates kein einmaliger Akt, nicht die Vereinigung zweier Reiche war, sondern das Ergebnis der allmählichen Ausdehnung der oberägyptischen Naqâda-Kultur von ihrem ursprünglichen Kerngebiet am Nilbogen zwischen Abydos und dem heutigen Luxor aus nach Norden.[790] Sie verdrängte und überlagerte dabei in Mittel- und Unterägypten verschiedene andersartige Kulturen und nahm zuletzt auch das Nildelta ein, das damals jedenfalls keine politische Einheit bildete.

In den Trägern der sogenannten Naqâda-Kultur[791] dürfen wir wohl die späteren Ägypter, die Sprecher der altägyptischen Sprache, erblicken. Schon die erste Stufe (Naqâda I oder Amra-Kultur) war freilich vermischt mit der nahe verwandten Badâri-Kultur sowie mit einem Substrat nördlicher Herkunft. Durch das Hinzukommen neuer völkischer Elemente entwickelte sich schon bald nach 4000 die zweite Stufe (Naqâda II oder Gerza-Kultur), die sich um die Mitte des 4. Jahrtausends, dem Nillauf folgend, ständig nach Norden und teilweise auch nach Süden ausbreitete. Zu Beginn ihres Abschnitts IIc erreichte sie die Gegend um den Eingang zum Faijûm, in IId die Südspitze des Deltas beim heutigen Kairo (Heliopolis); ein Vorposten im östlichen Delta (Minschat Abu Omar) diente offensichtlich dem Handel mit Vorderasien. Es ist unwahrscheinlich, daß der Bereich der II. Naqâda-Kultur schon von Anfang an unter einheitlicher Führung stand, aber im weiteren Verlauf bildete sich wohl über zahlreichen Häuptlingstümern ein Oberkönigtum mit den Schwerpunkten Abydos und Hierakonpolis heraus. In der letzten Stufe (Naqâda III oder Semaina-Kultur, seit etwa 3200) konnten diese Könige auch die letzten Zentren der unterägyptischen Kulturen in den Plätzen des mittleren Deltas unterwerfen und damit die Einigung Ägyptens zum Abschluß bringen, obgleich die dortige, wahrscheinlich Semiten oder Libyern nahestehende Bevölkerung noch bis in die Zeit des Hor Nar-mer gelegentlich Widerstand leistete (siehe oben, Anm. 784).

Die Annalistik, die auf der Tradition des späteren Memphis beruht, bezeichnet die oberägyptischen Herrscher, die bereits dessen Gebiet unterworfen hatten, als Könige des Horusgeleits, also so, wie die Bewohner Unterägyptens sie kennenlernten. Es ist die letzte Herrschergruppe vor der 1. Dynastie im Turiner Königspapyrus (*achu schemsu-Hor* „Geister des Horusgeleits“, Kol. II, 8-9). Aus Manethos Geschichtswerk ist sie nur in der stark verderbten armenischen Version der Chronographie des Eusebius überliefert als „10 thynitische Könige“ – wobei diesen die gleiche Herkunft (aus dem Gau von Thinis, in dem Abydos lag) zugeschrieben wird wie den Königen der 1. und 2. Dynastie („Thiniten“).

Man schätzt die Zeit der Ausbreitung der Naqâda-Kultur von ihrem ersten Vordringen nach Mittelägypten bis zur völligen Inbesitznahme des Deltas auf etwa 250 Jahre, die der ersten gesamtägyptischen Herrscher (sogenannte „0. Dynastie“) auf etwa 150 Jahre. Ausgehend von dem hier vermuteten

---

789 U.a. der reich verzierte Kopf seiner Prunkkeule, in Oxford, Ashmolean Mus. E 3692. Quibell-Green, op.cit., II, 1902, T. 25-26; Wolf, op.cit., 89, Abb. 51; P.R.S. Moorey, Ancient Egypt, Cat. Oxford 1970, 17, Fig. 6.

790 Grundlegend Kaiser, in: ZÄS 81, 1956, 87-109 u. 91, 1964, 86-125; ders., in: MDAIK 46, 1990, 287-99; ders., LÄ VI, Sp. 1069-76.

791 Zur inneren Chronologie der Naqâda-Kultur: Kaiser, in: Archaeologia Geographica 6, 1957, 69-77. Die Benennung dieser Kultur u. ihrer Stufen nach Fundorten wurde von Sir Flinders Petrie zu Anfang des Jahrhunderts eingeführt.

Datum des Beginns der dynastischen Zeit (1. Dynastie, ab 3032/2982, d.h. ungefähr ± 3000 v. Chr.) lassen sich für die einzelnen Stufen der Kultur von Naqâda folgende approximative Ansätze geben (mit einer Relevanz von 50, bei den älteren Epochen 100 Jahren):

Naqâda I (Amra)			mittlere Daten etwa	4300/200–3700/600
Naqâda II (Gerza)	Stufe	a-b	"	3700/600–3400
		c	"	3400–3300
		d	"	3300–3200
Naqâda III (Semaina)	Stufe	a	"	3200–3150
		b	"	3150–3060
		c 1*	"	3060–3000
		c 2-3 (1. Dynastie)	"	3000–2800

* Könige Sechen, „Skorpion", Nar-mer

Die Kulturen Unterägyptens (u.a. Merimde, el-Omari, Wadi Digla, Ma'âdi, Faijûm), die mit dem Vordringen der Naqâda-Kultur enden, lassen sich dagegen noch erheblich weiter zurückverfolgen – so die neolithische Siedlung Merimde-Beni Salâme am Westrand des Deltas[792] bis in das 7. Jahrtausend v. Chr.

Die immer wieder erörterte Frage, ob die Kultur des Nillandes Ägypten oder die des Zweistromlandes Mesopotamien die ältere sei, muß vorerst unentschieden bleiben. Zwar gehen nach den Schätzungen der Archäologen die ältesten Stadtkulturen in Untermesopotamien (Eridu, Uruk, Ur) und Elams bis ins frühe 5. Jahrtausend zurück[793], doch tauchen auch hier die ersten Schriftzeugnisse nicht vor dem späten 4. Jahrtausend auf – nur wenig vor oder vielleicht sogar ungefähr zeitgleich mit Ägypten. Und zweifellos ist die überlieferte Annalistik der Ägypter bis zurück in die Zeit um 3000 vor Christus der sumerischen überlegen, die erst in der zweiten Hälfte des 3. Jahrtausends einigermaßen zuverlässige Daten liefert.

792 J. Eiwanger, Merimde-Benisalame, I, Mainz 1984.
793 B. Hrouda, Vorderasien I, Handbuch der Archäologie, München 1971, 48-73, 314-15.

Nachträge

Zu Seite 58 Anm. 242

Weitere Monddaten für die 27. Dynastie lassen sich aus den aramäischen Papyri der jüdischen Kolonie auf Elephantine[794] gewinnen, die sowohl nach dem ägyptischen als auch nach dem jüdischen Kalender angegeben sind. Bei dem Letzteren handelt es sich um einen Mondkalender.[795]

Zu Seite 98

Die chronologische Übersicht der 22.–23. Dynastie ist geringfügig abzuändern. Die Verbesserungen sind im Anhang A bereits berücksichtigt.

Zu Seite 115, Anm. 523

Überzeugende Beweise für die Identität der ägyptischen Königin, die sich an den Hethiter Suppiluliuma wandte, mit der Witwe Tut-anch-amuns (und nicht Ach-en-atens oder Semench-ka-rês) haben vor allem Barta, in: GM 62, 1983, 15-21, und Bryce, in: JEA, 1990, 97-105, vorgelegt, von assyrologischer Seite jetzt van den Hout, in: Ztschr.f.Assyriologie 84, 1994, 60-88.

---

794 A. Cowley, Aramaic Papyri of the Fifth Century B.C., Oxford 1923; E.G. Kraeling, The Brooklyn Museum Aramaic Papyri, New Haven 1953; G.R. Driver, Aramaic Documents of the Fifth Century B.C., Oxford 1954; I. Shirun, LÄ I, 362-70.

795 Vgl. Parker, in: AJSL 58, 1941, 285-301; ders. in: JNES 14, 1955, 271-74; Horn u. Wood, in: JNES 13, 1954, 1-20.

III. TEIL

Anhang

A. CHRONOLOGISCHE ÜBERSICHT ÜBER DIE GESCHICHTE ALTÄGYPTENS

VORGESCHICHTE (PRÄDYNASTISCHE ZEIT)

0. Dynastie	ungefähr 150 Jahre

FRÜHZEIT

1. Dynastie (etwa 3032/2982–2853/2803)	
Menes (Hor Aha)	etwa 3032/2982–3000/2950
Iti (Heti ?)	3000/2950–2999/2949
Athothis (Hor Djer)	2999/2949–2952/2902
Ita (Hor Wadji)	2952/2902–2939/2889
Usaphais (Hor Dewen)	2939/2889–2892/2842
Miëbis (Hor Adj-ib)	2892/2842–2886/2836
Semempses (Hor Semer-chet)	2886/2836–2878/2828
Biëneches (Hor Qa-a)	2878/2828–2853/2803

2. Dynastie (etwa 2853/2803–2707/2657)	
Boëthos (Hor Hetep-sechemui)	2853/2803–2825/2775
Kaiëchôs (Hor Neb-rê)	2825/2775–2810/2760
Binothris (Hor Ni-nuter)	2810/2760–2767/2717
Tlas (Weneg-nebti)	2767/2717–2760/2710
Sethenes (Hor Sechem-ib)	2760/2710–2749/2699
Nefer-ka-rê (Nephercheres)	2749/2699–2744/2694
Nefer-ka-sokar (Sesochris)	2744/2694–2736/2686
? „Hu-djefa“	2736/2686–2734/2684
Gegenkönig der 3 vorigen: *Seth Per-ib-sen*	
Hor-Seth Cha-sechemui	2734/2684–2707/2657

ALTES REICH

3. Dynastie (etwa 2707/2657–2639/2589)	
Neb-ka (Hor Necht-sa)	2707/2657–2690/2640
Djoser (Tosorthros, Hor Netri-chet)	2690/2640–2670/2620
Djoserti (Hor Sechem-chet)	2670/2620–2663/2613
Hor Cha-bai	
Sôuphis, Mesochris	2663/2613–2639/2589
Ahu (Huni, Aches)	

4. Dynastie (etwa 2639/2589–2504/2454)	
Senofru (Soris)	2639/2589–2604/2554

Cheops (Chufu)	etwa 2604/2554–2581/2531
Djedef-rê	2581/2531–2572/2522
Chephren (Cha'ef-rê)	2572/2522–2546/2496
Bicheris	2546/2496–2539/2489
Mykerinos (Men-kaw-rê)	2539/2489–2511/2461
Schepses-kaf (Sebercheres)	2511/2461–2506/2456
Thamphthis	2506/2456–2504/2454

5. Dynastie (etwa 2504/2454–2347/2297)

User-kaf (Usercheres)	2504/2454–2496/2446
Sahu-rê (Sephres)	2496/2446–2483/2433
Nefer-ir-ka-rê Kakai (Nephercheres)	2483/2433–2463/2413
Schepses-ka-rê (Sisires)	2463/2413–2456/2406
Neferef-rê Isi (Cheres)	2456/2406–2445/2395
Ni-user-rê Ini (Rathores)	2445/2395–2414/2364
Men-kaw-hor (Mencheres)	2414/2364–2405/2355
Djed-ka-re Isesi (Tancheres)	2405/2355–2367/2317
Unas (Onnos)	2367/2317–2347/2297

6. Dynastie (etwa 2347/2297–2216/2166)

Teti (Othoês)	2347/2297–2337/2287
User-ka-rê	2337/2287–2335/2285
Pepi I. (Phios, Meri-rê)	2335/2885–2285/2235
Nemti-em-saf I. (Methusuphis, Mer-en-rê)	2285/2235–2279/2229
Pepi II. (Phiops, Nefer-ka-rê)	2279/2229–2219/2169
Nemti-em-saf II. (Menthesuphis)	2219/2169–2218/2168
Kgin. Nitokris (Neit-aqerti)	2218/2168–2216/2166

Manethos 7. Dynastie entfällt („70 Tage“)

8. Dynastie (etwa 2216/2166–2170/2120) 17 Könige

I. Zwischenzeit

9./10. Dynastie (in Herakleopolis, etwa 2170/2120–um 2025/2020) 18 Könige

Mittleres Reich

11. Dynastie (in Theben, später in ganz Ägypten, 2119–1976)

Ment-hotpe I.	2119–
An-jotef I. (Hor Seher-towi)	–2103
An-jotef II. (Hor Wah-anch)	2103–2054
An-jotef III. (Hor[-nacht] Neb-tep-nofer)	2054–2046
Ment-hotpe II. (Neb-hapet-rê)	2046–1995

Ment-hotpe III. (Se'anch-ka-rê)	1995–1983
Ment-hotpe IV. (Neb-towi-rê) und Gegenkönige	1983–1976

12. Dynastie (1976–1794/93)

Ammenemes (Amen-em-hat) I. (Sehetep-ib-rê)	1976–1947
Sesostris (Se-n-wosret) I. (Cheper-ka-rê)	1956–1911/10
Ammenemes II. (Nub-kaw-rê)	1914–1879/76
Sesostris II. (Cha-cheper-rê)	1882–1872
Sesostris III. (Cha-kaw-rê)	1872–1853/52
Ammenemes III. (Ni-maat-rê)	1853–1806/05
Ammenemes IV. (Maa-cheru-rê)	1807/06–1798/97
Kgin. Nefru-sobek (Skemiophris, Ka-sobek-rê)	1798/97–1794/93

II. Zwischenzeit

13. Dynastie (1794/93–1648/1645)
50 (?) Könige (siehe S. 123–24)

14. Dynastie (? – 1648/1645)
Kleinkönige im Delta

15. Dynastie (Hyksos, 1648/1645–1539/1536)

Salitis	
Bêôn (Bnôn)	1648/1645–1590/1587
Apachnas (Pachnan)	
Chajan (Iannas, Se'user-en-rê)	
Apophis (A-qen-en-rê/A-user-rê)	1590/1587–1549/1546
Chamudi	1549/1546–1539/1536

16. Dynastie (Hyksos-Vasallen, gleichzeitig mit Dynastie 15)

17. Dynastie (in Theben, etwa 1645–1550) 15 (?) Könige (siehe S. 124)

Neues Reich

18. Dynastie (1550–1292)

Amosis (Ah-mose) I. (Neb-pehti-rê)	3.(?) 1550–1525
Amenophis (Amen-hotpe) I. (Djeser-ka-rê)	13.7.1525–1504
Tuthmosis (Dhut-mose) I. (A-cheper-ka-rê)	22.3.1504–1492
Tuthmosis II. (A-cheper-en-rê)	Frühj.(?) 1492–1479
Kgin.Hat-schepsut (Maat-ka-rê)	1479/1473–1458/57
Tuthmosis III. (Men-cheper-rê)	28.4.1479–11.3.1425

Amenophis II. (A-chepru-rê)	13.11.1428–1397
Tuthmosis IV. (Men-chepru-rê)	1397–1388
Amenophis III. (Neb-maat-rê)	6.1388–1351/50
Amenophis IV. Ach-en-aten (Nefer-cheprurê wa-en-rê)	11./12.1351–1334
mit Kgin.Nofret-ete (Anchet-chepru-rê)	
Semench-ka-rê Nefer-nefru-aten (Anch-chepru-rê)	Herbst 1337–1333
Tut-anch-amun (Neb-chepru-rê)	1333–1323
Aja (Cheper-chepru-rê iri-maat)	2.1323–1319
Har-em-hab (Djeser-chepru-rê sotep-en-rê)	1319–1292

19. Dynastie (1292–1186/85)

Für die vollständigen Namen der Könige der 19.–23. Dynastie siehe das Supplement zu dieser Übersicht

Ramses (Ra-mes-su, griech. Ramessês) I.	Herbst 1292–1290
Sethôs (Setoy) I.	6.(?) 1290–1279/78
Ramses II.	31.5.1279–1213
Mer-en-ptah	24.7./3.8.1213–1203
Amen-mes-su	3.5.1203–1200/1199
Sethôs II.	12.1200/1199–1194/93
Si-ptah und Kgin.Te-wosret (Thuoris)	10.1194/93–1186/85

20. Dynastie (1186/85–1070/69)

Seth-nachte	3.1186/85–1183/82
Ramses III.	7.3.1183/82–1152/51
Ramses IV.	17.4.1152/51–1145/44
Ramses V.	1.1145/44–1142/40
Ramses VI.	10./11.1142/40–1134/1132
Ramses VII.	12.1134/1132–1126/1123
Ramses VIII.	1126/1123–1125/1121
Ramses IX.	6.1125/1121–1107/1103
Ramses X.	10.1107/1103–1103/1099
Ramses XI.	4.1103/1099–1070/1069

III. Zwischenzeit

21. Dynastie (1070/1069–946/945)

Smendes (Nes-bi-neb-dedet)	1070/69–1044/43
Amen-em-nisut (Nephercheres)	1044/43–1040/39
Psusennes (Pe-sib-cha-en-nêwet) I.	1044/43–994/93
Amen-em-opet (Amenophthis)	996/95–985/84
Osochor (Osorkon)	985/84–979/78

Si-amun	979/78–960/59
Psusennes II.	960/59–946/45
22. Dynastie (946/945–ca.735)	
Schoschenq I. (Sesonchis)	946/45–925/24
Osorkon I. (Osorthon)	925/24–ca.890
Takelot I. (Takelothis)	ca. 890–877
Schoschenq II.	ca. 877–875
Osorkon II.	ca. 875–837
Schoschenq III.	ca. 837–798 (785 ?)
(Schoschenq IIIa.	ca. 798–785 (?)
Pe-mu	ca. 785–774
Schoschenq V.	ca. 774–736
Oberägyptische Linie (ca. 870–730)	
Har-si-êset	ca. 870–850
Takelot II.	ca. 841–816
Petubastis (Pe-di-bastet) I.	ca. 830–805/800
Auput I.	ca. 816–800
Schoschenq IV.	ca. 805/00–790
Osorkon III.	ca. 790–762
Takelot III.	ca. 767–755
Rud-amun	ca. 755–735
Ini	ca. 735–730
23. Dynastie (im Delta, ca.756–714/712)	
Petubastis II. (in Bubastis/Tanis)	ca. 756–732/30
Auput II. (in Leontopolis)	ca. 756–725 (?)
Osorkon IV.	ca. 732/730–722
„Psammûs“ (?)	ca. 722–712
24. Dynastie (in Sais)	
Fürst Tef-nachte	um 740–719/17
Bokchoris (Bak-en-rinef, Wah-ka-rê)	719/717–714/712
25. Dynastie (Kuschiten)	
Kaschta	vor ca. 746
Pije (User-maat-re/Senefer-rê)	ca. 746–715/713
Schabako (Sabakon, Nefer-ka-rê)	715/713–700/698
Schebitko (Sebichôs, Djed-kaw-rê)	700/698–690
Taharqo (Tarakos, Chu-nefertem-rê)	690–664
Tanot-amun (Bi-ka-rê)	664–ca.655
Nachfolger regieren in Napata (Nubien)	

SPÄTZEIT

26. Dynastie (664–525)

Psametik (Psammêtichos) I. (Wah-ib-rê)	664–610
Nekaw (Nekôs/Nechaô, Uhem-ib-rê)	610–595
Psametik II. (Nefer-ib-rê)	595–589
Apries (Wah-ib-rê, Haa-ib-rê)	589–570
Amosis II. (Amasis, Chnem-ib-rê)	570–526
Psametik III. (Anch-ka-en-rê)	526–525

27. Dynastie (Perserkönige, 525–401)

Kambyses (in Persien seit 529)	525–522
Dareios I.	522/21–486/85
Xerxes I.	486/85–465/64
Artaxerxes I.	465/64–424
Xerxes II.	424/23
Dareios II.	423–405/04
Artaxerxes II. (in Persien bis 359/58)	405/04–401

28. Dynastie

Amyrtaios (Amen-ir-di-su)	404/401–399

29. Dynastie (399–380)

Nepherites (Nef-aw-rud) I. (Bi-en-rê)	399–393
Achoris (Hagor, Chnem-maat-rê)	393–380
Gegenkönig Psamuthis (Pe-sche[re-n-]mut, User-rê)	393/92
Nepherites II.	380

30. Dynastie (380–342)

Nektanebês (Necht-nebef, Cheper-ka-rê)	380–362
Teôs (Djed-hor, Iri-maat-en-rê)	364/362–360
Nektanebôs (Necht-har-ehbojet, Senedjem-ib-rê)	360–342

31. Dynastie (Perserkönige, 342–332)

Artaxerxes III. Ochos (in Persien seit 359/58)	342–338
Arses (Aroges)	338–336
Dareios III.	336–332/330
Ägypt. Gegenkönig: Chababasch (Senen-sotep-en-ptah)	338/37–336/35

Supplement zu A

Die vollständigen Namen (Thron- und Eigennamen) der Könige der 19.–23. Dynastie (nur ständige Beinamen)

19. Dynastie

Ramses I.:	*Men-pehti-rê, Ra-mes-su*
Sethôs I.:	*Men-maat-rê, Setoy mer-en ptah*
Ramses II.:	*User-maat-rê sotep-en-rê, Ra-mes-su mer-amun*
Mer-en-ptah:	*Bi-en-rê mer-amun, Mer-en-ptah hetep-her-maat*
Amen-mes-su:	*Men-mi-rê sotep-en-rê, Amen-mes-su heqa-weset*
Sethôs II.:	*User-chepru-rê mer-amun, Setoy mer-en-ptah*
Si-ptah:	anfangs *Secha-en-rê mer-amun, Ra-mes-su Si-ptah,* später *Ach-en-rê sotep-en-rê, Si-ptah mer-en-ptah*
Te-wosret:	*Sit-rê merit-amun, Te-wosret sotepet-en-mut*

20. Dynastie

Seth-nachte:	*User-cha'u-rê sotep-en-rê mer-amun, Seth-nachte merer-amun*
Ramses III.:	*User-maat-rê mer-amun, Ra-mes-su heqa-ôn*
Ramses IV.:	*Heqa-maat-rê sotep-en-amun (J. 1: User-maat-rê sotep-en-amun), Ra-mes-su heqa-maat mer-amun*
Ramses V.:	*User-maat-rê secheper-en-rê, Ra-mes-su Amen-her-chopschef mer-amun*
Ramses VI.:	*Neb-maat-rê mer-amun, Ra-mes-su Amen-her-chopschef mer-amun*
Ramses VII.:	*User-maat-rê sotep-en-rê mer-amun, Ra-mes-su Iti-amun nuter-heqa-ôn*
Ramses VIII.:	*User-maat-rê ach-en-amun, Ra-mes-su Seth-her-chopschef mer-amun*
Ramses IX.:	*Nefer-ka-rê sotep-en-rê, Ra-mes-su Cha-em-weset merer-amun*
Ramses X.	*Cheper-maat-rê sotep-en-rê, Ra-mes-su Amen-her-chopschef mer-amun*
Ramses XI.:	*Men-maat-rê sotep-en-ptah, Ra-mes-su Cha-em-weset merer-amun nuter-heqa-ôn*

21. Dynastie.

Smendes:	*Hedj-cheper-rê sotep-en-rê, Nes-bi-neb-dedet mer-amun*
Nephercheres:	*Nefer-ka-rê heqa-weset, Amen-em-nisut mer-amun*
Psusennes I.:	*A-cheper-rê sotep-en-amun, Pe-sib-cha-en-newet mer-amun*
Amenophthis:	*User-maat-rê sotep-en-amun, Amen-em-opet mer-amun*
Osochor:	*A-cheper-rê sotep-en-rê, Osorkon (?)*
Si-amun:	*Netri-cheper-rê mer-amun, Si-amun mer-amun*
Psusennes II.:	*Tit-chepru-rê sotep-en-rê, (Hor-) Pe-sib-cha-en-newet mer-amun*

22. Dynastie

Schoschenq I.:	*Hedj-cheper-rê sotep-en-rê, Schoschenq mer-amun*

Osorkon I.:	*Sechem-cheper-rê sotep-en-rê, Osorkon mer-amun*
Takelot I.:	*Hedj-cheper-rê sotep-en-rê, Takelot mer-amun*
Schoschenq II.:	*Heqa-cheper-rê sotep-en-rê, Schoschenq mer-amun*
Osorkon II.:	*User-maat-rê sotep-en-amun, Osorkon Si-bastet mer-amun*
Schoschenq III.:	*User-maat-rê sotep-en-rê, Schoschenq Si-bastet mer-amun*
Schoschenq IIIa:	*Hedj-cheper-rê sotep-en-rê, Schoschenq Si-bastet mer-amun nuter-heqa-ôn*
Pe-mu:	*User-maat-rê sotep-en-amun, Pe-mu mer-amun*
Schoschenq V.:	*A-cheper-rê (sotep-en-rê), Schoschenq (mer-amun nuter-heqa-weset)*

Dynastie 22 a	
Har-si-êset	*Hedj-cheper-rê sotep-en-amun, Har-si-êset mer-amun*
Takelot II.:	*Hedj-cheper-rê sotep-en-rê, Takelot Si-êset mer-amun*
Petubastis I.:	*User-maat-rê sotep-en-amun, Pe-di-bastet Si-êset mer-amun*
Auput I.:	*(Th. unbekannt), Auput mer-amun*
Schoschenq IV.:	*User-maat-rê mer-amun, Schoschenq mer-amun*
Osorkon III.:	*User-maat-rê (sotep-en-amun), Osorkon (Si-êset mer-amun nuter-heqa-weset)*
Takelot III.:	*User-maat-rê (sotep-en-amun), Takelot (Si-êset mer-amun nuter-heqa-weset)*
Rud-amun:	*User-maat-rê (sotep-en-amun), Rud-amun (mer-amun)*
Ini:	*Men-cheper-rê (?), Ini Si-êset mer-amun*

23. Dynastie	
Petubastis II.:	*User-maat-rê sotep-en-amun, Pe-di-bastet Si-bastet mer-amun*
Auput II.:	*User-maat-rê sotep-en-amun, Auput Si-bastet mer-amun*
Osorkon IV.:	*A-cheper-rê sotep-en-amun, Osorkon mer-amun.*

Den Königstitel führen außerdem in der 21. Dynastie die Hohenpriester Pi-nodjem I. (Th. Cheper-cha-rê sotep-en-amun) und Psusennes (Th. Tit-cheper-rê sotep-en-amun), in der 22. Dynastie die Hohenpriester Schoschenq (Th. Maa-cheper-rê sotep-en-rê) und Har-si-êset (Th. Hedj-cheper-rê sotep-en-amun).

B. Tabelle zur Umrechnung julianischer in gregorianische Daten (Nach Parker, Calendars, 8)

Das gregorianische Datum liegt früher als das julianische:

v. Chr.	
1.3.3101–29.2.3001	25 Tage
1.3.3001–29.2.2901	24 Tage
1.3.2901–29.2.2701	23 Tage
1.3.2701–29.2.2601	22 Tage
1.3.2601–29.2.2501	21 Tage
1.3.2501–29.2.2301	20 Tage
1.3.2301–29.2.2201	19 Tage
1.3.2201–29.2.2101	18 Tage
1.3.2101–29.2.1901	17 Tage
1.3.1901–29.2.1801	16 Tage
1.3.1801–29.2.1701	15 Tage
1.3.1701–29.2.1501	14 Tage
1.3.1501–29.2.1401	13 Tage
1.3.1401–29.2.1301	12 Tage
1.3.1301–29.2.1101	11 Tage
1.3.1101–29.2.1001	10 Tage
1.3.1001–29.2. 901	9 Tage
1.3. 901–29.2. 701	8 Tage
1.3. 701–29.2. 601	7 Tage-
1.3. 601–29.2. 501	6 Tage
1.3. 501–29.2. 301	5 Tage
1.3. 301–29.2. 201	4 Tage
1.3. 201–29.2. 101	3 Tage
v. Chr. n. Chr.	
1.3. 101–29.2. 100	2 Tage.

C. Tabelle zur Veranschaulichung der Verschiebung des ägyptischen Kalenders gegenüber dem julianischen (2921–1 v. Chr.)

Angegeben ist im Abstand von 20 Jahren jeweils der erste Tag der ägyptischen Monate (I–XII; E = Epagomenen) in julianischen Kalenderdaten (z.B. 19.02. = 19.Februar jul.)

v. Chr.		I	II	III	IV	V	VI
2921	1461	23.08	22.09	22.10	21.11	21.12	20.01
2901	1441	18.08	17.09	17.10	16.11	16.12	15.01
2881	1421	13.08	12.09	12.10	11.11	11.12	10.01
2861	1401	08.08	07.09	07.10	06.11	06.12	05.01
2841	1381	03.08	02.09	02.10	01.11	01.12	31.12
2821	1361	29.07	28.08	27.09	27.10	26.11	26.12
2801	1341	24.07	23.08	22.09	22.10	21.11	21.12
2781	1321	19.07	18.08	17.09	17.10	16.11	16.12
2761	1301	14.07	13.08	12.09	12.10	11.11	11.12
2741	1281	09.07	08.08	07.09	07.10	06.11	06.12
2721	1261	04.07	03.08	02.09	02.10	01.11	01.12
2701	1241	29.06	29.07	28.08	27.09	27.10	26.11
2681	1221	24.06	24.07	23.08	22.09	22.10	21.11
2661	1201	19.06	19.07	18.08	17.09	17.10	16.11
2641	1181	14.06	14.07	13.08	12.09	12.10	11.11
2621	1161	09.06	09.07	08.08	07.09	07.10	06.11
2601	1141	04.06	04.07	03.08	02.09	02.10	01.11
2581	1121	30.05	29.06	29.07	28.08	27.09	27.10
2561	1101	25.05	24.06	24.07	23.08	22.09	22.10
2541	1081	20.05	19.06	19.07	18.08	17.09	17.10
2521	1061	15.05	14.06	14.07	13.08	12.09	12.10
2501	1041	10.05	09.06	09.07	08.08	07.09	07.10
2481	1021	05.05	04.06	04.07	03.08	02.09	02.10
2461	1001	30.04	30.05	29.06	29.07	28.08	27.09
2441	981	25.04	25.05	24.06	24.07	23.08	22.09
2421	961	20.04	20.05	19.06	19.07	18.08	17.07
2401	941	15.04	15.05	14.06	14.07	13.08	12.09
2381	921	10.04	10.05	09.06	09.07	08.08	07.07
2361	901	05.04	05.05	04.06	04.07	03.08	02.09
2341	881	31.03	30.04	30.05	29.06	29.07	28.08
2321	861	26.03	25.04	25.05	24.06	24.07	23.08
2301	841	21.03	20.04	20.05	19.06	19.07	18.08
2281	821	16.03	15.04	15.05	14.06	14.07	13.08
2261	801	11.03	10.04	10.05	09.06	09.07	08.08
2241	781	06.03	05.04	05.05	04.06	04.07	03.08
2221	761	01.03	31.03	30.04	30.05	29.06	29.07
2200	740	24.02	26.03	25.04	25.05	24.06	24.07

VII	VIII	IX	X	XI	XII	E	v. Chr.	
19.02	21.03	20.04	20.05	19.06	19.07	18.08	2920	1460
14.02	16.03	15.04	15.05	14.06	14.07	13.08	2900	1440
09.02	11.03	10.04	10.05	09.06	09.07	08.08	2880	1420
04.02	06.03	05.04	05.05	04.06	04.07	03.08	2860	1400
30.01	01.03	31.03	30.04	30.05	29.06	29.07	2840	1380
25.01	24.02	26.03	25.04	25.05	24.06	24.07	2820	1360
20.01	19.02	21.03	20.04	20.05	19.06	19.07	2800	1340
15.01	14.02	16.03	15.04	15.05	14.06	14.07	2780	1320
10.01	09.02	11.03	10.04	10.05	09.06	09.07	2760	1300
05.01	04.02	06.03	05.04	05.05	04.06	04.07	2740	1280
31.12	30.01	01.03	31.03	30.04	30.05	29.06	2720	1260
26.12	25.01	24.02	26.03	25.04	25.05	24.06	2700	1240
21.12	20.01	19.02	21.03	20.04	20.05	19.06	2680	1220
16.12	15.01	14.02	16.03	15.04	15.05	14.06	2660	1200
11.12	10.01	09.02	11.03	10.04	10.05	09.06	2640	1180
06.12	05.01	04.02	06.03	05.04	05.05	04.06	2620	1160
01.12	31.12	30.01	01.03	31.03	30.04	30.05	2600	1140
26.11	26.12	25.01	24.02	26.03	25.04	25.05	2580	1120
21.11	21.12	20.01	19.02	21.03	20.04	20.05	2560	1100
16.11	16.12	15.01	14.02	16.03	15.04	15.05	2540	1080
11.11	11.12	10.01	09.02	11.03	10.04	10.05	2520	1060
06.11	06.12	05.01	04.02	06.03	05.04	05.05	2500	1040
01.11	01.12	31.12	30.01	01.03	31.03	30.04	2480	1020
27.10	26.11	26.12	25.01	24.02	26.03	25.04	2460	1000
22.10	21.11	21.12	20.01	19.02	21.03	20.04	2440	980
17.10	16.11	16.12	15.01	14.02	16.03	15.04	2420	960
12.10	11.11	11.12	10.01	09.02	11.03	10.04	2400	940
07.10	06.11	06.12	05.01	04.02	06.03	05.04	2380	920
02.10	01.11	01.12	31.12	30.01	01.03	31.03	2360	900
27.09	27.10	26.11	26.12	25.01	24.02	26.03	2340	880
22.09	22.10	21.11	21.12	20.01	19.02	21.03	2320	860
17.09	17.10	16.11	16.12	15.01	14.02	16.03	2300	840
12.09	12.10	11.11	11.12	10.01	09.02	11.03	2280	820
07.09	07.10	06.11	06.12	05.01	04.02	06.03	2260	800
02.09	02.10	01.11	01.12	31.12	30.01	01.03	2240	780
28.08	27.09	27.10	26.11	26.12	25.01	24.02	2220	760
23.08	22.09	22.10	21.11	21.12	20.01	19.02	2199	739

v. Chr.		I	II	III	IV	V	VI
2180	*720*	19.02	21.03	20.04	20.05	19.06	19.07
2160	*700*	14.02	16.03	15.04	15.05	14.06	14.07
2140	*680*	09.02	11.03	10.04	10.05	09.06	09.07
2120	*660*	04.02	06.03	05.04	05.05	04.06	04.07
2100	*640*	30.01	01.03	31.03	30.04	30.05	29.06
2080	*620*	25.01	24.02	26.03	25.04	25.05	24.06
2060	*600*	20.01	19.02	21.03	20.04	20.05	19.06
2040	*580*	15.01	14.02	16.03	15.04	15.05	14.06
2020	*560*	10.01	09.02	11.03	10.04	10.05	09.06
2000	*540*	05.01	04.02	06.03	05.04	05.05	04.06
1981	521	31.12	30.01	01.03	31.03	30.04	30.05
1961	501	26.12	25.01	24.02	26.03	25.04	25.05
1941	481	21.12	20.01	19.02	21.03	20.04	20.05
1921	461	16.12	15.01	14.02	16.03	15.04	15.05
1901	441	11.12	10.01	09.02	11.03	10.04	10.05
1881	421	06.12	05.01	04.02	06.03	05.04	05.05
1861	401	01.12	31.12	30.01	01.03	31.03	30.04
1841	381	26.11	26.12	25.01	24.02	26.03	25.04
1821	361	21.11	21.12	20.01	19.02	21.03	20.04
1801	341	16.11	16.12	15.01	14.02	16.03	15.04
1781	321	11.11	11.12	10.01	09.02	11.03	10.04
1761	301	06.11	06.12	05.01	04.02	06.03	05.04
1741	281	01.11	01.12	31.12	30.01	01.03	31.03
1721	261	27.10	26.11	26.12	25.01	24.02	26.03
1701	241	22.10	21.11	21.12	20.01	19.02	21.03
1681	221	17.10	16.11	16.12	15.01	14.02	16.03
1661	201	12.10	11.11	11.12	10.01	09.02	11.03
1641	181	07.10	06.11	06.12	05.01	04.02	06.03
1621	161	02.10	01.11	01.12	31.12	30.01	01.03
1601	141	27.09	27.10	26.11	26.12	25.01	24.02
1581	121	22.09	22.10	21.11	21.12	20.01	19.02
1561	101	17.09	17.10	16.11	16.12	15.01	14.02
1541	81	12.09	12.10	11.11	11.12	10.01	09.02
1521	61	07.09	07.10	06.11	06.12	05.01	04.02
1501	41	02.09	02.10	01.11	01.12	31.12	30.01
1481	21	28.08	27.09	27.10	26.11	26.12	25.01

VII	VIII	IX	X	XI	XII	E	v. Chr.	
18.08	17.09	17.10	16.11	16.12	15.01	14.02	*2179*	*719*
13.08	12.09	12.10	11.11	11.12	10.01	09.02	*2159*	*699*
08.08	07.09	07.10	06.11	06.12	05.01	04.02	*2139*	*679*
03.08	02.09	02.10	01.11	01.12	31.12	30.01	*2119*	*659*
29.07	28.08	27.09	27.10	26.11	26.12	25.01	*2099*	*639*
24.07	23.08	22.09	22.10	21.11	21.12	20.01	*2079*	*619*
19.07	18.08	17.09	17.10	16.11	16.12	15.01	*2059*	*599*
14.07	13.08	12.09	12.10	11.11	11.12	10.01	*2039*	*579*
09.07	08.08	07.09	07.10	06.11	06.12	05.01	*2019*	*559*
04.07	03.08	02.09	02.10	01.11	01.12	31.12	*1999*	*539*
29.06	29.07	28.08	27.09	27.10	26.11	26.12	1980	520
24.06	24.07	23.08	22.09	22.10	21.11	21.12	1960	500
19.06	19.07	18.08	17.09	17.10	16.11	16.12	1940	480
14.06	14.07	13.08	12.09	12.10	11.11	11.12	1920	460
09.06	09.07	08.08	07.09	07.10	06.11	06.12	1900	440
04.06	04.07	03.08	02.09	02.10	01.11	01.12	1880	420
30.05	29.06	29.07	28.08	27.09	27.10	26.11	1860	400
25.05	24.06	24.07	23.08	22.09	22.10	21.11	1840	380
20.05	19.06	19.07	18.08	17.09	17.10	16.11	1820	360
15.05	14.06	14.07	13.08	12.09	12.10	11.11	1800	340
10.05	09.06	09.07	08.08	07.09	07.10	06.11	1780	320
05.05	04.06	04.07	03.08	02.09	02.10	01.11	1760	300
30.04	30.05	29.06	29.07	28.08	27.09	27.10	1740	280
25.04	25.05	24.06	24.07	23.08	22.09	22.10	1720	260
20.04	20.05	19.06	19.07	18.08	17.09	17.10	1700	240
15.04	15.05	14.06	14.07	13.08	12.09	12.10	1680	220
10.04	10.05	09.06	09.07	08.08	07.09	07.10	1660	200
05.04	05.05	04.06	04.07	03.08	02.09	02.10	1640	180
31.03	30.04	30.05	29.06	29.07	28.08	27.09	1620	160
26.03	25.04	25.05	24.06	24.07	23.08	22.09	1600	140
21.03	20.04	20.05	19.06	19.07	18.08	17.09	1580	120
16.03	15.04	15.05	14.06	14.07	13.08	12.09	1560	100
11.03	10.04	10.05	09.06	09.07	08.08	07.09	1540	80
06.03	05.04	05.05	04.06	04.07	03.08	02.09	1520	60
01.03	31.03	30.04	30.05	29.06	29.07	28.08	1500	40
24.02	26.03	25.04	25.05	24.06	24.07	23.08	1480	20

D. Thronbesteigungsdaten der Pharaonen des Neuen Reiches (18.–20. Dynastie)

Wie im Kapitel über die Datierung der Urkunden (I 1.4) hervorgehoben, wurden die Regierungsjahre zur Zeit des Neuen Reiches und wohl auch noch in der III. Zwischenzeit vom Thronbesteigungstag des regierenden Königs an gezählt. Diese Daten sind daher von großem Wert für die Chronologie dieser Epoche. Von den meisten Herrschern der 18., 19. und 20. Dynastie sind sie entweder ausdrücklich überliefert oder indirekt erschließbar oder doch wenigstens innerhalb enger Zeitgrenzen bestimmbar. Einige Beispiele mögen dies veranschaulichen.

Beispiel für ein gut bezeugtes Thronbesteigungsdatum ist dasjenige Ramses' III., das im Festkalender an seinem Totentempel Medinet Habu unter den Jahresfesten gefeiert wird: „I. *schomu*-Monat, Tag 26 (26. IX.). Tag des Erscheinens des Königs von Ober- und Unterägypten User-maat-rê mer-amun. Was geopfert wird dem Amun-Rê ... in seinem Tempel am Fest dieses Tages" (vgl. oben, S. 106, Anm. 439).

Zu erschließen ist das Tagesdatum des Regierungsantritts Ramses' II., weil dieser Tag, der 27. XI., noch zur Zeit der späteren Ramessiden begangen wurde. So ist im Tagebuch der Mannschaft des Königsgrabes aus dem 3. Jahr Ramses' X. unter diesem Datum vermerkt, daß die Leute arbeitsfrei hatten wegen des „Erscheinens des Königs User-maat-rê [sotep-en-rê]". Der Name des Herrschers kann nur so ergänzt werden, da man der Thronbesteigungstage der schwachen Könige der späteren 20. Dynastie (Ramses V., VII. und VIII., deren Namen auch mit „User-maat-rê" beginnen) nach ihrem Tod kaum mehr gedacht haben wird und Ramses III. ein anderes Thronbesteigungsdatum hat. Eine Bestätigung bietet die Tatsache, daß nach verschiedenen Tagebuchnotizen aus der späten 19. und der 20. Dynastie an diesem Tag nicht gearbeitet wurde (vgl. oben, S. 104, Anm. 422).

Für Ramses VII. läßt sich das Antrittsdatum am 30.VII. wahrscheinlich machen aufgrund des Zeugnisses mehrerer Papyrusurkunden. Nach Pap.Turin 1907/08 kann der Wechsel des Regierungsjahres nicht zwischen dem 6. IX. und dem 20. VI. liegen; Pap.Amiens schließt die Zeit vom 8. IX. bis 29. VII. aus, der von Y. Koenig* veröffentlichte Papyrus des Französischen Archäologischen Instituts in Kairo ebenso die vom 24. VIII. bis zum 10. VII. Nach dem noch unpublizierten Pap.Turin 2081+2095 liegen zwischen dem Monat VII. und dem 29. III. acht Monate des gleichen Regierungsjahres**. Danach kann dieser Pharao nur am Ende des VII. auf den Thron gekommen sein.

Andere Datenreihen ermöglichen die Festlegung eines Thronbesteigungsdatums innerhalb von mehr oder weniger kurzen Fristen. So läßt eine Urkunde über die Ausleihe eines Ochsen zur Feldarbeit auf den 18.-24. V. des 7.Jahres Ramses' VI. den 11. VI. seines 8.Jahres folgen; der Wechsel des Regierungsjahres und damit der Tag der Thronbesteigung liegt also bei diesem König in den Tagen vom 25. V. bis 11. VI. (vgl.oben, S. 106 mit Anm. 446).

* In: Hommages à S. Sauneron, I (1983) 185-200, und BIFAO 83 (1983) 249-55.

** J. v. Beckerath, ZÄS 122 (1995) 97-100. Ich verdanke eine Kopie des Textes aus J. Černýs Notebooks Herrn Dr. J. Malek, Oxford.

Liste der belegten Thronbesteigungsdaten (Th) und der höchsten Regierungsdaten (M)

		Th	M
18.1	Amosis I.	?	Jahr 22
18.2	Amenophis I.	9./11. XI.	J. 21†
18.3	Tuthmosis I.	21. VII.	J. 9
18.4	Tuthmosis II.	?	J. 1, 8. II.
18.5a	Tuthmosis III.	4. IX.	J. 54, 30. VII.†
18.5b	Hat-schepsut	wie 18.4a	J. 20, VIII.
18.6	Amenophis II.	1. IV.	J. 26, [I.] (Weinernte)
18.7	Tuthmosis IV.	?	J. 8, 2. VII.
18.8	Amenophis III.	Anfang XI.	J. 38, [II.] (Weinernte)
18.9	Amenophis IV.	1./8. V.	J. 17, [II.] (Weinernte)
18.10	Semench-ka-rê	?	J. 3, 10. III.
18.11	Tut-anch-amun	?	J. 10, [II.] (Weinernte)
18.12	Aja	VII.	J. 4, 1. IV.
18.13	Har-em-hab	?	J. 27, 9. IX. (J. 28/29 ?)
19.1	Ramses I.	?	J. 2, 10. VI.
19.2	Sethos I.	24./27. XI.	J. 11, 20. XII.
19.3	Ramses II.	27. XI.	J. 67, 18. I.
19.4	Mer-en-ptah	29.I./13.II.	J. 10, 7. IV.
19.5	Amen-mes-su	18. XI.	J. 4, 29. XI.
19.6	Sethos II.	29. VI./6. VII.	J. 6, 28. IV.
19.7a	Si-ptah	2. V.	J. 7
19.7b	Te-wosret	wie 19.7a	J. 8, IX.
20.1	Seth-nachte	10. X. (?)	J. 3
20.2	Ramses III.	26. IX.	J. 32, 6. XI.
20.3	Ramses IV.	15. XI.	J. 7, 23. III.
20.4	Ramses V.	Anfang VIII.	J. 4, 17. VI. (postum)
20.5	Ramses VI.	25. V./11. VI.	J. 8, 6. II.
20.6	Ramses VII.	Ende. VII.	J. 8, 25. XII.
20.7	Ramses VIII.	?	J. 1, 2. V.
20.8	Ramses IX.	21. I.	J. 19, 27. V. †
20.9	Ramses X.	28. V.	J. 3, IV.
20.10	Ramses XI.	20. XI.	*uhem-mesut* J. 10 = J. 28, 25. IX.

† = Todesdatum

Belege zur Liste

18.1	M: Urk. IV, 25
18.2	Th: Pap.Ebers, Kal.; KRI V, 577 u. VI, 695; M: Borchardt, Zeitmessung, T. 18.
18.3	Th: Urk. IV, 81; M: Mariette, Karnak, T. 32 f.
18.4	M: Urk. IV, 137
18.5a	Th: Urk. IV, 648 u.a.; M: ebd. 895
18.5b	M: JEA 46, 1960, T. 10, Nr. 11
18.6	Th: Urk. IV, 1343; M: ebd. 1365

18.7	M: Urk. IV, 1545 u. 1556
18.8	Th: Urk. IV, 1837 (n a c h 3.XI.); M: JNES 10, 1951, 47, Nr. 62
18.9	Th: Murnane, Fs Hughes, 163-67; M: City of Akhenaten I, T. 63, G
18.10	M: JEA 14, 1928, T. 5
18.11	M: Černý, Tut'ankhamun, 24, Nr. 24
18.12	Th: Carter, Tut-ench-amun, II, 227; M: Urk. IV, 2110
18.13	M: Excav.of Med.Habu, II, T. 51 C (Gardiner, UGAÄ 4.3, 52)
19.1	M: KRI I, 38
19.2	Th: Hierat. Ostr., T. 25,2; Serapis 3, 1976, 23-33; M: KRI I, 75
19.3	Th: Anal. Bibl. 12, 1959, 119; M: Gardiner, RAD, 30
19.4	Th: GM 140, 1994, 69; M: Gardiner, LEM, 73
19.5	Th: KRI IV, 220-28; M: ebd. 228
19.6	Th: KRI, IV, 298-99, 305-09, 322-27, 382-84; M: ebd.322-27, 382-84
19.7a	Th: SAK 11, 1984, 38-40; M: Helck, Fs Kákosy, 270 Anm. 12
19.7b	M: KRI IV, 408
20.1	Th: Drenkhahn, Elephantine-Stele, 62-63 (oder wenige Tage vorher); M: Sinai, Nr. 271
20.2	Th: KRI V, 143 u.a.; M: Erichsen, Bi.Aeg.V,1 (Pap.Harris I)
20.3	Th: KRI VI, 116-18; M: ebd. 149
20.4	Th: KRI VI, 136, 244-45, 340-41; M: ebd. 253
20.5	Th: GM 29, 1978, 45-48 u.79, 1984, 7; M: Černý – Sadek, Graffiti III, T. 35, Nr. 1860a
20.6	Th: Gardiner, RAD, 9-10; KRI VI, 403-10; Koenig, Fs Sauneron I, 185-220 u. BIFAO 83, 1983, 249-55; M: KRI VI, 431
20.7	M: KRI VI, 441
20.8	Th: KRI VI, 647, 565-66; 424; v. Beckerath, in: MDAIK 40, 1984, 3-4.; M: ebd. 655
20.9	Th: KRI VI, 683; M: ebd. 699
20.10	Th: KRI VI, 735; M: Černý, Bi.Aeg.IX (LRL), 17

E. Rekonstruktion der Annalentafel

Dargestellt sind in den beiden Zeichnungen die Fragmente von Palermo (P), London (L), de Cenival (C) und Kairo (K 1 und 3). Die Königsnamen über den Reihen sind nur innerhalb der Zeichen [(Anfang) und] (Ende) erhalten. Die Jahrfelder der Reihen 2–5 der Vorderseite sind nach beiden Seiten hin gleichbleibend ergänzt, die Reihen 6–10 aufgrund der Königslisten hypothetisch hergestellt (auf K 3 ist die Regierung des Djedef-rê erkennbar).

Abkürzungen: H = Horusgeleit; Z = Zählung (auf der Rückseite bedeutet n.1.Z = „nach der 1. Zählung"), Th = Thronbesteigung, S = Sedfest (Jubiläum, Jahr 30).

ANNALEN Vorderseite

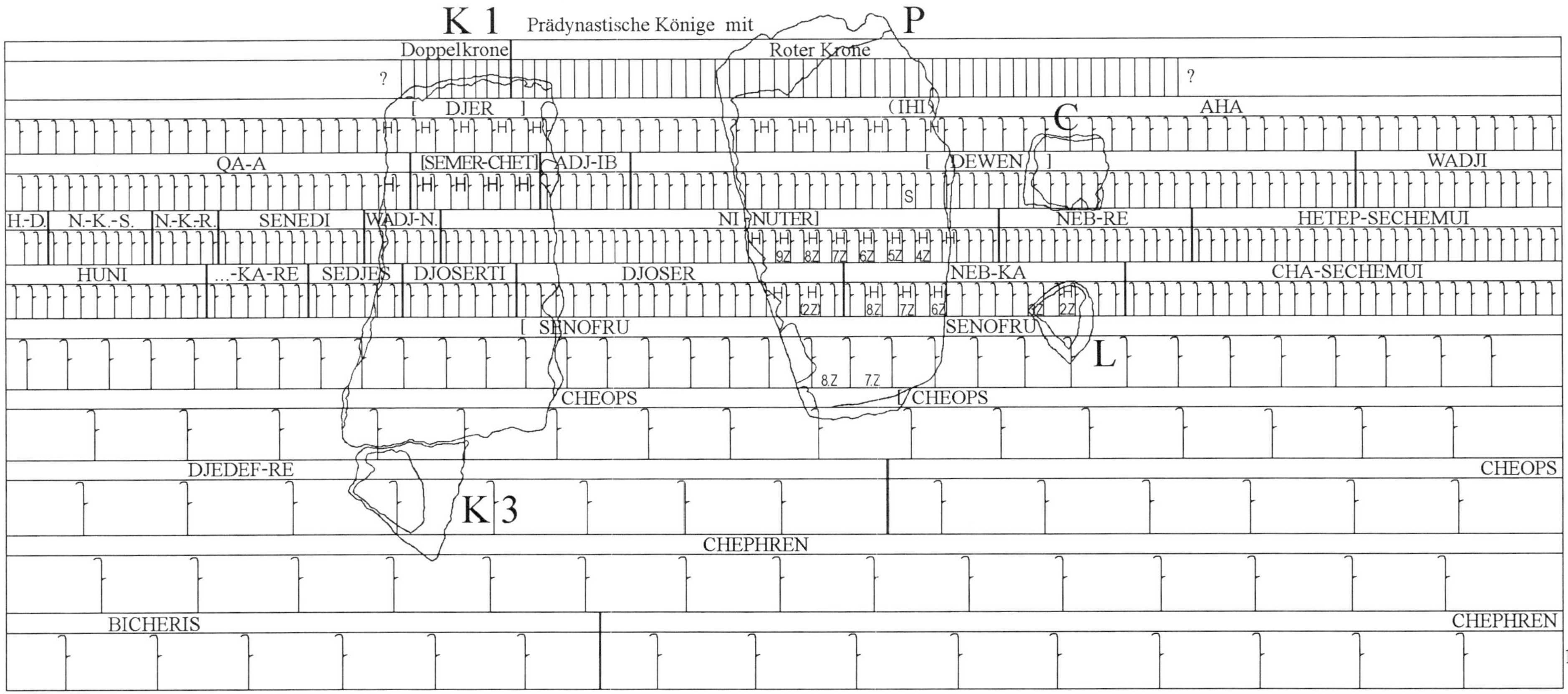

H.-D. = HU-DJEFA
N.-K.-S. = NEFER-KA-SOKAR
N.-K.-R. = NEFER-KA-RE
WADJ-N. = WADJ-NES

ANNALEN Rückseite

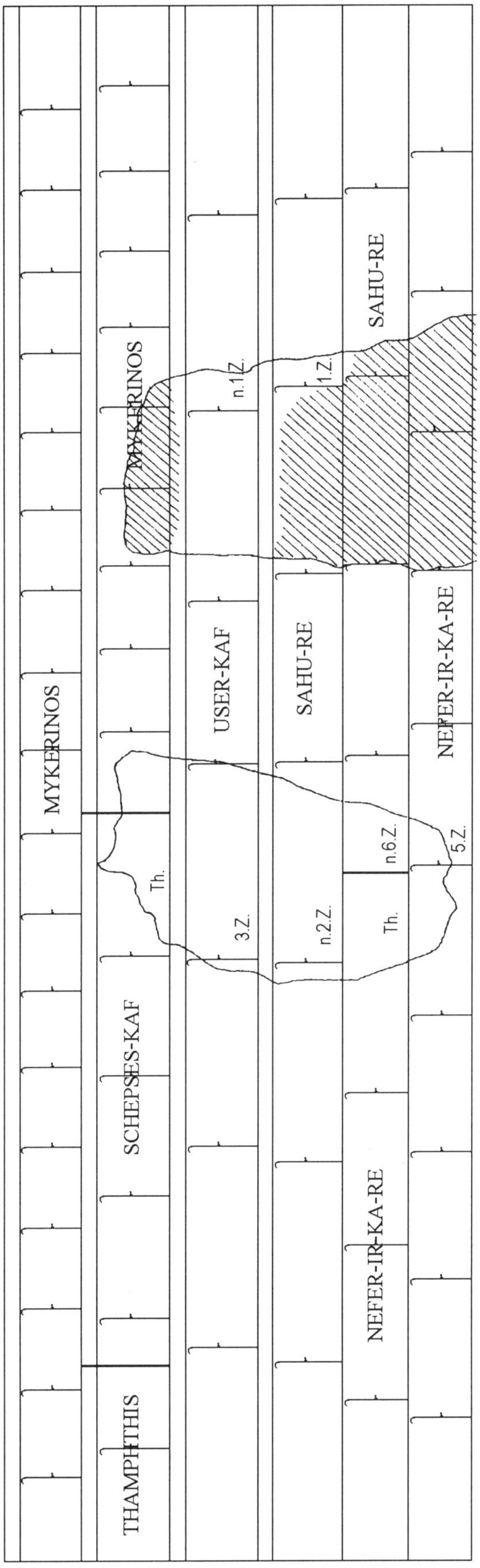

F. Der Text des Turiner Königspapyrus (Verso)

Übersetzung

Ergänzungen des zerstörten Textes in [ ], Auslassungen und Bemerkungen in ( ).
J. = Jahre, M. = Monate, T. = Tage, " = Wiederholungszeichen im Papyrus
Unterstreichungen = Rubren (rot geschrieben).
Auslassung eines oder mehrerer Könige, deren Namen verloren oder nicht mehr bekannt waren, wird im Papyrus durch *wosef* „frei, ausgelassen" bezeichnet.
Der stets (außer bei den Hyksos der 15. Dynastie) wiederholte Titel „König von Ober- und Unterägypten" wird abgekürzt mit „König" übersetzt.

Kolumne I

(Einleitender Text verloren)

[König Rê	J. ...]	
[König Schu	J. ...]	
König Geb	[J. ...]	
König Osiris	[J. ...]	736. (Zusatzbemerkung) ...[M.] 10, T. 28
König Seth	[J. ...]	
König Horus der Götter	J. 300	
König Thoth	[J.] 7726	
König Maat	J. 200+x	
König Har-[wer	J. ...]	
Summe: Ihre Lebenszeit	...	

Summe: Könige 9 [von] König Rê [bis zu]
König Har-(wer]

Kolumne II

[Geister von ...]	20; ihre Jahre 110, ihre Lebenszeit ...
Geister [von ...]	10, macht: Ihre Regierungen x+7, [ihre] Lebenszeit ...
Geister [von ...]	40; ihre [Jahre] 330, ihre Lebenszeit 1000+x
[Summe: Geister]	70; ihre Regierungen und ihre Lebenszeit: J. ...

[Geister von] ... (?) 19, J.11, M. 4, T. 22
Geister, die im Delta (?) waren: 19, J. 2341 ...
Stellvertreter (?) des Vaters: Frauen 7; ihre Jahre und ihre Lebenszeit 100+x
[Summe der] Regierungen der Geister des Horusgeleits: J. 4420 ...
[Summe] ihrer Lebenszeit bis zu denen des Horusgeleits:J. ... 3200+x
[Könige des] Hauses (?) des Königs Meni (Überschrift)

König Meni [er] regierte	[J....]	
König It[i)	...	
[König Iteti]	...	
König [Ite]tiu	...	
König Qenti	...	
König Mer-ba-pen [regierte	J. ..., seine Lebenszeit]	J. 74
König Semsem	[J. ...] "	" 72
König [Qe]beh	[J. ...] "	" 63

König Biw-nuter	[J. ...]	"	" 95
König [Ka]-kaw	[J. ...]	"	- (ausgelassen)
König [Bi]-en-nuter	[J. ...]	"	" 95
[König Wadl-la]s	[J. ...]	"	" 70
König Senedj	[J. ...]	"	" 54
König Nefer-ka-rê)	[J. ...]	"	" 70

Kolumne III

König Nefer-ka-sokar	J. 8,	M. 3, ...		(Lebenszeit)	...
König Hu-djefa	J. 1,	(M.) 8,	(T.) 4	"	(J.) 34
König Bebti	J. 27,	(M.) 2,	(T.) 1	"	(J.) 40+x
König Neb-ka	J. 19	-	-	...	
König Djoser-it, er regierte	J. 19,	M.-,		seine Lebenszeit -	
König Djoser-ti	(J.) 6,	(M. und T. von hier ab weggelassen)			
König [Hu]-djefa	J. 6				
König Hu[ni]	J. 24. Er [ist] der Erbauer von [...]				
König Senofer	J. 24				
[König Chufu]	J. 23				
[König Djedef-rê]	J. 8				
König Cha[ef-rê]	J. 20+x				
König [...]	J. ...				
König [Men-kaw-rê]	J. 28 (oder 18 ?)				
[König Schepses-kaf]	J. 4				
[König ...]	J. 2				
[König User]-ka-[rê][so!]	J. 7				
[König Sahu-rê]	J. 12				
[König Nefer-ir-ka-rê] er regierte	...				
[König Schepses-ka-rê]	J. 7				
[König Neferef-rê]	J.[1]1 (?)				
[König Ni-user-rê]	J. 30 (oder 20 ?) + 1 (oder 5 ?)				
König Men-ka(w)-hor	J. 8				
König Djed(-ka-rê)	J. 28				
König Unas	J. 30				

Summe: der Regierungen von Meni bis [Unas]
[J. 768, M. 3, T. 12]

Kolumne IV

[König Teti, er regierte	J. ...]	
[König User-ka-rê (?)]	(?) -	
[König Meri-rê]	J. 20	
[König Mer-en-rê]	J. 6],	M. 4
[König Nefer-ka-rê]	J. 90+x	
[König Mer-en-rê (?)]	J. 1,	M. 1
König Neit-aqerti	...	...
König Nefer-ka(-rê)	...	

König Nefer(-ka-min)	...		
König Ibi	J. 2,	(M.) 1,	(T.) 1
[König Nefer-kaw-rê]	J. 4,	" 2	
[König Nefer-kaw-hor]	J. 2,	" 1,	" 1
[König Nefer-ir-ka-rê]	J. 1,	" 8	
[Summe] Regierungen [des Hauses des Teti]:	J. 181,		
[M.] 6, T. 3, ausgelassen* (J.) 6. Zusammen	[J. 187,	M. 6,	T. 3.

Summe der] Regierungen
[seit] Meni; ihre Regierungen, ihre Jahre und das Ausgelassene
[macht J. 949, M.] 9, T. 15, ausgelassen J. 6.
Summe: [seit Meni J.] 955, (M. 9), T. 1[5].

König [..., er regierte	J. ...]	
König		
König Nefer-ka-rê ...		
König Achtoi ...		
König Senen-...(?), er regierte ...		
König ...-rê, [Sohn des] Nefer-ka-rê ...		
König Mer-...-[re] Achtoi ...		
König Sched ...		
König Hu ...		M. ...

Kolumne V

König	...	M. 6,	T. 21
König	...		
König	...		
König	...		
König	...		
König	...		
König	...		
König	...		
König	...		

Summe: Könige 18 ...
Könige [von Theben (?) ...] (Überschrift)
König Sohn [des Rê Ment-hotpe, er regierte ...]
König Sohn [des Rê An-jotef] ...

König [Sohn des Rê A]n-[jotef	J.] 49
König [Sohn des Rê An-j otef	J.] 8
König Neb-hapet-rê	J. 51
König Se ‘anch-ka-rê	J. 12

[Summe]: Könige 6, J.1[36, ausgelassen J.] 7, zusammen J. 143
[Könige der] Residenz Itj-towi (Überschrift)

[König Sehet]ep-ib-[rê], er regierte	J. [2]9
[König Cheper]-ka-[rê]	J. 45
[König Cha-cheper-rê ?]	J. 10 (20, 30 ?)
[König Cha-kaw-rê ?]	J. 19
[König Nub-kaw-rê ?]	J. 30 (+x)

[König Ni-maat-rê]	J. 40 (+x)		

Kolumne VI

König Maa-cheru-rê, er regierte	J. 9,	M. 3,	T. 27	
König Nefru-sobek<-rê>	J. 3,	" 10,	" 24	

[Summe]: Könige der Residenz [Itj-towi] 8, sie regierten J. 213, M. 1, T. 17

Könige [die waren] nach [dem Haus des] Königs [Sehet]ep-ib-rê (Überschrift)

König Chu-towi-rê, er regierte	J. 2,	M. 3,	T. 24	
König Sechem-ka-rê Amen-[em-hat-sonbe]f	J. ..,	" 23.		Ausgelassen J. 6
König Amen-em-hat<-rê>	J. 2,	" 22		
König Sehetep-ib-rê	[J.]1,		(T.) 27	
König Efni	...	...	" 11	
König Se ʻanch-ib-rê	...			
König Semen-ka-rê	...	...	4	
König Sehetep-ib-rê	...	...	3	
König Sewadj-ka-rê	...	...	6	
[König] Nedjem-ib-rê	...			
[König] Sebek-hotpe<-rê>, Sohn des ...	[J.(?)] 3 ...			
König Rani-sonbe, er regierte		M. 4		
König Aw-ib-rê	[J.(?)] 7 ...			
König Sedjefa-ka-rê	J. ...			
König Sechem-rê-[chu-towi] Sebek-hotpe	J. ...			
König User-ka-rê Chendjer	J.			
König [Semench]-ka-rê Emra-mescha	...			
[König Sehetep]-ka-rê An-jot[ef]	...			
[König ...]-ib-[re] Seth	...			
König Sechem-rê-[sewadj-towi] Sebek-hotpe	J. 3,	(M.) 2		
König Cha-[sechem]-rê Nefer-hotep, Sohn des Ha-anchef	J. 11,	M. 1+x		
König Si-hathor-<re>	J. 4,	(M.) 8,	(T.) 2	
König Cha-[nefer]-rê Sebek-hotpe		...		

Kolumne VII

König Cha-hotep-rê	J. 4,	(M.) 8,	(T.) 29
König Wah-ib-rê Ja-ib	J. 18,	" 8,	" 18
König Mer-nefer-rê, er regierte	J. 13,	M. 8,	T. 18
König Mer-hetep-rê	J. 2,	" 2,	" 9
König Se'anch-en-rê Sewadjtu	J. 3,	" 2	
König Mer-sechem-rê Ined	J. 3,	" 1	
König Sewadj-ka-rê Hori	J. 5,	" 8	
König Mer-ka(w) - [re] Sebek-[hotpe]	J. 2, ...		(T.) 4
König ...	[J.]14,		" 11
[König] ...	...		
König ...	...		
König ...	...		

König [Dedu]-mose …	…
König …-maat-rê Ibi …	…
König …-uben-rê Hor …	…
König …-ka-rê …	…
König …-en-rê …	…
König …-rê …	…
König …-rê …	…
König …-en-rê …	…
König [M]er- … -rê	…
König Mer-cheper-rê	…
König Mer-ka-[re]	…
König …-ka-rê	…

Kolumne VIII

König Nehasi	J. …,	(M.) 3		
König Cha-ti(t)-rê	…	… 3		
König Neb-faw-rê	J. 1,	(M.) 5,	(T.) 15	
König Sehab-rê, er regierte	J. 3,	M. …	T. 1	
König Mer-djefa-rê	J. 3,	…		
König Neb-djefa-rê	J. 1,	…		
König Uben-rê	J.	…		
König …	J. 1,	…		
König …-djefa-rê	J. 4,	…		
König …-uben-rê	J.] 3,	…		
König Aw-ib-rê …	Ausgelassen		T. 18	
König Her-ib-rê	…		(T.) 21	
König Neb-sen-rê, [er regierte]		M. 6,	T. 20.	Ausgelassen …
König …-rê	…		(T.) 21	
König Secheper-en-rê	J. -,	(M.) 2		
König Djed-cheru-rê	J. …	(M.) 2,	(T.) 5	
König Se ‘anch-ib-rê	…	…	(T.) 19	
König Nefertem-…	…	…	(T.) 18	
König Sechem-…-rê, er regierte		M. 8	…	
König Ka-qemut-rê	J. …	(M.) 2,	(T.) 26	
König Nefer-ib-rê	J. …			
König A …-rê	J. …			
König Cha-…-rê	…			
König Anch-ka-rê	…			
König Semen-…-rê	…			
König Djed-…-rê	…			

Kolumne IX

…

König …-rê	…
König …	…

König …	…	
[König …]	…	
König …-rê Si-ptah, er regierte …	…	
König …-rê Se ‘anch	…	
König Senefer-ib-rê	…	
König Men-ib-rê	…	
König Djed-…-rê	…	
…		

Kolumne X

…		
König …	…	
König Seket	…	
König A…, [er regierte ..	…]	T. 10
…	…	
…	…	" 7
…	…	" 9
König A…	…	
König Seth	…	
König Sunu	…	
König Hor	…	
König …	…	
König En-ib[ef]	…	
König …	…	
König Peneset-en-sepet	…	
König Cher-himut-schepsut	…	
König Chu-himut-[schepsut]	…	
… …ia…		
[Summe:] Regierungen …, sie machen Jahre	…	

Kolumne XI

[Hyksos … , er regierte	]
[Hyksos …	J.] 3
[Hyksos …	J.] 8, (M.) 3
[Hyksos Chajan]	J. 10 (20, 30) +x
[Hyksos Apopi]	J. 40 (+x)
[Hyksos] Chamudi	…
[Summe Hyk]sos 6, sie regierten	J. 108 …
…	
König …	…
König …	…
König Inek	…
König A …	…
König Ap …	…
…	

Kolumne XII

…	
[König] Hibi	…
[König] Aped	…
König Schemsu	…
König Men-i …	…
König Wer-qa	…
…	
[König …]	…
[König] …-ka-[rê]	…
König … -ka-[rê]	…
König …	…
König … -en-[rê] Hepu	…
König … -ka-[rê] … nati	…
[König] …-ka-[rê] Bebnem	…
[König] …-ka-[rê]	…
…	
[König …, er regierte …]	

Kolumne XIII

König Sechem-rê-…	J. 3
König Sechem-rê-…	J. 16
König Sechem-rê-se …	J. 1
König Se …(?)-…-rê	J. 1
König Neb-iri-aw-<rê>	J. 16
König Neb-iri-aw-<rê>	(M.) 10
König Semen-en-rê	J. 1
König Seweser-en-rê	J. 12. Ausgelassen …
König Sechem-rê-sched-weset	J. …
König …-rê	…
König …	…
König …-rê	…
König …	…
König …	…
[Summe:] Könige (1)5 …	
König User-…-rê	…
König User-…-rê	…
…	
[König …] -hab-rê	…
[König …], er regierte	[J.] 2
[König …]	J. 2
[König …]	J. 3
[König …]-uben-[rê]	J. 3
[König …]-uben-[rê]	J. 3.

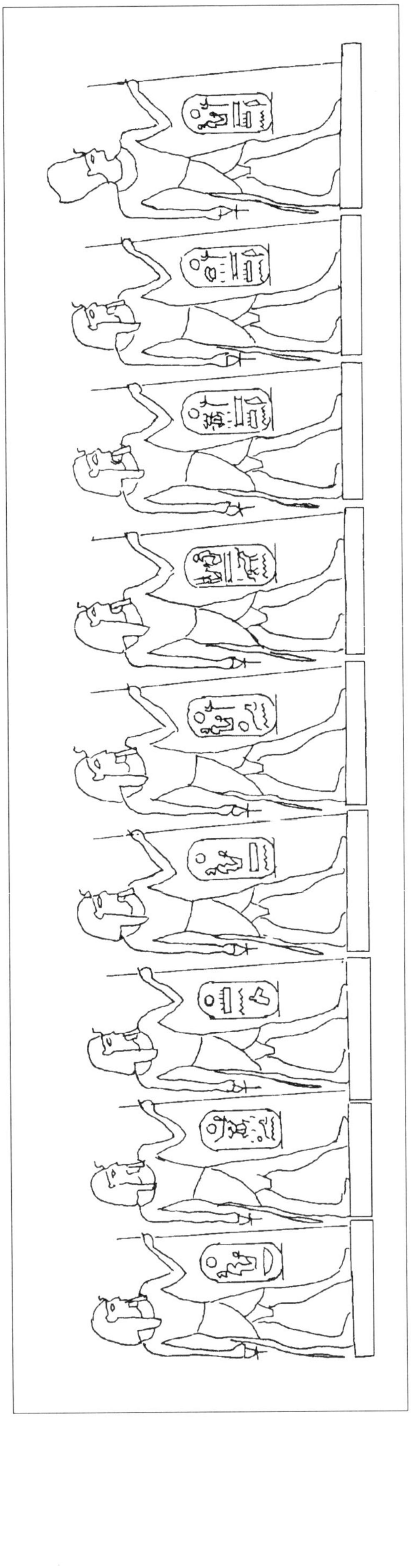

G. Reihe der Königsfiguren in Medinet Habu

H. Die Königstafel im Tempel Sethos' I. in Abydos

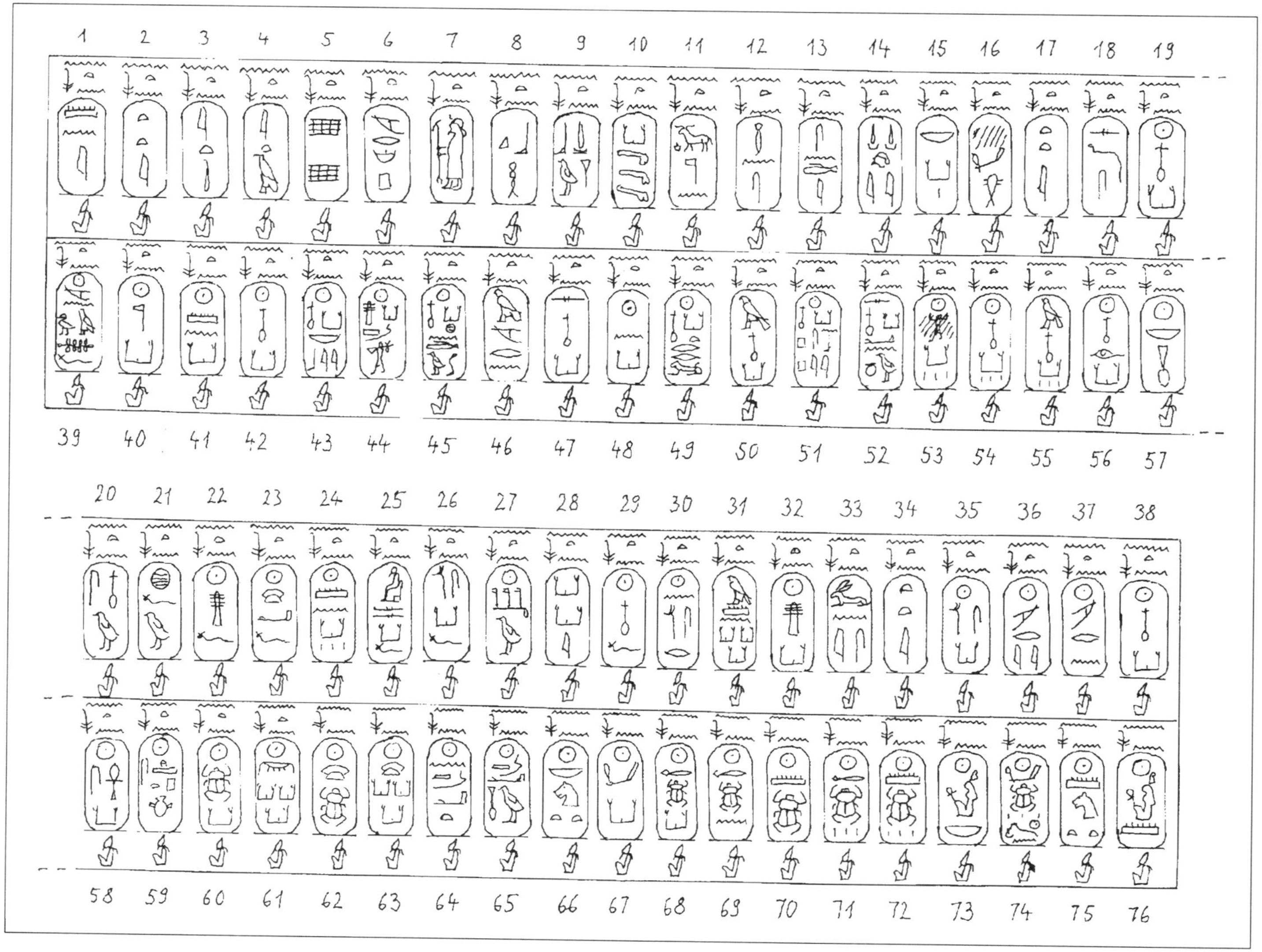

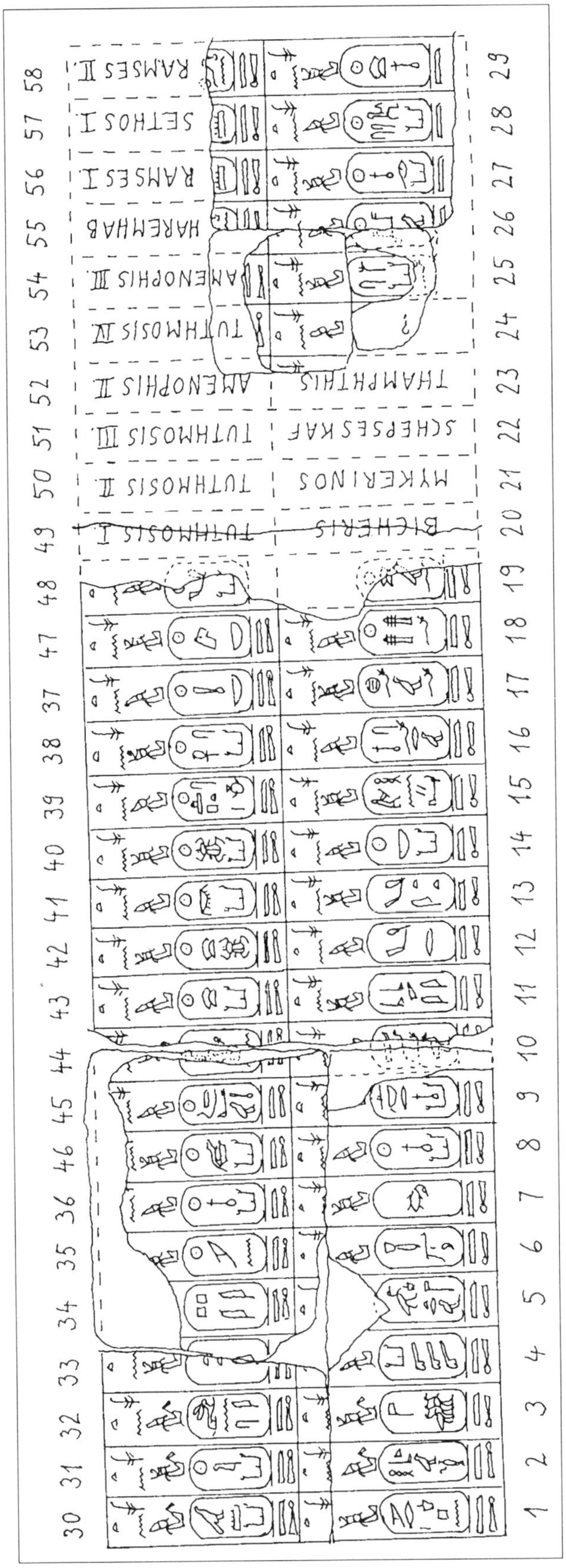

I. Die Königstafel aus dem Grab des Tjuloi in Saqqâra

J. Ostrakon Kairo CG 25646 Recto

Aufzählung der Könige des Neuen Reiches bis auf Ramses II. (Černý, Ostraca hiératiques, 68*, T. LXIV)

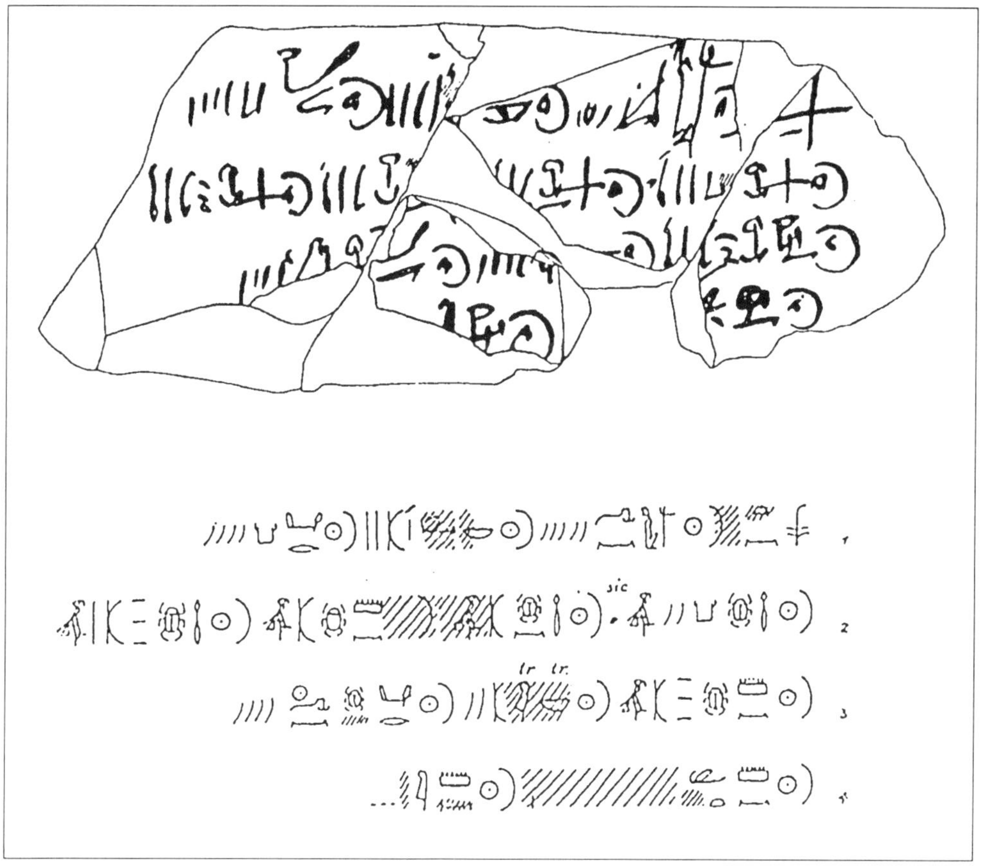

Das Ostrakon nennt auf der Vorderseite (oben) die Thronnamen der Könige des Neuen Reiches in chronologischer Folge bis auf Ramses II., dessen Name als der des regierenden Pharao an erster Stelle steht:

Zeile 1: Ramses II.; Amosis, Amenophis I.

Zeile 2: Tuthmosis I., Tuthmosis II., Tuthmosis III., Amenophis II.

Zeile 3: Tuthmosis IV., Amenophis III., Har-em-hab

Zeile 4: Ramses I., Sethos I.

K. Die ägyptische Königsliste nach Manetho

EUSEBIUS, armen. Hs. E		PSEUDO-Manetho (Sothisbuch)	
Götter		Dynastie der Götter	
1. Hephestos		1. Hêphaistos	727 J. 9 M.
2. Sonne		2. Hêlios	80 J. 2 M.
3. [Sosos]		3. Agathodaimôn	56 J. 7 M.
4. Kronos		4. Kronos	40 J. 6 M.
5 Osiris		5. Osiris und Isis	35 J.
6 Tiphon		Dynastie der Halbgötter	
7. Oros und andere		1. Ôros	25 J.
bis Bidis	13500 J.	2. Arês	23 J.
Göttersprößlinge	1255 (1855) J.	3. Anubis	17 J.
Andere Könige	1817 J.	4. Hêraklês	15 J.
30 memphit.Könige	1790 J.	5. Apollôn	25 J.
10 thynit.Könige	350 J.	6. Ammôn	30 J.
[Summe:] Totengeister und		7. Tithoês	27 J.
Göttersprößlinge	5813 J.	8. Sôsos	32 J.
		9. Zeus	20 J.

SYNKELLOS

AFRICANUS (A)		EUSEBIUS (E)	
1. Dynastie 8 Könige		**1. Dynastie** 8 Könige	
1. Mênês von Thinis	62 J.	1. Mênês von Thinis	60 J.
2. Athôthis	57 J.	2. Athôthis	27 J.
3. Kenkenês	31 J.	3. Kenkenês	39 J.
4. Uënephes	23 J.	4. Uënephes	42 J.
5. Usaphaidos	20 J.	5. Usaphais	20 J.
6. Miëbidos	26 J.	6. Niëbais	26 J.
7. Semempsês	18 J.	7. Semempsês	18 J.
8. Biênechês	26 J.	8. Ubiënthês	26 J.
Summe 253 (Posten 263) J.		Summe 262 (P. 258) J.	

Glossen d. Hss. 1. A/E: Tod durch Nilpferd, E: Unternimmt ruhmreichen Feldzug; 2. A/E: Erbauer der Burg v. Memphis, schreibt anatom.Bücher; 4. A/E: Hungersnot, errichtet Pyramide v. Kôchôme; 7. A/E: Notzeit, E: Vorzeichen.

Noten 1. E arm.: 30 J.; 5.-6. A: Genetiv zu Usaphais, Miëbis; Summe: E arm. 270 (P. 228) J.

2. Dynastie Thiniten, 9 Könige		**2. Dynastie** Thiniten, 9 Könige	
1. Boêthos	38 J.	1. Bôchos	
2. Kaiëchôs	39 J.	2. Chôos	

AFRICANUS		EUSEBIUS
3. Binôthris	47 J.	3. Biophis
4. Tlas	17 J.	
5. Sethenês	41 J.	4.-6. Drei andere
6. Chairês	17 J.	
7. Nephercherês	25 J.	7. -
8. Sesôchris	48 J.	8. Sesôchris
9. Chenerês	30 J.	9. -
Summe 302 J.		Summe 297 J.

Glossen 1. A/E: Erdspalte bei Bubastis; 2. A/E: Vergöttlichung der hlg. Tiere; 3. A/E: Anerkennung weibl. Thronfolge; 7. A/E: Nil fließt 11 Tage als Honig; 8. A/E: 5 Ellen 3 Handbreiten groß.
Noten 1. E arm.: Bokchos; 2. E: Mißverständnis < *kai* („und") Chôos.

3. Dynastie Memphiten, 9 Könige		**3. Dynastie** Memphiten, 9 Könige
1. Necherôphês	28 J.	1. Necherôchis
2. Tosorthros	29 J.	2. Sesorthos
3. Tyrëis	7 J.	3.–8. -
4. Mesôchris	17 J.	
5. Sôuphis	16 J.	
6. Tosertasis	19 J.	
7. Achês	42 J.	
8. Sêphuris	30 J.	
9. Kerpherês	26 J.	
Summe 214 J.		Summe 178 J.

Glossen 1. A/E: Ausstand der Libyer, die sich nach Omen des Mondes unterwerfen; 2. A/E:[Unter ihm lebte Imuthês], wegen seiner medizin. Kenntnisse für Asklepios gehalten, erfindet den Steinbau u. widmet sich der Schrift.
Note Summe E arm.: 197 J.

4. Dynastie Memphiten, 8 Könige anderer Herkunft		**4. Dynastie** Memphiten, 8 Könige anderer Herkunft
1. Sôris	29 J.	
2. Suphis (I)	63 J.	3. (korr. 2.) Suphis
3. Suphis (II)	66 J.	
4. Mencherês	63 J.	
5. Ratoisês	25 J.	
6. Bicheris	22 J.	
7. Sebercherês	7 J.	
8. Thamphthis	9 J.	
Summe 277 (P. 284) J.		

Glossen 2. A/E: Erbaut gr. Pyramide, übermütig gegen Götter, reuig, [unter ihm <Djedefhor>?], Verfasser hlg. Bücher.
Noten 2. Herodot: Cheôps; 3. Herod.: Chephrên; 4. Herod.: Mykerinos; Summe: A Var. 274 J.

AFRICANUS		EUSEBIUS	
5. Dynastie 8 (korr. 9) Könige aus Elephantine			
1. Usercherês	28 J.		
2. Sephrês	13 J.		
3. Nephercherês	20 J.		
4. Sisirês	7 J.		
5. Cherês	20 J.		
6. Rathurês	44 J.		
7. Mencherês	9 J.		
8. Tancherês	44 J.		
9. Onnos	33 J		
Summe 248 (P. 218) J.		Summe 448 J.	

Note 9. A: Var. Obnos.

6. Dynastie Memphiten, 6 Könige		**5. Dynastie** 31 (korr. 4) Könige aus Elephantine	
1. Othoês	30 J.	1. Othoês	
2. Phios	53 J.		
3. Methusuphis	7 J.		
4. Phiôps	94 J.	4. Phiôps	94 J.
5. Menthesuphis	1 J.	**6. Dynastie**	
6. Nitôkris, Frau	12 J.	Nitôkris, Frau	<20>3 J.
Summe 203 (P. 197) J.			

Glossen .1 A/E: Von Leibwache getötet; 4. A/E: 6jährig auf dem Thron, wird 100; 6. A/E: Schönste (E arm.: u. tapferste) Frau, erbaut 3. Pyramide.

Note Summe A: Phiôps irrig zu 100 J. gerechnet.

7. Dynastie Memphiten		**7. Dynastie** Memphiten	
70 Könige	70 Tage	5 Könige	75 Tage

8. Dynastie Memphiten		**8. Dynastie** Memphiten	
27 Könige	146 J.	5 Könige	100 J.

9. Dynastie Herakleopoliten		**9. Dynastie** Herakleopoliten	
19 Könige	409 J.	4 Könige	100 J.
1. Achthoês		1. Achthôês	

Glosse 1. A/E: Grausam, verfällt in Wahnsinn, von Krokodil gefressen.

10. Dynastie Herakleopoliten		**10. Dynastie** Herakleopoliten	
19 Könige	185 J.	19 Könige	185 J.

11. Dynastie Diospoliten		**11. Dynastie** Diospoliten	
16 Könige	43 J.	16 Könige	43 J.
Nach ihnen Ammenemês	16 J.	Nach ihnen Ammenemês	16 J.
Hier endet das I. Buch Manethos,		Hier endet das I. Buch Manethos,	
Summe 192 Könige 2300 J. 70 T.		Summe 192 Könige 2300 J. 79 T.	

II. Buch Manethos		II. Buch Manethos	
12. Dynastie Diospoliten,7 Kge.		**12. Dynastie** Diospoliten, 7 Kge.	
1. Sesonchôsis, Sohn des Ammenemês	46 J.	1. Sesonchôsis, Sohn des Ammenemês	46 J.
2. Ammanemês	38 J.	2. Ammanemês	38 J.
3. Sesôstris	48 J.	3. Sesôstris	48 J.
4. Lacharês	8 J.	4. Lamaris	8 J.
5. Amerês	8 J.	5.–7.	42 J.
6. Amenemês	8 J.		
7. Skemiophris, Schwester	4 J.		
Summe 160 J.		Summe 245 (P.182) J.	

Glossen 2. A/E: Von seinen Eunuchen ermordet; 3. A/E: Gr. Eroberer, Erster nach Osiris; 4. A/E: Erbauer des Labyrinths im Arsinoit. Gau (Faijûm).

Note 4. Sothis: Marês, Herodot u. Diodor: Moiris.

13. Dynastie Diospoliten		**13. Dynastie** Diospoliten	
60 Könige	453 J.	60 Könige	453 J.

14.Dynastie Xoïten		**14. Dynastie** Xoïten	
76 Könige	184 J.	76 Könige	184 J.

15.Dynastie Hirten, 6 Könige		**17.(!) Dynastie** Hirten	
1. Saitês	19 J.	1. Saitês	19 J.
2. Bnôn	44 J.	2. Bnôn	40 J.
3. Pachnan	61 J.	3. Aphôphis	14 J.
4. Staan	50 J.		
5. Archlês	49 J.	Nach ihm Archlês	30 J.
6. Aphôphis	61 J.		
Summe 284 J.		Summe 103 J.	

Glossen A Dyn. 15 (E Dyn. 17): Fremde Könige (Phöniker), die Memphis erobern u. im Sethroit. Gau eine Stadt (Jos.: Auaris) gründen; 1. A/E: Nach ihm der Sait. Gau benannt.

Note 3. u. 6. A: Aphôphis nach Pachnan ausgefallen u. am Schluß nachgetragen, Pachnan erhält seine Zahl.

Josephus [15. Dynastie]

1. Salitis	19 J.
2. Bêôn	44 J.
3. Apachnas	36 J. 7 M.
4. Iannas	50 J. 1 M.
5. Apôphis	61 J.
6. Assis	49 J. 2 M.
[Summe: 259 J. 10 M.]	

Note Name des fremden Volkes „Hyksôs“.

AFRICANUS	EUSEBIUS
16. Dynastie 32 andere Hirten 518 J.	**16. Dynastie** Thebaner, 5 Könige 190 J.
17. Dynastie 43 Hirten und <43> Thebaner oder Diospoliten 151 J.	**15.(!) Dynastie** Diospoliten 250 J.

Noten A 17. Dyn.: 43 vor „Thebaner“ wohl zu streichen; E: 15. und 17. Dyn. vertauscht.

18. Dynastie Diospoliten, 16 Könige		**18. Dynastie** Diospoliten, 14 (16) Könige	
1. Amôs	-	1. Amôsis	25 J.
2. Chebrôs	13 J.	2. Chebrôn	13 J.
3. Amenôphthis	24 J.	3. Ammenôphis	21 J.
4. Amensis	22 J.	-	
5. Misaphris	13 J.	4. Mi(s)phrês	12 J.
6. Misphragmuthôsis	26 J.	5. Misphragmuthôsis	26 J.
7. Tuthmôsis	9 J.	6. Tuthmôsis	9 J.
8. Amenôphis	31 J.	7. Amenôphis	31 J.
9. Ôros	37 J.	8. Ôros	36 (38) J.
10. Acherrês	32 J.	9. Achencherês	16 J.
11. Rathôs	6 J.	10. Athôris	39 J.
12. Acherrês	12 J.	11. Chencherês	16 J.
		12. Acherrês	8 J.
13. Chebrês	12 J.	13. Cherrês	15 J.
14. Armesis	5 J.	14. Armais	5 J.
15. Ramessês	1 J.	15. Ramessês	68 J.
16. Amenôphath	19 J.	16. Amenôphis	40 J.
Summe 263 (P. 262) J.		Summe 348 (P. 380) J.	

Glossen 1. A: Exodus Israels; 6. A: z. Zt. der Deukalion. Flut; 8. A (7. E): für Memnôn gehalten, sprechender Stein (Koloß vor s. Tempel in Theben); 9. E: Exodus; 14. E: Danaos; 15. E: Aigyptos.

Noten 1. A: Zahl fehlt, Hieronymus: Moysis; 2. A: Verschr.< 21 J.; 3. E arm.: Amophis; 4. E arm.: Memphres; 5. E arm.: Myspharmuthosis; 8. E arm.: 28 J.; 10.-11. E: Fehlen in einer Synkelos-Hs. u. E arm.; 15. E: Zahl für Ramses I u. II.

JOSEPHUS

1. Tethmôsis	25 J.	4 M.
2. Chebrôn	13 J.	
3. Amenôphis	20 J.	7 M.
4. Amessês, Schwester	21 J.	9 M.
5. Mêphrês	12 J.	9 M.
6. Mêphramuthôsis	25 J.	10 M.
7. [Tu]thmôsis	9 J.	8 M.
8. Amenôphis	30 J.	10 M.
9. Ôros	36 J.	5 M. (38 J. 7 M.)
10. Akencherês, Tochter	12 J.	1 M.
11. Rathôthis, Bruder	9 J.	
12. Akencherês (II)	12 J.	5 M.
13. Akencherês (III)	12 J.	3 M.
14. Armais	4 J.	1 M.
15. Ramessês	1 J.	4 M.
16. Ramessês Miamun	66 J.	2 M.
17. Amenôphis	19 J.	6 M.
[Summe: 333 J.]		

Glosse 14. Danaos.
Note 14. Var. Ermaios.

AFRICANUS		EUSEBIUS	
19. Dynastie Diospoliten,	6 Kge.	**19. Dynastie** Diospoliten, 5 Kge.	
1. Sethôs	51 J.	1. Sethôs	55 J.
2. Rapsakês	61 J.	2. Rampsês	66 J.
3. Amenephthês	20 J.	3. Am(m)enephthis	40 J.
4. Ramessês	60 J.	-	
5. Ammenemnês	5 J.	4. Ammenemês	26 J.
6. Thuôris	7 J.	5. Thuôris	7 J.
Summe 209 (P. 204) J.		Summe 194 J.	

Glosse 6. A (5. E): Homers Polybos, Troian. Krieg.
Noten 2. A: Verschr. f. 66 J.; 3. E arm.: 8 J.; 6. A/E: Ergänze viell. [Siphthas u.] Thuôris.

JOSEPHUS

18. Sethôs oder Ramessês	59 J.
19. Rampsês	66 J.
20. Amenôphis	-
21. Sethôs oder Ramessês	-

Glossen 18.: Aigyptos; gr. Eroberer; 20.-21.: Osarsêphos-Gesch.
Note 1.: Var. Sethôsis.

AFRICANUS	EUSEBIUS
Nach dem II. Buch Manethos	Nach dem II. Buch Manethos
96 Könige 2121 J.	92 Könige 1121 (2121) J.
III. Buch Manethos	III. Buch Manethos
20. Dynastie Diospoliten, 12 Könige 135 J.	**20. Dynastie** Diospoliten, 12 Könige 178 J.
Note Summe E arm.: 172 J.	

21. Dynastie Taniten, 7 Könige		**21. Dynastie** Taniten, 7 Könige	
1. Smendês	26 J.	1. Smendês	26 J.
2. Psusennês	46 J.	2. Psusennês	41 J.
3. Nephelcherês	4 J.	3. Nephercherês	4 J.
4. Amenôphthis	9 J.	4. Amenôphthis	9 J.
5. Osochôr	6 J.	5. Osochôr	6 J.
6. Psinachês	9 J.	6. Psinachês	9 J.
7. Psusennês	14 J.	7. Psusennês	35 J.
Summe 130 (P. 114) J.		Summe 130 J.	

Note 1. Sothis: Susakeim, erobert Jerusalem.

22. Dynastie Bubastiten, 9 Kge.		**22. Dynastie** Bubastiten, 9 Kge.	
1. Sesônchis	21 J.	1. Sesônchis	21 J.
2. Osorthôn	15 J.	2. Osorthôn	15 J.
3.-5. Drei andere	25 J.	-	
6. Takelôthis	13 J.	3. Takelôthis	13 J.
7.-9. Drei andere	42 J.		
Summe 120 (P. 116) J.		Summe 49 J.	

Note 1. Sothis: Susakeim, erobert Jerusalem.

23. Dynastie Taniten, 4 Könige		**23. Dynastie** Taniten, 3 Könige	
1. Petuba(s)tês	40 J.	1. Petubastis	25 J.
2. Osorchô	8 J.	2. Osorthôn	9 J.
3. Psammûs	10 J.	3. Psammûs	10 J.
4. Zêt	31 J.		
Summe 89 J.		Summe 44 J.	

Glossen 1. A: Z. Zt. der 1. Olymp. Spiele (776); 2. A/E: Genannt Herakles.

Noten 1. A: Viell. 4[4] J.; 4. A: Var. 34 J.

AFRICANUS		EUSEBIUS	
24. Dynastie		**24. Dynastie**	
Bochchôris von Sais	6 J.	Bochchôris von Sais	44 J.

Glosse A/E: Zu s. Zeit weissagte ein Lamm (990 J.).
Note Diodor: Bokchôris.

25. Dynastie Äthiopen, 3 Könige		**25. Dynastie** Äthiopen, 3 Könige	
1. Sabakôn	8 J.	1. Sabakôn	12 J.
2. Sebichôs	14 J.	2. Sebichôs	12 J.
3. Tarakos	18 J.	3. Tarakos	20 J.
Summe 40 J.		Summe 44 J.	

Glosse 1. A/E: Läßt Bokchoris lebend verbrennen.

26. Dynastie Saiten, 9 Könige		**26. Dynastie** Saiten, 9 Könige	
-		1. Ammeris der Äthiope	12 J.
1. Stephinatês	7 J.	2. Stephinathis	7 J.
2. Nechepsôs	6 J.	3. Nechepsôs	6 J.
3. Nechaô	8 J.	4. Nechaô	8 J.
4. Psammêtichos	54 J.	5. Psammêtichos	45 J.
5. Nechaô II	6 J.	6. Nechaô (II)	6 J.
6. Psammuthis	6 J.	7. Psammuthis	17 J.
7. Uaphris	19 J.	8. Uaphrês	25 J.
8. Amôsis	44 J.	9. Amôsis	42 J.
9. Psammecheritês	6 M.	-	
Summe 150 J. 6 M.		Summe 163 (P. 168) J.	

Glossen 5. (6. E): Führt Joahaz v. Juda nach Ägypten; 7. A (8. E): Juden fliehen vor Assyrern (korr. Babyloniern) nach Ägypten.
Noten 1. E arm.: 18 J.; 5. E arm.: 44 J.

HERODOT

1. Psammêtichos S. d. Nekôs	54 J.
2. Nekôs	16 J.
3. Psammis	6 J.
4. Apriês	25 J.
5. Amasis	44 J.
6. Psamênitos	6 M.

AFRICANUS		EUSEBIUS	
27. Dynastie Perser, 8 Könige		**27. Dynastie** Perser, 8 Könige	
1. Kambysês (ab J. 5)	6 J.	1. Kambyês (ab J. 5)	3 J.
		2. Magier	7 M.
2. Dareios S. d. Hystaspês	36 J.	3. Dareios	36 J.

3. Xerxês d. Ältere	21 J.		4. Xerxês S. d. Dareios	21 J.	
4. Artabanos		7 M.	-		
5. Artaxerxês	41 J.		5. Artaxerxês Makrocheir	40 J.	
6. Xerxês d. Jgr.		2 M.	6. Xerxês d. Jgr.		2 M.
7. Sogdianos		7 M.	7. Sogdianos		7 M.
8. Dareios S. d. Xerxês	19 J.		8. Dareios S. d. Xerxês	19 J.	
Summe 124 J. 2 (korr. 4) M.			Summe 120 J. 4 M.		

28. Dynastie			**28. Dynastie**		
Amyrtaios von Sais	6 J.		Amyrtaios von Sais	6 J.	

29. Dynastie Mendesier, 4 Kge.			**29. Dynastie** Mendesier, 4(!) Kge.		
1. Nepheritês	6 J.		1. Nepheritês	6 J.	
2. Achôris	13 J.		2. Achôris	13 J.	
3. Psamuthis	1 J.		3. Psamuthis	1 J	
			4. Muthis	1 J.	
4. Nepheritês (II)		4 M.	5. Nepheritês (II)		4 M.
Summe 20 J. 4 M.			Summe 21 J. 4 M.		

30. Dynastie Sebennyten, 3 Kge		**30. Dynastie** Sebennyten, 3 Kge.	
1. Nektanebês	18 J.	1. Nektanebês	10 J.
2. Teôs	2 J.	2. Teôs	2 J.
3. Nektanebos	18 J.	3. Nektanebôs	3 J.
Summe 38 J.		Summe 20 J.	
[Ende des III.Buches Manethos]			
Note 1. E arm.: Nektanebis			

31. Dynastie Perser, 3 Könige		**31. Dynastie** Perser, 3 Könige	
1. Ôchos (ab J. 20)	2 J.	1. Ôchos (ab J. 20)	6 J.
2. Arsês	3 J.	2. Arsês	4 J.
3. Dareios	4 J.	3. Dareios	6 J.
[Summe 9 J.]		[Summe 16 J.]	
Note 1.: ab J. 16 (> 20).			

L. Das Sothisdatum von el-Lahûn (Pap. Berlin 10012 Recto)

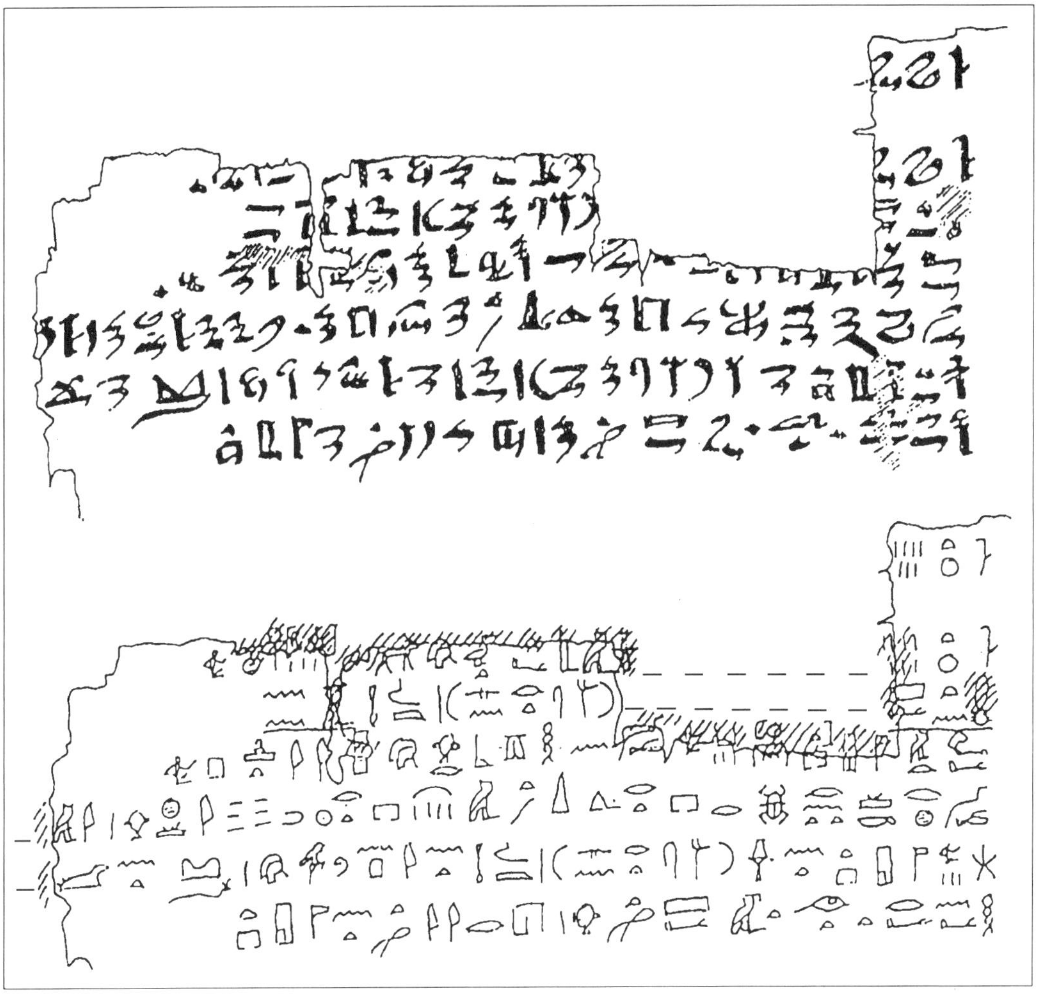

Jahr 7 […]

„Jahr 7 [Monat, Tag]. (Gemacht vom) Priester Rehu-anch, Sohn der Sit-Tep-ihu.

Abschrift des Briefes [gesandt nach (der Pyramidenstadt) Hetep]-Senwosret, überbracht von (Name offengelassen).

Der Graf und Tempelvorsteher Nub-kaw-rê sagt zu dem Ersten Vorlesepriester Pepi-hotpe: Wisse, daß der Aufgang der Sothis am 16. des IV. projet (16. VIII.) eintritt. Mögest du [benachrichtigen (?)] die Stundenpriester des Tempels Sechem-Senwosret, des Anubis auf seinem Berg (und) des Sobek […]

Und laß diesen Brief in das Tagebuch des Tempels eintragen.“

M. Das Kalendarium des Papyrus Ebers (Übersetzung siehe S. 46)

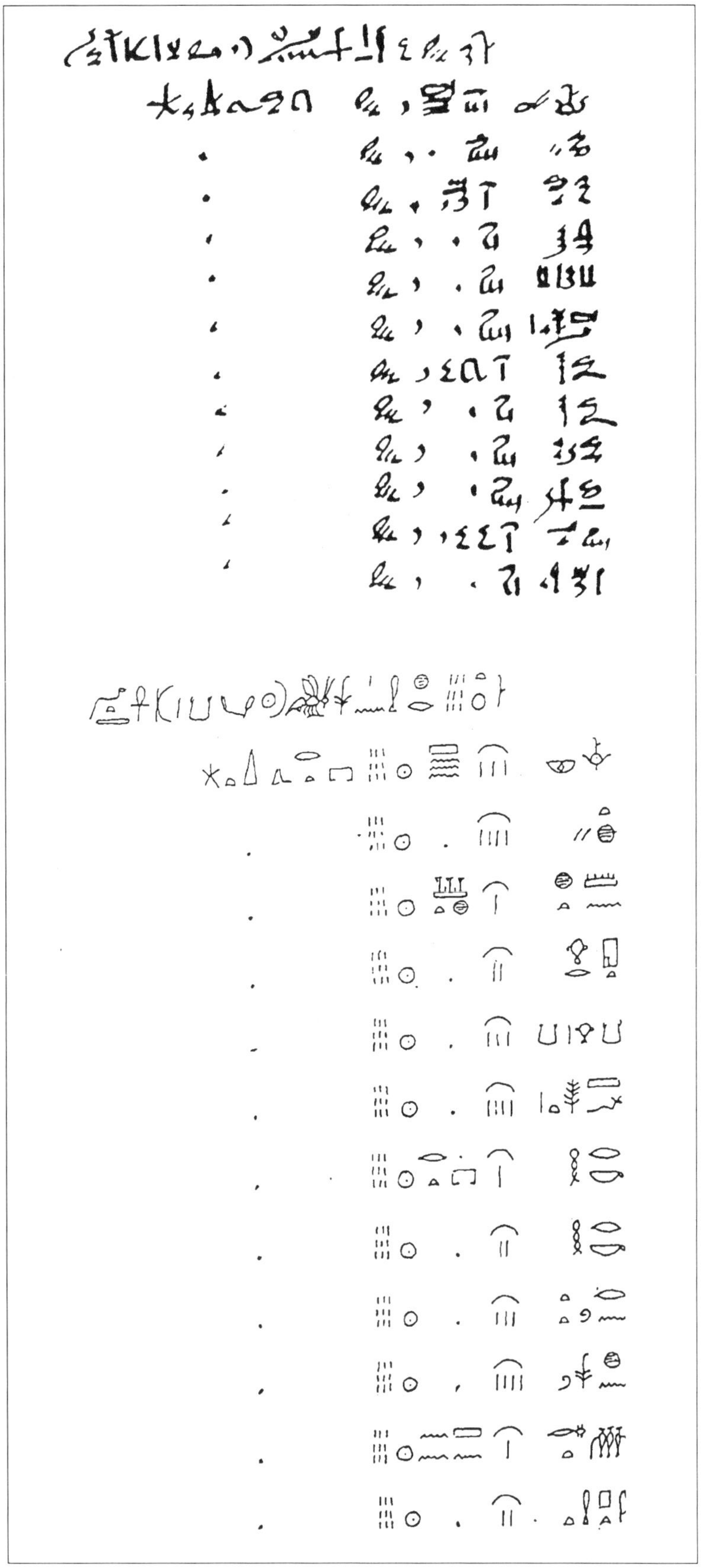

N. Schema des Pap. Carlsberg 9 für die Berechnung der Neumonde im ägyptischen Kalenderjahr

Wandeljahrsmonate

Zykl.													
Jahr	I	II	III	IV	V	VI	VII	VIII	IX	X	XI	XII	E
1	1	1	1 30	30	29	29	29	28	27	27	27	26	
2	20	20	19	19	18	18	18	17	16	16	16	15	
3	9	9	8	8	7	7	7	6	5	5	5	4	4
4	28	28	27	27	26	26	26	25	24	24	24	23	
5	18	18	17	17	16	16	16	15	14	14	14	13	
6	7	7	6	6	5	5	5	4	3	3	3	2	2
7	26	26	25	25	24	24	24	23	22	22	22	21	
8	15	15	14	14	13	13	13	12	11	11	11	10	
9	4	4	3	3	2	2	2	1	1 30	30	30	29	
10	24	24	23	23	22	22	22	21	20	20	20	19	
11	13	13	12	12	11	11	11	10	9	9	9	8	
12	2	2	1	1	1 30	30	30	29	28	28	28	27	
13	21	21	20	20	19	19	19	18	17	17	17	16	
14	10	10	9	9	8	8	8	7	6	6	6	5	5
15	30	30	29	29	28	28	28	27	26	26	26	25	
16	19	19	18	18	17	17	17	16	15	15	15	14	
17	8	8	7	7	6	6	6	5	4	4	4	3	3
18	27	27	26	26	25	25	25	24	23	23	23	22	
19	16	16	15	15	14	14	14	13	12	12	12	11	
20	6	6	5	5	4	4	4	3	2	2	2	1	1
21	25	25	24	24	23	23	23	22	21	21	21	20	
22	14	14	13	13	12	12	12	11	10	10	10	9	
23	3	3	2	2	1	1	1 30	30	29	29	29	28	
24	22	22	21	21	20	20	20	19	18	18	18	17	
25	12	12	11	11	10	10	10	9	8	8	8	7	

O. Der Kanon des Ptolemaeus

Könige	Jahre	Summe	1.I.*
Nabonassaros	14	14	26.02.747 v. Chr.
Nadios	2	16	23.02.733
Chinzêros u. Pôros	5	21	22.02.731
Iloulaios	5	26	21.02.726
Mardokempados	12	38	20.02.721
Arkeanos	5	43	17.02.709
(königlos)	2	45	15.02.704
Bilibos	3	48	15.02.702
Aparanadios	6	54	14.02.699
Rêgebêlos	1	55	13.02.693
Mesêsimordakos	4	59	12.02.692
(königlos)	8	67	11.02.688
Asaradinos	13	80	9.02.680
Saosdouchinos	20	100	6.02.667
Kinêladanos	22	122	1.02.647
Nabopolassaros	21	143	27.01.625
Nabokolassaros	43	186	21.01.604
Illoaroudamos	2	188	11.01.561
Nêrigasolassaros	4	192	10.01.559
Nabonadios	17	209	9.01.555
Kyros	9	218	5.01.538
Kambysês	8	226	3.01.529
Dareios I	36	262	1.01.521
Xerxês	21	283	23.12.486
Artaxerxês I	41	324	17.12.465
Dareios II	19	343	7.12.424
Artaxerxês II	46	389	2.12.405
Ôchos	21	410	21.11.359
Arôgês	2	412	16.11.338
Dareios III	4	416	15.11.336
Alexandros I	8	424	14.11.332
Philippos	7	431	12.11.324
Alexandros II	12	443	10.11.317
Ptolemaios	20	463	7.11.305
Philadelphos	38	501	2.11.285
Euergetês	25	526	24.10.247
Philopatôr	17	543	18.10.222

Epiphanês	24	567	13.10.205
Philometôr	35	602	7.10.181
Euergetês II	29	631	29.09.146
Sôtêr	36	667	21.09.117
Dionysos neos	29	696	12.09. 81
Kleopatra	22	718	5.09. 52
Augoustos	43	761	31.08. 30
Tiberios	22	783	20.08. 14 n. Chr.
Gaios	4	787	14.08. 36
Klaudios	14	801	13.08. 40
Nerôn	14	815	11.08. 54
Ouespasianos	10	825	6.08. 68
Titos	3	828	4.08. 78
Domitianos	15	843	3.08. 81
Neroua	1	844	30.07. 96
Traianos	19	863	30.07. 97
Adrianos	21	884	25.06.116
Ailios Antoninos	23	907	20.06.137–13.07.160

* 1.I. des ägypt.Kalenders, der der Thronbesteigung (bzw. bei den Vorgängern Alexanders d. Gr. dem 1. Nisan des 1. Jahres) vorausgeht.

INDEX DER KÖNIGE

Um den Index nicht zu überlasten, sind Königsnamen, die lediglich in Anhang F (Turiner Königspapyrus), K (Manetho) oder O (Ptolemaeus) erscheinen, nicht aufgenommen

I. Könige von Ägypten
(in Klammern die Dynastie-Nr.)

B

C

D

E

H

I, J

O

P

T

U

W

II. Auswärtige Herrscher
A = Assyrien, B = Babylonien, H = Hethiter, I = Israel, J = Juda,
M = Mitanni, P = Perser, R = Rom